Jelten

Computerstandards und die Theorie öffentlicher Güter

D1671145

nbf neue betriebswirtschaftliche forschung

(Fortsetzung am Ende des Buches)

Betriebswirtschaftlicher Verlag Dr. Th. Gabler GmbH, Postfach 15 46, 65005 Wiesbaden

Harmen Jelten

Computerstandards und die Theorie öffentlicher Güter

GABLER

Die Deutsche Bibliothek – CIP-Einheitsaufnahme

Jelten, Harmen:
Computerstandards und die Theorie öffentlicher
Güter / Harmen Jelten. - Wiesbaden : Gabler, 1994
  (Neue betriebswirtschaftliche Forschung ; Bd. 138)
Zugl.: Marburg, Univ., Diss., 1994
  ISBN 3-409-13180-9
NE: GT

O2

PSQ 24

Der Gabler Verlag ist ein Unternehmen der Verlagsgruppe Bertelsmann International.

© Betriebswirtschaftlicher Verlag Dr. Th. Gabler GmbH, Wiesbaden 1994
Lektorat: Claudia Splittgerber / Irene Müller-Schwertel

Höchste inhaltliche und technische Qualität unserer Produkte ist unser Ziel. Bei der Produktion und Verbreitung unserer Bücher wollen wir die Umwelt schonen: Dieses Buch
ist auf säurefreiem und chlorfrei gebleichtem Papier gedruckt.

Die Wiedergabe von Gebrauchsnamen, Handelsnamen, Warenbezeichnungen usw. in
diesem Werk berechtigt auch ohne besondere Kennzeichnung nicht zu der Annahme,
daß solche Namen im Sinne der Warenzeichen- und Markenschutz-Gesetzgebung als
frei zu betrachten wären und daher von jedermann benutzt werden dürften.

Druck und Buchbinder: Rosch-Buch, Hallstadt
Printed in Germany

ISBN 3-409-13180-9

Für Imke und Lena

Geleitwort

Eine der bemerkenswertesten Tatsachen des sozialen und wirtschaftlichen Geschehens ist die Allgegenwärtigkeit von Standardisierungen. Diese sind das Ergebnis von staatlichen Anordnungen, von privaten Übereinkünften und von marktmäßigen Entwicklungen im Zuge der unüberschaubaren Arbeitsteilung der Güterproduktion. Für die Wissenschaft entsteht hier das Problem der Erklärung solcher Erscheinungen.

Das vorliegende Buch behandelt eine bestimmte Klasse von Produktstandards, nämlich die Computerstandards. Dabei geht es weniger um Qualitätsstandards, sondern im wesentlichen um Kompatibilitätsstandards für die einzelnen Komponenten von Rechnersystemen. Die Durchsetzung von solchen Standards auf dem Markt ist sowohl für den Markterfolg einzelner Produkte (PC's von IBM) als auch ganzer Unternehmungen (Microsoft, Intel, Sun Microsystems) von überragender Bedeutung. Es hat sich gezeigt, daß der Markterfolg nicht immer nur solchen Erzeugnissen oder Unternehmungen gelungen ist, die in technischer oder preislicher Hinsicht führend waren, sondern denjenigen, die einen Marktstandard schaffen konnten.

Ziel der vorliegenden Arbeit ist nicht die eingehende Beschreibung der Durchsetzung von Computerstandards anhand von Einzelfallanalysen, sondern der anspruchsvolle Versuch einer allgemeinen Erklärung für das Aufkommen von verschiedenen Hardware- und Softwarestandards. Es wird gezeigt, daß die in der Literatur vorgebrachten Erklärungen entweder falsch sind oder auf sehr spezielle Faktoren wie Eigentumsrechte, Sponsoring und Produktankündigung als Ursachen Bezug nehmen, die wegen ihres Ad-hoc-Charakters die Anforderungen an eine allgemeine Erklärung, wie sie in der modernen Wissenschaftslehre entwickelt wurden, nicht erfüllen. Es gibt immer irgendwelche besonderen Umstände, die man als Ursachen für eine Erscheinung benennen kann. Es kommt darauf an zu zeigen, daß bestimmte Umstände unabhängig von dem besonderen Fall, also allgemein, als Ursachen aufgefaßt können. Derartige allgemeine Ursachen-Vermutungen (Hypothesen) müssen dann u.U. an anderen Fällen geprüft werden und können bei Bewährung zur Erklärung und Prognose von weiteren Fällen herangezogen werden.

Aber welche allgemeine Theorie könnte man verwenden, um Computerstandards zu erklären? Hier präsentiert der Verfasser eine überraschende Idee: Er schlägt vor, Computerstandards als eine bestimmte Klasse von sogenannten öffentlichen Gütern aufzufassen.

Nun zeigt jedoch eine genauere Analyse, daß die herkömmliche Theorie der öffentlichen Güter (Olson) zwar einige Erscheinungsformen von Standards erklären kann, daß sie aber versagt, wenn es um den interessanten Fall der „offenen Architekturen" (SPARC-Standard, IBM PC-Standard) geht. Aus der Art, wie die herkömmliche Theorie hier versagt, entwickelt der Verfasser seine eigene Theorie. Dabei gestaltet sich der argumentative Fortschritt der Arbeit so, daß jeweils einzelne Unverträglichkeiten von Theorie und Erfahrung auf dem Computermarkt aufgedeckt werden, die dann unter Verwendung von geeignet erscheinenden Ideen zu Modifikationen der jeweiligen Ausgangshypothese führen. So kann man wie in einem gedanklichen Experiment Schritt für Schritt verfolgen, wie aus Versuch, Irrtum, Irrtumskorrektur, Versuch ... allmählich „Die Logik speziell kostenheterogener Kollektivgüter", so nennt der Autor seine Theorie, entsteht.

Seine Theorie wendet der Verfasser auf die seit den fünfziger Jahren bis heute bekannt gewordenen erfolgreichen und erfolglosen Versuche zur Etablierung von Marktstandards in der Computerindustrie an und zeigt, worin ihre überlegene Leistungsfähigkeit besteht.

Die Bedeutung einer allgemeinen erklärenden Theorie von Computerstandards besteht darin, daß bestimmte Merkmale der jeweiligen Gruppen (Anbieter, Verwender), bestimmte Produktmerkmale und spezielle Kostenbedingungen aufgedeckt werden, deren Vorliegen oder deren Fehlen die Chancen einer Etablierung von Marktstandards stark begünstigen bzw. stark behindern. Es handelt sich um Einflußgrößen, die teilweise unabhängig von den konkreten Absichten der beteiligten Akteure wirken, die also in einem gewissen Sinne überindividuell sind.

Prof. Dr. Wilhelm Meyer, Universität Marburg

Vorwort

Es spricht zweifellos für die besondere Stärke der Wirtschaftstheorie, daß sie sich nicht nur auf solche Phänomene wie beispielsweise Preise, Produktionsmengen, Inflation oder Arbeitslosigkeit anwenden läßt, die man unmittelbar dem Bereich der Ökonomie zurechnen wird, sondern auf auch solche, bei denen man die Zuständigkeit zunächst einmal bei einer Nachbardisziplin vermuten würde. In diesem Sinne kann auch das vorliegende Buch als Zeugnis für den außerordentlich breiten Gehalt der ökonomischen Theorie verstanden werden. Es wird hier der Versuch unternommen, mit Hilfe des wirtschaftstheoretischen Instrumentariums die vielfältigen Standards bzw. Standardisierungen in der Computerbranche – auf den ersten Blick viel eher ein Forschungsgegenstand der Informatik – zu untersuchen. Dazu wird auf der Grundlage der Theorie öffentlicher Güter ein Ansatz entwickelt, der in der Lage ist, die verschiedenartigsten Ereignisse um Hardware- und Softwarestandards zu erklären.

Mein besonderer Dank für die Hilfe bei der Abfassung dieser Arbeit gilt meinem akademischen Lehrer Prof. Dr. W. Meyer, der mit großer Sorgfalt und Geduld weite Teile des Manuskripts durchgearbeitet hat. Seine eingehenden und scharfsinnigen Bemerkungen zwangen mich immer wieder, meine Argumentation zu überdenken. Des weiteren möchte ich der Friedrich-Flick-Förderungsstiftung für ihre großzügige finanzielle Unterstützung danken, die mir eine ungehinderte und zügige Fertigstellung und Veröffentlichung der Arbeit ermöglicht hat. Am meisten bin ich jedoch meiner Familie zu Dank verpflichtet; bei ihr fand ich immer wieder die notwendige Hilfe und Ermutigung. Aus diesem Grund widme ich dieses Buch meiner Frau und unserer Tochter.

Harmen G. Jelten

Inhaltsverzeichnis

I. Einleitung

Standards oder Standardisierungen sind in einer fast unüberschaubaren Vielfalt zu beobachten und in praktisch allen Bereichen gesellschaftlichen Zusammenlebens anzutreffen. Schon der alltägliche Straßenverkehr bietet ein Beispiel für einen Standard ganz allgemeiner Art: So gelten in Großbritannien die Regeln eines linksseitigen Fahrgebotes, während die Kontinentaleuropäer – nachdem sich Österreich und Schweden vom britischen Vorbild gelöst hatten – geschlossen der Konvention folgen, rechts zu fahren. Ferner legen Sprachen als Standards zur Kommunikation die Bedeutung von Begriffen und Symbolen fest und ermöglichen so eine Verständigung über das gesprochene bzw. geschriebene Wort. Auch bei der Darstellung von Zahlen sind Standards von Bedeutung; sie enthalten die Regeln, nach denen die entsprechenden Zahlzeichen, zum Beispiel die römischen oder arabischen Ziffern, zusammenzusetzen sind. Im allgemeinen werden dabei heute für Gewichte, Zeiten, Längen- oder Größenangaben sowie für Währungen die Regeln des Dezimalsystems eingesetzt, während in der Computertechnologie auch und in erster Linie das Dualsystem sowie als verkürzende Schreibweise das Hexadezimalsystem Verwendung finden. Zudem haben sich im Laufe der Zeit wohldefinierte Werteinheiten durchgesetzt, mit deren Hilfe sich Gewichte (Gramm, Unze), Entfernungen (Meter, englische Meile, Seemeile, Fuß) oder Geschwindigkeiten (km/h, Schall- und Lichtgeschwindigkeit, Knoten) angeben lassen. Ebenso gibt es Standards zur Messung der Temperatur. Physiker wie Anders Celsius, Daniel G. Fahrenheit oder Lord Kelvin haben hierfür nach jeweils verschiedenen Vorgaben Temperaturskalen entwickelt, auf denen sich der Wärmezustand eines Körpers eindeutig darstellen und mit dem anderer Körper vergleichen läßt. Auch dem Historiker sind Standardisierungen nicht fremd. Die Einordnung geschichtlicher Ereignisse erfolgt zunächst anhand bestimmter Standards zur Zeitrechnung, nach denen der historische „Nullpunkt" willkürlich auf irgendein tatsächliches oder angenommenes Ereignis festgelegt wird (dies ist beispielsweise in der römischen Geschichte das fiktive Gründungsjahr Roms 753 v.Chr., in der islamischen Welt das Jahr der Hedschra 622 n.Chr. und in der abendländischen Kultur die Geburt Christi). Zur Bestimmung des (relativen) Jahres sowie des genauen Kalendertages vergangener oder zukünftiger Ereignisse werden dann weitere Zeitstandards – für gewöhnlich der Julianische, seltener auch der Gregorianische Kalender – genutzt.

Neben diesen allgemeinen Standards gibt es auch eine Vielzahl von Industriestandards und Normen, die sich auf das äußere Design bzw. auf technische Eigenschaften von Produkten beziehen. Solche *Produktstandards* können zum einen eine bestimmte Qualität von Gütern als Mindestanforderung vorgeben (so gelten die 1926 von der „Society of Automobile Engineers", der SAE, verabschiedeten Empfehlungen zur Einteilung der Ölviskosität noch heute als Qualitätsklassen für Motoröle) oder auch Vorschriften für die Betriebssicherheit enthalten (Zulassungsbestimmungen für Autos, Auflagen für den Betrieb von Kernkraftwerken u.ä.). Zum anderen können diese Standards die Kompatibilität zwischen Produkten, d.h. die Zusammenarbeit von mindestens zwei komplementären Gütern wie beispielsweise Videorecorder und -kassetten, gewährleisten. Je nach ihrer Zielsetzung lassen sich Produktstandards damit in *Qualitätsstandards* und in *Kompatibilitätsstandards* einteilen. Eine derartige Unterscheidung lehnt sich an jene Einteilung an, die David Hemenway in seinem 1975 erschienenen Buch *Industrywide Voluntary Product Standards*, der ersten groß angelegten Untersuchung von Produktstandards, vornimmt: „This book distinguishes between two principal types of product standards – standards of quality, and standards for uniformity (often dimensional standards) where 'better' or 'worse' is not the issue, but sameness or uniformity is"[1] . Wie wir später noch sehen werden, dienen die Standardisierungen in der Computerbranche vornehmlich der Kompatibilität und der Austauschbarkeit komplementärer Güter. Aus diesem Grund sind hier auch in erster Linie Kompatibilitätsstandards von Interesse. Für diese Art von Produktstandards führt Hemenway eine ganze Reihe von Beispielen an: „There are a great many uniformity standards between two (or more) products or parts that promote interchangeability. Examples include tires and rims, pipe flanges and fittings, nuts and bolts, shafting pins and washers, guns and ammunition, records and record players, cameras and film, flashlights and batteries, bulbs and lamp sockets, even beds and sheets"[2] .

Nun verleiten die genannten Beispiele zu dem Schluß, daß Kompatibilitätsstandards ausschließlich die Zusammenarbeit von (komplementären) Gütern ermöglichen, da hier nur

---

[1] Hemenway, David, 1975, S. 8.
[2] Hemenway, David, 1975, S. 37. Ein weiteres, in der einschlägigen Literatur oft genanntes Beispiel bezieht sich auf die verschiedenen Spurbreiten bei Eisenbahnen und die damit eventuell verbundenen Kosten inkompatibler Gleissysteme: „Another example of an early and important standard for uniformity is the railroad track gauge standard. It makes little difference whether the standard distance between tracks is 7 feet, as on the original Great Western Railroad, 5'6" as in South America, or 3'6" as in South Africa. It does matter, however, whether there is a uniform national standard. Following England's lead, the United States chose 4'8½" as its standard gauge, and most of our railroads had switched to this gauge by the time of the Civil War. Combined with a system of interchangeable brakes and coupling this made possible the interchangeability of rolling stock among virtually all roads throughout the nation. Australia, on the other hand, through most of the twentieth century never adopted a uniform standard. Thus when cargoes are transferred there is usually the inconvenience and cost of reloading, or special undertrucks are required" [Hemenway, David, 1975, S. 8].

solche Schnittstellen aufeinander abgestimmt werden, die zwischen sich ergänzenden Produktkomponenten bestehen. Dies ist jedoch nicht der Fall. Es gibt ebenso Standards, die sich auf die Bedienung oder Handhabung von Gütern beziehen, d.h. solche Kompatibilitätsstandards, die die jeweiligen Schnittstellen zwischen dem Anwender und dem eigentlichen Produkt vereinheitlichen. Hemenway spricht in diesem Zusammenhang von „standards for the interchangeability of people and machines"[3] , die es ermöglichen, ein einmal erlangtes Wissen um die Bedienung von Produkten auch dann weiter nutzen zu können, wenn diese von anderen Herstellern bezogen werden oder wenn unterschiedliche Modelle eines Produktes (beispielsweise beim Umstieg auf ein leistungsstärkeres Nachfolgemodell) eingesetzt werden. Ein vielfach angeführtes Beispiel für einen Standard, der in genau diese Kategorie paßt, ist die Anordnung der Buchstaben, Ziffern und Sonderzeichen bei Schreibmaschinen. Sieht man einmal von wenigen Tasten ab, die länderspezifisch belegt sind, hat sich hier weltweit die sogenannte QWERTY-Tastatur durchgesetzt[4] . Bei ihrer Entwicklung (1873) standen insoweit technische Aspekte im Vordergrund, als daß Buchstaben, die (im Englischen) häufig aufeinander folgen, möglichst weit voneinander entfernt angeordnet wurden; nur so konnte erreicht werden, daß sich die Zeichenschlegel beim An- und Rückschlag nicht ständig gegenseitig blockierten. Obwohl dieses Problem mit der Zeit an Bedeutung verlor und ergonomisch überlegene Tastaturen wie das Dvorak-System entwickelt worden sind, konnte sich – allein schon aus der Macht der Gewohnheit heraus – der QWERTY-Standard bis heute behaupten[5] . Bedienungsstandards verbessern aber auch in ganz anderen Bereichen die Kompatibilität zwischen Mensch und Maschine: „Forklift trucks are almost completely standardized so that drivers can be trained quickly to operate the truck of any manufacturer. Previously, some lift trucks had left-hand drive, some right-hand drive. Acceleration was sometimes controlled by the right foot, sometimes by the left hand. Different trucks had different levers with similar functions. With standard trucks, drivers are more 'interchangeable'"[6] .

Genauso wie bestimmte Standards für Videorecorder (VHS, Betamax, Video 2000) oder normierte Aufzeichnungsverfahren für CD-Player die Verwendung der entsprechenden Komplementärgüter ermöglichen, genauso gewährleisten nun auch Computerstandards die

---

[3] Hemenway, David, 1975, S. 33.
[4] Benannt wurde dieser Standard nach den ersten fünf Zeichen der obersten Buchstabenreihe, wobei zu beachten ist, daß im Vergleich zum englischen Original bei der deutschen Tastaturbelegung die Buchstaben Z und Y vertauscht sind.
[5] Zur Geschichte der QWERTY-Tastatur siehe David, Paul A., 1985.
[6] Hemenway, David, 1975, S. 34/35.

Kompatibilität zwischen den einzelnen Komponenten eines Rechnersystems. In diesem Sinne sind Hardware- oder Softwarestandards weniger Qualitäts- als vielmehr Kompatibilitätsstandards. Zu den komplementären Gütern, die mit Hilfe solcher Standards aufeinander abgestimmt werden (müssen), zählen nicht nur die verschiedenen Hardwarekomponenten, sondern auch die System- und Anwendungssoftware sowie – wenn man die Kommunikation zwischen Endgeräten hinzuzieht – andere Rechner. In der Computertechnologie ergeben sich demzufolge mehrere Schnittstellen, an denen die Frage der Kompatibilität von Bedeutung ist und entsprechende Standards erforderlich sind: (1) Eine erste Schnittstelle ist die zwischen den einzelnen Hardwarekomponenten eines Rechners. Über diese Schnittstelle stehen u.a. Mikroprozessor(en), Hauptspeicher, sekundäre Speichermedien (Festplatten, Magnetbänder, optische Platten, Disketten), Steuerbausteine (Controller) sowie Ein- und Ausgabesysteme untereinander in Verbindung, so daß Befehle, Speicheradressen oder Daten übermittelt werden können. Die für einen solchen rechnerinternen Informationsaustausch vorhandenen Verbindungseinrichtungen werden als Bussysteme bzw. als Systembusse bezeichnet. Mit der „Industry Standard Architecture" (ISA) und der „Micro Channel Architekture" (MCA) der IBM werden an späterer Stelle zwei solcher (Bus-) Standards ausführlich behandelt. (2) Die Hardware – in ihrer logischen Gesamtheit für gewöhnlich als Rechnerarchitektur bezeichnet – wird von der Systemsoftware sowie von den Anwendungsprogrammen über ein sogenanntes „Hardware-Software-Interface" angesprochen (zu der Systemsoftware zählt insbesondere das Betriebssystem). Eine solche Verbindung zwischen der Hardware und der Software wird durch die Maschinensprache eines Rechners realisiert, die im allgemeinen durch den Befehlssatz des verwendeten Mikroprozessors (oder der Mikroprozessoren) vorgegeben wird. Architekturstandards wie die Großrechnerserie IBM System /360, der IBM PC oder auch die SPARC-Technologie von Sun Microsystems bieten so mit ihrem jeweiligen „Interface" eine von der speziellen Hardware-Implementierung unabhängige und über mehrere Rechnermodelle invariante Schnittstelle zur Systemsoftware. (3) Anwendungsprogramme greifen für gewöhnlich auf die Ressourcen eines Rechners zu, indem sie das Betriebssystem oder andere Teile der Systemsoftware beauftragen, die gewünschten Routinen durchzuführen[7] . Von daher ist eine genau definierte Befehlssyntax erforderlich, über die die einzelnen Unterprogramme bzw. Funktionen der Systemsoftware abgerufen werden können. Für das Betriebssystem UNIX hat beispielsweise AT&T mit der „System V Interface Definition" (SVID) feste Schnittstellen garantiert, über die System-V-kompatible

---

[7] Zu solchen Routinen zählt u.a. die Bildschirmdarstellung, die Druckerausgabe, die Tastatur- und Maussteuerung, der Zugriff auf den Hauptspeicher oder auf sekundäre Speichermedien sowie die Sendung bzw. der Empfang von Nachrichten über Netze.

Anwendungssoftware UNIX-Routinen nutzen kann. Andere Betriebssystemstandards – hier ist vor allem MS-DOS oder auch Windows 3.x von Microsoft zu nennen – bieten ebenso bekannte und dauerhafte Schnittstellen[8] . (4) Wenn man über einzelne Computer hinaus mehrere, untereinander verbundene Rechner betrachtet, so ergibt sich noch eine weitere komplementäre Beziehung. In einem solchen Fall ergänzen sich nicht nur einzelne Hardware- und Softwarekomponenten, sondern auch „ganze" Rechner. Netzwerkverbindungen oder andere Formen der Datenübertragung wie die mit Hilfe von Disketten, Magnetbändern, CD's oder Wechselplatten bilden hier die entsprechenden Schnittstellen zwischen den Endgeräten. Die bekanntesten Standards sind hier zweifellos die zur Kommunikation über Netze. Aus dieser Gruppe von Standardisierungen werden im weiteren Verlauf der Untersuchung insbesondere die „System Network Architecture" (SNA) der IBM sowie das von der ISO entwickelte Referenzmodell für „Open Systems Interconnections" (OSI) angesprochen werden.

Wenngleich Computerstandards in ihrer Mehrzahl für die Zusammenarbeit komplementärer Güter von Bedeutung sind, so gibt es auch (Software-) Standards, die verschiedene Schnittstellen zum Anwender vereinheitlichen und damit die Handhabung von Rechnersystemen erleichtern. Computerstandards gleichen also nicht nur vielen der bisher angeführten Produktstandards darin, daß sie die Kompatibilität einzelner Komponenten gewährleisten; einige Computerstandards entsprechen insoweit auch der QWERTY-Tastatur oder den in ihrer Bedienung standardisierten Gabelstaplern, als sie eine – wie Hemenway schreibt – verbesserte „interchangeability of people und machines" ermöglichen. Beispielsweise ist den unterschiedlichen Anwendungen (Textverarbeitung, Datenbanken, Tabellenkalkulation, grafische Präsentation usw.), die für den Betriebssystemaufsatz Windows 3.x von Microsoft verfügbar sind, selbst dann eine weitgehend identische Bedienungsoberfläche gemeinsam, wenn die Programme von verschiedenen Herstellern entwickelt worden sind. Auch für UNIX haben sich vergleichbare Standards durchgesetzt. Grafisch orientierte Oberflächen wie Open Look oder OSF Motif vermitteln hier ein jeweils einheitliches „Look-and-Feel", das eine problemlose Handhabung von UNIX-Systemen und eine benutzerfreundliche Bedienung der entsprechenden Anwendungen ermöglicht. Es gibt jedoch nicht nur allgemein akzeptierte Benutzerschnittstellen wie die eben erwähnten, von denen der „normale" An-

---

[8] Die bisher vorgenommene Unterteilung in Systembus-, Architektur- und Betriebssystemstandards ist natürlich eine idealtypische. In der Realität sind diese drei (Standard-) Ebenen selten so deutlich voneinander zu trennen. So versteht sich der PC-Standard für gewöhnlich als eine Kombination aus dem ISA-Bus (bzw. dem ursprünglich 8-bit breiten PC-Bus), den Intel Mikroprozessoren der 80x86er Serie und dem Betriebssystem MS-DOS.

wender profitiert. Ebenso sind solche (Bedienungs-) Standards verbreitet, die dem Systementwickler zugute kommen. So galt die 1956 von der IBM vorgestellte Programmiersprache Fortran über viele Jahre als die Sprache schlechthin, wenn es um die Entwicklung von Software ging, mit der technisch-wissenschaftliche Aufgaben gelöst werden sollten. Daneben konnte sich später im wirtschaftlich-kaufmännischen Bereich mit COBOL – COBOL steht für „Common Business oriented Language" – eine weitere Programmiersprache als (Software-) Standard etablieren.

Wenn man nun die Vorgänge in der Computerindustrie betrachtet, genügt schon ein kurzer Blick auf einzelne Ereignisse, um zu erkennen, daß die Marktergebnisse von der Vielfalt der Hardware- und Softwarestandards nicht unberührt bleiben. So zeugen unzählige Beispiele davon, daß der Grad der Kompatibilität für den Erfolg bzw. Mißerfolg einzelner Produkte weitaus bedeutender ist als eine überlegene Technologie. Wie wenig Einfluß dem Verhältnis von Preis und Leistung mitunter zukommen kann, belegen die frühen (nicht kompatiblen) Konkurrenzprodukte des IBM PC's. Zu der Zeit, als die IBM mit ihrer Rechnerarchitektur den bis heute vorherrschenden PC-Standard einführte (1981), gab es einige 16-bit Computer, auf denen ebenfalls MS-DOS als Betriebssystem lief, so u.a. den Victor 9000 von Kidde, den Zenith-Z-100, den HP-150 von Hewlett Packard oder auch den Rainbow-100 von DEC. Allen war gemeinsam, daß sie, was ihre Rechenleistung, Speicherkapazität und Grafikfähigkeit betraf, bei einem zum Teil erheblich geringerem Preis dem IBM PC weit überlegen waren. Es lassen sich natürlich etliche produkt- oder firmenspezifische Ursachen anführen, warum diese Rechner vom Markt verschwunden sind; aber im Grunde hatten sie deshalb keine Chance, weil sie nicht IBM-kompatibel waren. Das gleiche Schicksal ereilte auch den Tandy 2000, einen im Herbst 1983 eingeführten und für die damaligen Verhältnisse sehr leistungsstarken 16-bit Computer. Obwohl dieser Rechner eben nicht hundertprozentig kompatibel war, sondern nur „so ähnlich" wie ein IBM PC funktionierte, sprachen gleich mehrere günstige Umstände für einen Erfolg. Zum einen erschien die Tandy Corporation aufgrund ihres Vertriebsnetzes von ungefähr 5.000 Radio-Shack-Läden sowie den eigenen Tandy Computer Centers gegenüber der IBM und ihrem PC weitgehend immun; zum anderen verfügte der Tandy 2000 über den Intel 80186, einen Mikroprozessor, der dem des IBM PC's, dem Intel 8088 bzw. 8086, um Längen voraus war. Hinzu kam noch, daß Microsoft – immerhin Eigentümerin von MS-DOS – Tandy bei der Markteinführung seines Rechners großzügige Unterstützung zukommen ließ (der Grund dafür war wohl der, daß der Tandy 2000 der erste MS-DOS-Rechner war, auf dem Windows schnell genug lief, und daß Microsoft die damals neue Betriebssystemoberfläche über diesen

Rechner populär machen wollte). Die Tatsache, daß sich der Tandy 2000 trotz allem nicht gegen den IBM PC behaupten konnte, belegt wie kaum ein zweiter Vorfall den Einfluß eines Marktstandards. Innerhalb weniger Jahre war IBM-Kompatibilität zum Schlüsselwort einer ganzen Industrie geworden, und noch heute bestimmt der Grad der (In-) Kompatiblität mehr als jedes andere Produktmerkmal die Marktchancen eines Rechners.

Nicht nur der Erfolg einzelner Produkte wie der des IBM PC's, sondern auch der Aufstieg ganzer Unternehmen läßt sich nur unvollständig erfassen, wenn wir den Einfluß der entsprechenden Marktstandards nicht berücksichtigen. Betrachten wir die Jahrzehnte während Branchenvorherrschaft der IBM. Natürlich wurde – um gleich eine Einschränkung voranzustellen – diese Position nicht ausschließlich durch eigene, sehr erfolgreiche (IBM-) Standards erreicht; auch andere Faktoren, insbesondere die wettbewerbsrechtlichen Rahmenbedingungen, haben hier eine nicht unerhebliche Rolle gespielt. So hatte der Anfang der 50er Jahre auf dem Gebiet der Computertechnologie führende Telekommunikationskonzern AT&T aufgrund der US-amerikanischen Monopolbestimmungen seinen Vorsprung vor der IBM aufgeben müssen. Hätte AT&T 1956 nicht aus Furcht vor weitreichenden Anti-Trust-Maßnahmen einer Regelung zustimmen müssen, nach der es dem Konzern untersagt war, Computertechnologie an die allgemeine Kundschaft zu verkaufen oder zu vermieten, AT&T wäre wohl der erste bedeutende Computerhersteller geworden und hätte der IBM nur einen sicheren zweiten Platz zugestanden. Der aussichtsreichste Kandidat für die führende Position wurde damit ohne Zutun der IBM frühzeitig vom amerikanischen Justizministerium aus dem Wettbewerb genommen[9]. Von ähnlich nachhaltigem Einfluß auf die Erfolgsgeschichte der IBM ist aber auch die im April 1964 vorgestellte Großrechnerserie IBM System /360. Die Computerbranche wäre – ebenso wie ohne die Anti-Trust-Eingriffe gegen AT&T – heute eine ganz andere, wenn es der IBM nicht gelungen wäre, mit der /360er Architektur zugleich einen Marktstandard einzuführen, mit dem man über lange Zeit fast die gesamte (Großrechner-) Industrie nach Belieben beherrschen konnte. Zwei Jahrzehnte lang waren

---

[9] Zweifellos hätte AT&T schon ab Mitte der 50er Jahre die Führung in der Branche übernehmen können, wenn es nicht die besagten Anti-Trust-Bestimmungen gegeben hätte. Zu dieser Zeit besaß das Unternehmen vermutlich mehr Patente in der Computertechnik als irgendeine andere Firma (immerhin hatte AT&T bereits 1940 einen Computer für die Telephonvermittlung entwickelt) und stellte die ersten Transitoren her – jene Bauteile, die einige Jahre später zur Grundlage der zweiten Rechnergeneration werden sollten. Zudem war AT&T der damals größte private Anwender von Computern; der Konzern hätte allein schon für den Eigenbedarf gewinnbringend produzieren können und als einziger Hersteller Rechner in Serie statt auf Bestellung bauen können. Zur Anti-Trust-Geschichte der AT&T siehe Sobel, Robert, 1986, besonders S. 59 ff..

diese Rechner zusammen mit den Modellen der /370er Familie, der leicht modifizierten Nachfolgeserie des System /360, der tragende Pfeiler für die Vormachtstellung der IBM. So wie die über viele Jahre unangefochtene Position der IBM nicht ohne den /360er Großrechnerstandard zu verstehen ist, so ist der Aufstieg von Intel zum heute größten Halbleiterhersteller untrennbar mit dem PC-Standard verbunden. Die Geschichte dieses Unternehmens zeigt auf eindrucksvolle Art und Weise, daß der Erfolg oftmals nicht von der Qualität der Produkte (und ihrem Preis) bestimmt wird, sondern vielmehr von solchen Entscheidungen abhängt, die im Zusammenhang mit möglichen Hardware- oder Softwarestandards getroffen werden. Bevor die IBM im August 1981 den PC auf den Markt brachte, gehörte Intel zu jenen Unternehmen, die gerade die ersten 16-bit Mikroprozessoren herstellten. Zu dieser Zeit hatte Intel den 8086 (sowie den 8088) im Programm, Motorola den 68000 und National Semiconductor seinen 16032. Von diesen drei Prozessoren war der Intel 8086 der technisch gesehen schwächste; er war den anderen beiden einmal leistungsmäßig unterlegen und zudem gerade im Vergleich zum Motorola 68000 weniger elegant zu programmieren[10]. Wie der 8086, so weisen auch die späteren 80x86er Modelle keine Merkmale auf, die den Intel-Chips zu irgendeinem technischen Vorsprung gegenüber ihren jeweiligen Konkurrenten (hier ist in erster Linie die Motorola 680x0er Serie zu nennen) verholfen hätten und mit denen die Marktführung von Intel zu erklären wäre. Was Intel groß machte, war damit offensichtlich weniger die Leistungsstärke seiner Mikroprozessoren; es war viel eher die Tatsache, daß sich im Schatten des IBM PC's die 80x86er Serie zum vorherrschenden Marktstandard durchsetzen konnte. Auch Microsoft hat zu einem großen Teil seinen außergewöhnlichen Erfolg dem PC-Standard zu verdanken. Zweifellos wäre die ehemalige „Garagenfirma" heute ein weniger mächtiges Unternehmen, hätte sich IBM damals für CP/M-86 von Digital Research entschieden und nicht MS-DOS zum Standardbetriebssystem für Mikrorechner gemacht. Es gibt jedoch nicht nur Rechnerarchitekturen der IBM, die – wie die /360er Großrechner oder der IBM PC – zum Marktstandard geworden sind. Von vergleichbarem Einfluß sind auch (Hardware-) Standards anderer Unternehmen. So war beispielsweise Sun Microsystems anfangs nur einer unter mehreren Herstellern, die auf Basis der Moto-

---

[10] Bekanntlich entschied sich IBM trotz allem für den Intel Prozessor. Der Grund dafür war der, daß Intel den 8086 zugleich auch in einer Magerversion, den 8088, anbot und dieser der damals einzige (halbrechte) 16-bit Prozessor war, für den alle zum sofortigem Einsatz notwendigen Peripherie-Chips vorhanden waren. Intern war der 8088 ein echter 8086 und ließ daher ebenfalls eine Verarbeitung der Daten im 16-bit Format zu; extern war er aber nur mit einem 8-bit Datenbus ausgerüstet. Dies ermöglichte – während Intel, Motorola und National Semiconductor noch an der Neuentwicklung eines entsprechenden Chipsatzes für ihre 16-bit Prozessoren arbeiteten – den Gebrauch der alten 8-bit Komponenten des Intel 8080.

rola 68000er Mikroprozessoren Arbeitsplatzrechner, sogenannte Workstations, fertigten. Der eigentliche Aufstieg der 1982 gegründeten Firma begann erst zum Ende der 80er Jahre, als sich die hauseigene SPARC-Technologie als eine der ersten RISC-Architekturen zum Marktstandard durchsetzen konnte.

Wie unvollständig und verkürzt die einleitenden Beispiele auch geschildert sein mögen, sie vermitteln uns eine gewisse Vorstellung, in welchem Ausmaß die Ereignisse in der Computerbranche durch Hardware- und Softwarestandards bestimmt werden. Es ist jedoch nicht das Ziel dieser Untersuchung, auf einzelne Befunde einzugehen und in detaillierten Fallstudien nachzuweisen, von welcher Bedeutung die Frage der Kompatibilität für den Wettbewerbsprozeß ist. Ebensowenig wird der Leser irgendwelche „Hypothesen" über empirische Regelmäßigkeiten oder Tendenzen vorfinden, die – wie in einigen anderen Untersuchungen – aus der Geschichte der Computerbranche gezogen worden sind[11] . Solche induktiv gewonnenen Ergebnisse können uns zwar einen gewissen Einblick in den Prozeß der Standardisierung vermitteln; sie können uns jedoch nicht über die gesetzmäßigen Zusammenhänge informieren, die diesem Prozeß zugrundeliegen. Um genau solche Zusammenhänge, die eine kausale Deutung der Geschehnisse zulassen, geht es aber in der vorliegenden Arbeit. *Es soll hier der Versuch gemacht werden, über die Beschreibung einzelner Befunde hinaus eine allgemeingültige (nomologische) Erklärung für das Aufkommen der verschiedenen Hardware- und Softwarestandards anzubieten.*

Der Plan der Untersuchung ist dabei der folgende: Im anschließenden Kapitel werden zunächst einige alternative Ansätze einer ökonomischen Theorie der Standardisierung vorgestellt. Obwohl die literaturbekannten Vorschläge nur in wesentlichen Zügen nachzulesen sind, wird deutlich werden, daß zum Teil erhebliche Defizite auszumachen sind, wenn man die einzelnen Theorien auf ihre Erklärungskraft hin untersucht. Es ist daher zu vermuten, daß – so die Hauptthese des zweiten Kapitels – die einschlägige Literatur keine zufriedenstellende Lösung für das Problem der (Computer-) Standardisierung bietet. Jedoch erweisen sich die im Schrifttum enthaltenen Ansätze nicht als wertlos. Wirtschaftswissenschaftler wie

---

[11] Besonders die Arbeit von Stanley M. Besen und Leland L. Johnson [dieselben, 1986] sowie die von H. Landis Gabel [derselbe, 1993] läuft darauf hinaus, bestimmte Rückschlüsse aus Fallstudien zu gewinnen. So schreibt Gabel zum Ende seiner Untersuchung: „Zweck dieses Schlußkapitels ist die Darstellung einiger Hypothesen über Standardisierung und Wettbewerb, die aus den Fallstudien dieses Buches (und aus ein paar anderen, am Rande erwähnten Fällen) abgeleitet werden. Diese Hypothesen sollen nicht als 'Wahrheiten' in dem Sinne, wie es Herleitungen aus mathematischen Modellen (durch Tautologie) oder statistische Nachweise sind, verstanden werden. Stattdessen dienen sie als 'Tendenzen' oder 'grobe Verallgemeinerungen', bei denen es Ausnahmen gibt [Gabel, H. Landis, 1993, S. 193].

Charles P. Kindleberger, Donald J. Lecraw oder David Hemenway – um nur einige zu nennen – erwähnen im Zusammenhang mit Standardisierungen eine mikroökomonische Idee, die sich als vielversprechender Ansatzpunkt darstellt: die Theorie öffentlicher Güter[12]. Dieser Gedanke wird im dritten Kapitel weiterverfolgt. Dazu werden in den ersten Abschnitten unterschiedliche Forschungsrichtungen, die sich innerhalb der Theorie öffentlicher Güter herausgebildet haben, voneinander abgegrenzt. Es werden hierbei die modernen Ausläufer der beiden Hauptströmungen, die Theorie der Klubs von James M. Buchanan und die Gruppentheorie von Mancur Olson, eingehend behandelt und daraufhin untersucht, inwieweit aus ihnen eine überzeugende Erklärung für Computerstandards gewonnen werden kann. Ergebnis wird sein, daß sich hierfür besonders der Ansatz von Olson eignet. Wie jedoch anhand einzelner Befunde nachzuweisen ist, reicht der Gehalt der Gruppentheorie nicht aus, um solche Computerstandards zu erfassen, die mit Hilfe einer Produktpolitik der „offenen Architektur" etabliert worden sind. Aus diesem Grund wird in den letzten beiden Abschnitten des dritten Kapitels eine Erklärung entwickelt, die in einem entscheidenden Punkt über den Ansatz von Olson hinausgeht und die dadurch in der Lage ist, auch das Phänomen „offener" Standards zu lösen. Ziel des vierten Kapitels ist es dann, die entsprechenden empirischen Untersuchungen durchzuführen. Es wird gezeigt, daß die neu gewonnene Erklärung nicht nur bei „offenen" Standards, sondern auch hinsichtlich weiterer Befunde der Gruppentheorie überlegen ist.

---

[12] Siehe Kindleberger, Charles P., 1983, Lecraw, Donald J., 1984, und Hemenway, David, 1975.

II. Alternative Ansätze einer Theorie der Standardisierung

Der Philosoph Karl R. Popper hat einmal das Vorgehen in der Wissenschaft so beschrieben: „Die Methode der Wissenschaft ist die Methode der kühnen Vermutungen und der erfinderischen und ernsthaften Versuche, sie zu widerlegen"[13]. Folgt man dieser Auffassung, so ist zunächst zu fragen: Welche kühnen Vermutungen haben Wirtschaftstheoretiker aufgestellt, um zu den gesetzmäßigen Zusammenhängen und damit zu den Ursachen standardisierter Güter vorzudringen? Und was können wir darüber hinaus noch vermuten, um vielleicht eine Erklärung zu finden, die von größerem Gehalt ist? Die Darstellung konkurrierender Ansätze einer Theorie der Standardisierung ist jedoch nur ein erster Schritt; der zweite und wichtigere ist der, den Wettbewerb zwischen den Alternativen entscheiden zu können. Nach Popper's Wissenschaftslehre sind es – neben rivalisierenden Theorien – vor allem empirische Befunde, die die Fehler und Schwächen in unseren Theorien aufdekken und die so einen Vergleich zwischen widerstreitenden Lösungen zulassen. Gute Theorie haben daher zuerst, wie Popper sagt, erfinderischen und ernsthaften Versuchen einer Widerlegung standzuhalten. Denn obwohl eine Theorie selbst dann falsch sein kann, wenn sie an keiner der schwierigen Prüfungen gescheitert ist, können wir ihr mehr Zutrauen schenken als einer Theorie, die sich jeder oder fast jeder Prüfung von Anfang an verschließt (auch wenn diese Theorie streng genommen genausowenig widerlegt worden ist wie die erste). Dementsprechend zielen auch die Maßstäbe einer befriedigenden Erklärung, wie sie zu Beginn dieses Kapitels erläutert werden, auf die Überprüfbarkeit einer möglichen Erklärung ab. Danach wird im Rahmen der vorliegenden Untersuchung eine Theorie nur dann als zufriedenstellende Lösung zu akzeptieren sein, wenn sie an zahlreichen Standardisierungen in der Computerbranche zu testen ist und dabei die verschiedenartigsten Ereignisse zu erklären vermag.

A. Maßstäbe einer befriedigenden Erklärung

1. Erklärungsgehalt, Allgemeinheit und Präzision

Das Interesse, das wir daran haben, eine weitgehend zufriedenstellende Lösung für das Problem der (Hardware- und Software-) Standardisierung zu finden, führt dazu, gewisse Anforderungen an die Güte möglicher Erklärungsalternativen zu stellen und somit nicht *irgendeine* Antwort akzeptieren zu müssen. Wer beispielsweise erklären will, warum der IBM

---

[13] Popper, Karl R., 1984, S. 82.

PC als Standardarchitektur den Markt für Mikrorechner dominiert, der wird vermuten können, daß dies ursächlich mit der überragenden Bedeutung der Intel 80x86er Mikroprozessoren bzw. mit den dazu kompatiblen Chips zusammenhängt. Demnach gilt die auf dem Intel
8086 Prozessor und dessen Nachfolgern basierende PC-Architektur als Standard unter den
Mikrocomputern, weil die Mehrzahl der Unternehmen in ihren 16-bit Rechnern Intel Mikroprozessoren oder vollkompatible Klones anderer Halbleiterhersteller wie Cyrix, Chips &
Technologies oder Advanced Micro Devices (AMD) einsetzen. Wenn man annimmt, daß
das Aufkommen bestimmter Architekturstandards die Folge einer Verwendung von Mikroprozessoren ist, die auf der Ebene der Maschinenbefehle zueinander kompatibel sind, so
könnte man diese Vermutung allgemein als eine „Theorie der identischen Inputfaktoren"
bezeichnen. Vielleicht ist eine solche Vorstellung über Standardisierungen im Bereich der
Hardware auch nicht einmal falsch; sie kann in jedem Fall durch die Ereignisse auf dem
Markt für Workstations bestätigt werden (Workstations, oft auch als Arbeitsplatzrechner be-
zeichnet, bilden die nächst höhere Leistungsklasse über den Mikrocomputern). In diesem
Marktsegment haben sich heute mit der SPARC-Technologie von Sun Microsystems, der
„Precision Architecture" von Hewlett Packard, der POWER-Serie der IBM oder auch der
Alpha-Architektur von DEC gleich mehrere Standards nebeneinander etablieren können. Im
Sinne einer „Theorie der identischen Inputfaktoren" könnte hier der Grad der Standardisie-
rung deshalb geringer sein als der bei den Mikrorechnern, weil selbst die SPARC-
Technologie von Sun als die marktanteilsstärkste Architektur bei weitem nicht den dominie-
renden Markteinfluß besitzt, den der IBM PC in seiner Rechnerklasse ausübt[14] .

---

[14] Auf die auf Intel bzw. Intel-kompatiblen Mikroprozessoren basierenden PC's entfallen ca. 80%
des Marktes, die restlichen 20% sind zum überwiegenden Teil Rechner mit Motorola Chips der
68000er Familie, unter denen wiederum die Macintosh-Linie von Apple eindeutig dominiert und damit einen (kleinen) „Nebenstandard" bildet. Sieht man einmal von der PC-Architektur ab, gibt es
eigentlich nur noch die Großrechnerserie IBM System /360, die in ihrem Marktsegment derart be-
herrschend ist und dort als der Standard schlechthin einzustufen ist. In aller Regel aber konkurrieren wie in der Workstation-Szene mehrere Standards um die marktführende Position. Die Standardisierung eines Marktsegmentes ist damit weniger ein Resultat vom Typ „Alles-oder-Nichts", sie
nimmt vielmehr verschiedene Ausmaße oder Grade an.
Um die Bedeutung oder den Erfolg eines einzelnen Standards zu bestimmen (und um zu entscheiden, ob eine Technologie überhaupt als Standard anzusehen ist), wird in dieser Arbeit für gewöhnlich der Marktanteil der Produkte herangezogen, die zu einer bestimmten technologischen Spezifikation kompatibel sind. Weitere Möglichkeiten finden sich zum Beispiel bei Swann: „Three alternative ways of measuring the extent to which a product is an industry standard could be: (1) market share or cumulative sales; (2) the amount of design activity using a particular product; (3) the
extent to which the product is copied (that is the number of second sources)" [Swann, G.M.P.,
1987, S. 247]. Es ist nicht von der Hand zu weisen, daß gerade das dritte der von Swann genannten

Da es hier auf eine mögliche Widerlegung nicht ankommt, werden wir – trotz der Kürze der Darstellung – die geschilderten Ereignisse an dieser Stelle einmal als Bestätigung für die besagte Theorie akzeptieren (die SPARC-Technologie sowie die PC-Architektur werden zudem an späterer Stelle noch Gegenstand ausführlicher Untersuchung sein). Denn selbst für den Fall, daß die Theorie mehrfach bestätigt werden kann, fehlt der Erklärung, die sie vorschlägt, die notwendige Tiefe oder der notwendige Gehalt; sie ist in diesem Sinne eine triviale Antwort. So bleibt die Tatsache, daß die Hersteller von Mikrocomputern ihre Rechner weitgehend an einer einheitlichen, auf den Intel 80x86er Prozessoren aufbauenden Architektur ausrichten, ebenso unerklärt wie die Anreize, die einige der Anbieter von Workstations dazu bewegt haben, herstellerspezifische Rechnerarchitekturen mit eigenen Mikroprozessoren zu entwickeln. Für solche oder ähnliche Fragen ist die Erklärung, die die Theorie der identischen Inputfaktoren gibt, nicht tief genug; sie enthält keine Vermutung über die Motive, die der Entscheidung eines Herstellers bei seiner Auswahl zwischen möglichen Mikroprozessoren zugrunde liegen. Selbst wenn die fragliche Theorie eine plausible und wahrheitsnahe Lösung bieten kann, ist ihre Erklärungskraft damit so gering, daß wesentliche Aspekte ausgegrenzt und als exogen vorgegeben werden müssen. Theorien aber, die wie die der identischen Inputfaktoren das Problem der Standardisierung nur in derart oberflächlicher Weise lösen, können offensichtlich nicht als zufriedenstellende Antworten akzeptiert werden.

Das Vorhaben, mit Hilfe von Theorien tiefere Einblicke in das Geschehen zu erhalten, ist eng damit verbunden, wie *allgemein* eine Theorie ist, d.h. wie unterschiedlich die Tatsachen sein dürfen, die mit der jeweiligen Theorie noch zu erklären sind. Denn je tiefer eine Erklärung ist, desto verschiedenartiger werden auch die Ereignisse sein können, für die diese Erklärung zutrifft. So wäre eine solche allgemeine Theorie auch die Voraussetzung, um die vielfältigen Ausprägungen und Besonderheiten unterschiedlichster Computerstandards zu erfassen. Sie müßte nicht nur mit der Kompatibilität von Rechnern verschiedener Hersteller, also mit übergreifenden Hardware- oder Architekturstandards verträglich sein, sondern auch mit den Bestrebungen einiger Anbieter, im Bereich der Software einheitliche Bedienungsstandards für den „normalen" Anwender sowie für den Systementwickler zu schaffen. Weiterhin hätte eine solche Theorie zu erklären, warum in einigen Marktsegmenten keine bzw. keine herausragend großen Standards existieren, und sie hätte ebenso die Umstände zu nennen, unter denen Hersteller nicht auf sich allein gestellt Standards schaffen, sondern eigens

Kriterien in einigen Fällen, z.B. bei der Marktakzeptanz einer Technologie als *herstellerunabhängiger* Standard, ebenfalls bedeutsam sein kann. Für gewöhnlich dürfte es jedoch schwierig sein, die Zahl der Anbieter geklonter Produkte zuverlässig ermitteln zu können.

dazu Konsortien gründen. Es ist offensichtlich, daß eine Erklärung, die in ihrem Anwendungsbereich wie die oben vorgestellte Theorie der identischen Inputfaktoren auf Standardisierungen im Bereich der Hardware eingeschränkt ist, dieser Forderung nach Allgemeinheit nicht gerecht werden kann.

Der Grund, eine derartige Forderung zu stellen, ist der folgende: Da der Grad der Allgemeinheit einer Theorie die Größe ihres Anwendungsbereiches und damit auch die Menge der Tatsachen bestimmt, die zur Überprüfung der Theorie herangezogen werden können, ist es einmal sehr unwahrscheinlich, daß ein spezielles Argument zum Einsatz kommt. Vor allem aber werden sich für solche Argumente – eben weil aus ihnen nur eine geringe Anzahl prüfbarer Folgerungen abzuleiten ist – kaum Beweismaterialien anführen lassen, die zu ihren Gunsten sprechen könnten. Es liegt dann der Verdacht nahe, daß die angebotene Erklärung einer strengeren Prüfung, die aus genügend Hürden potentieller Falsifikationen bestehen würde, nicht mehr standhalten könnte. Ein solcher Verdacht wird bei einer allgemeinen Theorie nicht so schnell aufkommen. Sie wird für gewöhnlich einige ihrer speziellen Vorgängertheorien in ihrem Erklärungsgehalt mit einschließen und somit auch deren jeweilige Prüfungsmöglichkeiten ererben. Die Forderung nach Allgemeinheit leitet sich also daraus ab, daß nur solche Theorien, die diesem Kriterium weitgehend genügen, an einer großen Anzahl unterschiedlicher (Standardisierungs-) Ereignisse überprüfbar sind, so daß uns eine mögliche Bestätigung der Theorie viel eher als ein glaubwürdiges Zeugnis erscheinen muß als ein einzelner, fürsprechender Befund.

Man kann aber erst dann von einer befriedigenden Erklärung sprechen, wenn sich die fragliche Theorie über einen hohen Grad an Allgemeinheit hinaus auch durch die Bestimmtheit oder Präzision ihrer Aussagen auszeichnet. Tatsächlich ist es wenig zufriedenstellend, wenn nur vage Aussagen bzw. Vorhersagen gemacht werden können. Nehmen wir beispielsweise die Prognose, man erwarte – ganz nach dem Vorbild der Großrechnerserie IBM System /360 und des IBM PC's – auch im Bereich der Workstations eine mit der Zeit zunehmende Standardisierung, d.h. eine zunehmende Dominanz einer Rechnerarchitektur. Unbestimmte Schlüsse dieser Art verheimlichen, welche Architektur zum alles beherrschenden Standard aufsteigen wird, in welchem Zeitraum sie sich durchsetzen wird oder ob der Grad der Standardisierung mit dem auf dem Markt für Großrechner bzw. für Mikrorechner vergleichbar sein wird. Die prognostische Verwertbarkeit solcher Sätze ist verschwindend gering. Aber nicht nur das. Es gibt daneben noch einen anderen Grund, warum die Präzision von (Vor-) Aussagen in die Reihe der Anforderungen an das, was eine zufriedenstellende Erklärung zu leisten hat, mitaufzunehmen ist. Im methodologischen Schrifttum wird darauf hingewiesen, daß die Prüfbarkeit einer Theorie nicht nur mit dem Grad ihrer Allgemeinheit zunimmt, sondern auch gleichgerichtet mit dem Grad ihrer Bestimmtheit wächst. Eine präzise Aussage ermöglicht also einerseits eine genaue Prognose im Rahmen einer technischen Verwertbarkeit; andererseits bietet eine solche Aussage auch eine bessere Chance zur Falsifikation, so daß auch von dieser Seite her eine Theorie, wenn sie bestätigt werden kann, an Glaubwürdigkeit gewinnt.

Die Anforderungen, die hier an eine Erklärung gestellt werden, nämlich Gehalt, Allgemeinheit und Präzision, entsprechen dem, was Popper einmal als die Zielsetzung einer Erfahrungswissenschaft bezeichnet hat. Es sei, so Popper, das Ziel der empirischen Wissenschaft, daß „man zu Theorien fortschreitet mit einem reicheren Gehalt, einem höheren Grad von Universalität und einem höheren Grad von Genauigkeit"[15] . Aber, so könnte man einwenden, ist es überhaupt möglich, eine nach diesen Maßstäben befriedigende Erklärung für Computerstandards zu finden? Müssen wir uns nicht vielmehr bei einigen Ereignissen, die mit Hardware- oder Softwarestandards im Zusammenhang stehen, mit weniger zufriedengeben und uns darauf beschränken, bestimmte Vorgänge nur zu *verstehen* und nicht *erklären* zu können? Mit dieser Frage wird sich der nächste Abschnitt beschäftigen.

2. Verstehen und Erklären

Vor dem Hintergrund, daß die einzelnen Standardisierungen, die wir beobachten können, eine große Schar verschiedenartiger Phänomene bilden, stellt die Vorgabe, nach einem gehaltvollen, allgemeinen und präzisen Argument zu suchen, eine hohe Anforderung dar. Tatsächlich können angesichts der Vielfalt der Ereignisse Zweifel daran entstehen, ob Computerstandards überhaupt einem solchen Argument, das mit wenigen Voraussetzungen möglichst vieles genau erklären sollte, zugänglich sind. Vielleicht müssen wir in einigen Fällen sogar ganz auf eine Erklärung mit nomologischem Gehalt verzichten. Wir müßten uns dann damit begnügen, die Entwicklungsgeschichte einer Hard- oder Softwaretechnologie zu studieren, um *verstehen* zu können, daß sich Hersteller bzw. Herstellervereinigungen oder auch Anwender mehr oder weniger für einheitliche Standards stark gemacht haben und daß von daher Kompatibilitätsprobleme im unterschiedlichen Ausmaß existieren.

Betrachten wir dazu die Ereignisse um das Betriebssystem UNIX. UNIX wurde in den 60er Jahren in den Bell Laboratorien des amerikanischen Telekommunikationskonzerns AT&T entwickelt und 1969 in seiner ersten Version vorgestellt. Ursprünglich lief das Betriebssystem ausschließlich auf der DEC PDP-7 bzw. DEC PDP-11 und war vollständig in

---

[15] Popper, Karl R, 1972 a, S. 31.

Assembler programmiert; es war damit derart maschinennah und -abhängig geschrieben, daß eine Übertragung auf andere Rechnersysteme praktisch einer Neuprogrammierung gleich kam. Anfang der 70er Jahre wurde UNIX dann fast vollständig in eine höhere und maschinenunabhängige Programmiersprache übersetzt, nämlich in C. Sieht man einmal von den verbleibenden Assembler-Anteilen ab (dies waren ungefähr noch 10% des UNIX-Codes), die der jeweiligen Hardware angepaßt werden mußten, war UNIX damit nicht mehr an bestimmte Prozessoren oder Rechnerarchitekturen gebunden, sondern konnte leicht auf die unterschiedlichsten Systeme portiert werden. Zu dieser Zeit durfte AT&T jedoch aufgrund der US-amerikanischen Monopolbestimmungen keinerlei Computertechnologie verkaufen; zu symbolischen Lizenzpreisen wurde UNIX deshalb nur zu Ausbildungszwecken den Universitäten ohne weiteren Support zur Verfügung gestellt. Erst ab 1977 konnte AT&T dann das Betriebssystem kommerziell vermarkten. Eine sehr freizügige Lizenzvergabe des UNIX-Quellcodes führte dazu, daß Computerhersteller, Softwarehäuser und Universitäten bald unzählige UNIX-Dialekte entwickelt hatten, die meist nur für spezielle Aufgaben optimiert waren und nur auf bestimmten Rechnersystemen ablauffähig waren. Untereinander waren die verschiedenen Versionen in aller Regel nicht einmal auf Quellcode-Ebene kompatibel, so daß Anwendungssoftware, die für ein bestimmtes System geschrieben worden war, selbst nach erneuter Compilierung nicht auf einem fremden UNIX-Derivat einzusetzen war[16]. Selbst bei der Weiterentwicklung der eigenen UNIX-Linie konnten Anwender

---

[16] Um die Bedeutung von UNIX-Standards richtig einschätzen zu können, ist ein kurzer Exkurs über Quellcode- und Binärcode-Kompatibilität notwendig. Die auf einem Betriebssystem wie beispielsweise UNIX ablaufende Anwendungssoftware ist heute in aller Regel in einer höheren, d.h. maschinenunabhängigen Programmiersprache geschrieben. Dieser Quellcode ist zwar im Vergleich zur direkten Assember- oder Maschinenprogrammierung leicht und übersichtlich zu schreiben, muß jedoch nach der Programmierung noch in eine Form übersetzt („compiliert") werden, die vom jeweiligen Rechner „verstanden" werden kann und die in korrekter Weise auf die Funktionen des Betriebssystems zugreift. Anwendungsprogramme, die einem bestimmten UNIX-Quellcode-Standard entsprechend implementiert worden sind, können auf unterschiedliche UNIX-Plattformen portiert werden, indem sie auf dem Zielsystem erneut compiliert werden und so an die Besonderheiten dieser UNIX-Variante und der ihr zugrundeliegenden Hardware angepaßt werden. UNIX-Derivate, die zueinander auf Quellcode-Ebene kompatibel sind, lassen also die Übertragung von Software zu, ohne daß der Quellcode eines Programmes an sich neu- oder umgeschrieben werden muß. Obwohl zahlreiche Versuche unternommen werden, zumindest zwischen einigen UNIX-Varianten über Quellcode-Kompatibilität hinaus sogar Binärcode-Kompatibilität zu erreichen, ist man noch weit entfernt von dem, was in dieser Hinsicht in der PC-Industrie als geradezu selbstverständlich erscheint. Die faktisch verbindliche Kombination von MS-DOS mit Mikroprozessoren, die auf dem Instruktionssatz der Intel 80x86er Prozessorfamilie basieren, erlaubt es, eine bereits in binäre, maschinenlesbare Form compilierte Anwendung auf allen PC's einzusetzten. Durch solche Standards

und Systementwickler nur darauf vertrauen, daß die Schnittstellen und Betriebssystemleistungen, die die von ihnen erworbene bzw. programmierte (Anwendungs-) Software benutzte, bei der folgenden UNIX-Version noch vorhanden waren. Erst 1982 garantierte die AT&T mit der System V Interface Definition (SVID) als erster Anbieter eines UNIX-Systems feste Schnittstellen, über die die Anwendungsprogramme die Betriebssystemroutinen abrufen konnten und die bei zukünftigen UNIX-Entwicklungen von AT&T beibehalten werden sollten. Obwohl SVID mit der Verbreitung von UNIX-Systemen, die von AT&T's UNIX System V abstammten, zum ersten (kleinen) Standard wurde, blieb die Vielfalt in der UNIX-Szene bestehen. Eine vollständige Auflistung aller UNIX- bzw. UNIX-ähnlichen Systeme ist praktisch unmöglich; die meisten von ihnen aber leiten sich mehr oder weniger direkt aus einer der beiden großen Entwicklungslinien ab, dem UNIX System V, also dem Original von AT&T oder dem Berkeley UNIX BSD („Berkely Distribution Software"), der bekanntesten universitären Entwicklung für technisch-wissenschaftliche Aufgaben.

Die aus den Unterschieden zwischen den UNIX-Varianten resultierenden Kompatibilitätsprobleme führten bis zum Ende der 80er Jahre zur Gründung einer Reihe von Firmenkonsortien wie der „X/Open", der „Open Software Foundation" (OSF) oder der sogenannten „Archer-Group", die spätere „UNIX International, Inc." (UII). Alle Gruppierungen haben sich zum Ziel gesetzt, weitreichende UNIX-Standards zu etablieren, um auf diese Weise die für einen breiten Markterfolg von UNIX notwendige Vereinheitlichung der Systeme voranzutreiben. Trotz aller Anstrengungen ist die UNIX-Welt noch heute in diverse Lager aufteilt, die sich untereinander mit selbsternannten Standards abgrenzen. Hauptkonkurrenten um das eine „wahre" UNIX sind dabei vor allem die OSF und die UII, die zwar beide ihre Basissysteme zum sogenannten POSIX-Standard des amerikanischen Normungsinstituts „Institute of Electrical and Electronics Engineers" (IEEE) und zu den „X/Open Portability Guides" (XPG) konform halten, aber ihre UNIX-Systeme darüber hinaus mit eigenen, zueinander inkompatiblen Entwicklungen anbieten[17] .

---

auf Binärcode-Ebene wird es möglich, Software auf in Folie verschweißten Datenträgern zu verkaufen (man spricht daher auch von „Shrink-wrap-Kompatibilität"), wobei der Kunde die erworbenen Programme auf seinem Rechner installieren kann, ohne irgendwelche Anpassungen vornehmen zu müssen. Da die Anwendungen hier im unmittelbar ablauffähigem Binärformat vorliegen, entfällt die noch bei Quellcode-Kompatibilität notwendige Neucompilierung der Software, die nicht nur diesbezügliches Wissen von seiten des Kunden voraussetzt, sondern auch eine mögliche Fehlerquelle darstellt.

[17] Die verschiedenen Gruppierungen und Standards in der UNIX-Szene werden später noch ausführlich behandelt. Für denjenigen Leser, der nicht so sehr mit der Materie vertraut ist, genügt es, erkannt zu haben, wie sich im Laufe der UNIX-Geschichte eine Vielzahl von Derivaten herausgebil-

Die Beschreibung der UNIX-Geschichte kann zweifellos unser Verständnis dafür fördern, wie es zu den zahlreichen Herstellervereinigungen und Standardisierungsgremien kam, die wir heute in der UNIX-Szene beobachten können. Eine Beschreibung des Vergangenen enthält jedoch nur implizit Annahmen über gesetzmäßige Zusammenhänge, die uns ein über das reine Verstehen einer Situation hinausgehendes Wissen vermitteln können. Ein derartiges (nomologisches) Wissen könnte uns beispielsweise über das Verhalten der Menschen unter bestimmten Bedingungen informieren. So ließe sich im hier betrachteten Fall vermuten, daß die beteiligten Unternehmen im allgemeinen so handeln, daß sie ihre Ziele unter gewissen einschränkenden Bedingungen oder Vorgaben bestmöglich zu erreichen versuchen. Warum also, so wäre zu fragen, könnte es im Interesse von AT&T gelegen haben, Lizenzen für UNIX nahezu uneingeschränkt und offen für Fremdentwicklungen zu vergeben?

UNIX war von der Tradition seiner Entwicklungsgeschichte ein Betriebssytem, das nicht für eine spezielle Rechnerfamilie vorbestimmt war. Um es auf verschiedene Hardware-Plattformen portieren zu können, stellte AT&T UNIX in Quellcode-Form zur Verfügung, so daß es den Lizenznehmern ermöglicht wurde (wird), das Betriebssystem umzuschreiben und es der eigenen Rechnerarchitektur anzupassen. Die erwähnten Unterschiede in den einzelnen Versionen und die damit einhergehenden Inkompatibilitäten waren somit der Preis für die Offenheit und die prinzipielle Hardware-Unabhängigkeit von UNIX. Daß es dabei zu dieser außergewöhnlichen Vielzahl unterschiedlicher Derivate kam, lag ohne Frage an der fast uneingeschränkten Möglichkeit, die UNIX-Quelle zu lizenzieren. Da AT&T bis 1977 aufgrund der erwähnten wettbewerbsrechtlichen Bestimmungen nicht in der Computerbranche tätig sein durfte und erst 1979 mit dem UNIX System III begann, eine eigene Version des Betriebssystems zu verkaufen, konnte eine noch so freizügige Lizenzvergabe dem Unternehmen lange Zeit keinen Schaden zufügen. Hinzu kam, daß man bei AT&T wie in der gesamten Branche auch gar nicht an einen großen kommerziellen Erfolg eines Betriebssystems glaubte, das in Universitäten und Forschungslabors zuhause war.

Offensichtlich sind hier neben einer reinen Beschreibung der Ereignisse auch Aussagen über die Interessenlage von AT&T enthalten. Solche Überlegungen, die sich mit der Motivation bestimmter Handlungen beschäftigen, bauen auf allgemeinen Sätzen auf, die etwas über das menschliche Verhalten berichten. Vielleicht deshalb, weil es trivial und unbestreitbar erscheint, daß sich Menschen an ihren Zielen orientieren und sich im Bereich ihrer

---

det hat und es damit zu Kompatibilitätsproblemen kam, die die Anbieter der einzelnen UNIX-Systeme veranlaßt haben, sich an Standisierungsbemühungen zu beteiligen.

Möglichkeiten bemühen, diese Ziele zu erreichen, messen wir solchen scheinbar gehaltlosen Allsätzen wenig Bedeutung zu und vernachlässigen sie im Vergleich zu den singulären Sätzen der reinen Beschreibung[18] . Durch den Bezug auf allgemeine Prinzipien menschlicher Entscheidungen mag eine Untersuchung dann zwar formell von der Art einer nomologischen Erklärung sein, wie sie hier angestrebt wird. Der generelle Satz, daß die Handlungen individueller Entscheidungsträger ihren Motiven entspricht, solange nichts Unerreichbares gewünscht wird, ist aber mit fast allen Beobachtungen verträglich; die Motive müssen eben nur entsprechend angepaßt werden. Solche gehaltlosen Sätze, die den Schein einer nomologischen Erklärung wahren, können natürlich wenig Wissen vermitteln, das über ein Verstehen hinausgeht. Es wird jedoch immer einige Fälle geben, in denen wir uns damit zufriedengeben müssen, ein bestimmtes Phänomen anhand seiner Vergangenheit nur verständlich machen zu können. Die Geschichte von UNIX bietet in einigen, für die spätere Spaltung und die nachfolgenden Standardisierungen in der UNIX-Welt entscheidenden Aspekten – beispielsweise in der Lizenzvergabe von AT&T – ein anschauliches Beispiel, wo wir vielleicht nur *Verständnis* und keine *Erklärung* erreichen können. Trotz der begründeten Zweifel, für alle Ereignisse, die in irgendeiner Weise mit Computerstandards in Verbindung stehen, ein einfaches und zugleich gehaltvolles Argument liefern zu können, besteht jedoch kein Anlaß zu resignieren und die Maßstäbe dafür, was eine zufriedenstellende Erklärung leisten muß, herabzusetzen. *Wir können eben nur nicht von einer Theorie erwarten, daß sie alles erklärt; wir können und sollten aber von ihr erwarten, daß sie zumindest die wichtigsten Befunde eines Phänomens erklären kann.*

3. Die ökonomische Methode der Erklärung und ihre Verhaltenstheorie

Solange wir von einer befriedigenden Erklärung im allgemeinen gesprochen haben, ist damit noch nicht gesagt, daß sie von der Art einer *ökonomischen* Erklärung sein muß. Auch ohne eine genaue Vorstellung davon zu haben, wodurch sich diese von den Erklärungen z.B. aus der Soziologie oder der Psychologie abgrenzt, wird man natürlich vermuten, daß die Wirtschaftstheorie zuständig ist, wenn der Gegenstand der Forschung dem Bereich von Gütern, Preisen und Märkten entnommen ist. Was aber die Eigenart der Ökonomie als Dis-

---

[18] Eine derartige Forschungsmethode bietet, wie Carl G. Hempel es nennt, eine „Genetische Erklärung" bestimmter Ereignisse: „Wenn er ein historisches Phänomen verständlich machen will, wird der Historiker häufig eine 'genetische Erklärung' anbieten, die die wichtigsten Abschnitte in einer Sequenz von Ereignissen aufzeigt, die zu diesem Phänomen geführt haben ... , wobei auf Gesetze, welche die Stadien verbinden, häufig nur angespielt wird" [Hempel, Carl G., 1972, S. 250/252].

ziplin gegenüber den anderen Sozialwissenschaften ausmacht, ist nur vordergründig ihr Themenkreis; eine solche Klassifizierung müßte dem Leser der ökonomischen Beiträge zu politischen, rechtlichen oder anderen scheinbar fachfremden Themen auch unverständlich und irreführend erscheinen[19] . Ihren einzigartigen Charakter verdankt die Ökonomie vielmehr ihrer Verhaltenstheorie, die das berücksichtigt, was man weitläufig das „Problem der Knappheit verfügbarer Mittel" nennt. Demzufolge bewertet jeder Mensch seine Handlungsalternativen nicht ausschließlich danach, ob die (erwarteten) positiven Folgen seinen Wünschen entsprechen; er macht seine Entscheidung – indem er die Opportunitätskosten gegenrechnet – ebenso von den negativen Konsequenzen einer Handlung abhängig. In anderen Sozialwissenschaften wie der Psychologie oder der Soziologie geschieht die Bewertung der Handlungsalternativen oft ohne eine besondere Berücksichtigung der mit der Entscheidung verbundenen Kosten; der Wunsch, nicht befriedigten Bedürfnissen zu folgen oder gesellschaftlichen Normen zu entsprechen, dominiert dort mehr oder weniger unbeschränkt das menschliche Verhalten[20] . Vielleicht ist den angesprochenen Disziplinen der Gedanke knapper Mittel nicht so vertraut wie dem Ökonom, dem die Welt eher als Ort ewigen Mangels denn als Ort des Überflusses erscheint. In der Tat wäre es naheliegend, die Kosten einer Entscheidung zu ignorieren, wenn alles im ausreichenden Maße vorhanden wäre. Solange aber eine Handlung den (Teil-) Verzicht einer anderen zur Folge hat, was der Regelfall sein dürfte, ist die ökonomische Auffassung des menschlichen Verhaltens gegenüber soziologischen oder psychologischen Ideen im Vorteil.

Der Umstand, daß die Ökonomie den Tatendrang der Menschheit mit ihren Folgen in Zusammenhang bringt, macht aber nicht nur ihre Sonderstellung unter den Disziplinen der Sozialwissenschaften aus. Gleichzeitig verleiht dies der ökonomischen Art, das soziale Geschehen zu erklären, den Charakter, der für die Wirtschaftstheorie typisch ist. So deutet die ökonomische Verhaltenstheorie menschliche Handlungen als Reaktion auf eine Änderung der Anreizstrukturen, also auf eine Verschiebung der relativen Preise einzelner Handlungsalternativen. Treffend könnte man die Ökonomie in diesem Sinne als eine „Disziplin der Reaktion" titulieren; sie liefert uns wertvolle Hinweise zum Verständnis alltäglicher Situa-

---

[19] Welche Universalität dem ökonomischen Ansatz zukommt, läßt sich z.B. aus der Themenvielfalt ermessen, die in dem Buch „Der ökonomische Ansatz zur Erklärung des menschlichen Verhaltens", herausgegeben von Gary S. Becker, enthalten ist [derselbe, 1982]. Themen zu Wettbewerb und Demokratie, zu Kriminalität und Strafe, zu Ehe, Fruchtbarkeit und Familie dokumentieren dort die breite Gültigkeit und Reichweite der ökonomischen Theorie.

[20] Zur Abgrenzung und Besonderheit der ökonomischen Verhaltenstheorie gegenüber den soziologischen und den psychologischen Ansätzen siehe Meyer, Willi, 1981.

tionen, in denen die Möglichkeiten zum Handeln dem einzelnen vorgegeben und bekannt sind[21] . Inwieweit aber können wir uns sicher sein, daß ein Ansatz, der mit der Reaktion auf knappe Mittel umzugehen versteht, in der Lage ist, damit auch das Problem der (Hardware- und Software-) Standardisierung zu lösen? Eine ökonomische Erklärung wäre hier zweifellos unzulänglich, wenn die Etablierung eines Standards das Resultat einer unternehmerischen Handlung wäre, die man nicht als routinierte und berechenbare Antwort auf die Änderung der Gewinnchancen deuten könnte, oder die, anders gesagt, in ihrer Art nicht dem entspräche, was Joseph A. Schumpeter einmal als „passives Konsequenzenziehen" bezeichnet hat[22] . Sollten Unternehmen bei ihren Entscheidungen zur Standardisierung tatsächlich einer Motivation folgen, die mehr an der Bewältigung selbstgestellter Anforderungen orientiert ist und weniger eine Reaktion auf Preise darstellt, die die Opportunitätskosten des Einsatzes knapper Mittel messen, dann müßte viel eher eine psychologische Theorie, die das Bedürfnis nach Leistung, Macht, Anerkennung etc. betont, zur Erklärung herangezogen werden. Mit anderen Worten: *Wir können die Stärke des ökonomischen Ansatzes, die darin liegt, das Verhalten der Menschen als eine Reaktion auf geänderte Anreizstrukturen zu erklären, nicht ausnutzen, wenn Computerstandards die Folgen einer innovativen Produktpolitik wären und ihnen demzufolge weniger kalkulatorische (Unternehmens-) Entscheidungen als intrinsische Motive zugrunde lägen.*

Daß dies durchaus der Fall sein könnte, legen insbesondere die außergewöhnlichen Ereignisse um die Entwicklung der SPARC-Architektur von Sun Microsystems nahe. Unter allen gegenwärtigen und vergangenen Rechnerarchitekturen verkörpert die SPARC-Technologie heute in idealtypischer Weise das, was man für gewöhnlich eine „offene Architektur" nennt. Obwohl Sun Microsystems mit dieser Produktstrategie die SPARC-Technologie als den marktführenden Standard in der Klasse der Workstation durchsetzen konnte, verfügt eine „offene Architektur" über Merkmale, die allem Anschein nach nur wenig gemeinsam haben mit einer nutzenmaximierenden Reaktion auf vorgegebene Möglichkeiten (dies wird gleich anhand der Geschichte der SPARC-Technologie noch eingehend gezeigt werden). Nun könnte eine ökonomische Erklärung dennoch zufriedenstellend sein, wenn „offene Architekturen" bedeutungslose Randerscheinungen wären und derartige Befunde gegebenenfalls mit veränderten Motivationen und Bedürfnissen ad-hoc erklärt werden könnten. Wenn man jedoch bedenkt, daß dem wohl bekanntesten Fall einer erfolgreichen Standardisierung, dem Industriestandard um den IBM PC, ebenso wie der SPARC-

---

[21] Meyer, Willi, 1981, S. 166.
[22] Schumpeter, Joseph A., 1912, S. 104.

Technologie eine „offene Architektur" zugrunde liegt (dies allerdings in nicht ganz so extremer Form), dann kann ein solcher Ausweg keine akzeptable Lösung sein. Es wäre ohne Frage ein Pyrrhussieg, wenn wir den ökonomischen Erklärungsansatz um den Preis retten wollten, daß wir das vielleicht prägnanteste Exemplar eines Standards aus der Erklärung ausklammern müßten.

Zurück zur SPARC-Technologie von Sun. Die 1982 u.a. von dem Deutschen Andreas von Bechtolsheim in Mountain View, Kalifornien, gegründete Firma Sun Microsystems Inc. gehört zu den Newcomern unter den Computerherstellern. Von Beginn an konzentrierte man sich bei Sun auf die Herstellung von Workstations, also von jenen Rechnern, die nach den Mikrocomputern – dazu zählen beispielsweise die IBM (-kompatiblen) PC's – die nächsthöhere Leistungsklasse darstellen. Während die ersten Baureihen bis einschließlich der Sun-3 Modelle wie auch die meisten damaligen Konkurrenzprodukte auf den Motorola Prozessoren der 68000er Reihe basierten, wurde im Juli 1987 mit der Sun-4/200 erstmals ein Rechner vorgestellt, bei dem Sun einen nach den Vorgaben der hauseigenen RISC-Architektur, der „Scaleable Processor Architecture" (SPARC), entwickelten Mikroprozessor einsetzte[23] . Die Sun-4/200 aber war nur ein erstes Modell einer ganz neuen Serie. Auf der Grundlage von SPARC wollte Sun eine Familie untereinander vollkompatibler Prozessoren schaffen und damit eine RISC-Architektur für Workstations einführen, bei der Binärkompatibilität vom Einstiegsmodell bis zur high-end SPARCstation besteht[24] .

---

[23] Grundsätzlich sind zwei Arten von Mikroprozessoren zu unterscheiden. Zum einen jene Prozessoren, die nach der herkömmlichen Architektur aufgebaut sind und die aufgrund ihrer umfangreichen Maschinenbefehlssätze als CISC-Prozessoren – der Begriff CISC steht für „Complex Instruction Set Computers" – bezeichnet werden. Beispiele für diese Bauweise sind die Motorola Prozessoren der 68000er Serie sowie die Intel 80x86 Chips. Seit Anfang der 80er Jahre werden jedoch zunehmend auch Mikroprozessoren mit eingeschränktem Befehlsatz verwendet; entsprechend diesem Merkmal spricht man hier von „Reduced Instruction Set Computers" oder kurz von RISC-Architekturen. Die Idee von RISC geht auf eine Analyse zurück, nach der im statistischen Mittel in 80% der Fälle ausschießlich 20% der in einem CICS-Rechner zur Verfügung stehenden Maschinenbefehle genutzt werden. Da in RISC-Prozessoren nur diese Befehle implementiert sind, reduziert sich die Komplexität der Hardware und damit die Entwicklungs- und Produktionskosten. Zudem ist es oft möglich, eine gesamte RISC-Maschine auf einem einzigen Chip unterzubringen, was die Verarbeitungsgeschwindigkeit im Vergleich zu komplexen Rechnern erhöht, die auf mehreren (Peripherie-) Chips verteilt sind.

[24] Die Realisierung einer binärkompatiblen Prozessorfamilie ist bei einer RISC-Architektur ungleich schwieriger als bei den herkömmlichen CISC-Architekturen. Bei letzteren ist es durch die Technik der Mikroprogrammierung möglich, dieselben Maschinenbefehle auch über recht unterschiedliche Hardware-Strukturen hinweg beizubehalten. Hierbei werden die einzelnen Maschinenbefehle, die von der Software aufgerufen werden, nicht direkt ausgeführt, sondern nur als Einsprung in ein Mi-

Da Sun als Hersteller von Workstations keine Halbleiterprodukte und somit auch keine Mikroprozessoren fertigt, lag es im Interesse der Firma, sich mehrere Bezugsquellen für die SPARC-Prozessoren offenzuhalten. Man ermöglichte es daher verschiedenen Halbleiterherstellern, SPARC-Prozessoren mit unterschiedlichen Technologien wie Gate-Array, CMOS, ASIC oder ECL anzubieten. Der erste Lizenznehmer war Fujitsu, dessen SPARC-Prozessoren in Gate-Array Technik ab 1986 verfügbar waren und in den Systemen Sun-4/100 und Sun-4/200 eingesetzt wurden. Sun war aber nicht nur bereit, freizügig Lizenzen zur Fertigung der SPARC-Chips zu vergeben. Es war ebenso erklärte Strategie, anderen Computerherstellern die (nahezu) kostenlose Nutzung aller Sun-Patente für die SPARC-Architektur zu gestatten und damit faktisch die gesamten Informationen über die Architektur offenzulegen. So war es der Konkurrenz von Anfang an ohne aufwendiges „reverse engineering", d.h. ohne ein Rückwärtsentwickeln der Architektur anhand einer vorliegenden SPARCstation, möglich, nicht nur SPARC-kompatible Komponenten, sondern sogar komplette SPARC-Klones anzubieten.

Auf dem Weg, SPARC durch eine „offene Architektur" als Standard zu etablieren, ist Sun aber noch weitergegangen. Alle SPARC-Rechte wurden an die Anfang 1989 gegründete SPARC International (SI) abgegeben, eine unabhängige Vereinigung, zu deren Gründungsmitgliedern neben Sun selbst unter anderem auch Texas Instruments, Fujitsu, LSI Logic und Cypress Semiconductor zählten und deren Ziel die Standardisierung und Weiterentwicklung der SPARC-Architektur ist. Als Inhaberin des SPARC-Warenzeichens regelt die SI nicht nur die Lizenzvergabe, sondern bescheinigt den Herstellern von SPARC-Klones nach entsprechenden Hardwaretests die Binärkompatibilität ihrer Rechner zum SPARC-Standard. Die SI verwendet dazu die in der ersten Version Anfang 1990 veröffentlichte „SPARC Compliance Definition" (SCD), anhand derer die SPARC-Kompatibilität eines Computersystems überprüft werden kann; ebenso enthält die SCD auch die Anforderungen, denen Programmpakete genügen müssen, um sich SPARC-binärkompatibel nennen zu dürfen. Zusätzlich stellt die SI den Softwareentwicklern die SACT, die „SPARC Application

---

kroprogramm betrachtet, das die Operationen auf der Hardware-Ebene schrittweise ausführen läßt. Andererseits müssen RISC-Prozessoren, die in der Regel nicht über einen Mikrocode als „Puffer" für unterschiedliche Rechnerimplementierungen verfügen, ihre Befehlssätze stärker an der jeweiligen Hardware ausrichten. Aus diesem Grund ist es nicht ganz so einfach, Prozessoren mit verschiedener Leistungskapazität zu entwickeln, auf der Software, die im Binärformat vorliegt, ohne Anpassung ablauffähig ist. Wie aber unter anderem die SPARC-Technologie oder auch die „Precision Architecture" von Hewlett-Packard zeigt, ist die Möglichkeit, Binärkompatibilität innerhalb einer ganzen Rechnerfamilie zu erreichen, aus technischen Gründen auf keinen Fall allein auf CISC-Systeme beschränkt.

Conformance Toolkit", zur Verfügung, um den Quellcode von Anwendungsprogrammen direkt auf Kompatibilität testen zu können. Neben der Gründung der SI hat Sun seine SPARC-Technologie zudem auch dadurch frei verfügbar gemacht, daß das Unternehmen beim US-amerikanischen Normungsinstitut IEEE beantragt hat, SPARC als offizielle und allen Herstellern zugängliche Norm festzuschreiben. Das IEEE hat daraufhin ein Komitee eingesetzt, das eine SPARC-basierte Standardarchitektur für RISC-Prozessoren ausarbeiten soll. Insgesamt gesehen gibt der Erfolg einer Philosophie der „offene Architektur" Sun in jedem Fall Recht. Das Unternehmen hat mit dieser Strategie nicht nur seine SPARC-Technologie zum vorherrschenden Marktstandard für RISC-Workstations durchsetzten können (die SPARC-basierten Rechner hatten bereits 1990, drei Jahre nach ihrer Einführung, höhere Verkaufszahlen erreicht als alle übrigen RISC-Workstations zusammen), sondern ist selbst zum umsatzstärksten Anbieter von RISC-Systemen aufgestiegen[25].

Die bisherigen Ausführungen zur SPARC-Technologie sollten genügen, um die Besonderheiten einer Produktstrategie zu erkennen, die im allgemeinen mit dem Begriff einer „offenen Architektur" in Verbindung gebracht wird[26]. Wir werden jetzt wieder zum Aus-

---

[25] Wie in Kapitel IV, Abschnitt C.2 noch genauer dargestellt wird, werden die verschiedenen RISC-Architekturen, die heute den Markt beherrschen (u.a. die SPARC-Technologie von Sun, die „Precision Architecture" von Hewlett Packard, die POWER-Serie der IBM und die Alpha-Architektur von DEC), nicht mehr von einzelnen Herstellern, sondern von Unternehmensvereinigungen getragen und weiterentwickelt. Dagegen versuchten die Unternehmen noch bis Ende der 80er Jahre, ihre Architekturen ohne formelle Organisationen wie Gremien oder Konsortien als Standards zu etablieren. Die dabei bevorzugte Strategie teilte die Hersteller von RISC-Workstations bzw. RISC-Mikroprozessoren in zwei Lager: Unternehmen wie Sun oder MIPS lizenzierten ihre Entwicklungen, um möglichst viele Firmen zur Unterstützung ihrer Technologie zu gewinnen; andere wie Intel, Motorola oder Hewlett Packard vertrauten ihrem Image, um die nötige Akzeptanz bei den Käufern zu erreichen. Die Zahlen sprechen jedoch eindeutig für die erste Strategie. So waren SPARC-basierte Rechner 1990 mit einem Anteil von weltweit 55,4% die meistverkauften Workstations mit RISC-Architektur, gefolgt von den Rechnern (21,1%), in denen die R2000 bzw. R3000 Mikroprozessoren der MIPS-Architektur eingesetzt worden waren [Quelle: International Data Corporation (IDC), aus Chip, 2/1991, S. 26].

[26] Besonders im Bereich der Datenübertragung sowie im Zusammenhang mit dem Betriebssystem UNIX wird häufig von „offenen Kommunikationssystemen" bzw. „offenen Systemen" gesprochen. Offenheit hat dort jedoch eine ganz andere Bedeutung und darf nicht mit der „offener Architekturen" verwechselt werden (was allerdings selbst in den einschlägigen Zeitschriften mitunter der Fall ist). Diese Offenheit ermöglicht, daß Hardware- und Softwarekomponenten unterschiedlicher Hersteller innerhalb eines Systems beliebig zu kombinieren sind. Entscheidend ist dafür die Festschreibung (und Einhaltung) der Schnittstellen, über die die einzelnen Bausteine miteinander verbunden sind und über die sie in vereinbarter Form Daten austauschen können. Um Systeme mit offenen und wohl definierten *Schnittstellen* von der *Produktpolitik* einer „offenen Architektur" eindeutig zu un-

gangspunkt zurückkehren, nämlich zu dem, was die Eigenart der Ökonomie ausmacht und damit zu der Frage, inwieweit eine „Disziplin der Reaktion" in der Lage ist, eine für unsere Untersuchung adäquate Erklärung zu bieten. Im Hinblick auf die SPARC-Architektur heißt das: Kann die Entscheidung von Sun Microsystems für ein „offenes" RISC-System als ein rationales Verhalten unter der Bedingung der Knappheit verfügbarer Mittel gedeutet werden? Wahrscheinlich wird man eher dem Recht geben, der dies bezweifelt. Das Vorgehen von Sun, eigene Entwicklungen frei verfügbar zu machen und sich damit selbst der Konkurrenz billiger SPARC-Klones auszusetzen, ist scheinbar alles andere als eine Reaktion, bei der das maximale Element eines vorgegebenen und erkannten Möglichkeitsbereichs ausgewählt wird. Im übrigen weicht dieses Vorgehen auch von dem anderer Hersteller deutlich ab, die eigene RISC-Architekturen entwickelt hatten und technische Informationen über ihre Rechnerarchitekturen nicht bzw. bei weitem nicht in dem Unfang wie Sun zugänglich gemacht haben. Intuitiv scheint also nichts irrationaler zu sein als eine „offene Architektur", eine Einschätzung, die sich auch vielerorts in der Literatur findet und dort so oder ähnlich anklingt wie beispielsweise bei Swann: „In this industry [die für Mikroprozessoren, H.J.] it is common for new entrants in a particular segment to act as 'second sources' and copy leading products ... rather than introduce their own design. ... At the same time, *perversely* perhaps, it can be in the original producer's interests to attract some second-source producers for his products"[27].

Die Existenz „offener Architekturen" läßt somit in der Tat Zweifel aufkommen, ob sich Computerstandards zutreffend mit einer Auffassung erklären lassen, die menschliches Verhalten als eine Reaktion auf Opportunitätskosten ansieht. So könnten denn auch Kritiker einwenden, daß Unternehmen, die in besonderem Maße von der Persönlichkeitsstruktur einzelner Menschen beeinflußt werden, anderen Motiven folgen als dem, berechenbare Gewinne zu machen. Denkbar wäre, daß solche Hersteller selbst um den Preis eines „offenen" Standards die eigene Technologie am Markt durchsetzten, um so eine breite Anerkennung der Forschungs- und Entwicklungsleistung zu erfahren, wobei der erzielte Gewinn nur eine untergeordnete Rolle spielt und lediglich als ein Indikator für den Grad der Aufgabenbewältigung dient. Eine derartige Motivlage soll hier in keinem Fall abgestritten werden. Es ist jedoch fraglich, ob mit Bedürfnissen wie Leistungsbestätigung oder Aufgabenbewältigung allein das Verhalten von Unternehmen zu erklären ist. Entscheidungen zur Produktpolitik

---

terscheiden, wird in der gesamten Arbeit das Wort „offen" immer dann in Anführungszeichen gesetzt, wenn von „offenen" Standards bzw. „offenen" Systemen im Sinne einer „offenen Architektur" wie der SPARC-Technologie die Rede ist.

[27] Swann, G.M.P., 1987, S. 239, Hervorhebung vom Verfasser.

werden sich wohl nur dann an solchen Bedürfnissen ausrichten lassen, wenn die Ressourcen eines Herstellers keiner Knappheit unterliegen (was im allgemeinen sehr unwahrscheinlich sein dürfte). Solange jedoch die Notwendigkeit besteht, ausreichende Einkünfte zu erzielen, werden Motive wie die eben genannten nicht zum Zug kommen (können). Milton Friedman hat dies einmal etwas überspitzt wie folgt beschrieben: „ ... unless the behavior of businessmen in some way or other approximated behavior consistent with the maximation of returns, it seems unlikely that they would remain in business for long"[28] . Vielleicht läßt sich das tatsächliche Verhalten der Menschen wegen der Erfolgsunsicherheit eigener Handlungen weniger mit der Maximierungshypothese – auf die Friedman anspielt – erfassen als mit der Verfolgung von Eigeninteressen. Die allgegenwärtige Knappheit der Mittel legt in jedem Fall den Schluß nahe, daß es dann zumindest im Eigeninteresse einzelner Hersteller liegt, unter bestimmten Umständen auch die Nachteile einer „offenen Architektur" zu tragen (unabhängig davon, ob bei einer solchen Strategie der persönliche Gewinn maximiert wird oder nicht). Wenn wir dementsprechend annehmen können, daß sich selbst die Entscheidungen, die im Zusammenhang mit „offenen" Computerstandards getroffen werden, als Reaktion auf vorgegebene Chancen erklären lassen, dann eröffnet uns dies eine gute Möglichkeit, für unser Problem eine „ökonomische" und zugleich allgemeingültige Lösung zu finden.

Zum Ende dieses Unterkapitels soll noch kurz das weitere Vorgehen im zweiten Kapitel erläutert werden. Nachdem bisher erörtert wurde, was man von einer zufriedenstellenden Erklärung erwarten sollte (Abschnitt 1), was man bei realistischer Einschätzung erwarten darf (Abschnitt 2) und schließlich, warum eine „ökonomische" Erklärung anderen sozialwissenschaftlichen Alternativen vorzuziehen ist (Abschnitt 3), werden die nachfolgenden Unterkapitel den konkurrierenden Ansätzen einer Theorie der Standardisierung gewidmet. Dabei wird zunächst auf eine Erklärung eingegangen werden, die auf die Bedeutung der Marktstruktur für das Aufkommen möglicher Standards hinweist und die sich in dem einfachen Gedanken zusammenfassen läßt, daß sich die Technologie des jeweiligen Marktführers als Standard etabliert – zweifelsohne eine Idee, die unserer intuitiven Vorstellung über mögliche Ursachen von Standards am ehesten entspricht. Eines ist jedoch vorher noch ausdrücklich zu betonen. Sowohl die Darstellung dieses Arguments als auch die anschließende Untersuchung der in der Literatur vorhandenen Theorien soll nicht mit dem Ziel erfolgen, die konkurrierenden Ansätze als völlig unzureichend abzuurteilen. Ihre Antworten enthalten zum Teil wertvolle Hinweise darauf, welche Faktoren den Prozeß einer Standardisierung

---

[28] Friedman, Milton, 1953, S. 22.

beschleunigen bzw. verzögern können und was eine Theorie zu berücksichtigen hat, um das Phänomen der Computerstandards gehaltvoll, allgemein und präzise erklären zu können.

B. Marktstruktur und Standardisierung

In der wirtschaftswissenschaftlichen Literatur zur Theorie des Wettbewerbs gibt es eine wohlfahrtsökonomische Richtung, in der darauf hingewiesen wird, daß das Ergebnis eines wettbewerblichen Prozesses weitgehend von der jeweiligen Struktur des Marktes abhängt. Wenn man diese Idee mit Computerstandards in Verbindung bringt, so könnte man vermuten, daß die Ausprägung der Marktstruktur, d.h. die Größen- und Machtverhältnisse zwischen den Unternehmen, nicht nur jene Marktergebnisse bestimmt, die Preise oder Mengen betreffen, sondern auch die hinsichtlich möglicher Standardisierungen. Danach wäre anzunehmen, daß sich bei einer hohen (monopolistischen) Konzentration der Marktmacht für gewöhnlich die Technologie des Marktführers als Standard etabliert; und je herausragender die Position dieses Unternehmens ist, desto größer wird der Marktanteil der Produkte sein, die einem solchen Standard entsprechen[29] . Andererseits ist unter den Bedingungen oligopolistischer Strukturen zu vermuten, daß der Markt zwischen einer Reihe untereinander nichtkompatibler Technologien aufgeteilt ist. Dabei wäre von keiner der konkurrierenden Standards zu behaupten, er bilde den alles dominierenden Marktstandard schlechthin. Für den Grenzfall einer atomistischen Konkurrenz gilt dann schließlich die häufig in der Literatur erwähnte vollständige Handlungsunfähigkeit einzelner Marktteilnehmer: „If buyers and sellers are atomistic, no single agent may wield enough influence to create a market standard"[30] .

Gerade vor dem Hintergrund, daß es der IBM in der Zeit ihrer unangefochtenen Branchenvorherrschaft mehrfach gelungen ist, die eigene Technologie als faktisch verbindlichen (Hardware-) Standard durchzusetzen, könnte man eine solche „Marktführerhypothese" als eine im großen und ganzen plausible und zutreffende Erklärung für Computerstandards halten. Die Ereignisse bei den Großrechnern, den sogenannten „Mainframes", sprechen in besonderer Weise zugunsten der vorgestellten Hypothese. In dieser Rechnerkategorie konnte der schon Anfang der 60er Jahre unumstrittene Marktführer IBM mit dem im April 1964

---

[29] Ein solches Argument könnte dann allerdings keine Auskunft darüber geben, wie sich der Marktanteil der kompatiblen Produkte zwischen dem Marktführer – dem Originalhersteller – und den Fremdherstellern aufteilt. Da der Anreiz, einen eigenen Standard zu schaffen, aber ganz erheblich von möglichen Konkurrenten bestimmt wird, offenbart sich schon hier eine erste Schwachstelle dieser Hypothese.

[30] Hergert, Michael, 1987, S. 73.

eingeführten IBM System /360 einen Architekturstandard schaffen, der in der Welt der Großrechner noch heute dominierend ist[31] . IBM realisierte hier erstmals das Konzept einer „Familie" untereinander kompatibler Rechner. Obwohl jedes einzelne Modell der /360er Serie in puncto Implementierung verschieden konzipiert war und mit den unterschiedlichen Rechenkapazitäten der gesamte mittlere bis obere Leistungsbereich abdeckt wurde, konnte über die ganze Produktlinie dieselbe Software ohne Neukompilierung direkt im Binärformat eingesetzt werden. Auch bei den Rechnern des IBM System /370, der ab 1970 ausgelieferten Nachfolgeserie, konnte volle Abwärtskompatibilität zu den /360er Computern bewahrt werden. So entstand auf dieser Grundlage eine dauerhafte Systemarchitektur für Software und Peripheriegeräte[32] , der noch Ende der 80er Jahre zwischen 60% und 70% aller Mainframes entsprachen und die trotz laufender Weiterentwicklung der /360er Architektur unverändert den Standard für fast die gesamte Großrechnerindustrie vorgibt[33] .

Obwohl die Ereignisse im Bereich der Mainframes ohne Frage zugunsten der vorgestellten Erklärung sprechen, ist daran allein noch nicht zu beurteilen, inwieweit das Argument der Marktführerschaft die Forderung nach Gehalt, Allgemeinheit und Präzision er-

---

[31] Besonders seit Anfang der 80er Jahre ist für IBM die Konkurrenz im Bereich der Mainframes durch die immer stärker aufkommenden Anbieter „steckerkompatibler" /360er Rechner gestiegen. So konnte die auf Hitachi- bzw. Fujitsu-Technologie basierenden Computer der „Plug Compatible Manufactures" (PCM) wie Amdahl, Comparex oder National Advanced Systems (NAS) 1988 ca. 20% des Weltumsatzes und damit ungefähr die Hälfte des IBM-Anteils am /360-kompatiblen Großrechnermarkt erreichen [Quelle: Management Services, aus Online, 12/1989, S. 12].

[32] In der Kategorie der Mikrocomputer konnte IBM mit dem 1981 eingeführten IBM PC ebenfalls eine einheitliche Systemarchitektur durchsetzen, die mit dem Betriebssystem PC-DOS bzw. MS-DOS von Microsoft und den Intel 80x86er Prozessoren eine binärkompatible Basis für die Erstellung von Anwendungssoftware bietet. Im Unterschied zum PC konnte im Fall der /360er Serie jedoch nicht der gesamte Leistungsbereich mit einem Betriebssystem optimal abdeckt werden. IBM bietet daher heute noch zwei verschiedene Betriebssysteme für die /360er Nachfolgemodelle an. Zur genauen Darstellung der Systemarchitekturen siehe Görling, Heinrich und Jokay, Zoltan, 1992, S. 6 ff..

[33] Welcher Stellenwert dem /360er Standard auch bei der Entwicklung nachfolgender IBM-Systeme zukam (zukommt), verdeutlicht die Bestrebung, die neueren Architekturen immer abwärtskompatibel zu den /360er bzw. /370er Rechnern zu entwerfen. So wurde mit der IBM 3080 von 1981 die /370er Architektur zur /370 XA-Architektur erweitert. Das Nachfolgemodell dieser Serie, die IBM 3090 von 1986, kann beim Einsatz des Betriebssystems MVS/XA bzw. VM/XA im erweiterten Architekturmodus laufen und immer noch unter MVS/370 oder VM/SP HPO den /370er Modus emulieren. Als weitere aktuelle /370er Architektur sind beispielsweise die Steuereinheiten der in der Rechnerfamilie IBM 9370 verwendeten Prozessoren in der Lage, /370-kompatible Maschinenbefehle zu verarbeiten. Zu den Entwicklungslinien der einzelnen IBM-Rechner siehe Ungerer, Theo, 1989, S. 61 ff..

füllt. Auch ist noch ungeklärt, ob es eventuell empirische Befunde gibt, die zu unlösbaren Komplikationen für diese Erklärung führen.

Was die Genauigkeit einer möglichen Voraussage, also die Präzision der Marktführerhypothese, betrifft, so war in einer vorherigen Fußnote bereits vermerkt worden, daß in diesem Argument keine Aussage darüber enthalten ist, wie sich der Markt standardkonformer Produkte zwischen dem Originalhersteller und den übrigen Anbietern kompatibler Klones aufteilt; auch bleibt offen, inwieweit die Konkurrenz durch Fremdhersteller im Zeitablauf zu- oder abnimmt. Ohne Frage ist dies eine Schwäche der Hypothese, wobei jedoch zwei Dinge zu bedenken sind. Zum einen spricht vieles dafür, daß der Anteil der „Second-Source-Produktion" in erster Linie von solchen Faktoren abhängt, die für jede Theorie in unserem Zusammenhang exogen sind: nämlich von der Ausgestaltung des Urheber- bzw. Patentschutzes sowie von der technischen Machbarkeit eines erfolgversprechenden „reverse engineerings". Zum anderen zielt die Forderung nach Bestimmtheit – ebenso wie die nach Gehalt und Allgemeinheit – weniger auf die prognostische Verwertung als vielmehr darauf, eine ausreichend große Menge an Prüfungsmöglichkeiten zu erhalten. Die Frage ist also, ob das Argument der Marktführerschaft auch ohne eine derart präzise Voraussage hinreichend überprüfbar ist.

Es gibt neben dem /360er Großrechnerstandard noch einen weiteren empirischen Befund, der die Marktführerhypothese zu stützen scheint: die standardisierten Diskettenformate für den IBM PC (und dessen Nachfolgeserie). Bevor die IBM im August 1981 den PC auf den Markt brachte, herrschte bei den Mikrorechnern – obwohl damals die überwiegende Zahl der 8-bit Computer unter dem Betriebssystem CP/M liefen – ein regelrechtes Formatchoas bei den 5¼ Zoll Disketten. Fast jeder Hersteller variierte sowohl bei dem physikalischen Aufzeichnungsverfahren, d.h. bei der Größe und Anzahl der Sektoren, als auch bei der logischen Diskettenstruktur, also beim Aufbau und Eintrag in die Directories und ähnlichem. Ein CP/M-Rechner konnte bestenfalls einige der Formate lesen bzw. schreiben, ein breiter Datenaustausch aber war auf den 5¼ Zoll Disketten nicht möglich. Hierfür gab es zu dieser Zeit das von der IBM geschaffene und als Standard für den Datenaustausch akzeptierte Aufzeichnungsformat IBM 3740 für 8 Zoll Disketten. Erst mit der Einführung des IBM PC's und seinen physikalischen und logischen Aufzeichnungsformaten wurde auch bei den 5¼ Zoll Disketten ein allgemein verwendeter Standard geschaffen. Eine derartige Formatvielfalt, wie sie bei den 5¼ Zoll Disketten unter CP/M bekannt war, hat es bei den 3½ Zoll Disketten niemals gegeben. Mit der Einführung der IBM PS/2 Serie (1987) gelang es der IBM auch hier wie zuvor mit dem PC, der Branche ein einheitliches Standardformat vorzugeben.

Obwohl das Aufkommen standardisierter Diskettenformate ebenso wie die Etablierung des /360er Architekturstandards die Marktführerhypothese stützt, können gewisse Zweifel an der Strenge der empirischen Überprüfung und damit an ihrer Beweiskraft nicht verschwiegen werden. Diese Zweifel rühren daher, daß die bisher geschilderten Ereignisse dem Gebiet der Hardware entnommen worden sind und unisono auf IBM als den jeweiligen Marktführer verweisen. Nun wird jeder, der auch nur ein wenig mit der Situation in der Computerindustrie vertraut ist, die Schwierigkeiten einschätzen können, einen mit der IBM vergleichbar dominierenden Marktführer zu finden. Es werden sich daher kaum ausreichend Befunde zur Überprüfung anführen lassen, die unabhängig von irgendwelchen IBM-Standards wären. Aus diesem Grund kann nicht so ohne weiteres der naheliegende Verdacht abgewiesen werden, daß ein bestimmtes, IBM-spezifisches Merkmal für die beiden genannten Standardisierungen verantwortlich sei, ein Merkmal, das eben nicht allgemein jedem Marktführer eigen sei[34] . Plausibel, aber nicht überprüfbar wäre in diesem Zusammenhang die Vermutung, daß die IBM ihre Produktpolitik an einer speziellen Firmentradition ausrichtet, die kausal mit dem außergewöhnlichen Erfolg der IBM-Standards in Verbindung steht.

Das, was zur Einschränkung der empirischen Befunde auf IBM gesagt worden ist, gilt prinzipiell auch für die Tatsache, daß die beiden angeführten Fälle dem Bereich der Hardware zugehören. Wenn sich eine Theorie mit vielen gleichartigen Tatsachen vereinbaren läßt – wenn wir also ausschließlich weitere Hardware-Standards zugunsten der Marktführerhypothese heranziehen könnten – wird das unser Vertrauen in diese Theorie nur wenig stärken. In der *Logik der Forschung* hat Popper eine „Positive Theorie der Bewährung" aufgestellt, die dieses intuitive Mißtrauen gegen Beweismaterial, das nur aus einer bestimmten

---

[34] Um an genügend Prüfungsmöglichkeiten zu kommen, könnte man natürlich den Ausweg wählen, Beweismaterial auf solchen Märkten zu suchen, auf denen ebenfalls High-Tech-Produkte gehandelt werden. So wurde beispielsweise die amerikanische Telekommunikationsindustrie lange Zeit von AT&T im gleichen Stil beherrscht wie die Computerbranche durch die IBM. Auch dort waren Standards Sache des Marktführers: „Standards in the past were easier to arrive at because one company, AT&T, designed most of the CPE (customer premises equipment) and network transport equipment. This gave AT&T a large influence over standards for the industry, and indeed, the rest of the industry generally followed the AT&T standards" [Dorros, I.,„Standards, Innovation, and ISDN", 1985; zitiert aus: Hergert, Michael, 1987, S. 74]. Solange es jedoch das Ziel ist, Computerstandards zu erklären, werden die Ereignisse anderer Märkte nur zusätzliche Bestätigungen und in diesem Sinne Zeugnisse zweiter Klasse sein können.

Klasse oder Kategorie stammt, bestätigt. Danach entscheide, so Popper, über den Grad der Bewährung nicht so sehr die Anzahl der bewährenden Fälle, als vielmehr die Strenge der Prüfung, und diese hänge von dem Prüfbarkeitsgrad des Satzes ab[35] . Wenn nun aber jeder weiteren Bestätigung aus derselben Klasse immer weniger Beweiskraft zukommt, so müssen wir nach ganz andersartigen Befunden Ausschau halten, die zugunsten der Marktführerhypothese sprechen und die uns von ihrer Qualität überzeugen könnten. Vielleicht mag die Tatsache, daß hier nach einer Möglichkeit zur Stärkung dieser Hypothese gesucht wird, manchen verwundern, der an dieser Stelle eine eindeutige Widerlegung erwartet hatte. Jedoch hat eine übereilte Zurückweisung, die es ausschließt, auch die guten Seiten einer Theorie angemessen darzustellen, den Beigeschmack einer (unredlichen) Vorverurteilung. Ebenso könnte der Eindruck erweckt werden, die grundlegende Idee der Marktführerhypothese – die „Großen" setzen die Standards – wäre völlig unbrauchbar und verfehlt. Gerade dies ist jedoch nicht der Fall.

Welche andersartigen Befunde könnten nun aber zum Nachweis angeführt werden, daß die Marktführerhypothese von größerem Gehalt ist als bisher zu belegen war? Wir werden dazu in die Geschichte der Computerbranche gehen, zu einem Ereignis, das im Vergleich zu den beiden eben untersuchten Standards zwei neuartige Merkmale aufweist. Es ist die Entwicklung von COBOL als *Softwarestandard*, die auf Initiative eines *Marktführers der Nachfrageseite*, dem US-amerikanischen Verteidigungsministerium, zustande kam. Mit der Programmiersprache Fortran konnte zum Ende der 50er Jahre gezeigt werden, daß es möglich ist, eine maschinenunabhängige Programmierung durchzuführen. Mit Hilfe spezieller Compiler konnte der einheitliche, in Fortran geschriebene Quellcode in maschinenlesbares Binärformat für die jeweiligen Rechner übersetzt werden. Obwohl dies die Programmierung von rechnerunabhängiger Software erleichterte, war die Syntax von Fortran so auf mathematische und wissenschaftlich-technische Probleme ausgerichtet, daß eine Programmierung in Fortran für die gerade aufkommende kaufmännische Verwendung der Rechner beschwerlich war. 1958 begannen daher u.a. Honeywell und IBM mit der Entwicklung einer Sprache, die spezifische Befehle für „wirtschaftliche" Probleme enthalten sollte. In Anbetracht der drohenden Inkompatibilität durch die firmeneigenen Entwicklungen organisierte das US-Verteidigungsministerium im Mai 1959 die Conference on Data Systems Language, die CODASYL. Das Exekutivkomitee der CODASYL akzeptierte im darauffolgenden Jahr die Spezifikation einer neuen Sprache, der „Common Business Oriented Language", kurz CO-BOL. Der Druck, der von der amerikanischen Regierung durch das Department of Defense

---

[35] Popper, Karl R., 1989, S. 213.

als Sponsor der CODASYL ausging, wurde durch die Ankündigung verstärkt, ausschließlich bei solchen Herstellern Computersysteme bzw. -komponenten zu kaufen, die für die eigenen Rechner einen COBOL-kompatiblen Compiler im Angebot hatten. Mit Hilfe dieser Unterstützung gelang COBOL (spätestens) ab Mitte der 60er Jahre mit der Einführung der dritten Rechnergeneration der Durchbruch als Standardprogrammiersprache für Software, mit der kaufmännische Aufgabenstellungen gelöst werden sollten. Die konkurrierenden Sprachen – der „Commercial Translator" der IBM und Honeywell's „Fact" – wurden bedeutungslos[36].

Die Ereignisse um den Aufstieg von COBOL zu einem Softwarestandard sind offenkundig von einer ganz anderen Art und Qualität als der Erfolg der /360er Großrechnerarchitektur oder die Standardisierung der Diskettenformate. Und allem Anschein nach ist die Marktführerhypothese auch hinreichend gehaltvoll, um Phänomene aus dieser Kategorie ohne Komplikationen zu meistern. An dieser Stelle soll nun aber nicht weiter auf solche Standards eingegangen werden, die die Hypothese bestärken, sondern nach Befunden gesucht werden, die sich mit diesem Argument nicht (zufriedenstellend) erklären lassen. Der Grund für diesen Strategiewechsel ist der folgende. Es muß nicht unbedingt für die Güte einer Erklärung sprechen, wenn man ihr mehrfach eine erfolgreiche Teilnahme an Tests (auch an ganz verschiedenartigen) bescheinigen kann. Ebensogut könnte dies ein Anzeichen dafür sein, daß es sich um eine gehaltlose und wenig informierende Theorie handelt. Denn allgemeine Sätze – d.h. solche Sätze, die Aussagen über unbegrenzt viele Elemente enthalten – können wir so verstehen, daß sie das Eintreten bestimmter, logisch möglicher Tatbestände verbieten oder, wie es Popper ausdrückt, der Möglichkeit gewisse Grenzen setzen[37]. Je tri-

---

[36] Die Darstellung der Ereignisse, die zur Entwicklung von COBOL führten, sind weitgehend dem Aufsatz „Competition, Standards, and Self-Regulation in the Computer Industry" von Gerald Brock entnommen. Brock beschreibt dort auch die Marktmacht, die von der öffentlichen Hand eingesetzt werden kann, um bestimmte Technologien als Standard zu etablieren: „The largest computer user is the federal government. According to IBM Industry Marketing, the government occupied 17% of the entire computer market in 1968. The government's selection procedures insure it a selection of equipment from many different manufacturers, causing it to be very aware of the problem of incompatibility among various systems. The government is the user with the most to gain from standardization and the only one large enough to force standardization through buying power. No major manufacturer is willing to be shut out of the government market entirely. Thus the government can establish a standard simply by announcing that it will only order equipment conforming to that standard" [Brock, Gerald, 1975, S. 80].

[37] In der *Logik der Forschung* veranschaulicht Popper den Verbotscharakter allgemeiner Sätze anhand ausgestorbener Riesenvögel – Moas –, deren Knochen auf Neuseeland zu finden sind: „Wenn es aber ein Naturgesetz gäbe, welche das Alter jedes moaartigen Organismus auf 50 Jahre beschrän-

vialer nun eine Theorie ist, desto weiter sind ihre Grenzen gezogen und desto größer ist die Wahrscheinlichkeit, ein solches Ereignis zu finden, das innerhalb dieser Grenzen liegt und damit für die Theorie spricht. Das heißt: Da wir uns zahllose Bestätigungen um den Preis der Trivialität und der Armut an Information erkaufen können, müssen wir, um eine Theorie streng zu prüfen, auch und in erster Linie nach Widerlegungen bzw. nach Befunden suchen, die mit der fraglichen Theorie eventuell nicht zu erklären sind.

Welches Ereignis könnte nun aber die Markführerhypothese in Schwierigkeiten bringen? Wir werden dazu den prominentesten Vertreter eines Industriestandards anführen, den IBM PC. Bei einem Großteil der Leser wird diese Entscheidung Verwunderung auslösen, müßte der PC-Standard doch eher als Bestätigung denn als Widerlegung aufzufassen sein; schließlich gelte in der Computerindustrie das ungeschriebene Gesetz, IBM und Marktführer synonym gebrauchen zu dürfen. Während der unangefochtenen Branchenvorherrschaft der IBM gab es jedoch eine „Lücke" in diesem Gesetz: den Markt für Mikrorechner zum Zeitpunkt der Einführung des PC's. Als IBM den ersten „Personal Computer" am 12. August 1981 in New York der Öffentlichkeit präsentierte, boten etliche Hersteller schon seit Jahren Mikrocomputer an, die typischerweise mit 8-bit Prozessoren ausgestattet waren. Den Markt führte damals Apple an. Schon fünf Jahre vor dem PC hatten die Gründer von Apple, Steve Jobs und Steve Wozniak mit dem Apple I das Konzept eines „Persönlichen Computers" entwickelt, und als der „Newcomer" IBM mit seinem PC auf den Markt kam, hatte Apple mit dem Apple II schon die zweite Generation von Mikrorechnern im Angebot und war im Bereich dieser (kleinsten) Rechnerkategorie zum führenden Unternehmen aufgestiegen[38] . Neben dem Apple II zählte der Commodore PET und der Radio Shack TRS-80 zu den damals erfolgreichsten Rechnern; ihre drei Hersteller – Apple, Commodore und Tandy – erreichten zusammen einen Anteil von 89% des Mikrorechnermarktes[39] . Gegen den Erfolg der PC-Architektur aber sprach nicht nur die Erfahrung, die Apple, Commodore, Tandy etc. der IBM bei der Entwicklung und dem Vertrieb eines Mikrorechners voraus hatten. Während es 1981 kaum Software gab, die auf PC-DOS einzusetzen gewesen wäre, existierten ungefähr 3.000 Anwendungen für den Apple II und sogar über 5.000 Programme, die auf dem damals weit verbreiteten Betriebssystem CP/M von Digital Research liefen. Hinzu

---

ken würde, dann wäre für keinen Moa eine längere Lebensdauer möglich. So setzen Naturgesetze der Möglichkeit gewisse Grenzen [Popper, Karl R., 1989, S. 382].

[38] Die ehemalige „Garagenfirma" setzte 1981 allein mit dem Apple II ca. 335 Millionen Dollar um, was in etwa einem Drittel des gesamten Marktvolumens bei den Mikrorechnern entsprach [Quelle: Sobel, Robert, 1986, S. 185].

[39] Quelle: Newsweek, 30. September 1985, S. 47; entnommen aus Hergert, Michael, 1987, S. 68.

kam, daß nur wenige (teure) Zusatzkarten für den Systembus des IBM PC's erhältlich waren, dagegen aber Hunderte solcher Karten angeboten wurden, die entweder für den Apple II oder für CP/M-Rechner konzipiert waren, die über den S-100 als Systembus verfügten. Vor diesem Hintergrund konnte Apple in einer Anzeige im Wallstreet Journal den Marktneuling IBM selbstsicher mit „Welcome IBM" im Bereich der Mikrorechner begrüßen.

Dem konnte die IBM nicht viel entgegenhalten. Zum einen war die Vertriebsstruktur des Unternehmens gar nicht auf den Verkauf an Kleinkunden ausgelegt. Während beispielsweise Tandy immerhin über sein eigenes Vertriebsnetz von ca. 5.000 Radio-Shack-Läden verfügte, war IBM der Absatz von Computern und Software über Warenhausketten oder Einzelhändler vollkommen fremd. IBM's Domäne war die Kundschaft aus der Geschäftswelt und der öffentlichen Verwaltung, allesamt Abnehmer von Großrechnern der /360er Serie, die durch IBM-Verkäufer persönlich betreut wurden. Zum anderen mußte das Image der IBM auf den potentiellen Kunden eines „Persönlichen Computers", den Privatmann, eher abschreckend wirken. Das Unternehmen galt als seriös, konservativ, als professioneller Hersteller von Großrechnern und weniger als „Garagenfirma" für Homecomputer[40] . Unzureichende Vertriebsorganisation und fehlendes Image ließen dann auch bei IBM Zweifel aufkommen, ob der PC zum Erfolg wird. David J. Bradley, einer der zwölf Entwickler des PC's, beschrieb die vernichtende Prognose der Verkaufsabteilung von IBM: „When we first

---

[40] Wie wenig die Vertriebsstrukturen und das Image der IBM geeignet waren, um erfolgreich in den Mikrorechnermarkt einzusteigen, betont auch der IBM-Historiker Robert Sobel: „Die Armonk-Leitung war immer davon ausgegangen, daß Computer Geräte für Geschäftsleute und Wissenschaftler seien, und kontrollierte diese beiden Märkte auch mit großem Erfolg. Offensichtlich hatte sich niemand aus der Unternehmensführung ernsthaft Gedanken darüber gemacht, ob es bei Einzelpersonen – Kleinunternehmern, Selbständigen und Studenten – einen Bedarf für Kleinrechner gab, Mikrocomputer, wie sie später genannt werden sollten. An diesen Märkten war IBM nie interessiert gewesen. Ein Journalist oder Autor beispielsweise, der damals eine elektrische Schreibmaschine von IBM kaufen wollte, mußte feststellen, daß dies schwierig, wenn nicht gar unmöglich war. Wahrscheinlich wurde ihm das Gerät noch nicht einmal vorgeführt. IBM hatte wenig Interesse an solchen Kunden. Sie mußten sich ihre Geräte oft genug aus zweiter Hand besorgen. ... IBM war bereit, Image und Strategie zu ändern, wenn die Situation es verlangte, doch zu keinem Zeitpunkt in der Firmengeschichte war ein so tiefgreifender Wandel erforderlich wie im Falle des Personal Computer. Kernstück des Unternehmens war die Organisation von Verkäufern, die für den Umgang mit Kunden aus der Geschäftswelt und aus Regierungskreisen ausgebildet waren. Wer nicht zu dieser Gruppe gehörte, mochte IBM vielleicht kennen, aber seine einzige direkte Verbindung zur Firma bestand darin, daß seine Kontoauszüge oder Lohnstreifen von einem der vielen IBM-Geräte ausgedruckt wurden. Das Unternehmen hatte es nicht nur versäumt, sich um die breite Öffentlichkeit zu kümmern, der Gedanke schien ihm sogar gegen den Strich zu gehen" [Sobel, Robert, 1986, S. 181/191].

began development of the IBM PC, we didn't appreciate the potential of the product. The company originally estimated it would market a total of about 250.000 units over a five-year period. As it turned out, there were some months when we built and sold nearly that many systems"[41].

Als die IBM mit ihrem PC den Mikrorechnermarkt betrat, zeichnete sich bereits das Ende der 8-bit Ära ab, die 1975 mit dem Altair 8800 von MITS begonnen hatte. So war es sicher, daß jeder neue Standard nur eine 16-bit Rechnerarchitektur sein könnte; es war jedoch offen, welche Architektur dies sein würde. Ebenso wie die IBM traten viele Hersteller mit ihrer 16-bit Hardware an und nahmen für sich in Anspruch, diesen neuen Standard zu setzen[42]. Einer der Gründe für Unternehmen wie Hewlett Packard, DEC, Wang oder auch Honeywell, ihre eigenen 16-bit Rechner zu entwickeln und dem IBM PC entgegenzustellen, war, daß sie dabei von Microsoft unterstützt wurden. Angesichts der Tatsache, daß es keinen bestimmenden Marktführer gab, war sich Microsoft – wie die gesamte (Mikrorechner-) Branche – nicht sicher, ob die PC-Architektur und damit IBM's PC-DOS der neue Standard werden würde. So wurden neben IBM auch alle anderen Hersteller von 16-bit Rechnern, in denen Mikroprozessoren von Intel einsetzt wurden, aufgefordert, ihre eigene DOS-Version zu implementieren. Aus der Sicht von Microsoft war es damit unerheblich, welche Architektur zum Standard werden würden; in jedem Fall lief auf diesen Rechnern das hauseigene Betriebssystem MS-DOS – in welcher Version auch.

Den Ereignissen um die Einführung des PC's ist unschwer zu entnehmen, daß von einer Marktführerschaft der IBM bei den Mikrorechnern zu Beginn der 80er Jahre nicht die Rede sein kann. Andererseits wird niemand ernsthaft anzweifeln, daß die IBM mit dem PC nicht nur irgendeinen, sondern den nach der /360er Großrechnerserie wohl erfolgreichsten

---

[41] Bradley, David J., 1990, S. 420.

[42] Bei Robert X. Cringely findet sich eine sehr anschauliche Schilderung der damaligen Situation: „Konkurrenz für IBM gab es jede Menge. Da war der Victor 9000 von Kidde, einer alteingesessenen Büromaschinen-Firma. Victor verfügte über mehr Leistung, höhere Speicherkapazität und bessere Grafiken als der IBM-PC und kostete auch noch weniger. Da war der Zenith-Z-100 mit zwei Prozessoren, die es ermöglichten, sowohl 8-Bit- als auch 16-Bit-Software zu verwenden, und auch dieses Modell war preiswerter als der IBM-PC. Außerdem gab es noch den Hewlett-Packard-HP-150 mit mehr Leistung und einem größeren Speicher als der IBM und obendrein einem raffinierten Touch-Screen, der es dem Anwender ermöglichte, durch Bildschirmberührungen zu selektieren. Der DEC-Rainbow-100 hatte mehr Leistung, einen größeren Speicher und den guten Namen DEC. Ferner waren da noch der Xerox-, der Wang- und der Honeywell-Computer. Es gab plötzlich jede Menge 16-Bit-Computer, die sich alle erhofften, der Firma IBM den De-facto-Standard zu entreißen, sei es durch überlegene Technologie oder bessere Preispolitik" [Cringely, Robert X., 1992, S. 191].

Architekturstandard gesetzt hat. Damit ist allem Anschein nach ein Element aus genau der Kategorie der empirischen Befunde behandelt worden, deren Auftreten sich nicht mit der Marktführerhypothese erklären lassen. Anhänger dieser Theorie könnten jedoch zu ihrer Rettung einräumen, daß die IBM aufgrund ihrer damals in der Gesamtbranche unangefochtenen Position eben auch ein „indirekter" Marktführer bei den Mikrorechnern gewesen sei und infolgedessen dort einen neuen 16-bit Standard schaffen konnte. Wenn dieser Zusatz jedoch nicht nur ad-hoc eingeführt wird, um den PC-Standard zu erklären, so müßte er unabhängig davon überprüfbar sein; dies setzt dann offensichtlich voraus, daß für die Theorie der „indirekten" Marktführerschaft Anspruch auf allgemeine Geltung zu erheben wäre. In diesem Fall müßten wir beobachten können, daß jede Technologie, die die IBM jemals auf irgendeinem bestimmten Markt eingeführt hat, zum Standard aufgestiegen ist. Obwohl diese Voraussage nur für die Zeit der unangefochtenen Vorherrschaft der IBM zuzutreffen hätte, würde sie auch mit dieser Einschränkung einer ernsthaften Prüfung nicht standhalten. An dieser Stelle können wir jedoch darauf verzichten, nach einer endgültigen Widerlegung zu suchen. Denn wenn eine Theorie ausfindig zu machen ist, die den PC-Standard und vergleichbare Fälle sowie weitere Beobachtungen ohne Schwierigkeiten erklären kann, so wird man dieses – selbst wenn die ältere Marktführerhypothese streng genommen nicht widerlegt worden ist – als einen objektiven Grund für die Vermutung nehmen können, daß damit eine *bessere* Theorie gefunden worden ist. Genau eine solche Situation konkurrierender Lösungen wird sich im weiteren Verlauf der Untersuchung ergeben. Es wird sich zeigen, daß die in dieser Arbeit entwickelten Theorie u.a. dort ihre Stärke zeigt, wo die Hypothese der (indirekten) Marktführerschaft Schwierigkeiten offenbart hat: bei dem IBM PC-Standard oder allgemein bei Computerstandards, die auf mehr oder weniger „offenen Architekturen" beruhen.

Bevor nun nach der Marktführerhypothese die Lösungen vorgestellt werden, die die einschlägige ökonomische Literatur für das Phänomen standardisierter Güter bereithält, wird zunächst ein Exkurs über die Vor- und Nachteile eingeschoben, die dem Anwender sowie den Herstellern von Hardware- und Softwareprodukten aus marktübergreifenden Standards erwachsen. Die Diskussion darüber ist in (mindestens) zweifacher Hinsicht von besonderem Wert. Zum einem ist sie für die Beurteilung der im Schrifttum vorhandenen Theorien zur Standardisierung unverzichtbar, weil dort traditionell die Abwägung privater bzw. gesellschaftlicher Gewinne und Verluste aus Standardisierungen, also die Abwägung von Vor- und Nachteilen eines Standards, einen breiten Raum einnimmt. Zum anderen dient der Exkurs ebenso der Vorbereitung jener Erklärung, die später im dritten Kapitel entwikkelt wird. Da diese Erklärung auf einen mikroökonomischen Ansatz aufbaut, wird sie das Verhalten der Beteiligten als (rationale) Abwägung der positiven und negativen Folgen alternativer Handlungsmöglichkeiten deuten. Vor diesem Hintergrund ist es offenkundig unabdingbar, um die Vor- und Nachteile zu wissen, die der Initiator eines Standards zu erwarten hat.

C. Exkurs: Vorteile und Nachteile einer Standardisierung

Wenn in der Ökonomie von Gütern die Rede ist, so wird man diesen Begriff für gewöhnlich mit bestimmten *materiellen* Gütern wie Autos, Betten oder Uhren in Verbindung bringen; es ist hier offensichtlich, inwieweit ihr Erwerb dem Käufer einen Vorteil oder Nutzen verschafft (Fortbewegung, Ruhemöglichkeit und Zeiteinteilung). Allenfalls beiläufig wird man noch an die Annehmlichkeiten denken, die einem durch die Inanspruchnahme von Dienstleistungen – beispielsweise Haushaltshilfe, Rechtsberatung oder auch Krankengymnastik – zuteil werden. Wenn man einen solchen Gutsbegriff vor Augen hat, kann man jedoch leicht übersehen, daß es nicht die physikalische Eigenschaft oder Gestalt ist, die bei einem Gut im Vordergrund steht, sondern vielmehr der Nutzen, der von dem Gut ausgeht. Dies hatte schon Eugen von Böhm-Bawerk erkannt und betont, daß „jedes Ding, welches auf den Namen *Gut* Anspruch erheben will, imstande sein muß, *Nutzleistungen* abzugeben"[43] . *In diesem Unterkapitel wird nun erörtert werden, inwieweit auch Computerstandards Träger von eben solchen „Nutzleistungen" sind und somit im Sinne der Böhm-Bawerk'schen Auffassung als (immaterielle) Güter bezeichnet werden können.* Dabei werden zunächst die Vor- und Nachteile marktübergreifender Standards dargestellt, wie sie sich aus der Sicht der Anwender ergeben. Die Tatsache, daß hier die Vorteile überwiegen, hat jedoch nicht nur zur Folge, daß diese Gruppe der Beteiligten Computerstandards als Güter einschätzt; wie gezeigt wird, fallen bestimmte „Nutzleistungen" ebenso bei den Herstellern von Hardware- oder Softwareprodukten an.

Zweifellos können gewichtige Nachteile mit einer Standardisierung verbunden sein, so daß diejenigen Anwender, die davon besonders betroffen sind, kaum von „Nutzleistungen" reden werden. Einmal ist mit der Entscheidung zugunsten standardkonformer Produkte häufig der Verlust hochgeschätzter und einzigartiger Merkmale verbunden, die eine wegen Inkompatibilität ins Abseits gedrängte Technologie geboten hat. Zumindest bis zur Einführung von Windows 3.0 als Betriebssystemerweiterung von MS-DOS mußten viele Anwender auf den Bedienungskomfort einer grafikorientierten Benutzeroberfläche, wie sie schon lange

---

[43] Böhm-Bawerk, Eugen von, 1924, S. 51, Hervorhebungen vom Verfasser.

vorher bei der Macintosh Serie von Apple obligat war, verzichten; andernfalls wären ihre Rechnersysteme isolierte „Insellösungen" in der von der PC-Architektur bzw. von MS-DOS dominierten Welt der Mikrorechner gewesen. Der besagte Nachteil ist jedoch von sehr unterschiedlicher Bedeutung. Er tritt um so mehr in den Vordergrund, je heterogener die Wünsche der Kunden sind und je weniger dabei die einzelnen Technologien hinsichtlich ihrer Leistungsmerkmale voneinander abweichen. Im allgemeinen wird jedoch nur eine Minderheit bestimmte, sonst nicht gebotene Merkmale so ungewöhnlich stark präferieren, daß die damit verbundene Inkompatibilität in Kauf genommen wird. Aus diesem Grund mag hier ein anderer Punkt bedeutsamer sein. So kann die Aufgabe einer Technologie nicht nur den Verlust spezieller Fähigkeiten, sondern auch eine vorzeitige Abschreibung der Mittel bedeuten, die in ein zu den jeweiligen Marktstandards inkompatibles Rechnersystem investiert wurden. Dieser Fall tritt beispielsweise dann ein, wenn ein Unternehmen ein noch genügend leistungsfähiges Informationssystem allein deshalb ersetzen muß, weil ein ausreichendes Angebot kompatibler Hardware- oder Softwarekomponenten fehlt und weder Support noch Weiterentwicklung der herstellerspezifischen Technologie gewährleistet ist.

Es gibt noch einen weiteren Grund, weshalb sich (alles beherrschende) Computerstandards für den Anwender nachteilig bemerkbar machen könnten. Vielfach besteht die Gefahr, daß eine Standardtechnologie im Laufe der Zeit hinter dem Stand der technischen Entwicklung zurückbleibt, weil dem Aspekt der Abwärtskompatibilität zu älteren Produktversionen Priorität gegenüber der Leistungsfähigkeit eingeräumt wird. Beispielsweise lassen sich bei UNIX-Systemen, die untereinander in aller Regel nur Kompatibilität auf Quellecode-Ebene aufweisen, Fortschritte in der Rechnerarchitektur – vornehmlich ist hier der Einsatz von Multiprozessorkonfigurationen oder der Wechsel von der RISC- zur CISC-Technologie zu nennen – leichter realisieren als unter Betriebssystemen, die wie MS-DOS der strengen Anforderung an Binärcode-Kompatibilität genügen (müssen). Fest etablierte Standards werden also die Bedeutung inferiorer Technologien im allgemeinen konservieren und es eher unwahrscheinlich machen, daß Hersteller und Anwender den Wechsel zu einer leistungsfähigeren Produktreihe vollziehen. In welchem Ausmaß dies der Fall sein wird, ist wohl im wesentlichen davon abhängig, ob die Mehrzahl der Hersteller von einem Technologiewechsel profitieren wird und inwieweit die Unternehmen über mögliche Vorteile, die sich andere Firmen von einem neuen Marktstandard versprechen, informiert sind. So weisen Joseph Farrell und Garth Saloner in einem einfachen Modell nach, daß beide Bedingungen vollständig erfüllt sein müssen, damit eine Standardisierung technologische Innovation nicht begrenzt. Das heißt, nur bei Einstimmigkeit seitens der Hersteller, einen Standardwechsel vollziehen zu wollen und dem gegenseitigen Wissen, daß andere Unternehmen dazu ebenfalls bereit sind, werden Standards nicht den Markterfolg neuer Technologien behindern. In allen übrigen Fällen werden Anforderungen an die (Abwärts-) Kompatibilität die Realisierung neuester Konzepte zur Leistungssteigerung beschränken[44] .

Obwohl die Nachteile marktbeherrschender (Computer-) Standards nicht geleugnet werden können, so überwiegen doch die „Nutzleistungen" für den Anwender. Bei ihrer Erörterung werden wir hier einer Unterteilung folgen, nach der gesondert auf die Kundenvorteile beim *Kauf* und beim *Gebrauch* standardisierter Produkte eingegangen wird. Bevor jedoch die „Nutzleistungen" im einzelnen dargestellt werden, ist zunächst noch grundsätzlich zu klären, wodurch die Höhe bestimmt wird, in der ein Anwender von ihnen profitiert. Betrachten wir dazu eine alternative Form der Darstellung, wie sie von Katz und Shapiro angeboten wird. Je nachdem, ob der Nutzen eines Standards unmittelbar oder mittelbar mit der Anzahl derjenigen zusammenhängt, die standardkonforme Produkte erworben haben, teilen sie die Vorteile in *direkte* und *indirekte* Effekte auf:

„The consumption externalities may be generated through a *direct* physical effect of the number of purchasers on the quality of the product. The utility that a consumer derives from purchasing a telephone, for example, clearly depends on the number of other households or businesses that have joined the telephone network. These network externalities are present for other communications technologies as well, including Telex, data networks, and over-the-phone facsimilie equipment. ... There may be *indirect* effects that give rise to consumption externalities. For example, an agent purchasing a personal computer will be con-

---

[44] „With incomplete information about the benefit of the network externalities [d.h. über den Vorteil einer Standardisierung, H.J.] to others, no firm can be sure that it would be followed in a switch to the new technology. This uncertainty can lead all the firms to remain with the status quo even when in fact they all favor switching, because they are unwilling to risk switching without being followed" [Farrell, Joseph, Saloner, Garth, 1986 b, S. 940/941]. Andererseits gelte, „if all firms would benefit from the change, then all *will* change! In other words, there is no excess inertia impending the change. Both unanimity and complete information are necessary for this result, however" [Farrell, Joseph, Saloner, Garth, 1985, S. 71, Hervorhebung im Original]. Es hat sich in der einschlägigen Literatur eingebürgert, die Vorteile einer Standardisierung wie zu Beginn des Zitates als „network externalities" zu bezeichnen, weil die Bedeutung von Standards zuerst im Zusammenhang mit physisch existierenden Netzwerken diskutiert wurde. Als Beispiele dafür, wo solche Netzwerke anzutreffen sind, führen Carlton und Klamer die „Network Industries" an: die Eisenbahn- und Telephonbranche, sowie die „Electronic Funds Transfer"-Industrie [Carlton, Dennis W., Klamer, J. Mark, 1983]. Der Begriff „network externalities" selbst stammt von Katz und Shapiro: „Because they where first recognized in these industries, we call these positive external consumption benefits *network externalities*" [Katz, Michael L., Shapiro, Carl, 1986 a, S. 146, Hervorhebung im Original].

cerned with the number of other agents purchasing similar hardware because the amount and variety of software that will be supplied for use with a given computer will be an increasing function of the number of hardware units that have been sold. This hardware-software paradigm also applies to video games, video players and recorders, and phonograph equipment"[45].

Da dem Anwender nur in den wenigsten Fällen der Nutzen einer Standardisierung direkt zukommt (Katz und Shapiro erwähnen nur Beispiele aus der Telekommunikation), liegt der Wert einer solchen Unterteilung weniger in einer gleichmäßigen und übersichtlichen Darstellung der Vorteile. Aus diesem Grund findet diese Gliederung hier auch keine Verwendung. Sie enthält jedoch einen wertvollen Hinweis darauf, woran zu beurteilen ist, in welcher Höhe die einzelnen „Nutzleistungen" dem Anwender zugute kommen. Denn unabhängig davon, ob die Standardeffekte *direkt* durch die Mitkonsumenten oder *indirekt* über den Erwerb kompatibler Produkte entstehen, gilt, daß der Wert eines Marktstandards mit der Verbreitung der entsprechenden Technologie steigt. Mit anderen Worten: Das Ausmaß, in dem ein Standard Gutscharakter annimmt, korreliert mit dem Marktanteil kompatibler Produkte, da zunehmend die vorteilhaften – direkten und indirekten – Effekte beim Kauf und Gebrauch von Produkten an Bedeutung gewinnen, die mit dem jeweiligen Standard übereinstimmen.

Wenn Computerstandards zum Verzicht auf hochgeschätzte Produktmerkmale oder zur Verzögerung technischen Fortschritts führen können, worin liegen dann ihre Vorteile? Zunächst einmal gibt es eine Reihe von Faktoren, durch die sich die Position des Anwenders beim *Kauf* von Hard- bzw. Software verbessert. Übereinstimmend beruhen diese Faktoren letztlich darauf, daß marktübergreifende Standards zum einen Hardware-Komponenten beliebig austauschbar und kombinierbar machen und zum anderen eine problemlose, nicht an proprietäre Technologien gebundene Portierung von Datenbeständen, Anwendungsprogrammen und Systemsoftware ermöglichen. Infolgedessen hat der Kunde bei einer hersteller-unabhängigen Rechnerarchitektur die Freiheit, aus einer breiten Palette von Hardware- und Softwareangeboten auszuwählen und die Produkte verschiedener Zulieferer einzusetzen.

---

[45] Katz, Michael L., Shapiro, Carl, 1985, S. 424, Hervorhebungen vom Verfasser. Eine vergleichbare Unterteilung findet sich auch bei anderen Autoren: „Consumers benefit in a number of ways. There may be a direct 'network externality' in the sense that one consumer's value for a good increases when another consumer has a compatible good, as in the case of telephones … . There may be a market-mediated effect, as when a complementary good (spare parts, servicing, software …) becomes cheaper and more readily available the greater the extent of the (compatible) market" [Farrell, Joseph, Saloner, Garth, 1985, S. 70/71].

Hinzu kommt, daß er sich dabei ohne aufwendige Informationssuche einer gewissen Produktqualität sicher sein kann, wenn die Ware einem ihm bekannten Standard entspricht. Kurz gesagt, Standards erhöhen die Produktauswahl, indem sie Kompatibilität gewährleisten, und senken zugleich, da sie dabei bestimmte Qualitätsanforderungen stellen, die Transaktionskosten der Informationssuche (es wird hier deutlich, daß Produktstandards wie die in der Computerindustrie, die vornehmlich der Kompatibilität dienen, in gewisser Hinsicht auch als Qualitätsstandards einzustufen sind)[46] .

Die Quintessenz dieser Überlegung ist die, daß der Kauf standardisierter Produkte dem Anwender auf mehrfache Art und Weise Vorteile einbringt: (1) Im allgemeinen wird die Verhandlungsposition des Kunden gegenüber dem Verkäufer durch die Existenz von Marktstandards wesentlich verbessert werden[47] . (2) Weiterhin können herstellerunabhängige Rechnerarchitekturen bzw. Softwarestandards viel eher als proprietäre Technologien gewährleisten, daß das in Hardware, Software oder Ausbildung investierte Kapital über lange Zeit gesichert ist. Zum einen können Wartung und Support bei Ausfall eines Herstellers auch von anderen Firmen weitergeführt werden, zum anderen ist die einmal erworbene Anwendungs- und Systemsoftware auch auf leistungsfähigeren Nachfolgemodellen verwendbar, wenn innerhalb einer Rechnerfamilie Abwärtskompatibilität besteht. (3) Schließlich wird durch übergreifende Standards die Integration von Rechnersystemen erleichtert, die in den einzelnen betrieblichen Funktionsbereichen (Beschaffung, Produktion, Absatz, ...) eingesetzt werden, so daß eine umfassende Nutzung aller Unternehmensdaten – beispielsweise

---

[46] Auf einen solchen Zusammenhang, der zwischen Standardisierung, Transaktionskosten und der Wettbewerbssituation für die Konsumenten besteht, haben schon Dennis W. Carlton und J. Mark Klamer aufmerksam gemacht: „Standard part sizes, for example, are a great convenience for consumers. Without standard sizes, a consumer who needed to replace a part would be forced to search extensively among suppliers or to locate the original manufacturer. Standards lower consumer search and information costs and thus enhance competition" [Carlton, Dennis W., Klamer, J. Mark, 1983, S. 447/448].

[47] Die Tatsache, daß in Anzeigen, in denen für IBM-kompatible PC's geworben wird, oft wenige Daten genügen, um das Preis-Leistungs-Verhältnis eines Angebotes abschätzen zu können, illustriert, wie Kompatibilität auch dem nicht-professionellen Kunden zu einem guten Marktüberblick verhilft. Auf diesen Punkt zielt auch das Argument von Hergert: „The existence of market standards can promote purchase efficiency in several ways. ... For example, knowledge that a microcomputer is 'IBM-compatible' means that the buyer will have access to a wide variety of applications software, that the microprocessor operates at 4,77 MHz (or faster), that the buyer may use plug-compatible add-on boards, and that a variety of other technical specifications will be met. This saves the buyer from making extensive product comparisons to determine relative performance. Knowledge of product adherence to a standard improves the quality of buyer information in general, and can thereby increase buyer power in dealing with suppliers" [Hergert, Michael, 1987, S. 69].

zum Zweck der Planung oder des Controllings – erreicht wird. Besonders was eine solche Integrationsfunktion betrifft, ist zu vermuten, daß Standards für den (betrieblichen) Anwender an Wert gewinnen werden, da computergestützte Informationsverarbeitung in Zukunft nicht mehr vornehmlich als Technologie zur Rationalisierung, sondern viel stärker als Technologie zur Führung eines Unternehmens eingesetzt werden wird[48] .

Standards sind jedoch nicht nur insoweit Träger von „Nutzleistungen", als daß bei der Installation von Computersystemen Hard- und Softwarekomponenten verschiedener Zulieferer untereinander kombiniert werden können. Zu den Vorteilen, die der Anwender als Käufer genießt, gesellen sich diejenigen, die ihm beim späteren Gebrauch zukommen. In der einschlägigen Literatur wird vielerorts bemerkt, daß dabei der Vorteil einer Standardisierung um so stärker ausfällt, je breiter die Akzeptanz einer bestimmten Spezifikation ist. Stellvertretend für andere Autoren sei hierzu Charles P. Kindleberger zitiert: „The more producers and consumers use a given standard, the more each gains from use by others through gains in comparability and interchangeability"[49] . In der Tat gibt es wohl keinen Beitrag, der sich mit Standards, Normen oder Kompatibilität befaßt und in dem der Hinweis fehlt, daß gerade der Gebrauchswert (noch mehr als der Vorteil beim Kauf) standardisierter Güter mit der Anzahl der (Mit-) Konsumenten zunimmt. Die Gründe dafür sind offensichtlich vielfältiger Natur. Oft hängt die Wertschätzung für ein Produkt vom Umfang seines Kunden- oder Käuferkreises ab. So wird der Vorteil, der einem Unternehmen aus einem neuen Standard in der Telekommunikation, z.B. aus dem Integrated Services Digital Network (ISDN) der Deutschen Bundespost TELECOM, zugute kommt, durch die Anzahl der bei anderen Firmen (und privaten Kunden) installierten ISDN-Anschlüsse bestimmt. Gleiches gilt für die Wahrscheinlichkeit, mit der Software, Daten, Hardwaremodule bzw. Peripheriegeräte ausgetauscht werden können. Sieht man einmal von aufwendigen und lei-

---

[48] Die wachsende Bedeutung der Information als unternehmerischer Produktionsfaktor hat in den letzten Jahren in der Betriebswirtschaftslehre zur Bildung einer neuen Funktionslehre, der Informationswirtschaft (oder auch des Informationsmanagements) geführt. Eine ihrer zentralen Thesen ist die, daß durch ein ganzheitliches Management des gesamten Informationssystems die Bildung sogenannter „Insellösungen" in den einzelnen Funktionsbereichen des Unternehmens verhindert wird und daß der Produktionsfaktor Information damit effektiver als betriebliche Ressource genutzt werden kann. Zur technischen Realisierung eines unternehmensweiten Informationssystems tragen Standardisierungen insbesondere im Bereich der Vernetzung bei. Zu den Zielen und Aufgaben eines Informationsmanagements siehe Seibt, Dietrich, 1990 und Schwarze, Jochen, 1990. Die Vorteile einer Standardisierung aus speziell betriebswirtschaftlicher Sicht werden u.a. in dem Artikel „Offene Systeme und Standardisierungen in der Informationstechnologie" [Angewandte Informatik, 8/1988, S. 364/365] dargestellt.

[49] Kindleberger, Charles P., 1983, S. 377.

stungsmindernden Emulationsprogrammen ab, so sind Eigentümer von Rechnern, in denen Mikroprozessoren der Motorola 68000er Serie eingesetzt werden, vom umfangreichen Angebot kommerzieller Software, Public Domain, Share- oder Freeware ausgegrenzt, das für den IBM PC und die IBM-kompatiblen Rechner mit Intel 80x86er Prozessoren entwickelt wurde.

Hinzu kommt, daß sich bei steigender Standardisierung auch die Möglichkeit eines direkten Datenaustausches verbessert. Die Weitergabe rechnergestützter Information ist u.a. abhängig von dem jeweils verwendeten Schema der binären Codierung von Buchstaben, Ziffern und Sonderzeichen, und je weniger die Codierung standardisiert ist, desto kostspieliger und fehlerträchtiger wird ein Austausch von Daten, da Programme zur Konvertierung nötig werden. Es ist heute von unschätzbarem Wert für die Datenübertragung, daß der „American Standard Code for Information Interchange", der ASCII-Code, abgesehen von der IBM-Großrechnerwelt als das Codierungsschema schlechthin akzeptiert ist. Solche Eintracht bestand aber nicht immer. 1963 gab es annähernd sechzig unterschiedliche Schemata der Datencodierung. Selbst IBM hatte damals eigens für die 1964 einführten Großrechner der /360er Serie einen neuen 8-bit Code entworfen – nämlich den heute noch im Bereich der Mainframes üblichen EBCDIC Code – und sich damit Konkurrenz zum eigenen 6-bit BCD Code geschaffen, der in den Computer der 1400er Serie benutzt wurde. Die damalige Vielfalt der Datencodierungen war dann auch der Anlaß zur Entwicklung des ASCII-Codes, der heute zumindest in seiner einheitlichen 7-bit Fassung neben dem EBCDIC-Code den zweiten großen Codierungsstandard bildet[50] .

Bisher lag der Schwerpunkt bei der Diskussion solcher Vorteile, deren Quelle eine einheitliche Architektur der Hardware ist. Der Gebrauchswert der Informationstechnologie erhöht sich jedoch ebenso durch Standardisierungen im Bereich der Software. So verkürzt z.B. eine für unterschiedliche Anwendungen einheitliche Bedienungsoberfläche den Einarbeitungsprozeß bzw. die Umschulungsdauer, wenn zwischen Programmen zur Textverarbeitung, Datenverwaltung oder Tabellenkalkulation gewechselt wird. Dies kann gerade kleineren Unternehmen, die auf den flexiblen und universellen Einsatz der Belegschaft angewiesen sind, erhebliche Rationalisierungserfolge einbringen. Ein Versuch, den entsprechenden Forderungen nach Softwarestandards nachzukommen, war die Einführung der „Systems Application Architecture" (SAA) der IBM. Vereinfacht gesagt war das Ziel des im März 1987 angekündigten SAA-Konzepts, Anwendungen in einer Art und Weise zu entwickeln, die es erlaubt, die Programme auf vollkommen unterschiedlichen Rechnerarchitekturen ein-

---

[50] Zur Entstehungsgeschichte von ASCII siehe Brock, Gerald, 1975, S. 85 ff..

zusetzen und dem Anwender trotz allem eine unveränderte Bedienungsoberfläche zu bieten[51] . Um dies zu verwirklichen, besteht SAA aus drei Elementen, die gemeinsam für alle Architekturen gelten und von denen der einheitlichen Benutzerschnittstelle „Common User Access" (CUA) die größte Bedeutung zukommt; daneben umfaßt SAA noch die Programmierschnittstelle „Common Programming Interface" (CPI) sowie die Kommunikationsschnittstelle „Common Communications Support" (CCS). Die für den Anwender einheitliche Bedienungsoberfläche versuchte IBM über die Regeln und Definitionen zu der Benutzerschnittstelle CUA zu erreichen, wobei das Dialogverhalten zwischen Benutzer und System auf physikalischer, semantischer und syntaktischer Ebene konsistent sein sollte. In physikalischer Hinsicht bedeutet die Konsistenz vor allem eine einheitliche Mausbenutzung sowie eine identische Tastaturbelegung, in semantischer Hinsicht, daß die einzelnen Befehle bei allen Rechnersystemen dieselbe Bedeutung haben, und bezüglich der Syntax gleicht sich bei SAA-konformen Anwendungen der Aufbau der Bildschirmmasken und die Reihenfolge der dargestellten Befehle[52] .

Wenn aufgrund der geschilderten Vorteile zu vermuten ist, daß *Anwender* Computerstandards im allgemeinen als Güter einstufen werden und von bestimmten „Nutzleistungen" um so stärker profitieren können, je marktbeherrschender diese Standards sind, dann überrascht die grundlegende Beobachtung, daß es fast ausschließlich die *Hersteller* von Hardware- und Softwareprodukten sind, die Standards geschaffen haben. So war unter den bisher genannten Beispielen die Entwicklung der Programmiersprache COBOL auch die einzige Ausnahme von dieser Regelmäßigkeit. Es sind damit offensichtlich zwei Probleme zu lösen: (1) Einmal ist zu erklären, warum die Initiative zur Standardisierung anscheinend nur in Einzelfällen von der Nachfrageseite ausgeht und was solchen Befunden gemeinsam ist. Auf diese Frage werden wir später, in Kapitel IV ausführlich eingehen. (2) Wenn Computerstandards für gewöhnlich von seiten der Hersteller geschaffen werden, dann liegt der Schluß nahe, daß auch hier gewisse „Nutzleistungen" vorliegen, die einzelne Unternehmen dazu bewegen, Standards zu etablieren. Es stellt sich damit die Frage, weshalb Computerstandards auch aus der Sicht mindestens einiger Hersteller als Güter eingeschätzt werden.

---

[51] SAA sollte laut IBM zunächst nur die hauseigenen Rechnerarchitekturen der /370er bzw. /390er Serie sowie die der AS/400- und der PS/2-Computer einschließen.

[52] Obwohl IBM die Schnittstellen der SAA soweit veröffentlicht hat, daß andere Softwarehäuser SAA-konforme Applikationen erstellen können und das Regelwerk allgemein zugänglich ist, ist SAA alles andere als ein offenes und herstellerunabhängiges System. Allein die Tatsache, daß zwei der wichtigsten Industriestandards – UNIX und MS-DOS – in SAA ohne Berücksichtigung bleiben, belegt, daß SAA allenfalls als „offen innerhalb der IBM-Welt" zu bezeichnen ist [siehe dazu Engel, Hartmut, 1990].

In zahlreichen Beiträgen, die sich mit Standards im allgemeinen beschäftigen, wird dies immer wieder damit erklärt, daß die aus einer Standardisierung folgende Reduktion der Modellvarianten bei den Herstellern zu einer Kostensenkung durch Massenfertigung führt, also zu economies of scale in der Produktion. So betont der Wirtschaftshistoriker George V. Thompson in seinem Überblick über Standardisierungen in der frühen amerikanischen Automobilindustrie, daß dort insbesondere kleinere Zulieferfirmen an der Entwicklung standardisierter Schraubengewinde, Dichtungsringe, Zündkerzen, Felgen u.ä. interessiert waren, um die Vorteile einer Massenproduktion nutzen zu können und zudem weniger von einzelnen Automobilherstellern abhängig zu sein: „Standards would also, of course, aid the parts and accessories manufacturers. Reduction in varieties of a part would reduce tooling and set-up expenses, make possible long production runs, and provide the general economies of high output. They would also mean a broader potential market for suppliers, with less dependence on the prosperity of specific buyers"[53].

Es ist nicht abzustreiten, daß auch bei Computerstandards die Aussicht auf eine Senkung der Fertigungskosten von gewisser Bedeutung ist. Im Unterschied zu den produktionstechnischen Standards in der Automobilindustrie fällt die eigentliche „Nutzleistung" hier – wie bei allen anderen Kompatibilitätsstandards – nicht bei der Herstellung, sondern beim Kauf und Gebrauch der entsprechenden Produkte an. Das heißt, die Vorteile liegen weniger bei möglichen economies of scale in der Herstellung; sie ergeben sich vielmehr aus der Kompatibilität zwischen den komplementären Gütern (und damit auch aus der Austauschbarkeit der einzelnen Hardware- und Softwarekomponenten). Wenn jedoch der entscheidende Anreiz zur Standardisierung ein anderer ist als der einer Massenfertigung und Kompatibilität zunächst einmal dem Anwender zugute kommt, welchen Anreiz zur Standardisierung haben dann die *Hersteller* von Hardware- oder Softwareprodukten?

Wie eben gezeigt hat der Anwender neben den eigentlichen „Nutzleistungen" eines Rechnersystems (Verarbeitung, Speicherung und Übertragung von Daten) beim Kauf und Gebrauch von Produkten, die einem marktübergreifenden Standard entsprechen, zusätzliche „Nutzleistungen" zu erwarten, die allein auf Kompatibilität zurückzuführen sind (größere Produktauswahl, umkämpfte Märkte, gesicherter Support, Schutz des investierten Kapitals, Austausch einzelner Komplementärgüter, direkte Datenübertragung, einheitliche Bedienungsführung, ...). Aus diesem Grund wird der Anwender Hardware- und Softwarekomponenten, die zu einem bestimmten Standard kompatibel sind, bei gleichem Preis-Leistungs-Verhältnis solchen Technologien vorziehen, die auf dem Markt nur eine Außenseiterposition

---

[53] Thompson, George V., 1954, S. 6.

bekleiden. Dementsprechend wird sich die Nachfrage nach standardkonformen Produkten relativ zu der nach solchen Produkten ausweiten, die nicht dem vorherrschenden Marktstandard entsprechen, sondern nur einen unbedeutenden „Nebenstandard" bilden und dazu vielleicht noch proprietär sind. Hieraus folgt, daß Hersteller durch die Etablierung einflußreicher Computerstandards Märkte schaffen können, die ihnen für ihre eigenen (kompatiblen) Güter bessere Absatzchancen bieten und somit eine vielversprechende Amortisationsbasis für die zum Teil erheblichen Forschungs- und Entwicklungsaufwendungen bilden. Mit anderen Worten: *Sieht man einmal von einer möglichen Senkung der Produktionskosten bei Massenfertigung ab, die in der Computerindustrie allenfalls nebensächlich sein dürfte, leiten sich die „Nutzleistungen", die Computerstandards für Hersteller enthalten, aus den Vorteilen ab, die dem Anwender aus Kompatibilität erwachsen*[54].

Aus der Tatsache, daß sich für den Anwender zusätzliche „Nutzleistungen" durch Kompatibilität ergeben, folgt jedoch nicht nur eine relative Zunahme des Marktanteils standardkonformer Produkte. Es ist auch ableitbar, daß das Volumen einer gesamten Branche, in der wie in vielen High-Tech-Branchen komplementäre Produkte angeboten werden, steigt, wenn sich Standards erfolgreich etablieren können (denn dann nimmt der Nutzen für den Anwender und demzufolge auch die Nachfrage allein durch eine verbesserte Kompatibilität zu). Andererseits hat mangelnde Kompatibilität gerade auf solchen Märkten vermutlich einen sehr negativen Einfluß auf die Gesamtnachfrage. Einen solchen Zusammenhang zwischen dem Marktvolumen und dem Grad der Standardisierung spricht auch Sanford V. Berg an. Er führt dazu die untereinander inkompatiblen („Amplitude-Modulation"-) Techniken

---

[54] Über die Computerindustrie hinaus ist anzunehmen, daß bei allen Produktstandards, die die Zusammenarbeit komplementärer Güter gewährleisten, weniger der Aspekt der Massenproduktion von Bedeutung ist, sondern die „Nutzleistungen" im Vordergrund stehen, die aus Kompatibilität resultieren. Dementsprechend ist zu vermuten, daß sich aus den Vorteilen, die hier dem Anwender zugute kommen, auch im allgemeinen (und nicht nur bei Hardware- und Softwarestandards) jene Anreize ableiten, die bewirken, daß Hersteller Marktstandards schaffen. Dies bestätigt u.a. David Hemenway: „Interchangeability standards for uniformity can permit economies of scale and improve information. They help limit variety, like single product standards, and thus allow longer production runs. They may reduce comparative shopping problems, and can decrease other search costs. ... The most important benefit of interchangeability standards is that they widen markets, increasing alternative sources of supply. Because of standards, a consumer with a flashlight is not 'locked-in' to one or two battery manufacturers. Many battery manufacturers can economically produce the standard size, knowing that demand for them will be high, since flashlight producers are making flashlights so that standard batteries will fit. And flashlight producers are busy making standard flashlights, for demand here will be greatest, since few people want flashlights if they can't easily get batteries" [Hemenway, David, 1975, S. 37/38].

zur Übertragung von Radiosignalen an: „Perhaps more important is the issue as to whether weak demand for stereo AM is partially responsible for slow growth of the market. However, continuing incompatibility (of an all-or-nothing type) must have some dampening effect on demand. ... Thus, rival standards may represent a market failure for AM stereo"[55] . Es sei an dieser Stelle einmal dahingestellt, wie stark sich im Einzelfall der Grad der Standardisierung auf die Entwicklung der jeweiligen Branche bzw. des jeweiligen Marktsegmentes auswirkt (so hat der Erfolg der PC-Architektur zweifellos entscheidend zum Aufstieg der gesamten Mikrorechnerindustrie beigetragen). Auch ist es möglich, diesen Aspekt vollkommen auszuklammern. Denn selbst wenn der *absolute* Zuwachs eines Marktes infolge einer Standardisierung unbeachtet bleibt, genügt immer noch die *relative* Zunahme des Marktanteils kompatibler Produkte, damit Computerstandards über eine steigende Nachfrage „Nutzleistungen" für die Hersteller von Hardware und Software erbringen.

Man könnte nun den berechtigten Einwand vorbringen, daß weitreichende Marktstandards für viele (Original-) Hersteller mit erhöhter Konkurrenz gleichbedeutend sind. Tatsächlich können diejenigen Unternehmen, die einen Standard etabliert haben, das Aufkommen von Klonherstellern und deren Partizipation an den erweiterten „Standardmärkten" für gewöhnlich nicht ausschließen. Abgesehen von einigen dauerhaft patent- und urheberrechtlich geschützten Produkten bzw. Ideen, wie sie vornehmlich im Bereich der Software anzutreffen sind, ist eine monopolartige Nutzung eines Standards daher praktisch nur in der Zeit bis zu einem erfolgreichen „reverse engineering" möglich. *Dem Hinweis, daß Computerstandards auch für Hersteller Güter im Sinne der Böhm-Bawerk'schen Auffassung sind, kann also prinzipiell entgegengehalten werden, daß diejenigen, die solche Güter bereitstellen, die daraus anfallenden „Nutzleistungen" im allgemeinen teilen müssen.* Da jedoch die Anreizsituation, die sich einem möglichen (Original-) Hersteller bei der Etablierung eines eigenen Standards bietet, später noch einer ausführlichen Analyse unterzogen wird, soll dieser Einwand hier nicht weiter verfolgt werden. Ebenfalls unbehandelt bleibt, ob eine Homogenisierung von Gütern den Wettbewerb verschärft und Standards damit auch als *volkswirtschaftliche* Güter zu betrachten sind[56] . Vielmehr wird mit dem Wissen, daß Computerstan-

---

[55] Berg, Sanford V., 1989, S. 378.

[56] In der Literatur wird eine Vielfalt volkswirtschaftlicher Auswirkungen diskutiert, wobei Fragen zum Einfluß von Standards auf die Wettbewerbsintensität im Mittelpunkt stehen. So ist in den frühen Stadien der Entwicklung einer Industrie ein extrem intensiver Wettbewerb zwischen den Herstellern zu erwarten, da die Unternehmen mit verstärkten Marketingmaßnahmen, Einführungspreisen und ähnlichem versuchen werden, ihre Technik als Marktstandard durchzusetzen. Vorhandene Standards – beispielsweise solche, die durch staatliche Normierungen geschaffen wurden – können in diesen ersten Marktphasen die Konkurrenzsituation abschwächen, wenn kein Anreiz mehr gege-

dards bestimmte „Nutzleistungen" erbringen und demzufolge als Güter einzustufen sind, die unterbrochene Suche nach alternativen Theorien an dieser Stelle wieder aufgenommen. Es wird dabei als nächstes gefragt, was die ökonomische Fachliteratur zu bieten hat, um die Bereitstellung eben dieser Güter zu erklären.

D. Die literaturbekannte Theorie der Standardisierung

Es gibt Märkte, für die die Frage der Standardisierung von Produkten wenig bedeutsam ist und solche, auf denen die Ergebnisse der Wirtschaftstätigkeit in starkem Maße von der Situation etablierter Standards abhängen. Die Computerbranche ist für die letztgenannte Gruppe ein eindrucksvolles Beispiel. Wenn man hier die Geschichte einzelner Unternehmen studiert, wird man feststellen, daß für den Erfolg bzw. Mißerfolg weniger die Preispolitik, die Qualität der Produkte oder die Effizienz der Unternehmensorganisation ausschlaggebend war, sondern daß dafür im wesentlichen solche Entscheidungen verantwortlich waren, die im Zusammenhang mit Hardware- bzw. Softwarestandardisierungen getroffen wurden. So ist der Aufstieg von Intel weniger auf die Leistungsstärke der 80x86er Mikroprozessoren und somit auf einen möglichen technischen Vorsprung gegenüber den Konkurrenzprodukten (in erster Linie den Motorola 68000er Chips) zurückzuführen; was Intel groß machte, war vielmehr die Entscheidung der IBM, den Intel 8086 als Mikroprozessor für den IBM PC auszuwählen. Auch Microsoft wäre heute ein weniger mächtiges Unternehmen, wenn IBM

---

ben ist, einen Marktstandard zu etablieren [Katz, Michael L., Shapiro, Carl, 1986 a, S. 148]. Im allgemeinen wird jedoch mit der Theorie monopolistischer Konkurrenz von Edward H. Chamberlin zu vermuten sein, daß bei Produktdifferenzierung die Intensität des Preiswettbewerbs sinkt; zu diesem traditionellen Schluß kommen auch Shaked und Sutton [Shaked, Avner, Sutton, John, 1982]. Lifchus führt zur Begründung eines verstärkten Wettbewerbs an, daß bei Standardisierungen „competitive decisions may be based on factors such as price, functionality and performance rather than specific design and availability considerations. Price, functionality, and performance are factors which most certainly provide opportunities for innovative improvements [Lifchus, Ian M., 1986, S. 179]. Dagegen wird allerdings von Barry Keating die Befürchtung geäußert, daß „dominant firms in an industry may use standards to exclude innovative competitors from the market" [derselbe, 1980, S. 471]. Keating's Argument trifft besonders auf den Fall zu, in dem es nicht (oder nicht umgehend) zu einem erfolgreichen „reverse engineering", d.h. zu einer Produktion 100%ig kompatibler Nachbauten, kommt. So konnte Intel lange Zeit den IBM PC-Standard monopolartig ausnutzen, weil es niemandem gelang, die original Intel 80x86er Mikroprozessoren zu klonen. Halbleiterhersteller wie Cyrix, Chips & Technology und vor allem AMD haben diese Situation heute allerdings nachhaltig ändern können, und daß, obwohl Intel mit zahlreichen Patentklagen um die Verwendung des 80x86er Mikrocodes das Aufkommen von Fremdanbietern zum Teil erheblich verzögern konnte.

den PC-Standard nicht mit MS-DOS etabliert hätte. Und schließlich wäre Sun Microsystems ohne die Erfolgsgeschichte des SPARC-Standards nur einer unter vielen Herstellern von RISC-Workstations. Unsere traditionellen Erklärungsmuster laufen aber nicht nur Gefahr, auf Unternehmensebene den Einfluß von Standards zu unterschätzen. Das Beispiel ostasiatischer Länder zeigt, daß der Aufbau einer eigenen Computerindustrie durch ein einfaches Nachbauen von Rechnern gelingt, die einem international verbreiteten Standard entsprechen. Die Vorstellung, daß die Entwicklung einer gesamten Branche im wesentlichen von der Beschaffenheit der Steuersätze, der Eigentums- und Haftungsrechte oder durch Zölle und Subventionen bestimmt wird, wie es die orthodoxe Theorie behauptet, scheint für die Computerindustrie so uneingeschränkt nicht zuzutreffen. Allgemein gesagt: Das Ausmaß der Unzulänglichkeit unserer herkömmlichen ökonomischen Theorie hängt davon ab, inwieweit die Wettbewerbsprozesse eines Marktes durch Standardisierungen bestimmt werden. Es bedarf wohl keines besonderen Hinweises darauf, daß dies mit der Computerbranche gerade für eine der Industrien gilt, denen eine Schlüsselposition in bezug auf die wirtschaftliche Entwicklung eines Landes zukommt.

Um so unbegreiflicher erscheint es, daß innerhalb der ökonomischen Literatur das Schrifttum zur Theorie der Standards noch verhältnismäßig jung und wenig umfassend ist, oder wie Braunstein und White es schreiben: „Compatibility is an old concept for the real world; it is a relatively new one for economists"[57] . Gleichwohl Wirtschaftshistoriker und -theoretiker wie George V. Thompson oder David Hemenway schon vorher Standardisierungen untersucht hatten[58] , wurde das Interesse an einer weitergehenden analytischen Auseinandersetzung mit diesem Thema vermutlich erst durch einen Aufsatz von Charles P. Kindleberger geweckt, der 1983 unter dem Titel „Standards as Public, Collective and Private Goods" erschienen ist[59] . Dieser Artikel sowie die übrige einschlägige Literatur werden im Mittelpunkt der nächsten beiden Unterkapitel (D und E) stehen. Es wird dort zum einen untersucht werden, inwieweit die vorhandenen Ansätze eine Möglichkeit bieten, um (Computer-) Standards zu erklären, und zum anderen, ob die Lösungen auch geeignet sind, eine zufriedenstellende Antwort zu geben.

---

[57] Braunstein, Yale M., White, Lawrence J., 1985, S. 354.
[58] Siehe Thompson, George V., 1954 und Hemenway, David, 1975.
[59] Kindleberger, Charles P., 1983.

1. Produktvariation, Kompatibilität und Standardwechsel

Die Tatsache, daß Standardisierung und Kompatibilität in der Reihe nationalökonomischer Forschungsgegenstände eher ein Mauerblümchendasein fristen und auch im Lehrangebot der Universitäten kaum zu finden sein dürften, erfordert es, zunächst einen kurzen Einblick in die literaturbekannte Theorie der Standardisierung zu geben. Natürlich wird derjenige, der damit Neuland betritt, nicht mehr als eine grobe Vorstellung über das eigentümliche und charakteristische Vorgehen dieser Theorien erhalten haben, nachdem er die folgenden Abschnitte gelesen hat. Aber er wird nachvollziehen können, inwieweit die Wirtschaftstheorie eine nach den weiter oben genannten Maßstäben akzeptable Erklärung entwickelt hat.

Wenn man von inhaltlichen Details absieht, dann ist der zentrale Gedanke dieser Theorien der, daß sich je nach der Stärke einzelner Faktoren, die die Etablierung eines Marktstandards beschleunigen oder verzögern können, verschiedene Grade der Standardisierung einstellen. Letztlich heißt das, daß weitgehende Produktkompatibilität nur erreicht wird, wenn solche nachfrage- und angebotsseitigen Determinanten überwiegen, die die Entwicklung und Verbreitung eines Standards begünstigen. Welchen Marktkonstellationen man für gewöhnlich solche Fähigkeit zumißt, werden wir gleich sehen. Wie jede Kurzfassung kann auch diese natürlich nicht alle Spezialfälle einzelner Autoren berücksichtigen; in diesem Sinne mag sie unfair erscheinen. Eine ausführliche Diskussion inhaltlicher Überlegungen ist hier jedoch eher zweitrangig. Um angemessen beurteilen zu können, ob die fraglichen Theorien (Computer-) Standards befriedigend erklären, ist zunächst einmal zu fragen, inwieweit diese Theorien unter erkenntnistheoretischen Gesichtspunkten dazu überhaupt in der Lage sind. Dementsprechend wird die grundlegende Methodik im Vordergrund stehen und nicht (einzelne) inhaltliche Nuancen, mögen diese auch zu noch so unterschiedlichen Schlußfolgerungen führen. Wenn man nun das analytische Instrumentarium der literaturbekannten Theorie zur Standardisierung betrachtet, dann entdeckt man in vielen Teilen einen Arbeitsstil, der ganz in der neoklassischen Tradition der Allokationslogik und der Gleichgewichte steht, und der an den wohlfahrtstheoretischen Ideen anknüpft, wie sie Vilfredo Pareto nachhaltig geprägt hat. So wird zum einen in statischen bzw. komparativ-statischen Modellen die (logische) Möglichkeit nachgewiesen, daß sich aus bestimmten Marktkonstellationen das eine oder andere Versorgungsniveau mit dem Gut Standard und damit der entsprechende Grad der Kompatibilität ableiten läßt. Zum anderen werden die Ergebnisse, die sich im Anschluß an die wettbewerblichen Anpassungen im Marktgleichgewicht bilden, nach den Kriterien der Eindeutigkeit, der Stabilität und der (Pareto-) Optimalität klassifiziert.

Diese erste grundsätzliche Einordnung mag genügen, damit der Leser anhand der nun folgenden Darstellung einiger Beiträge zur Theorie der Standardisierung nicht nur einen inhaltlichen Überblick erhält, sondern auch eine gute Einsicht in diese Art, Ökonomie zu betreiben.

Eine Reihe von Abhandlungen befassen sich mit den wechselseitigen Wirkungen zwischen Standardisierungen und der Zahl verfügbarer Produktvariationen. Im Normalfall wird zwischen den beiden ein einfacher „trade-off" vermutet: Je höher der Grad der Produktstandardisierung desto geringer die Gütervielfalt[60]. Wenn man den wohlfahrtstheoretischen Einfluß von Standards hinsichtlich dieser gegenläufigen Beziehung untersuchen will, dann ist die grundsätzliche Fragestellung dabei eine interessante, wenn auch keine völlig neue in der Ökonomie: Führen die (Allokations-) Anreize, denen *private* Entscheidungsträger unterliegen, zu einem Marktgleichgewicht, das einen *gesellschaftlich* optimalen Grad der Standardisierung erreicht?[61] Auf diese Frage gibt es fast so viele Antworten wie Autoren, die sich damit befaßt haben.

---

[60] Diese konventionelle Behauptung trifft nicht bei solchen Gütern zu, deren Nutzung von der Kombination einzelner Komponenten abhängt, also nicht für den Fall der Produktkomplementarität. Standards erzielen hier genau die gegenteilige Wirkung; sie ermöglichen dem Anwender, seinem persönlichen Geschmack entsprechend die Komponenten aus dem Angebot unterschiedlicher Hersteller zusammenzustellen. Angeregt wurde dieser Einwand von Matutes und Regibeau: „The home stereo industry is a good example of such an increase in 'system variety'. Without interbrand compatibility, consumers would have to choose between, for example, a Pioneer or a JVC stereo system. With compatibility, however, a consumer could assemble his own system by combining his favorite components, for example a JVC turntable with a Pioneer receiver and Fisher speakers" [Matutes, Carmen, Regibeau, Pierre, 1987, S. 25]. Es ist allein schon aus statistischen Überlegungen sonderbar, warum eine „trade-off"-Beziehung als Normalfall gilt. So wird die vermeintliche Produktvielfalt von kompletten Systemen bei Inkompatibilität um so mehr von der aus Kompatibilität resultierenden Kombinationsvielfalt übertroffen, je größer die Zahl der Komponenten ist. Bei Gütern aus ein oder zwei Bestandteilen wird eine negative Korrelation zwischen Standards und Produktvariation noch gültig sein, keinesfalls aber bei umfassenden HiFi-, Video- oder Computersystemen mit stark modularem Aufbau.

[61] Die ersten einflußreichen Überlegungen zur Heterogenität von Gütern entstammen der Zeit zwischen den Weltkriegen. 1926 stellte Piero Sraffa die These auf, daß jedes Unternehmen seine eigene Monopolstellung besitze, da sich die Waren jedes Herstellers in irgendeiner Weise von denen anderer Produzenten unterscheiden. Diese Idee ist unter dem Schlagwort „monopoly of its own output" bekannt geworden. Sie ist dann Anfang der 30er Jahre – zumindest im Ansatz – von Joan Robinson und von Edward H. Chamberlin übernommen und zur Theorie des „Imperfect Competition" bzw. der „Monopolistic Competition" ausgebaut worden. Ohne die Arbeiten von Joan Robinson und Piero Sraffa zu unterschätzen, gebührt jedoch Chamberlin die Ehre, in „The Theory of Monopolistic Competition" als erster Fragen zur Produktdifferenzierung umfassend untersucht zu haben. Es liegt natürlich nahe zu vermuten, daß das Problem der Kompatibilität nur ein Spezialfall der Monopoli-

Den Anfang machten Katz und Shapiro; sie stellten ein Modell mit oligopolistischer Marktstruktur vor, aus dem sich insoweit eine tendenziell zu geringe Standardisierung ableiten ließ, als „viewing firms as a collective decisions maker, we find that ... the firms' joint incentives for product compatibility are lower than the social incentives". Das Ausmaß der Unterversorgung an Kompatibilität ist jedoch nicht unabänderlich; es kann nach Katz und Shapiro durch einen finanziellen Ausgleich zwischen den Firmen gemindert werden, wenn Kompatibilitätsgewinner die Verlierer auszahlen (beispielsweise in Form von Lizenzgebühren). Ohne einen solchen Ausgleich käme eine herstellerübergreifende Kompatibilität nur zustande, wenn die beteiligten Unternehmen ausnahmslos von der Standardisierung profitierten. Sind dagegen Lizenzzahlungen möglich, müssen eben nur die aufsummierten Vorteile eines Standards größer sein als dessen Nachteile; die an einer Kompatibilität gewinnenden Firmen werden dann diejenigen auszahlen, die benachteiligt werden. Es ist jedoch selbst ohne Ausgleichszahlungen nicht zwingend, daß eine von der Gesamtheit der Hersteller und der Kunden gewünschte Standardisierung ausbleiben muß: „ ... when the compatibility mechanism is an adapter, and side payments are infeasible, the products of two firms will be made compatible if either firm would find the move to be profitable"[62] .

---

stischen Konkurrenz sei. Man darf jedoch nicht übersehen, daß Fragen zur Standardisierung nur dann auftreten, wenn der Anwender zur Nutzung seiner Basisprodukte diese um *komplementäre* Güter ergänzen muß. Braunstein und White sprechen in diesem Zusammenhang vom Konsum eines „Portfolios": „ ... our compatibility problem arises only when a user wants to consume a 'portfolio' of services of *multiple* technologies more or less simultaneously" [Braunstein, Yale M., White, Lawrence J., 1985, S. 342, Hervorhebung im Original]. Im Gegesatz dazu untersucht die Theorie der Monopolistischen Konkurrenz nur solche Produkte, die im Prinzip alleine nutzbar sind. Mit diesem Unterschied erklärt sich dann auch, warum Chamberlin und seine Nachfolger ein grundlegend anderes Problem verfolgten. So nimmt die Literatur über eine sozial optimale Produktdifferenzierung an, daß der Vorteil einer Güterhomogenisierung allein in der Kostendegression bei Massenfertigung liege: „A tradeoff between price and variety exists because of the scale economies present in production" [Salop, Steven C., 1979, S. 151; zur optimalen Produktvielfalt siehe auch Lancaster, Kelvin, 1975]. Bei Standards ist dieser Vorteil von untergeordneter Bedeutung. Wie im letzten Unterkapitel gezeigt wurde, liegt die „Nutzleistung" einer Standardisierung weniger in der Massenproduktion, sondern vielmehr in der Möglichkeit, einzelne Komponenten aus dem „Portfolio" auszutauschen (sowie im gewohnten Umgang mit standardkonformen Produkten). Märkte, auf denen Aspekte der Kompatibilität die Ergebnisse der Wirtschaftstätigkeit entscheidend beeinflußen, lassen sich deshalb nur in unzureichender Weise mit der Theorie Monopolistischer Konkurrenz erfassen.
[62] Die beiden Zitate sind Katz, Michael L., Shapiro, Carl, 1985, S. 425/434 entnommen. Vergleichbar mit einer technisch ermöglichten Kompatibilität über Adapter sind Emulationsprogramme. So kann beispielsweise über einen solchen Umweg eine MS-DOS Umgebung innerhalb eines UNIX-Systems nachgebildet werden (oder auch innerhalb von Betriebssystemen für Motorola 68000er Mikroprozessoren), um PC-kompatible Anwendungssoftware einsetzen zu können. Oft

Katz und Shapiro müssen sich jedoch der Kritik aussetzen, ihr Ergebnis einer prinzipiell zu geringen Standardisierung werde im wesentlich dadurch bedingt, daß sie die Vorteile eines höheren Grades der Produktvariation unberücksichtigt lassen. Sofern man Inkompatibilität als eine gefälschte und minderwertige Art der Gütervielfalt einstuft, sei eben kaum ein anderes Resultat als das von ihnen erwähnte zu erwarten. Dieser Vorwurf stammt von Farrell und Saloner[63] . In ihrer Analyse zum besagten „trade-off", in der sie im Gegensatz zu Katz und Shapiro die gesellschaftlichen Verluste einer Standardisierung integrieren, kommen sie folgerichtig zu der Aussage, daß das Niveau der Güterdifferentation entweder zu hoch (überoptimal) oder zu niedrig (suboptimal) sein kann. Wenn auch vielleicht nur der Kenner der ökonomischen Gleichgewichtsanalyse die folgende Textstelle aus dem angesprochenen Artikel von Farrell und Saloner nachvollziehen kann, ist sie es wert, zitiert zu werden. Nicht weil sie möglicherweise eine ungewöhnlich bedeutende Aussage enthielte, sondern weil sich in ihr wie kaum anderswo die vorherrschende Methode widerspiegelt, mit der die (ökonomische) Fachliteratur über Standardisierungen glaubt, ihre Probleme lösen zu können:

„We show that there can be too much standardization in equilibrium: it can happen that an equilibrium involves standardization when the optimum involves variety. If that equilibrium is focal, perhaps for historical reasons, then the outcome has inefficient standardization. This cannot occur if equilibrium is unique: we show that if the unique equilibrium involves complete standardization then that is the efficient outcome. However, there can be multiple equilibria, and it is quite possible that one of them involves too much standardization. Equilibrium, whether unique or not, can involve too little standardization"[64] .

In einem späteren Artikel führen Katz und Shapiro eine interessante Erweiterung ein[65] . Kamen sie in dem eben angesprochenen statischen, zeitlosen Modell noch zu dem Ergebnis, daß die Summe der Anreize für Unternehmen zu gering sei, um einen sozial optimalen Grad der Standardisierung aufzubauen, kann unter komparativ-statischen Bedingungen auch der Fall eintreten, daß die privaten Gewinne aus Kompatibilität zu hoch sind und sich demzu-

---

wird fremde Software auch durch Neukompilierung für die eigene Rechnerarchitektur nutzbar gemacht. Die von Honeywell 1964 eingeführte H-200 konnte zwar die Daten, die für die IBM 1400er Serie, die damals populärste Rechnerlinie, formatiert waren, lesen, konnte aber nicht direkt die Programme der 1400er Computer ausführen. Honeywell bot deshalb unter dem Namen „Liberator" ein Transformationsprogramm an, das die Sofware der 1400er Serie in eine auf den H-200 ablauffähige Form umwandelte.

[63] Siehe Farrell, Joseph, Saloner, Garth, 1986 a.

[64] Farrell, Joseph, Saloner, Garth, 1986 a, S. 71.

[65] Siehe Katz, Michael L., Shapiro, Carl, 1986 a.

folge ein überoptimales Niveau einer Marktstandardisierung einstellt. Sollten beispielsweise für neue Technologien auf staatliche Initiative hin Normierungen erarbeitet und als verbindlich erklärt werden, so wären die Gewinne der Unternehmen gerade in den ersten Marktphasen höher als ohne staatliche Normierungen; denn in einem solchen Fall wären keine privaten Ressourcen nötig, um mit Einstiegspreisen, Werbeaktionen etc. die firmeneigene Technologie als Marktstandard durchzusetzen. Kompatibilität könnte somit stärker im privaten als im gesellschaftlichen Interesse liegen. Andererseits gelte für ältere Märkte der Schluß, daß dort private Anreize zur Standardisierung regelmäßig unter dem sozialoptimalen Niveau liegen, weil eine Homogenisierung der Güter die Wettbewerbsintensität verschärft: „As a result, product compatibility tends to lower the surplus of first-period consumers, and the firms' compatibility incentives may be socially excessive. The privat incentives are not always excessive, however. Product compatibility tends to strengthen second-period competition ... . Thus, second-period consumers derive greater surplus under compatibility than under incompatibility, and the firms' compatibility incentives may be too low"[66] .

Den Modellen von Katz und Shapiro bzw. Farrell und Saloner ist gemeinsam, daß die Vorteile eines Standards auf der großen Zahl bereits verkaufter kompatibler Produkte beruhen (oder darauf, daß in Zukunft mit ihrem Verkauf zu rechnen ist). Beide Autorenpaare sprechen in diesem Zusammenhang übereinstimmend von „demand-side economies of scale", was der im letzten Unterkapitel enthaltenen Aussage entspricht, daß der Wert der „Nutzleistungen" eines Standards mit der Nachfrage nach kompatiblen Gütern und dem Marktanteil der standardkonformen Technologie steigt[67] . Einen anderen Zugang als den des „demand-side economies of scale" wählt Sanford V. Berg[68] . Während bisher die Güter nach dem Merkmal der Standard- bzw. Nichtstandardkonformität eingeteilt wurden (d.h. nach einem „alles-oder-nichts" Kriterium), ordnet Berg sie nach dem Grad ihrer Kompatibi-

---

[66] Katz, Michael L., Shapiro, Carl, 1986 a, S. 164.

[67] Auf die Unterscheidung des gegenwärtigen und zukünftigen Marktanteils der Standardtechnik machen Katz und Shapiro aufmerksam: „First, the relative attractiveness today of rival technologies is influenced by their sales histories. In effect, there are 'demand-side economies of scale'; a given product is more attractive the larger is the in-place base of consumers using that product. Second, and perhaps more important, in the presence of network externalities, a consumer in the market today also cares about the *future* success of the competing products" [Katz, Michael L., Shapiro, Carl, 1986 b, S. 824, Hervorhebung im Original]. Farrell und Saloner verzichten auf eine solche Unterteilung: „The benefits from compatibility create demand-side economies of scale: there are benefits to doing what others do" [Farrell, Joseph, Saloner, Garth, 1986 b, S. 940].

[68] Siehe Berg, Sanford V., 1988 und 1989.

lität: Je mehr sich die technische Beschaffenheit von Gütern gleicht, desto höher ist der Grad ihrer Kompatibilität. Dies zeigt sich darin, daß solche Güter ohne aufwendige und leistungsmindernde Adapter, Emulations-Software oder anderen Gateway-Techniken zusammenarbeiten können. Profitierte der Anwender bislang von einem hohen Grad der Standardisierung, d.h. von einem hohen Marktanteil der standardkonformen, vollständig kompatiblen Güter, profitiert er jetzt von einem hohen Grad an Kompatibilität, also davon, daß alle Güter eines Marktsegmentes relativ konform zueinander sind. Mit anderen Worten: Die Wertschätzung des Kunden für ein bestimmtes Produkt wird nicht mehr durch dessen Verbreitung, sondern durch die technologische Distanz des Produktes zu anderen Gütern beeinflußt, und diese Entfernung wird durch den Grad der Kompatibilität ausgedrückt.

Wodurch wird nun aber bestimmt, wie weit die Produkte auseinanderliegen, d.h. welchen Umfang die Produktvariation annimmt? Zur Lösung stellt Berg ein duopolistisches Modell vor, aus dem er ableitet, daß das Ausmaß der Kompatibilität, das sich in einer gleichgewichtigen Situation einstellt, von folgenden Faktoren abhängt: (1) Von der Kostenstruktur der beiden Hersteller, da je nach Verlauf der Grenz- und Durchschnittskosten ein technologisches Angleichen an das Produkt des Konkurrenten zum Verlassen der eigenen kostenminimalen Produktion führt; (2) von der Stärke der Nachfrageexpansion, die durch mehr Kompatibilität zwischen den Produkten der Duopolisten ausgelöst wird; (3) von der Anzahl potentieller Marktneulinge, also jener Hersteller, die von der Erweiterung der Nachfrage angelockt werden; (4) vom Anteil derjenigen in der eigenen Kundenschaft, die aufgrund einer Änderung zugunsten von mehr Kompatibilität eventuell zur Konkurrenz wechseln, da sie nicht mehr durch einzigartige und am ursprünglichen Produkt besonders geschätzte Merkmale gebunden werden können; (5) vom Anstieg der Rivalität um die Gunst der Konsumenten, wenn sich durch steigende Homogenität der Güter die Konkurrenzsituation unter den Herstellern verschärft.

Nach Berg wäre es denkbar, daß die Anreize für Unternehmen, Mittel zu investieren, um ihre Produkte kompatibler bzw. vollständig kompatibel zu machen, schon allein aufgrund der Aussicht auf eine Marktexpansion so stark sein könnten, daß Vorbehalte wegen steigender Kosten und intensiveren Wettbewerbs nachrangig werden. Ob damit aber ein sozial optimaler Grad der Kompatibilität im Marktgleichgewicht erreicht wird, entscheidet sich nicht nur durch die eben genannten angebots- und nachfrageseitigen Determinanten, sondern auch durch die jeweilige Marktstruktur: „The buttom line is that the best institutional framework for the production of compatibility (rivalry, partial cooperation, leadership, or multiproduct monopoly) depends on the cost and demand parameters. ... Thus, rivalry, collective action, monopoly, and leadership can lead to less (or greater) compatibility than is socially optimal"[69] . Um zu verstehen, warum der Grad der Kompatibilität unter sonst gleichen Bedingungen mit der Marktstruktur variiert, führt Berg den Begriff der „technologischen Externalität" ein. Für den Fall, daß ein Hersteller sein Produkt kompatibler zum Konkurrenzprodukt macht, werden nicht nur die eigenen Kunden, sondern auch die des anderen Duopolisten ihr jeweiliges Gut mehr schätzen. Bei der Entscheidung, sein Produkt anzugleichen, wird ein Unternehmen jedoch diesen externen Effekt, der bei allen übrigen Herstellern anfällt, in aller Regel nicht berücksichtigen[70] . In der Tendenz führt dies zu einer zu geringen Kompatibilität, da der Vorteil zwar vollständig der Gesellschaft, jedoch nur anteilig den Firmen zukommt, in deren Macht es steht, Güter bezüglich ihrer technischen Eigenschaften stärker einander anzugleichen. Je mehr aber nun die Marktstruktur die Internalisierung solcher externen Effekte zuläßt, desto mehr verschwindet das Unterangebot an Kompatibilität. Während bei Rivalität zwischen den Unternehmen keinerlei Internalisierung zu erwarten ist, werden bei Kooperation je nach Fairness die Gewinne und Verluste aus höherer Kompatibilität verursachergerechter aufgeteilt und die technologische Externalität zumindest teilweise internalisiert (so z.B. durch Kostenteilung oder Ausgleichszahlungen an das Unternehmen, das durch die Angleichung seines Produktes die Kompatibilität und infolgedessen die Marktnachfrage erweitert hat). Wenn im Grenzfall des Mehrprodukt-Monopols vollständige Internalisierung erreicht wird, steigt nochmals der Grad der Kompatibilität, da jetzt die gesamten Vorteile eines erweiterten Absatzmarktes ausschließlich dem Initiator der Kompatibilität zugute kommen. Gleichwohl gelte für den Fall des Monopols und der freiwilligen Kooperation, daß „maximization of joint profits ... will tend to bring the standards closer together than under full rivalry, although relative to complete rivalry, inefficiency could increase under particular cost and demand conditions"[71] . Sieht man von einzelnen Details in der Argumentation ab, so faßt Berg seinen gesamten Gedankengang in dem folgenden Satz zusammen: „With compatibility viewed as a continuous variable, rivalry can lead to the un-

---

[69] Berg, Sanford V., 1989, S. 375.
[70] Im Gegensatz zu den „technological externalities" entstehen die „network externalities" á la Katz und Shapiro dadurch, daß der einzelne Kunde bei der Auswahl des Produktes nicht den externen Einfluß seiner Entscheidung auf die Wertschätzung, die andere ihren Produkten entgegenbringen, anrechnet: „In the network externality formulation, the source of the problem is that consumers do not take into account the impact of their consumption decisions on the valuations of others. In the technological externality formulation, the crucial decisions are made by firms regarding their choice of technical standards. Their standards decisions do not take into account the impact on buyers of their rival's product" [Berg, Sanford V., 1988, S. 36].
[71] Berg, Sanford V., 1989, S. 373.

derprovision of compatibility. Other market structures and behavioral assumptions lead to different outcomes"[72].

Zu der Frage, unter welchen Bedingungen es im „trade-off" zwischen Standards bzw. Kompatibilität und Produktvariation zu einer optimalen Güterhomogenität kommt, haben sich auch Braunstein und White geäußert. Sie rechnen die Vor- und Nachteile einer Standardisierung in einer gesellschaftlichen Kosten-Nutzen-Analyse gegeneinander auf: „The more expensive are the translating devices, the more expensive are the basic equipment sets, the fewer are the unique (and socially valuable) properties of the technologies, and the smaller is the investment that would be required to replace the prematurely scrapped equipment devoted to the 'losing' technologies, the greater is the likelihood that compatibility would be socially worthwhile"[73]. Auf der Suche nach dem Optimum an Kompatibilität tauchen aber fast unlösbare Probleme auf. Um abschätzen zu können, welche Technologie das Wohlfahrtsniveau einer Gesellschaft maximiert, sind möglicherweise große Investitionen in verschiedene, inkompatible Techniken parallel zu tätigen. Das aber bedeutet, daß die Gewißheit, die optimale Technologie zu kennen, mit hohen Verlusten an investiertem Kapital infolge der Aufgabe unterlegener Technologien erkauft wird. Braunstein und White weisen jedoch nicht nur auf inhaltliche Schwierigkeiten hin, die dann bestehen, wenn eine optimale Standardisierung erreicht werden soll; sie richten ihre Aufmerksamkeit auch auf mehr formale Einwände, die gegen die Möglichkeit eines gesellschaftlichen Optimums vorgebracht werden können. Ihre Kritik knüpft an dem an, was Ökonomen als einen pareto-optimalen Zustand bezeichnen. Dahinter verbirgt sich die Vorstellung, daß eine Situation nach dem Maßstab der Pareto-Optimalität dann effizient ist, wenn niemand besser gestellt werden kann, ohne daß ein anderer dadurch Nachteile in Kauf nehmen muß. Für gewöhnlich verwendet die Wohlfahrtsökonomie diesen Gedanken, um zu prüfen, ob ein Zustand erreicht ist, in dem die Bedürfnisse der Individuen bei vorgegebenen Mitteln bestmöglich befriedigt werden. Kann man das Kriterium der Pareto-Optimalität nun aber auch für eine Situation heranziehen, in der das Versorgungsniveau mit dem Gut Standard überprüft werden soll? Braunstein und White verneinen dies aus folgendem Grund: Selbst wenn die Mehrzahl der Konsumenten durch eine weitreichende Standardisierung besser gestellt wird, gilt dies nicht für diejenigen, deren Investitionen in inkompatible Technologien allein deshalb an Wert verlieren, weil die Zahl der Anwender ihrer Technologien zugunsten der standardkonformen Produkte geringer wird. Welches Niveau also auch immer eine Standardisierung er-

---

[72] Berg, Sanford V., 1988, S. 37.
[73] Braunstein, Yale M., White, Lawrence J., 1985, S. 343.

reicht hat, es gilt, daß viele besser und wenige schlechter gestellt werden, wenn sich der Grad der Standardisierung erhöht, bzw. wenige besser und viele schlechter gestellt werden, wenn er absinkt. Es ist daher bei einer zunehmenden Standardisierung nur möglich, von einer *Annäherung* in Richtung Pareto-Optimum zu sprechen und zwar im Sinne einer Abwägung von Gewinnern und Verlierern: „Even if compatibility is found to be worthwhile, it will likely be only a potential improvement in the Kaldor-Hicks compensation sense, since a few users may value highly some of the lost attributes of the technologies that disappear and some producing firms may gain at the expense of others"[74] . Da sich die Wahl eines Kunden für ein standardkonformes Produkt auch auf das Nutzenniveau anderer Kunden auswirkt, also eine solche Wahl aus der Sicht der Mehrheit positive und nach Meinung einer Minderheit negative externe Effekte auslöst, ist dieser Hinweis von Braunstein und White mit dem wohlbekannten Resultat aus der Wohlfahrtsökonomie verwandt, daß sich bei Vorlage externer Effekte – genauso wie bei Größenvorteilen in der Produktion – im Gleichgewicht kein Zustand einstellen kann, der gemessen an der Pareto-Optimalität ideal wäre.

Ökonomen haben sich jedoch nicht nur mit Fragen zur gesellschaftlich optimalen Standardisierung beschäftigt. Sie haben auch die Umstände untersucht, von denen es abhängt, ob sich eine Technologie als neuer Standard etablieren kann; und sie nennen die verschiedensten Bedingungen, unter denen ein solcher Standardwechsel eine effiziente bzw. eine ineffiziente Marktreaktion darstellt. Im Rahmen der Diskussion über mögliche Vor- und Nachteile von Computerstandards (Unterkapitel C) ist bereits erwähnt worden, daß die Beachtung von Abwärtskompatibilität technologischen Wandel behindert, wenn die beteiligten Unternehmen nicht ausnahmslos vom Wechsel zu einer neuen Standardtechnik profitieren und darüber hinaus noch über den allseitigen Vorteil informiert sind (zu diesem Ergebnis kamen Farrell und Saloner[75]). Umgekehrt ausgedrückt: Es ist durchaus möglich – dann nämlich, wenn eine der beiden genannten Bedingungen nicht erfüllt ist –, daß die Anreize für die einzelnen Hersteller, einen neuen Standard zu initiieren, in ihrer Gesamtheit geringer sind als die aufsummierten Vorteile für alle Beteiligten. Im Endergebnis läuft dies auf eine ineffiziente, weil verzögerte und unzureichende Standardisierung hinaus. Worin aber könnten die Ursachen dafür liegen? Unsere beiden Autoren vermuten, daß die Präferenzen der Hersteller und der ihnen verfügbare Informationsstand bestimmen, ob sich ein neuer Standard einstellt. Für den Fall, daß die Unternehmen einstimmig den Wechsel befürworten, jedoch nicht vollständig über den Wunsch zur Standardisierung der anderen informiert

---

[74] Braunstein, Yale M., White, Lawrence J., 1985, S. 343/344.
[75] Siehe Farrell, Joseph, Saloner, Garth, 1985 und 1986 b.

sind, gilt: Wenn durch lockere Koordination zwischen den Unternehmen das Informationsdefizit beseitigt werden kann, wird kein Hersteller, der seine Produktion auf die neue Standardspezifikation umstellt, weiter in der Ungewißheit leben müssen, ob die übrigen Firmen ihm dabei nachfolgen. Kurz gesagt, Information verbessert bei Einstimmigkeit die Chance einer erfolgreichen Standardisierung. Sie bewirkt jedoch genau das Gegenteil, wenn die Unternehmen in unterschiedlicher Weise von einer Standardisierung profitieren. Es wird dann offenkundig, daß nicht alle Hersteller um jeden Preis zum neuen Standard wechseln wollen, eine Tatsache, die weniger wechselbereite Firmen zusätzlich verunsichern wird[76].

In einem späteren Beitrag untersuchen Farrell und Saloner sowohl die Möglichkeit einer verzögerten Standardisierung („excess inertia") als auch die eines übereilten Wechsels („excess momentum") zu einer neuen Technologie[77]. Wenn wenige Hersteller und Anwender eine alternative Produktfamilie derart stark präferieren, daß sie trotz drohender Inkompatibilität umstellen und mit ihrem Verhalten langsam einen zukünftigen Standard aufbauen, können sie die neue Technologie für andere Käufer so attraktiv machen, daß diese nachziehen, obwohl sie ihre alten Produkte vorzeitig abschreiben müssen. Die Wahrscheinlichkeit eines solchen „excess momentum" steigt, sollte die zukünftige Verfügbarkeit neuer Produktserien angekündigt werden: „With a preannouncement, two effects favor the new technology. First, if some users decide to wait for it, the network benefits when the new technology is introduced (and adopted by those users) will be larger than otherwise. Second, the installed base on the old technology will be reduced by the number of users who wait"[78].

---

[76] Implizit ist dem Beitrag von Farrell und Saloner zu entnehmen, daß eine verzögerte bzw. unzureichende Standardisierung in dem von Braunstein und White angesprochenen „Kaldor-Hicks" Sinne ineffizient ist, weil der neue Standard mehr zur gesellschaftlichen Wohlfahrt beitragen würde als ihr zu schaden. Bei unvollständiger Information kann eine solche ineffiziente Verzögerung in zweifacher Hinsicht auftreten: „Two types of excess inertia occur. In the first, and the most striking, which we call symmetric inertia, the firms are unanimous in their preference for the new technology and yet they do not make the change. This arises when all the firms only moderately favor the change, and hence are themselves insufficiently motivated to start the bandwagon rolling, but would get on it if it did start to roll. As a result, they maintain the status quo. In the second type of inertia ('asymmetric inertia') the firms differ in their preferences over technologies, but the total benefits from the switch would exceed the total costs. As before, this inertia arises because those in favor are not sufficiently in favor to start the bandwagon rolling. Symmetric inertia is purely a problem of coordination. Hence, one might expect that ... nonbinding communication of preferences and intentions may eliminate the inertia. We show ... , however, that while this indeed eliminates the symmetric excess inertia, it exacerbates the problem of asymmetric inertia" [Farrell, Joseph, Saloner, Garth, 1985, S. 72].

[77] Siehe Farrell, Joseph, Saloner, Garth, 1986 b.

[78] Farrell, Joseph, Saloner, Garth, 1986 b, S. 942/943.

Bezüglich der Frage, inwieweit der Wechsel eines Marktstandards dem Kriterium der Effizienz genügt, kommen Farrell und Saloner zu einem Ergebnis, das wiederum der wohlfahrtsökomonischen Erkenntnis entspricht, daß externe Effekte effiziente bzw. pareto-optimale Gleichgewichte ausschließen: „In equilibrium, the firms may switch too reluctantly (excess inertia), too eagerly (excess momentum), or efficiently. The possible inefficiencies arise from two externalities in the model. First, when a firm switches, its rival loses some network benefits while they are using incompatible technologies, and the switching firm ignores this in its calculations. Second, even if users unanimously favor a switch, each user may prefer the other to switch first. As a result, switching may be delayed"[79].

Weitere Faktoren, deren Existenz die Etablierung von Marktstandards beschleunigen bzw. wahrscheinlicher machen, finden sich bei Katz und Shapiro. Wenn durch wohldefinierte und patentgeschützte Eigentumsrechte oder durch andere Marktzutrittsbeschränkungen ein Unternehmen auch in Zukunft keine Konkurrenz zu befürchten hat, so können Hersteller ihre Technologien durch Einführungspreise, die unter den Produktionskosten liegen, als Marktstandards durchsetzen, da es ihnen möglich ist, die anfänglichen Verluste später durch eine monopolistische Preispolitik wieder einzuholen. Andererseits wird ohne exklusive Verwertungsrechte nicht nur die Tendenz zu einem suboptimalen Standardisierungsgrad verstärkt, es wird sich eventuell auch die „falsche" Technologie durchsetzen. Unter diesen Voraussetzungen wäre der gegenwärtig bestehende technische Vorsprung ausschlaggebend dafür, welche Produktfamilie sich durchsetzt, und nicht, welche Konzeption das in der Zukunft größere Entwicklungspotential hat. Da hier niemand eine rechtlich gesicherte Monopolstellung erwarten kann, sieht sich auch kein Hersteller veranlaßt, als Sponsor die überlegene Technologie zu unterstützen. Allerdings hat auch das Sponsoring von herstellerspezifischen Produktreihen insofern seine eigenen Probleme, als daß es ein Marktergebnis mit einer überoptimalen Standardisierung oder einer inferioren Standardtechnik auslösen kann. Zusammengefaßt wirken sich Eigentumsrechte und Sponsoring nach Katz und Shapiro damit wie folgt auf Standards aus: „(1) compatibility tends to be undersupplied by the market, but excessive standardization can occur; (2) in the absense of sponsors, the technology superior *today* has a strategic advantage and is likely to dominate the market; (3) when one of two rival technologies is sponsored, that technology has a strategic advantage and may be adopted even if it is inferior; (4) when two competing technologies both are sponsored, the technology that will be superior *tomorrow* has a strategic advantage"[80].

---

[79] Farrell, Joseph, Saloner, Garth, 1986 b, S. 943.

[80] Katz, Michael L., Shapiro, Carl, 1986 b, S. 822, Hervorhebungen im Original.

Ohne den Anspruch zufriedenstellen zu können, auch nur die Gedankengänge der genannten Wirtschaftstheoretiker erschöpfend dargestellt zu haben, soll an dieser Stelle der Einblick in die literaturbekannte Theorie der Standardisierung beendet werden. Es ist hier weder der Zweck noch der passende Ort, um auf die vielfältigen Überlegungen und Schlußfolgerungen einzugehen. Denn auch wenn einiges keine Erwähnung fand und vieles ohne detaillierte Ausführung blieb, wird der Leser doch insoweit eine Einführung erhalten haben, daß er der nun folgenden Beurteilung der angerissenen Theorien folgen kann. Hierbei wird die Frage im Mittelpunkt stehen, inwieweit Wirtschaftstheoretiker zu Lösungen gefunden haben, die zufriedenstellend erklären (könnten), welche Zusammenhänge den Prozeß der Standardisierung von Gütern im allgemeinen und den von Hard- und Software im speziellen ursächlich bestimmen.

2. Methodologische Ideale und der Erklärungsgehalt der Standardtheorien

Die Wissenschaftslehre unterscheidet solche Sätze, die Aussagen über das enthalten, was sein soll, von denen, die davon berichten, was der Fall ist, also allgemein zwischen *Normen* und *Tatsachen*. Im Grunde genommmen beruht diese Trennung von Ethik und wissenschaftlicher Erkenntnis darauf, daß sich Sätze, die uns darüber informieren, wie die Welt funktioniert, an unseren Erfahrungen widerlegen lassen. Diese Möglichkeit, aus sich widersprechenden Beobachtungen zu schließen, daß zumindest ein allgemeiner Satz einer Erklärung falsch sein muß, ist als der modus tollens der klassischen (Aussage-) Logik bekannt. Er gilt jedoch nicht für diejenigen Sätze, die Forderungen enthalten, wie man die Welt gestalten sollte. So ist es nicht so ohne weiteres möglich, aus Erkenntnissen, die wir über die Realität gewonnen haben, Werturteile abzuleiten; es ist nicht einmal möglich, solche Urteile als falsch zu erkennen. Normen enthalten nun aber nicht nur Aussagen über allgemeine gesellschaftliche Wertüberlegungen wie beispielsweise Urteile darüber, ob eine bestehende Einkommensverteilung gerecht oder ungerecht sei. Zu ihnen zählen auch jene methodologischen Vorschläge, wie die Praxis des Wissenschaftsbetriebes auszusehen habe. Auch die zu Beginn entwickelten Vorgaben, mit denen hier eine zufriedenstellende Erklärung von ihren unzureichenden Alternativen getrennt werden soll, sind nichts anderes als bestimmte Normen, von denen wir annehmen, daß sie ein sinnvolles Programm einer Erfahrungswissenschaft darstellen. Daneben gibt es natürlich auch andere Zielvorstellungen darüber, was eine Wissenschaft leisten solle. Mancher Leser wird schon erahnen, welche Schwierigkeiten uns diese Tatsache bereitet. Wenn die Beiträge zu Standardisierung und Kompatibilität daran gemessen werden, wie tief und gehaltvoll sie über kausale Zusammenhänge der (Standardisierungs-) Realität informieren, dann ist dieses ein mögliches, nicht aber verbindliches oder gar uneingeschränkt gültiges Ziel. Anders ausgedrückt, wir müssen mit unserer Kritik an den Standardtheorien vorsichtig sein und ungerechtfertigte Angriffe vermeiden, da die Zielsetzung, gehaltvolle Theorien zu suchen, wie jedes andere Ideal der Nationalökonomie auf keinem logisch festen Fundament steht. Man wird jedoch, selbst wenn methodologische Auffassungen weder wahr noch falsch sind, nicht an der Frage vorbeikommen, ob ein Forschungsstil *akzeptabel* ist. So folgen aus bestimmten Idealen Theorien, die deshalb kaum sinnvoll erscheinen, weil sie uns keine tieferen Einblicke in die Realität bieten oder teilweise gar nichts über die Wirklichkeit behaupten. Ein weiteres Ideal könnte die Frage der Wahrheit vollständig ignorieren und so die Theorien von jeder Erfahrungskontrolle lösen, so daß nicht entschieden werden kann, ob die fraglichen Theorien wahre oder falsche Sätze enthalten.

Wenn man nun die Beiträge, die Ökonomen bisher zum Problem der Standardisierungen hervorgebracht haben, unter methodologischen Gesichtspunkten beurteilt, so entdeckt man folgendes: Nur bei wenigen Vertretern ist offensichtlich, welcher wissenschaftstheoretischen Methodik sie folgen und inwieweit ihre Theorien etwas über die Realität aussagen sollen. Im allgemeinen ist jedoch nicht eindeutig, welche Erkenntnisleistung die verschiedenen Wirtschaftstheoretiker ihren Standardisierungsmodellen abverlangen. Aus diesem Grund werden hier drei methodologische Konzeptionen dargestellt, von denen zu vermuten ist, daß sie den erkenntnistheoretischen Vorstellungen der einzelnen Autoren entsprechen könnten (natürlich treffen dabei die jeweiligen Deutungen auf den einen Autor stärker zu als auf den anderen). Insgesamt stellt sich bei der Untersuchung heraus, daß zwei der drei methodologischen Versionen untauglich sind, um wahre Aussagen über die (ökomonische) Wirklichkeit zu finden; nur bei einer dritten, sehr entgegenkommenden Interpretation kann man solche Informationen aus den fraglichen Theorien gewinnen. Und ausschließlich bei dieser dritten Deutung können die im Schrifttum vorhandenen Theorien aus gesicherten Gründen ablehnt werden, da nur in diesem Fall die alternativen Erklärungen an den Idealen gemessen werden, die weiter oben genannt wurden (Kapitel II, A.1), und die literaturbekannten Standardtheorien diesen Idealen weniger nahekommen als die Erklärung, die später im dritten Kapitel entwickelt werden wird. Für die beiden anderen Interpretationen bleibt nur der Hinweis, daß unter den gegebenen Bedingungen ein echter Vergleich der konkurrierenden Ansätze nicht möglich ist. Es lassen sich allenfalls Gründe darlegen (wie es im folgenden auch geschehen soll), die vermuten lassen, daß die dortigen erkenntnistheoretischen Positionen wenig zufriedenstellend sind. Darüber möge sich jeder Leser jedoch selbst ein Urteil bilden und ferner die Tatsache verzeihen, daß die nächsten Abschnitte zwangsläufig einige methodologische Gedanken enthalten müssen. Wie wollen nun aber unsere Ökonomen ihre Standardtheorien verstanden wissen?

Viele Wirtschaftswissenschaftler sehen die Notwendigkeit ihres Schaffens in der Suche nach solchen Bedingungen, die allein aus logischen Gründen gewährleisten, daß sich Märkte nach einer gewissen Zeit der Anpassung im Gleichgewicht befinden. Es spricht einiges dafür, daß auch viele der oben genannten Autoren diesem Erkenntnisprogramm verpflichtet sind; und vielleicht ist auch diese Deutung diejenige, für die die meisten und offensichtlichsten Beweise anzuführen sind. So wird in der Literatur zum Thema Standardisierung und Kompatiblität immer wieder eine Frage in den Mittelpunkt des Interesses gerückt: Unter welchen Voraussetzungen ist eine pareto-optimale Etablierung von Standards wahrscheinlich bzw. wahrscheinlicher, unter welchen ist eine derartige Etablierung jedoch undenkbar, wenn sich die Wirtschaftspläne der Beteiligten nach allen Anpassungen im Gleichgewicht befinden? Die beiden amerikanischen Ökonomen Stanley M. Besen und Leland L. Johnson schreiben dazu: „Our goal is to better understand the conditions under which compatibility standards are likely to be established through market forces, ... and the conditions under which compatibility among technologies is economically efficient"[81] . Daß man derartige Erkenntnisse anstreben kann, soll hier ebensowenig bestritten werden wie die Tatsache, daß viele geachtete Ökonomen heute dieser Zielsetzung zustimmen. Allerdings dürfte die dahinter stehende methodologische Auffassung nur demjenigen zu empfehlen sein, dessen Anliegen sich darauf beschränkt, logische Abhängigkeiten innerhalb einer Welt von Begriffen zu entdecken, die sich zwar auf die Wirklichkeit beziehen, aber nichts über sie aussagen. Der Satz: „If all firms prefer the same technology and if each knows that all others have the same preference, the industry will adopt that technology as a standard" ist hinreichend, um die logischen Zusammenhänge zwischen Präferenzlage, Information und Standards aufzudecken[82] . Solche und vergleichbare Sätze haben jedoch eine kognitive Eigenschaft, die es wenig sinnvoll erscheinen läßt, auf diese Art und Weise vorzugehen, wenn man etwas über die Realität erfahren will. Denn obwohl Sätze, die über logische Abhängigkeiten berichten, für gewöhnlich Auskunft darüber erteilen, welche Marktergebnisse *denkbar* sind, geben sie uns keinerlei Hinweise darüber, ob sich diese Marktergebnisse auch *tatsächlich* einstellen. Wie schon gesagt könnte man die Standardtheorien so deuten, und jede Kritik an dem Vorhaben, logische Gesichtspunkte in den Vordergrund zu stellen, hat zu berücksichtigen, daß

---

[81] Besen, Stanley M., Johnson, Leland L., 1986, S. V.
[82] Besen, Stanley M., Johnson, Leland L., 1986, S. V.

es eine Frage der Zielsetzung ist, ob in der Nationalökonomie (oder in anderen Wissenschaften) solche Wahrheiten ohne jeglichen informativen Gehalt anzustreben sind. In jedem Fall unterscheiden sich die hier (in Kapitel II, Abschnitt A.1) gestellten Anforderungen an eine Theorie deutlich von den eben genannten, und gemessen an dem methodologischen Ideal, nach allgemeinen, gehaltvollen und präzisen Argumenten zu suchen, können Aussagen über die logische Möglichkeit bestimmter Marktergebnisse nicht genügen. *Wenn diese erste, allokationslogische Interpretation der Standardtheorien zutreffend ist (wofür mancher Beweis angeführt werden könnte), dann leisten die fraglichen Theorien keinen erwähnenswerten Beitrag, um gehaltvolle Erkenntnisse über die Ursachen von (Computer-) Standards aufzudecken, die uns sonst verborgen blieben.*

Die allokationslogische Ausdeutung der Standardtheorien ist jedoch nicht die einzig mögliche. Insbesondere in den Arbeiten von Sanford V. Berg finden sich Anhaltspunkte, die auf eine instrumentalistische Auffassung von Theorien schließen lassen[83] . Die Wissenschaftslehre versteht darunter die Idee, daß Theorien keine *Aussagen* über bestimmte Bereiche der Wirklichkeit enthalten; normalerweise nehmen wir dies ja – wenn auch zumeist unerwähnt – an. Nach instrumentalistischer Vorstellung sind Theorien nur *Strukturen* oder Schemata, von denen erst nach entsprechenden empirischen Untersuchungen gesagt werden kann, auf welche Sachverhalte sie anwendbar sind bzw. welche Sachverhalte in ihren Prognosebereich fallen. Sollten empirische Resultate der Theorie widersprechen, dann zieht man nicht den traditionellen Schluß des modus tollens, daß mindestens einer der theoretischen Sätze falsch sein muß, sondern kommt nur zu der lapidaren Feststellung, daß dieser Sachverhalt eben nicht zu den intendierten Anwendungen der fraglichen Theorie gehöre. Theorien sind dementsprechend gegenüber Falsifikationen immun. Sie sind Werkzeuge oder Instrumente, die zutreffend oder nicht zutreffend sind, von denen sich jedoch die Frage nach ihrer Wahrheit oder Falschheit nicht sinnvoll stellen läßt. Obgleich aber Theorien nach dieser Vorstellung nicht als falsch entlarvt werden können, darf daraus nicht der Schluß gezogen werden, daß empirische Beobachtungen wertlos und „Widerlegungen" ohne Folgen seien. Denn was geprüft wird, ist nicht die Theorie an sich, sondern die Vermutung, daß sich zu den erhobenen Daten auch Theorien finden lassen, die auf genau diese Sachverhalte zutreffen und diese vorhersagen könnten.

Wie erwähnt finden sich bei Berg solche instrumentalistischen Gedanken, und zwar vornehmlich an den Stellen, an denen er auf die Konsequenzen zu sprechen kommt, die er aus den Ergebnissen empirischer Prüfungen zieht. Zur Erinnerung: Berg hatte mehrere

---

[83] Siehe Berg, Sanford V., 1988 und 1989.

(sechs) Faktoren genannt, die den Grad der Kompatibilität in einem Marktsegment entweder stärken oder schwächen. Seine Theorie überprüft er nun u.a. an den US-amerikanischen Standards für den Empfang von Radio- und TV-Signalen. In diesem Zusammenhang kommt Berg zu dem Ergebnis, daß „of the six factors potentially influencing the equilibrium degree of compatibility, several should be mentioned", und im besagten Test, „the other factors, potential entry and unique service features are not very important"[84]. Offenbar hat Berg also zeigen können, daß seine Theorie eine ausreichende Menge von Faktoren beinhaltet, um einen bestimmten Standardisierungsvorgang zu erfassen. Mit anderen Worten: Seine theoretische Struktur, in der er sechs mögliche Einflußgrößen zur Auswahl stellt, paßt zu den empirischen Beobachtungen um standardisierte Radio- und TV-Signale.

Welche Zielsetzung aber verfolgt nun der Instrumentalist, und wann ist eine begriffliche Struktur nach seiner Einschätzung eine gute Theorie? Zur ersten Teilfrage: Der Instrumentalist möchte Theorien haben, die zur Vorhersage von Ereignissen brauchbar sind. Die Vorstellung, daß Wissenschaftler nach nützlichen Werkzeugen zur Prognose suchen (sollen), hat für die Nationalökonomie einer ihrer bekanntesten Vertreter hoffähig gemacht: Milton Friedman. In seinem berühmten Essay „The Methodology of Positive Economics" heißt es über die ökonomische Theorie: „Its performance is to be judged by the precision, scope, and conformity with experience of the predictions it yields", und „the only relevant test of the validity of a hypothesis is comparison of its predictions with experience"[85]. Unser Autor Berg scheint in dieser Hinsicht Friedman's höriger Schüler zu sein: „Theoretical constructs need to be evaluated on the basis of their predictive abilities"[86]. Daß Instrumentalisten – wie gesehen – die Aufgabe einer Theorie auf die *Vorhersage* von Ereignissen einschränken, ist möglich, allerdings nicht notwendig. Ohne zwingenden Grund wird hier auf zusätzliche Erkenntnis, nämlich auf die *Erklärung* gesellschaftlicher Vorgänge, verzichtet, obwohl dieses weitergehende Ziel – zumindest näherungsweise – durchaus erreicht werden könnte. Es gibt aber noch einen zweiten Vorwurf in Richtung Instrumentalismus. Wenn empirische „Widerlegungen" nur auf neue Grenzen der Vorhersagekraft hinweisen, dann kann sich jede Theorie dem Urteil der Erfahrung mit dem Vorwand entziehen, gerade für diesen Sachverhalt kein adäquates Prognosewerkzeug zu sein. Dies aber heißt in letzter Konse-

---

[84] Berg, Sanford V., 1989, S. 377/378.
[85] Friedman, Milton, 1953, S. 4/8/9. Zur Diskussion der Friedman'schen Methodologie siehe Caldwell, Bruce J., 1982, S. 173 ff. sowie Meyer, Willi, 1978. Eine allgemeine Einführung in den Intrumentalismus gibt Gadenne, Volker, 1984, S. 143 ff..
[86] Berg, Sanford V., 1989, S. 376.

quenz, daß überhaupt nicht zwischen besseren und schlechteren Theorien unterschieden werden kann.

Eine instrumentalistische Deutung der Standardtheorien führt damit zu genau denselben Schwierigkeiten wie die erste, allokationslogische Interpretation. Da nach beiden Überzeugungen Theorien nicht sinnvoll anhand empirischer Befunde zu überprüfen sind, fehlen die nötigen Anhaltspunkte, um entscheiden zu können, ob wir der einen Erklärung mehr als einer anderen vertrauen können. Solange die Immunität einmal durch die Vorgabe gewahrt wird, nur logische Möglichkeiten der Allokation untersuchen zu wollen und sich ein anderes Mal Immunität als Folge einer instrumentalistischen Auffassung von Theorien ergibt, solange können wir keinen dahingehenden Fortschritt nachweisen, daß unser Wissen über die Kausalzusammenhänge der realen Welt wächst. Es ist demnach unerheblich, welche der beiden bisher vorgestellten methodologischen Ideale diejenigen Ökonomen vertreten, die sich über Standards und Kompatibilität zu Wort gemeldet haben. Wenn man eine Erklärung von Marktstandards anstrebt, für die solche empirischen Zeugnisse angeführt werden sollen, die den Nachweis erbringen können, daß diese Erklärung den bisherigen Vermutungen überlegen ist, dann sind beide Ideale deshalb nicht akzeptabel, weil sie keine Möglichkeit bieten, aus der Menge konkurrierender Theorien die am besten prüfbare Alternative zu erkennen.

Es gibt jedoch noch eine dritte und wohlmeinende Deutung. Man kann nämlich von den Standardtheorien annehmen, daß ihre Argumente tatsächlich etwas über die *Realität* von Marktprozessen aussagen und damit empirisch prüfbar sind. Die Gestaltung der Eigentumsrechte, die Möglichkeit eines Sponsorings, die Ankündigung zukünftig verfügbarer Produkte, die Kostenstrukturen der Unternehmen, die Präferenzen von Herstellern und Konsumenten oder auch die Information über gegenseitige Vorteile einer Standardisierung: alles dies wären dann solche Faktoren, die ursächlich für das Aufkommen oder Ausbleiben marktbeherrschender Standards verantwortlich sind[87] . Wenn man jedoch diesen Zugang wählt und

---

[87] Die Vermutung, daß Standards von marktmächtigen Unternehmen etabliert werden – unsere oben vorgestellte Marktführerhypothese –, fügt sich nahtlos in diese Reihe von Argumenten ein. Ansatzweise findet sie sich auch in der Literatur: „In differentiated products with many firms of roughly the same size and none dominant, the opportunity for standardization may be missed and economies of scale lost" [Kindleberger, Charles P., 1983, S. 395], und „it is widely believed that 'large' firms have a great deal of strategic power in the kind of *de facto* standard-setting we analyze here" [Farrell, Joseph, Saloner, Garth, 1985, S. 82, Hervorhebung im Original]. Ein anderes, bislang unerwähntes Argument ist die Vorstellung, daß die Wahrscheinlichkeit einer Standardisierung davon abhängt, wie rasch sich neue Produkte und Technologien entwickeln: „In an industry with continual change in product design, by contrast, it would be much more costly to set and maintain standards. Indeed, in an industry where technology is rapidly changing, the costs of setting standards for newly evolving technologies may be so high as to provide no incentive for any indepen-

den Theorien einen ernstgemeinten Willen zuspricht, über die Wirklichkeit zu informieren, dann muß man auch die Forderung stellen, daß sie *ausreichend* informieren. Denn angenommen, eine Erklärung wäre von so geringem informativen Gehalt, daß sie nur an wenigen und fast gleichartigen Tatsachen überprüft werden könnte; da einer solchen Prüfung offensichtlich die nötige Strenge fehlt, wird man sich in einem solchen Fall selbst dann nicht von der Güte dieser Erklärung überzeugen lassen, wenn sie sich ausnahmslos bestätigen ließe.

Man muß sich also fragen, wie gehaltvoll die genannten Antworten sind, und das heißt: Wie leicht finden sich Sachverhalte, die sie testen können? Wenden wir dazu die drei erstgenannten Faktoren – Eigentumsrechte, Sponsoring und Produktankündigung – auf den Fall eines Softwarestandards an. Mitte der 80er Jahre waren sich IBM und Microsoft noch darin einig, mit OS/2 ein Betriebssystem entwickelt zu haben, das die Nachfolge von MS-DOS als Standardbetriebssystem für den PC antreten sollte. Nicht zuletzt der unerwartete Erfolg von Microsoft's Betriebssystemerweiterung Windows 3.0 als 16-bit Standard der „nach-DOS" Ära und die Konkurrenz zwischen dem Presentation Manager in OS/2 und der Bedienungsoberfläche von Windows führte 1990 zur Aufkündigung der Zusammenarbeit. Beide Unternehmen gingen danach getrennte (Betriebssystem-) Wege und bauten im Kampf um die Etablierung ihrer eigenen 32-bit Systeme auf verschiedene Strategien. Während IBM mit agressiver Preispolitik weiterhin OS/2 zu verbreiten versuchte, ließ Microsoft kaum eine Gelegenheit aus, um auf Windows NT (New Technology) hinzuweisen und eine baldige Verfügbarkeit anzukündigen; schließlich sollten die Anwender von Windows 3.x nicht in das Lager des Konkurrenten OS/2 abwandern. Insider der Branchen spötteln schon aufgrund der ewigen Ankündigungen von Windows NT, das NT stehe für „Never There". Wie zutreffend uns die drei Argumente diesen (Software-) Fall erschließen können, kann auch dieser kurzen Schilderung entnommen werden. Nicht nur das zeitweilige Preisdumping von Seiten der IBM infolge der exklusiven Verwertungsrechte, die ja insbesondere für Entwicklungen im Bereich der Software urheberrechtlich zugesichert werden, auch die Ankündigung von Windows NT durch Microsoft ist offensichtlich eine gute Antwort darauf, warum sich die beteiligten Unternehmen so und nicht anders verhalten und welche Faktoren den Prozeß der Marktstandardisierung lenken. Kurz gesagt, die Argumente erfassen die Ursachen dieser Standardisierung in scheinbar richtiger Weise.

---

dent firm to contribute to the setting of the standards, in which case it is unlikely that standards will be promulgated and followed" [Carlton, Dennis W., Klamer, J. Mark, 1983, S. 448].

Jedoch selbst dann, wenn sich auch für die übrigen Argumente empirische Beweise anführen lassen und man so annehmen kann, daß sie ebenfalls zutreffend sind (was hier einmal ungeprüft gelten soll), so gibt es immer noch gute Gründe dafür, eine derartige Erklärung abzulehnen. Ein mögliches Motiv ist, daß sich solche Antworten oft auf so einzigartige Merkmale in der Produktpolitik der Unternehmen, der rechtlichen Bedingungen, den Kundenpräferenzen etc. stützen, daß zur Überprüfung praktisch nur das Ereignis selbst herangezogen werden kann und sich keine davon unabhängigen Zeugnisse finden lassen. Tatsächlich wird es trotz der zahlreichen Computerstandards nicht möglich sein, für die vielen Einflußfaktoren und ihre Kombinationsmöglichkeiten eine ausreichend hohe Anzahl empirischer Belege zu finden und jeweils auch nur mit wenigen gleichgelagerten Fällen zur Überprüfung aufwarten zu können. Es liegt auf der Hand, daß der tiefere Grund für diesen Mangel natürlich der ist, daß die Lösungen, die auf einzelnen Faktoren aufbauen, nicht den Grad der Allgemeinheit erreichen, um auf die verschiedenartigsten (Hardware- und Software-) Standards zu passen und an ihnen überprüft werden zu können.

Es gibt noch eine weitere Unzulänglichkeit, die denselben Ursprung hat, und ebenso ein gewisses Unbehagen gegenüber begrenzten Antworten auslösen wird. Wenn man sich auf seltene und spezielle Eigenarten einer Standardisierung beruft, entsteht der Verdacht, daß man zur „Erfindung" einer Erklärung genau die Informationen hinzugezogen hat, die dem Ereignis selbst entstammen (in erster Linie wird wohl gerade derjenige, der kein Kenner diverser Hardware- und Softwarestandards ist und kaum abschätzen kann, wie gut oder schlecht die eine oder andere Erklärung zu prüfen ist, einen solchen Verdacht hegen). Solange uns aber ein Vorgang, den wir erklären wollen, schon bekannt ist, ist es immer leicht, Argumente zu nennen, die unwiderlegbar sind. Derartige Erklärungen sind – in verschieden starkem Maße – ad-hoc Erklärungen. Sie können deshalb nicht genügen, weil ein Sachverhalt hauptsächlich als eine Erklärung für sich selbst angeboten wird. Offensichtlich liegt auch hier die eigentliche Ursache darin, daß die einzelnen Argumente jeweils auf wenige Ereignisse beschränkt sind; es sind spezielle statt allgemeine Antworten, die wir von ihnen erhalten. Damit bleibt festzuhalten: *Selbst wenn man den günstigsten Fall einer realistischen Deutung annimmt und zugesteht, daß die literaturbekannten Standardtheorien über die Wirklichkeit informieren und ihre Autoren keine Strategien zur Immunisierung im Auge haben, so ist der Gehalt dieser Theorien immer noch unzureichend, da er auf jeweils besondere Umstände begrenzt ist.*

Der Aufstieg einer Technologie zum Marktstandard hängt zweifellos an einer Vielzahl von Faktoren und ist alles andere als einer monokausalen Erklärung zugänglich; darin hat die einschlägige ökonomische Literatur völlig recht. Sie bietet jedoch nichts, was die einzelnen Argumente zusammenbringen könnte und die speziellen Faktoren in eine umfassende Theorie integrieren ließe. Ohne Frage können solche unverbundenen Antworten erste und manchmal entscheidende Spuren sein, um mögliche Ursachen aufzudecken; sie lassen sich aber bei Bedarf fast immer den Erfordernissen der Tatsachen, die erklärt werden sollen, anpassen. Vielleicht kann man in diesem Sinne sogar sagen, daß unsere Autoren deshalb keine überzeugende Lösung liefern, weil sie zuviele (ad-hoc) Lösungen anbieten. Trotz allem aber haben wir viele ihrer Gedanken als plausible und wertvolle Hinweise kennengelernt. Es gibt jedoch im Schrifttum noch eine weitere, bislang unerwähnte Idee, von der sich herausstellen wird, daß sie bei richtiger Anwendung unter Umständen die fruchtbarste ist, um Standards zu erklären: die (mikro-) ökonomische Idee öffentlicher Güter.

E. Standards als öffentliche Güter

Viele Wirtschaftswissenschaftler haben sich um den Nachweis verdient gemacht, daß freie Märkte und privates Unternehmertum die Fähigkeit besitzen, (fast alle) Güter im gewünschten und ausreichenden Maße bereitzustellen. Wenn dem so ist, welche Aufgaben sind dann dem Staat vorbehalten, und unter welchen Umständen sind öffentliche Ausgaben notwendig, um das Gemeinwohl zu steigern? Mit diesen und ähnlichen Fragen beschäftigt sich die Theorie öffentlicher Güter. Einer der Ökonomen, die man zu den Gründungsvätern dieser Theorie zählen muß, ist Knut Wicksell. Spätestens seit seinen finanztheoretischen Darlegungen Ende des letzten Jahrhunderts hat sich die Vorstellung durchgesetzt, daß kollektive Leistungen wie Landesverteidigung, innere Ordnung oder Justizwesen notwendig deshalb staatliche Aufgaben sind, weil diese nur über hoheitliche Maßnahmen – in aller Regel Zwangsabgaben – finanziert werden können. Wicksell war vermutlich der erste, der den Grund dafür in aller Klarheit sah: „Wenn der einzelne sein Geld so für private oder öffentliche Ausgaben verwenden soll, dass für ihn die persönlich grösstmögliche Befriedigung entsteht, so wird er für die öffentlichen Zwecke ... offenbar keinen Deut zahlen. Denn ob er viel oder wenig zahlt, das wird meistens auf den Umfang der Staatsleistungen einen so geringen Einfluss haben, dass er selbst davon so gut wie gar nichts verspüren wird"[88] .

So einig man sich auch darüber ist, die Bereitstellung öffentlicher Güter dem Staat zu übertragen, weil dieser die Mittel über Steuern und andere Zwangsabgaben aufzubringen vermag, so uneins sind sich heute (noch) viele Wirtschaftswissenschaftler darin, was nun genau ein öffentliches Gut sei. Die meisten unter ihnen folgen einer Definition, die der

---

[88] Wicksell, Knut, 1896, S. 100.

amerikanische Ökonom Paul A. Samuelson in einem richtungsweisenden Beitrag zur Theorie öffentlicher Ausgaben aus dem Jahre 1954 gab: „Therefore, I explicitly assume two categories of goods: ordinary *private consumption goods* (X_1, ... , X_n) which can be parcelled out among different individuals (1,2, ... , i, ... , s) according to the relation $X_j = \sum (1 ... s) X^i_j$; and *collective consumption goods* (X_{n+1}, ... , X_{n+m}) which all enjoy in common in the sense that each individual's consumption of such a good leads to no subtraction from any other individual's consumption of that good, so that $X_{n+j} = X^i_{n+j}$ simultaneously for each and every *i*th individual and each collective consumptive good"[89] . Weniger technisch gesagt, sind danach öffentliche Güter solche, die jedem einzelnen in gleicher Weise zur Verfügung stehen, wobei die Nutzung durch den einen niemand anderen behindert. Demgegenüber erzwingt die begrenzte Verfügbarkeit eines privaten Gutes, die vorhandene Menge unter den Konsumenten aufzuteilen; der Anteil des einen muß dem anderen zwangsläufig vorenthalten werden. Wie stark nun einzelne Güter im Konsum rivalisieren, ist natürlich eine Frage des Grades. Dazu nochmals Samuelson: „The careful empiricist will recognize that many – though not all – of the realistic cases of government activity can be fruitfully analyzed as some kind of a blend of these two extreme polar cases"[90] . Als klassisches Lehrbuchbeispiel eines öffentlichen Gutes dient für gewöhnlich die bereits erwähnte Landesverteidigung; sie ist vielleicht auch das „reinste" aller öffentlichen Güter, da äußere Sicherheit bekanntlich jedem gleichermaßen zugute kommt und keineswegs dadurch gemindert wird, daß ein zusätzlicher Bürger in ihren Genuß kommt. Im Gegesatz dazu sind andere öffentliche Güter wie der Besuch einer Theatervorstellung oder die Benutzung des Strom- oder Straßennetzes ab einem bestimmten Punkt der Überfüllung knappe, rivalisierende Güter.

1. „Stark" öffentliche Güter, die Theorie der interdependenten Nachfrage und Kommunikationsstandards

Die Tatsache, daß die aufgeführten Beispiele öffentlicher Güter zu verschiedenen Zeiten und Orten bis heute immer wieder durch gesamtstaatliche oder kommunale Einrichtungen angeboten werden, darf jedoch nicht zu dem Schluß führen, die Idee der Kollektivgüter beschränke sich nur auf staatliches Handeln. Genausowenig darf ein solcher Schluß daraus gezogen werden, daß Wicksell seine Untersuchungen auf den besonderen Fall staatlicher Ausgaben begrenzte. So unterschiedlich öffentliche Güter definiert werden und so weit die

---

[89] Samuelson, Paul A., 1954, S. 387.
[90] Samuelson, Paul A., 1955, S. 350.

Schlußfolgerungen aus dieser Theorie voneinander abweichen, Einstimmigkeit herrscht in dem Punkt, daß es auch Kollektivgüter gibt, die in privater Initiative hergestellt und angeboten werden (an dieser Stelle ist es eher eine Randnotiz, daß der Markt viel an seiner Fähigkeit einer effizienten Bereitstellung verliert, wenn nichtstaatliche Stellen solche Güter zur Verfügung stellen, die weniger den privaten als den öffentlichen zuzurechnen sind). Einen solchen Fall, in dem ein Kollektivgut über den Markt angeboten wird, ist nun auch in der Literatur über Standardisierung und Kompatibilität nicht unbekannt. Es ist dort zu lesen, daß Standards, die auch und sogar überwiegend von privaten Marktteilnehmern geschaffen werden, als öffentliche Güter einzustufen sind. Gleichwohl dieser Gedanke bei mehreren Autoren auftaucht, findet er sich in seiner klarsten Form bei Charles P. Kindleberger: „Standards ... clearly fall within Samuelson's definition of public goods in that they are available for use by all and that use by any one economic actor does not reduce the amount available to others. In fact they are a strong form of public good in that they have economies of scale. The more producers and consumers use a given standard, the more each gains from use by others through gains in comparability and interchangeability"[91] .

Tatsächlich trifft die Eigenart der Nichtrivalität, also jenes Merkmal, das nach Samuelson die Besonderheit öffentlicher Güter ausmacht, auf alle Arten von Standards zu: auf die kontinentaleuropäische Konvention des rechtsseitigen Straßenverkehrs, auf einheitliche Geld- und Gewichtsmaße beim Austausch von Waren, auf die QWERTY-Tastenanordnug von Schreibmaschinen, auf normierte Radio- oder TV-Signale, auf kompatible Rechner (-architekturen), auf Anwendungs- sowie Systemsoftware und auf vieles mehr. Die „Nutzleistungen" (im Sinne von Böhm-Bawerk), die diese Standards versprechen, sind jederman gleich zugänglich, und die Annehmlichkeiten, die sie dem einzelnen bereiten, müssen nicht mit denen rivalisierend geteilt werden, die neu hinzukommen. Mehr noch: Die besagten Annehmlichkeiten fallen vielfach sogar noch stärker aus, je größer die Zahl derjenigen wird, die dem jeweiligen Standard folgen.

Kindleberger's Beobachtung, daß Standards „starke" Exemplare öffentlicher Güter sind, ist für die moderne Wirtschaftstheorie neu. In ihrem Kern ist sie jedoch mit einer älteren und sehr geläufigen Vorstellung verwandt, nämlich mit der, daß Konsumenten viele Güter höher in ihrem Wert schätzen, wenn diese größere Verbreitung finden. Für gewöhnlich benutzen Ökonomen für diesen Gedanken den Begriff des „Bandwagon" Effekts, den Henry Leibenstein Anfang der 50er Jahre prägte und der später in viele mikroökonomische Lehrbücher einging. An der Originalstelle bei Leibenstein heißt es über den Effekt: „In its pure

---

[91] Kindleberger, Charles P., 1983, S. 377.

form this is the case where an individual will demand more (less) of a commodity at a given price because some or all other individuals in the market also demand more (less) of the commodity"[92] . Es ist leicht, die Auswirkungen des Bandwagon Effekts in der Realität wiederzufinden. Schließlich wird derjenige, der eine wechselseitige Stimulanz von Kaufentscheidungen vermutet, durch die Tatsache bestätigt werden, daß sich die Nachfrage nach einer Reihe von Gütern in einem Tempo entwickelt, das über dem liegt, was mit den Preis- und Einkommenseffekten der orthodoxen Nachfragetheorie erklärt werden könnte. Dabei ist zu vermuten, daß ein solcher Bandwagon Effekt in erster Linie die Nachfrage nach jenen Produkten beeinflussen wird, die erstmalig auf Märkten eingeführt werden[93] .

Welche Verwandtschaft oder Parallele besteht nun zwischen dem Phänomen der interdependenten Nachfrage und dem der „stark" öffentlichen Güter? Neben den erwähnten neuartigen Produkten gibt es noch andere Güter, deren Nachfrage weniger durch die herkömmlichen Preis- und Einkommenseffekte bestimmt wird als vielmehr durch den Bandwagon Effekt. Im weitesten Sinne sind dies die Dienste der Datenübertragung im Bereich der Telekommunikation. Über sie bemerkt Jeffrey Rohlfs seiner *Theory of interdependent demand for a communications service*: „The utility that a subscriber derives from a communications service increases as others join the system. This is a classic case of *external economies in consumption* and has fundamental importance for the economic analysis of the communications industry. This paper analyzes the economic theory of the kind of *interdependent demand*"[94] . Man darf sich hier nicht durch den Ausdruck „external economies in consumption" täuschen lassen; er ist im Schrifttum über Kollektivgüter einer der vielen und teilweise verwirrenden Umschreibungen für die Besonderheit öffentlicher Güter. Die Terminologie ist selbst bei Paul A. Samuelson vielfältig. In seinem sogenannten „Biarritz"-Papier gebraucht er, gut eine Dekade nach seinen grundlegenden Artikeln zu öffentlichen Gütern, eine Wendung, die der hier zitierten sehr nahekommt: „A public good ... is simply one with the property of involving a *'consumption externality'*, in the sense of entering into two or more persons' preference functions simultaneously"[95] . Offenbar liegt die Gemeinsamkeit

---

[92] Leibenstein, Henry, 1950, S. 190.

[93] Einer der Ökonomen, die mit dem Einfluß einer abhängigen (interdependenten) Nachfrage das Kaufverhalten bei neuartigen Gütern erklären, ist James S. Duesenberry. Er schreibt: „If neither income nor price nor autonomous changes in taste account for the growth of sales ... of new products, how can we account for it? A self-generating shift in preferences seems to be the answer. We have already shown that every individual's preferences are dependent on the actual purchases of other individuals. If the interdependence involves a lagged shift in preferences a selft-generating growth in demand will result" [Duesenberry, James S., 1952, S. 105].

[94] Rohlfs, Jeffrey, 1974, S. 16, Hervorhebungen vom Verfasser.

zwischen der Theorie der interdependenten Nachfrage und der Kollektivgütertheorie darin, daß der Nutzen eines Gutes nicht ganz allein dem, der es erworben hat, zufällt, sondern zum Teil auch seiner Umwelt (d.h. es werden fremde Nutzen- oder Präferenzfunktionen berührt). Und die Verbindung, die dann zwischen Kollektivgütern und dem Bandwagon Effekt besteht, ist die, daß eine „starke" Öffentlichkeit von Gütern ein abhängiges, interdependentes Kaufverhalten verursacht, da der Wert der „Nutzleistungen" für bisherige und zukünftige Konsumenten mit der Zahl derer steigt, die solche Güter in Anspruch nehmen. In einer Untersuchung von Roland Artle und Christian Averous über Telefonanschlüsse als eine der mögliche Dienstleistungen in der Telekommunikation heißt es zu der besagten Verbindung: „Our result shows that a growth process in the demand for telephones can be explained by ... the *cumulative public-good* property inherent in the telephone system"[96].

Die Netzdienste, die sogenannten „Value Added Networks Services" (VANS) wie Electronic Mail, Telefax, Btx, Electronic Data Interchange, Fernsprechdienste usw., veranschaulichen jedoch nicht nur die Verbindung zwischen öffentlichen Gütern und solchen Gütern, nach denen eine interdependente Nachfrage besteht. Teilt man die naheliegende Auffassung, daß solche Dienste jeweils eigene Kommunikationsstandards mit technologisch abgestimmten Übertragungsmedien und -protokollen darstellen, dann kommt man zu einem Resultat, das wir schon bei Kindleberger kennengelernt haben. Ebenso wie andere Standardisierungen entsprechen dann auch technische Kommunikationsstandards wie VANS „stark" öffentlichen Gütern (dasselbe gilt natürlich auch für nicht-technische Übertragungsmedien wie Sprachen oder Schriftkonventionen). Mit anderen Worten: *Die Arbeiten zu Netzdiensten in der Telekommunikation und zur Theorie der interdependenten Nachfrage liefern uns Ergebnisse, die vieles von dem vorwegnehmen, was die Klassifikation „Standards als („stark") öffentliche Güter" auf den ersten Blick für sich als neue Erkenntnis in Anspruch nimmt.*

2. Über die Unzulänglichkeit bisheriger Ansätze

Es lassen sich nun aber eine Reihe von Gründen anführen, die offenbaren, wie unausgereift und unvollständig die Theorie öffentlicher Güter bislang zur Erklärung von Standards eingesetzt wurde. So werden in diesem Abschnitt Einwände diskutiert, die den Schluß nahelegen, daß sich die Kollektivgütertheorie in der dargebotenen Form nicht (wesentlich) von den wenig überzeugenden ad-hoc Lösungen abhebt, die im letzten Unterkapitel (D) vorgestellt wurden. Da auch die Erklärung, die im dritten Kapitel entwickelt wird, auf die

---

[95] Samuelson, Paul A., 1969 a, S. 102, Hervorhebung vom Verfasser.

[96] Artle, Roland, Averous, Christian, 1973, S. 99, Hervorhebung vom Verfasser.

Theorie öffentlicher Güter aufbaut, dienen die folgenden Sätze jedoch weniger dazu, auf die Mängel und Versäumnisse anderer hinzuweisen. Es soll hier vielmehr auf mögliche Fehler und Unzulänglichkeiten aufmerksam gemacht werden, die eine befriedigende Erklärung von Computerstandards im Rahmen der Kollektivgütertheorie zu vermeiden hat. Entsprechend ist auch die Frage, die an dieser Stelle vorangestellt wird: Wenn Ökonomen die Theorie öffentlicher Güter bisher so wenig und so wenig erfolgreich genutzt haben, was ist es, das sie falsch gemacht oder übersehen haben und was dementsprechend richtigzustellen und zu berücksichtigen ist, um aus dieser Idee eine gehaltvolle Erklärung für Hardware- und Softwarestandards abzuleiten?

Der erste Punkt ist vielleicht derjenige, der am leichtesten von denen zurückgewiesen werden kann, denen er vorgeworfen wird. Er besteht darin, daß die Theorie öffentlicher Güter bisher in einer Art und Weise verwendet worden ist, die den Erklärungsgehalt der Theorie (unnötigerweise) auf eine spezielle Gruppe von Standards einschränkt. Zweifellos ist ein derartiges Vorgehen weniger zufriedenstellend als der Versuch, ein allgemeines Argument für die ganze Vielfalt der Standardisierungen anzubieten. Aber die Vertreter einer isolierten Erklärung könnten einwenden, daß es ein solches allgemeines Argument auf der Grundlage der Kollektivgütertheorie nicht geben kann; und vieles scheint auch auf den ersten Blick für sie zu sprechen. Worin aber besteht nun genau dieser erste Vorwurf?

Gleichwohl der Gedanke naheliegt, Standards als Kollektivgüter einzustufen, lassen sich die u.a. bei Samuelson genannten Merkmale öffentlicher Güter nicht bei allen Standardisierungen beobachten. So wird man zwar für gewöhnlich keine Schwierigkeiten haben, eine *nichtrivalisierende* Nutzung bei hoheitlich festgelegten Normen oder Konventionen wie Verkehrsregelungen, Geld- oder Gewichtseinheiten, Kommunikationsdiensten etc. auszumachen (tatsächlich werden solche Regelungen bzw. Spezifikationen in fast allen Ländern staatlich vorgegeben oder die entsprechenden Güter sogar durch staatliche Monopole angeboten). Es ergeben sich jedoch zum Teil gravierende Probleme, viele private Industriestandards, wie sie vornehmlich in high-tech Branchen existieren, als solche Güter zu erkennen, die nichtrivalisierend in Anspruch genommen werden können. Auch die Ereignisse in der Computerindustrie lassen erhebliche Zweifel daran aufkommen, ob Standards zu Recht als („stark") öffentliche Güter einzuordnen sind. Es ist immer wieder zu beobachten, daß Unternehmen, die mit ihren Technologien einen Marktstandard schaffen, sich nicht nur bessere Absatzchancen sichern, sondern auch einem verschärften Wettbewerb aussetzen. So garantierte der PC-Standard über einige Jahre dem IBM PC einen außergewöhnlichen Markterfolg. Spätestens seit Mitte der 80er Jahre sind jedoch immer neue Fremdhersteller durch aggressive Preispolitik (und mit zum Teil sogar leistungsfähigeren PC-Klones) zur echten Konkurrenz für die IBM um diesen Standard aufgestiegen. Ähnliche Rivalität entstand für IBM auch im Bereich der Großrechner. US-amerikanische und ostasiatische Hersteller stekkerkompatibler /360er Mainframes – die sogenannten „Plug Compatible Manufacturers" (PCM) – konnten hier dem Unternehmen weite Anteile des /360er Marktes abnehmen. Übereinstimmend hat damit die IBM in beiden Fällen als das Unternehmen, das einst den jeweiligen Standard geschaffen hat, durch das Aufkommen von Fremdherstellern große Teil seiner ursprünglichen Marktvorherrschaft einbüßen müssen (was für den PC-Markt im stärkeren Maße gilt als für den Bereich der /360er Mainframes).

Diese und andere vergleichbare Ereignisse lassen bezweifeln, daß private (Industrie-) Standards tatsächlich solche Güter sind, deren „Nutzleistungen" nichtrivalisierend in Anspruch genommen werden können. Im allgemeinen werden sich Originalhersteller nur bis zum ersten erfolgreichen „reverse engineering" einer monopolartigen Position sicher sein können, danach jedoch mit den Herstellern vollkompatibler Klones in Konkurrenz treten müssen. Selbst wenn die Etablierung eines Standards den (kompatiblen) Markt zum Teil beträchtlich erweitert, weil der Anwender hier die Vorteile einer Standardisierung nutzen kann, so gibt es offensichtlich keine Garantie dafür, daß diese zusätzliche Nachfrage auch noch unter Berücksichtigung der gesamten Angebotskapazität aller neuen (Fremd-) Hersteller praktisch unerschöpflich ist. Dementsprechend können die „Nutzleistungen" eines Marktstandards – nach einer gewissen Zeit exklusiven, monopolistischen Zugriffs – nur *rivalisierend* von den einzelnen Unternehmen beansprucht werden. Das heißt, aus der Sicht der Hersteller entsprechen zahlreiche (Computer-) Standards nicht einmal öffentlichen Gütern in der schwächeren, der originären Version von Samuelson; und noch weniger werden sie dann als „stark" öffentliche Güter à la Kindleberger einzustufen sein.

Angesichts solcher Komplikationen kann man kaum erwarten, daß sich aus der Kollektivgütertheorie ein *allgemeines* Argument ableiten läßt, das sich für alle Standardisierungen gleich gut eignet. Vieles spricht sogar dafür, daß vielleicht nur solche Standards im Rahmen der Theorie öffentlicher Güter behandelt werden können, die eine derartige Situation konkurrierender Nutzung nicht kennen und die darüber hinaus auch noch auf staatliche Initiative hin eingeführt wurden. Auf den ersten Blick scheint uns hier nur eine weitere der zahlreichen ad-hoc Lösungen begegnet zu sein, die ausschließlich für einen Teil der verschiedenartigen Standardisierungen zutreffen. An dieser Stelle mag es daher manchem widersinnig erscheinen, die Theorie öffentlicher Güter weiterhin als Lösungsmöglichkeit zu verfolgen und sogar die Auffassung zu vertreten, sie könnte eine *bessere* Erklärung bieten als die bisher vorgestellten Anworten. Es wird sich jedoch nachweisen lassen, daß die fraglichen Komplikationen nicht bloß notdürftig mit der Kollektivgütertheorie in Einklang gebracht werden können. Genau das Gegenteil trifft zu: Derartige Ereignisse, wie sie sich im Bereich der /360er Großrechner und auf dem PC-Markt beobachten lassen, liefern hervorragendes Beweismaterial und werden einen der Stützpfeiler für die Erklärung bilden, die später vorgestellt werden wird.

Es gibt einen zweiten, schwerwiegenderen Kritikpunkt an der bisherigen Verwendung der Theorie öffentlicher Güter, der selbst für den Fall gilt, daß man eine daraus entwickelte Erklärung auf die wenigen, tatsächlich nichtrivalisierenden Standards eingeschränkt wissen will. Im Grunde geht es dabei um einen Trugschluß, der mehr von den Ökonomen zu verantworten ist, die sich in der Hauptsache mit der Kollektivgütertheorie befassen und sie entwickelt haben, als von denen, die (wie Kindleberger) diese Theorie auf bestimmte Phänomene anwenden. Jener Trugschluß liegt in dem weit verbreiteten, zumindest aber oft nicht widersprochenen Glauben, man könne von der *Definition* öffentlicher Güter auf das schließen, was man als das *Problem* öffentlicher Güter bezeichenen könnte. Selbst viele geachtete Wirtschaftstheoretiker bejahen einerseits das Kennzeichen der Nichtrivalität im Konsum – genauso wie es ursprünglich Samuelson vorgeschlagen hat – als das entscheidende Merkmal öffentlicher Güter. Andererseits sehen sie damit oft ein Phänomen verbunden, für das sich der Begriff „Trittbrettfahren" (oder auch „free rider") eingebürgert hat und hinter dem sich die Ursache für das sogenannte „Schwarzfahrerproblem" öffentlicher Güter verbirgt. Bevor jedoch zu verstehen ist, warum weder von der Definition noch vom Problem öffentlicher Güter auf das jeweils andere geschlossen werden kann, muß der Leser zuerst wissen, was hier unter dem Kollektivgüter- oder Schwarzfahrerproblem verstanden werden soll. Tatsächlich ist die Beziehung zwischen Definition und Problem derart komplex und bedarf zu stark einer Klarstellung, um hier in aller Kürze erörtert zu werden; ihr sei daher der erste Abschnitt des nächsten Kapitels (Kapitel III, Abschnitt A) gewidmet. Um jedoch dem zweiten Kritikpunkt folgen zu können, ist ein kurzer Vorgriff notwendig.

Für gewöhnlich werden die Begriffe des Schwarz- oder Trittbrettfahrens zur Beschreibung einer Situation verwendet, in der dem einzelnen ein gemeinschaftlich genutztes Gut nicht vorenthalten werden kann. Da ohne drohenden Konsumausschluß jeder solche (öffentlichen) Güter unabhängig davon nutzen kann, ob und wieviel er zahlt, wird niemand einen Kostenbeitrag leisten, der der wahren Höhe seiner (marginalen) Zahlungsbereitschaft entspricht. Und in sehr großen Gruppen, in denen das einzelne Mitglied nur eines unter vielen ist und in denen daher die Wahrscheinlichkeit gering ist, daß die Bereitstellung des gemeinsam genutzten Gutes gerade vom eigenen Beitrag abhängt, wird jedes Mitglied das Gemeinschaftsgut konsumieren, ohne dafür auch nur die geringste Zahlung freiwillig zu entrichten. Nun wird aber niemand deshalb „schwarz" fahren, weil der eigene Konsum – so wie es bei Nichtrivalität der Fall ist – zu keiner Verschlechterung der Situation für andere Konsumenten führt. Wenn man schon nicht zahlt, mag zwar die Tatsache, daß der eigene Anspruch nicht mit den Ansprüchen anderer rivalisiert, das eine oder andere soziale Gewissen vielleicht beruhigen. Der eigentliche Grund dafür, daß man nicht zahlt, ist aber der, daß niemand vom Konsum öffentlicher Güter ausgeschlossen werden kann (bzw. niemand zu vertretbaren Kosten davon ausgeschlossen werden kann). Sind solche Güter einmal bereitgestellt, wird jeder seine Präferenz für die ihm daraus zukommenden „Nutzleistungen" herunterspielen und einen scheinheiligen Vorwand suchen, um einem persönlichen Kostenbeitrag so weit wie möglich zu entgehen und den eigenen Anteil auf andere abzuschieben. Wenn sich aber jeder der Zahlung eines Kaufpreises entziehen kann, ohne mit einschränkenden (Konsum-) Konsequenzen rechnen zu müssen, dann werden sich die entsprechenden Güter offensichtlich nicht über den Markt verkaufen lassen. Aus diesem Grund wird niemand (privat) Güter anbieten, bei denen ein Konsumausschluß nicht möglich ist, es sei denn, ihm stehen Mittel zu, die Gelder zwangsweise zu erheben. Genau hier liegt das (Angebots-) Problem öffentlicher Güter. Wie wir später sehen werden, tritt es unter einigen Umständen stärker hervor als unter anderen. In jedem Fall aber kann es durch eine Erhebung von Zwangsbeiträgen gelöst werden, wie sie in praktisch allen Staaten zu entrichten sind und dort fast ausnahmslos die größte Einnahmequelle öffentlicher Haushalte bilden. Tatsächlich liegt auch die ökonomische Erklärung (und Rechtfertigung) staatlicher Aktivität im Kern darin, daß für das gemeinschaftliche Wohl hoheitliches Handeln immer dann notwendig ist, wenn das Problem öffentlicher Güter eine private (Angebots-) Lösung verhindert. Man darf sich dabei aber nicht von dem Umstand irritieren lassen, daß es viele staatliche Grundleistungen wie Küstenschutz, innere Sicherheit oder Landesverteidigung sind, bei denen Nichtrivalität im Konsum damit verbunden ist, daß diese Leistungen jedem zugänglich sind und praktisch niemandem verwehrt werden können. Die Tatsache, daß als klassische Lehrbuchbeispiele für öffentlicher Güter im allgemeinen staatliche Dienste angeführt werden, bei denen die Nichtrivalität im Konsum mit fehlendem Konsumausschluß zusammenfällt, bedeutet nicht, daß beide Merkmale zusammenfallen *müssen*. Solche Beispiele sind wenig zweckdienlich; sie verwischen eher, wo sie trennen sollten: *Der Grund dafür, warum öffentliche Güter nicht über den Markt angeboten werden, ist einzig und allein die fehlende Möglichkeit, einen effektiven und kostengünstigen Konsumausschluß durchzuführen.*

Einer der Wirtschaftstheoretiker, in dessen Arbeit das Verhältnis zwischen der Definition und dem (Angebots-) Problem öffentlicher Güter ungeklärt bleibt, ist nun Charles P. Kindleberger. Er trug vor, daß „Standards ... clearly fall within Samuelson's definition of public goods in that they are available for use by all and that use by any one economic actor does not reduce the amount available to others" und daß sie tatsächlich eine „strong form of public good in that they have economies of scale" sind[97] . Offensichtlich betont Kindleberger die Nichtrivalität im Konsum als die entscheidende Eigenschaft, da eine Übererfüllung dieses Merkmals eben ein „stark" öffentliches Gut ausmacht. Es ist allerdings die Frage, ob fehlende Konsumrivalität bei Kindleberger *hinreichend* oder *notwenig* ist, damit ein Gut „öffentlich" wird. Denn wenn bei öffentlichen Gütern neben der Nichtrivalität auch noch das andere Merkmal – mangelnder Konsumausschluß – erfüllt sein muß (Kindleberger schreibt ja: „available for use by all *and* ... "), so kann das heißen: der Konsum *wird* niemandem vorenthalten oder er *kann* niemandem vorenthalten werden. Das erste läßt vermuten, daß Kindleberger die Nichtrivalität als hinreichend einstuft. Bei dieser Deutung wird das entsprechende Gut, obwohl dies technisch möglich wäre, niemandem vorenthalten, da es nichtrivalisierend beansprucht werden kann und damit weitere Konsumenten bessergestellt werden können, ohne daß andere dafür verzichten müßten. Folgt man jedoch der zweiten Möglichkeit, dann ist sowohl die Nichtrivalität im Konsum als auch die Nichtanwendbarkeit des Ausschußprinzips eine notwendige Eigenschaft öffentlicher Güter.

Nach dieser Vorarbeit wird deutlich, warum in dem Argument „Standards as Public Goods" selbst in dem für Kindleberger günstigeren zweiten Fall eine Lücke besteht. So schreibt Kindleberger einige Seiten nach der oben zitierten Definition öffentlicher Güter: „In practice, with many firms in an industy, the difficulties [einer Standardisierung, H.J.] are likely to be great, partly because of *the free-rider problem* that inhibits the production of public goods: each firm, household, individual waits to undertake to change the standard until the rest of society has conformed and the costs and benefits to the single unit are clarified"[98] . Wenn die Nichtrivalität im Konsum mindestens ein notwendiges Kennzeichen öffentlicher Güter ist (das ist der günstigere zweite Fall), warum sollte das Problem öffentlicher Güter – nämlich die private Trägheit, sie bereitzustellen – nur dann auftreten, wenn eben diese Nichtrivalität vorliegt? Dafür gibt es keinen Grund! Das Schwarzfahrerproblem hängt, darin hat Kindleberger völlig Recht, den öffentlichen Gütern an; doch nicht aufgrund ihrer fehlenden Konsumrivalität, sondern allein deshalb, weil ein effizienter Konsumvorbe-

---

[97] Kindleberger, Charles P., 1983, S. 377.
[98] Kindleberger, Charles P., 1983, S. 388, Hervorhebung vom Verfasser.

halt in ihrem Fall nicht möglich ist. Die Tatsache, daß private Marktteilnehmer zögerlich Standards schaffen oder zu neuen Technologien wechseln, erklärt sich somit ausschließlich dadurch, daß spätere Mitkonsumenten (vielfach) nicht gezwungen werden können, anteilmäßig die Kosten und das Risiko einer gemeinsam genutzten Standardisierung mitzutragen. Genau genommen wird das Schwarzfahrerproblem bei fehlender Konsumrivalität sogar entschärft. Wenn Hersteller bestimmte Standards beanspruchen können, ohne sich gegenseitig deren „Nutzleistungen" streitig zu machen, ist zu erwarten, daß sie solche Standards bereitwilliger etablieren werden, als wenn sie die infolge der Kompatibilität erweiterten Absatzmärkte nur rivalisierend nutzen könnten. In jedem Fall ist die Auffassung, für das Problem öffentlicher Güter sei die Nichtrivalität in dem Sinne von Bedeutung, daß sie notwendig sei oder sich auch nur verstärkend auf das Problem auswirke, nicht gerechtfertigt; und noch weniger gilt eine solche Auffassung, wenn man eine hinreichende Beziehung zwischen der Definition und dem (Angebots-) Problem öffentlicher Güter vermutet.

Natürlich findet sich bei Kindleberger diese augenscheinlich falsche Ansicht nicht so deutlich und in der Schärfe, wie sie hier formuliert ist. Aber vieles, was angeführt und besprochen wurde, ist mit dieser Ansicht vereinbar. Zumindest macht Kindleberger sich einer Unterlassung schuldig. In der Art und Weise, wie die Idee „Standards as Public Goods" in entscheidenden Punkten ungeklärt bleibt, spaltet sie sich in zwei unverbundene, wenn nicht sogar widersprüchliche Teile: (1) Standards entsprechen hinsichtlich ihrer Nichtrivalität öffentlichen Gütern und (2) werden wie andere Kollektivgüter aufgrund des Schwarzfahrerproblems nur bedingt von privaten Marktteilnehmern bereitgestellt.

Sieht man einmal von dem zuerst vorgebrachten Einwand ab, daß zahlreiche (private) Industriestandards nur rivalisierend genutzt werden können, dann ist es vielleicht noch verständlich, daß wir – Kindleberger folgend – die Theorie öffentlicher Güter aus dem Grund als eine anwendbare, aktuelle Theorie betrachten können, da Standards das Merkmal der Nichtrivalität erfüllen und übererfüllen (nach Kindleberger's Vorstellung war das Kriterium der Nichtrivalität von Standards ja notwendig, eventuell sogar hinreichend, um die Theorie öffentlicher Güter anwenden zu können). Es ist jedoch unverständlich, warum wir dann glauben sollten, die Bereitstellung von Standards unterliege dem Schwarzfahrerproblem und die Ursache einer erfolgreichen Standardisierung sei eine Lösung dieses Problems. Mit anderen Worten: *Kindleberger muß sich den Vorwurf gefallen lassen, daß der Grund, warum er die Theorie öffentlicher Güter für zutreffend hält, nichts mit der Erklärung zu tun hat, die er aus dieser Theorie ableitet.* Man kann sich eben nicht darauf verlassen, daß fehlende Konsumrivalität mit fehlendem Konsumausschluß zusammenfällt (wie es allerdings oft der

Fall ist). Viele Irrwege und Widerspüche wurden nur deshalb so spät erkannt, weil beide Eigenschaften bei den „reinsten" öffentlichen Gütern, den staatlichen Grundleistungen, vorliegen und von daher eine Differenzierung überflüssig erscheinen lassen. Die Beobachtung, daß häufig auch Standards solche „doppelt" öffentlichen Güter sind, ist für Kindleberger gewiß ein entgegenkommender und glücklicher Umstand. Es ist aber schwer zu erkennen, wie man aus der Theorie öffentlicher Güter eine überzeugende Erklärung ableiten könnte, ohne einen schlüssigen Grund anzugeben, warum eine solche Erklärung auf die vielfältigen Formen von Standardisierungen anwendbar wäre; der Vorschlag Kindleberger's, daß hierfür (zumindest auch) ihre Nichttrivialität im Konsum verantwortlich sei, ist jedenfalls wenig hilfreich. Wie wertvoll damit auch der Hinweis auf die Theorie öffentlicher Güter ist, den wir von Kindleberger erhalten, ohne einen solchen schlüssigen Grund muß er uns *zufällig* wertvoll erscheinen, weil Standards *zufällig* beide Merkmale für gewöhnlich weitgehend erfüllen.

Wenn man jedoch den Streit und die Uneinigkeit unter den Fachgelehrten darüber kennt, was nun ein „typisch" öffentliches Gut sei, mit welcher Berechtigung träfe dann der zweite Vorwurf schon Kindleberger oder andere Wirtschaftstheoretiker, die nur die Anwendung der Theorie im Auge haben? Es ist kein Zufall, daß die Verwirrung um die Definition und das (Angebots-) Problem öffentlicher Güter, die bei Kindleberger zu finden ist, in auffälliger Weise der Verwirrung gleicht, die Paul A. Samuelson schon 1954 ausgelöst hat und die im Anschluß daran Gegenstand vieler kontroverser Beiträge werden sollte. Und Samuelson ist zweifellos einer der Ökonomen, die wegen ihrer großen Verdienste um die Theorie öffentlicher Güter besonders geschätzt werden. Seine Auffassung, daß öffentliche Güter von allen gemeinsam genutzt werden, wobei „each individual's consumption of such a good leads to no subtraction from any other individual's consumption of that good" war weiter oben schon vorgestellt worden. In genau diesem 54er Artikel begründet Samulson jedoch an späterer Stelle die „Impossibility of decentralized spontaneous solution", die sich im Fall eines öffentlichen Gutes ergibt, damit, daß „now it is in the selfish interest of each person to give *false* signals, to pretend to have less interest in a given collective consumption activity than he really has"[99] . Warum aber, so muß man fragen, sollte es im Eigeninteresse eines einzelnen liegen, demjenigen, der das fragliche Gut anbietet, eine geringere als die wahre Präferenz vorzuspielen? Oder allgemein gefragt: Warum stellt der Markt nicht ausreichend öffentliche Güter bereit?

---

[99] Samuelson, Paul A., 1954, S. 387/389, Hervorhebung im Original.

Die Antwort, die man bei Samuelson dazu in seiner Abhandlung von 1954 nachlesen kann, ist die, daß die Nichttrivialität im Konsum dabei zumindest eine gewisse Rolle spielt. Wenn ein Gut aufgrund fehlender Konsumrivalität zu einem öffentliche Gut wird (egal ob dieses eine notwendige oder hinreichende Eigenschaft ist), dann liegt es nahe, daß dieses Merkmal auch dafür (mit-) verantwortlich ist, daß das Angebotsverhalten privater Marktteilnehmer bei öffentlichen Gütern von dem bei privaten Gütern abweicht. Inwieweit aber folgt aus der Nichttrivialität im Konsum, daß jedem das Gut annähernd kostenlos zugänglich ist und alle ihre Präferenzen und Preisgebote somit niedriger angeben können? Natürlich könnte derjenige, der ein solches Gut einmal bereitgestellt hat, weitere Verbraucher ohne zusätzliche Produktionskosten daran teilhaben lassen. Tatsächlich müßte jeder einzelne aber befürchten, daß gerade ihm das Gut vorenthalten würde, sollte er einen zu geringen Preis bieten. Eine derartige Furcht ist offensichtlich nur dann unbegründet, wenn das Gut kostenlos abgegeben werden *müßte*, d.h. wenn keiner vom Konsum ausgeschlossen werden *könnte*. Dies ist jedoch prinzipiell unabhängig von der Frage der Nichttrivialität eines Gutes. Wie im ersten Abschnitt des dritten Kapitels noch detailliert behandelt wird, ist es die fehlende Möglichkeit eines effektiven Konsumvorbehalts, die für die Verschleierung wahrer Präferenzen und für diese Art eines Marktversagens verantwortlich ist. Samuelson's Merkmal eines gemeinsamen Konsums – ob nun rivalisierend oder wie bei ihm nichtrivalisierend – ist für einen solchen Marktfehler weder notwendig noch hinreichend. *Die Unzulänglichkeit bei Samuelson ist somit im Grunde die gleiche wie bei Kindleberger: Das, was mindestens notwendig ist, um ein Gut als ein öffentliches Gut zu definieren, nämlich die Nichttrivialität im Konsum, steht unverbunden neben den Problemen, die uns im Hinblick auf ein mögliches privates Angebot solcher Güter bekannt sind.*

Man mag einwenden, daß die ersten zwei Gründe, weshalb die Theorie öffentlicher Güter bislang eine wenig überzeugende Erklärungsalternative für Standards darstellt, beide auf dem unglücklichen und irreführenden Umstand beruhen, die „Öffentlichkeit" von Gütern mit der Nichttrivialität im Konsum zu verbinden. Von daher könnte die Tatsache, daß selbst ein (nicht nur) im Bereich der Theorie öffentlicher Güter so renomierter Ökonom wie Paul A. Samuelson hierzu wenig klarstellendes schreibt, diese Mängel sogar entschuldigen. Nehmen wir nun einmal an, man würde diesem Einwand stattgeben und auf die beiden ersten Vorwürfe verzichten. Selbst in einem solchen Fall bliebe immer noch ein weiterer, dritter Kritikpunkt an der Art und Weise, wie die Theorie öffentlicher Güter als eine mögliche Erklärung für Standardisierungen eingesetzt worden ist.

Es gibt neben Kindleberger noch andere Ökonomen, die das Angebotsproblem öffentlicher Güter als (eine) Ursache dafür anführen, warum das Gut Standard nicht ausreichend über den Markt bereitgestellt wird. Einer von ihnen ist Donald J. Lecraw. Er schreibt: „In markets in which buyers were unconcentrated, the use of standards may have been below the optimum level due to the buyers' lack of power to promote the use of standards and the free rider problem. ... Individual small buyers may not have found it whorthwhile to assume the cost of developing and advocating a standard for their inputs, although for buyers as a whole, the benefits of a standard might outweight the costs. In this instance, the standard is a public good and the allocation of resources to creating that good has the usual 'free rider' problem. A similar problem may exist when the producing industry is unconcentrated"[100] . Des weiteren erfahren wir bei Joseph Farrell und Garth Saloner: „In equilibrium, the firms may switch too reluctantly (excess inertia), too eagerly (excess momentum), or efficiently. The possible inefficiencies arise from two externalities in the model. ... Even if users unanimously favor a switch, each user may prefer the other to switch first. As a result, switching may be delayed. ... We call this the *penguin effect*. Penguins who must enter the water to find food often delay doing so because they fear the presence of predators. Each would prefer some other penguin to test the water first"[101] . Hinter dieser Jagdstrategie der Pinguine verbirgt sich natürlich genau der Sachverhalt, der ein Trittbrettfahren heraufbeschwört, nämlich die Nichtanwendbarkeit des Konsumausschlußprinzips. So kann keiner der Pinguine verhindern, daß andere ihm ins Wasser folgen, wenn er das gemeinsam nutzbare Gut „Jagen ohne Lebensgefahr" einmal angeboten hat. Des weiteren steckt das Kollektivgüterproblem auch in einer Frage, die von Dennis W. Carlton und J. Mark Klamer gestellt wird: „It is important to understand how standards are set. Does any individual firm have an incentive to contact all the other firms in the industry to set common standards? The answer is no, unless the cost of organizing all the firms and negotiating the standards is very small"[102] .

---

[100] Lecraw, Donald J., 1984, S. 519.

[101] Farrell, Joseph, Saloner, Garth, 1986 b, S. 943, Hervorhebung im Original. Um ein solches „Pinguin"-Verhalten auszuschalten, machen Philip H. Dybvig und Chester S. Spatt den originellen Vorschlag, mittels einer staatlichen Versicherung das abwartende Verhalten bei der Unterstützung neuer Standards zu überwinden: „Our analysis suggests that government intervention can be used to remedy the two public good problems. ... The subsidy scheme is insurance to adopters against the possibility that no or a few others adopt. With insurance, many agents adopt, so there are never any insurance claims, and the insurance is costless to provide" [Dybvig, Philip H., Spatt, Chester S., 1983, S. 232].

[102] Carlton, Dennis W., Klamer, J. Mark, 1983, S. 448.

Es ist an dieser Stelle wenig zweckdienlich, die Geduld des Lesers durch zusätzliche Zitate zu bemühen; nicht deshalb, weil es keine weiteren mehr gäbe, sondern weil sie nichts neues und grundsätzlich anderes enthalten würden. Auch ist hier nicht die vordringliche Aufgabe, im einzelnen anzuführen, wann und wo die Theorie öffentlicher Güter in der Literatur zu Standardisierung und Kompatibilität erwähnt worden ist. Stattdessen soll im folgenden der Nachweis erbracht werden, daß man sich der Theorie öffentlicher Güter bislang in einer Art und Weise bediente, die sie zur Erklärung von (Hardware- und Software-) Standards ebenso untauglich erscheinen läßt wie die Marktführerhypothese oder andere, früher vorgestellte ad-hoc Argumente. Dementsprechend auch unsere beiden Fragen: Wie wurde die Kollektivgütertheorie in der Literatur genutzt? Und warum ist sie in der vorliegenden Form so wenig überzeugend?

Die Antwort auf die erste Frage kann man kurz halten: Das Schwarzfahrerproblem, also die Tatsache, daß private Marktteilnehmer nicht oder nur in geringem Umfang öffentliche Güter (freiwillig) bereitstellen, wird für gewöhnlich als einer der Faktoren angeführt, die die Entwicklung und Etablierung eines Marktstandards verzögern oder sogar vollkommen verhindern können. In bezeichender Weise heißt es dazu an einer bereits erwähnten Stelle bei Kindleberger: „In practice, with many firms in an industry, the difficulties [einer Standardisierung, H.J.] are likely to be great, *partly* because of the free-rider problem that inhibits the production of public goods"[103] . Die Form, in der wir eine mögliche Erklärung von Standards im Rahmen der Theorie öffentlicher Güter vorfinden, läßt sich damit treffend in einem Satz zusammenfassen, wie er so oder ähnlich immer dort erscheint, wo auf diese Theorie hingewiesen wird: Da Standards ebenso wie andere öffentliche Güter dem Schwarzfahrerproblem unterliegen, vermindern sich von daher die Chancen einer erfolgreichen Marktstandardisierung. Neben dem (Angebots-) Problem öffentlicher Güter können jedoch auch andere Faktoren wie Kostenstrukturen, Präferenzen, Sponsoring, Patent- und Eigentumsrechte etc. in gleicher Weise Standards weniger wahrscheinlich machen oder aber diesem Problem entgegenwirken. So kann beispielsweise dem eben angeführten Zitat von Carlton und Klamer entnommen werden, daß nach ihrer Auffassung das Angebotsproblem zum Teil dann gelöst werden wird, wenn die Verhandlungs- und Organisationskosten eines Firmenkonsortiums zur Standardisierung niedrig sind, und „these conditions are most likely to be satisfied in industries whose products do not change rapidly over time"[104] .

---

[103] Kindleberger, Charles P., 1983, S. 388, Hervorhebung vom Verfasser.
[104] Carlton, Dennis W., Klamer, J. Mark, 1983, S. 448.

Die zweite Frage erfordert eine etwas umfangreichere Beantwortung. Der Grund dafür ist der, daß wir hier zunächst auf einen Hardwarestandard zurückgreifen (müssen), der uns schon einmal im Zusammenhang mit der Marktführerhypothese begegnet ist und der uns auch hier hilfreiches Anschauungsmaterial bietet, um verständlich zu machen, warum die Theorie öffentlicher Güter bislang unter Wert eingesetzt wurde: den PC-Industriestandard. Wie man sich erinnern wird, ist weiter oben dem Mythos einer immerwährenden Marktführerschaft der IBM widersprochen worden (zumindest was den Mikrorechnermarkt zum Zeitpunkt der Einführung des IBM PC's betrifft), ein Umstand, der schwerwiegende Zweifel an der Güte der Marktführerhypothese zur Folge hatte. Es gibt jedoch noch eine weitere besondere Eigenschaft, durch die sich die PC-Architektur von fast allen anderen (IBM-) Standards unterscheidet; eine Eigenschaft, die wir auch bereits bei der SPARC-Technologie von Sun Microsystems beobachten konnten und die darin besteht, daß beide Systeme auf einer technischen Spezifikation basieren, die (zum größten Teil) frei zugänglich ist. Das heißt, sowohl der PC- wie auch der SPARC-Standard beruhen auf einer prinzipiell (eher) „offenen Architektur".

Es können nun mehrere Gründe dafür angeführt werden, warum Computerstandards, die aus „offenen Architekturen" hervorgegangen sind, unter allen empirischen Befunden zu denjenigen zählen, die vielleicht am schwierigsten zu erklären sind und an denen sich am augenfälligsten gute von schlechten Erklärungen trennen: (1) Bei der Darstellung der Ereignisse um den SPARC-Standard ist darauf aufmerksam gemacht worden, daß „offene Architekturen" möglicherweise auf irrationale Elemente im Unternehmensverhalten hinweisen. Sollte sich dies bewahrheiten, so wäre keine Erklärung möglich, die sich auf ein rationales (Reaktions-) Verhalten gründet; oder anders gesagt, es wäre dann kein „ökonomisches" Argument denkbar, das auf eine „offene" Produktpolitik zuträfe. (2) Mit dem PC-Standard hat ein Befund aus der Kategorie der „offenen Architekturen" nicht nur die Unvollständigkeit der Marktführerhypothese erwiesen. Wie wir im folgenden sehen werden, legt die Existenz dieses „offenen" Industriestandards auch den Schluß nahe, daß eine Erklärung, die – wie in der Literatur – das Schwarzfahrerproblem als hinreichende Ursache einer ungenügenden Standardisierung einstuft, falsch ist. (3) Ein dritter Grund, warum sich an „offenen Architekturen" die Spreu vom Weizen trennt, soll an dieser Stelle nur der Vollständigkeit halber genannt werden; er ist jedoch für die weitere Untersuchung von zu großer Bedeutung, um hier unerwähnt zu bleiben. Selbst wenn man auf die Erkenntnisse der Ökonomen aufbaut, die die Theorie öffentlicher Güter bereits zur Erklärung von Standards eingesetzt haben, und ihre Fehler vermeiden kann, selbst dann wird sich von der Theorie herausstellen, daß

sie ohne eine entscheidende Verbesserung nicht in der Lage ist, „offene Architekturen"
bzw. die daraus resultierenden Standards zu erklären. Faßt man diese drei Punkte zusammen, dann sind „offene Architekturen" nicht nur diejenigen unter den vielfältigen Strategien zur Marktstandardisierung, von denen sich herausstellen wird, daß sie am schwierigsten zu erklären sind; sie haben auch und gerade mit dem IBM PC den vielleicht prominentesten und einflußreichsten Vertreter eines Standards in ihren Reihen, den jede Theorie (als Mindestanforderung) einfach zufriedenstellend erklären muß, bevor man ihr den Vorzug vor einer anderen geben kann.

Inwieweit entspricht nun aber der PC-Standard einer „offenen Architektur"? Bevor die IBM im August 1981 den Mikrorechnermarkt betrat, hatte das PC-Entwicklungsteam unter Leitung von Philip D. Estridge die verschiedenen Produktions- und Verkaufsstrategien in diesem Marktsegment analysiert und dabei erkannt, daß der Erfolg des bis dato meistverkauften Mikrorechners, des Apple II, etwas mit der Freizügigkeit zu tun haben muß, mit der Apple Daten über die Technologie seines Rechners veröffentlicht hatte (in erster Linie betraf dies die Spezifikationen des Bussystems). Tatsächlich bot nur Apple unter den seit Mitte der 70er Jahre angebotenen Mikrorechnern ein „offenes" System an – ein Umstand, der zahlreiche (Fremd-) Hersteller dazu anregte, entweder einzelne Rechnermodule oder sogar komplette Apple-II-kompatible Nachbauten zu entwickeln. Hinzu kam, daß das Unternehmen auch unabhängige Softwarehäuser unterstützte, die mit weitreichenden Informationen in die Lage versetzt werden sollten, neue Programme für den Apple II zu schreiben oder bestehende Anwendungen zu portieren. Genauso wie es heute eine ganze Industrie gibt, die sich um die PC-Architektur gruppiert hat, so gab es damals – sieht man einmal von dem zugegeben beträchtlichen Größenunterschied ab – einen richtiggehenden „Apple-Markt", auf dem ausschließlich Apple-II-kompatible Produkte gehandelt wurden.

Bei IBM entschloß man sich, diese Marktstrategie von Apple im Prinzip zu imitieren. Man war man offensichtlich davon überzeugt, daß wenn überhaupt ein bescheidener Erfolg auf dem neuen und ungeliebten Terrain der Mikrorechner zu erwarten wäre (IBM rechnete nur mit etwa 250.000 verkauften Systemen in den ersten 5 Jahren), dann noch am ehesten mit einer Produktpolitik der „offenen Architektur", wie Apple sie – mit einigen Einschränkungen – dem Großrechnerspezialisten vorgemacht hatte. Was dann folgte, findet sich sehr anschaulich bei John Hoskins. In seiner Entwicklungsgeschichte des IBM PC's wird in aller Kürze deutlich, auf welche Art und Weise Hersteller und Anwender gemeinsam an den zunehmenden „Nutzleistungen" partizipieren, die mit einem heranwachsenden Marktstandard verbunden sind. Hoskins schreibt: „IBM published all of the PC's technical information, inviting third-party manufacturers to develop and market their own hardware and software for the PC – which they did. The practice of publishing technical details about a product is known as adopting an 'open architecture policy'. As more and more third-party hardware and software became available for the PC family of computers, their popularity grew, prompting even more third-party development activity. This self-fueling cycle was beneficial to IBM, third-party developers, and the end users. The success of the open architecture policy has prompted to IBM to continue publishing technical details about all subsequent Personal Computer systems, including the Personal System/2 family"[105] .

Allgemein gesagt liegt das entscheidende Merkmal einer „offenen Architektur" in der (relativ) freizügigen Praxis, mit der die technischen Daten eines Produktes veröffentlicht werden. Speziell im Fall des IBM PC's ist so u.a. die Beschreibung der Systemhardware inklusive des Systembusses, das Listing des hardware-nahen „Basic Input/Output Systems" (BIOS) sowie die Abfolge beim Systemstart zugänglich gemacht worden. Zur Veröffentlichung dieser Daten bemerkt David J. Bradley, einer der Väter des IBM PC's: „From the beginning we decided to publish data concerning all the hardware and software interfaces. Anyone designing an adapter or a program to run on the IBM PC would get as much information as we had available. A compilation of all the system specifications used during the system development and testing became the *Technical Reference Manual*"[106] . Zusätzlich unterstrich die IBM ihren Anspruch, den PC als „offenes" System zu handhaben, damit, daß die Firmen Intel und Microsoft nicht nur exklusive Hoflieferanten von IBM waren. Der Intel 8088, der Mikroprozessor des ersten PC's, konnte von Intel frei bezogen werden, und das Betriebssystem PC-DOS wurde von Microsoft unter dem Namen MS-DOS vermarktet und an andere Hersteller kompatibler PC-Klones verkauft. Allerdings legte IBM die Entwicklung und Produktion des Mikroprozessors und des Betriebssystems kaum deshalb in dritte Hände, weil das Unternehmen damit die „Offenheit" der PC-Architektur verstärkt wissen wollte; der Grund dafür lag eher in einer technischen Notwendigkeit, die Bradley folgendermaßen beschrieb: „We had learned from the DataMaster development and from the experiences of others that even a company the size of IBM couldn't develop all the hardware and software to make a personal computer a success"[107] .

---

[105] Hoskins, Jim, 1987, S. 3/4.

[106] Bradley, David J., 1990, S. 416, Hervorhebung im Original.

[107] Bradley, David J., 1990, S. 416. Der IBM System /23 DataMaster war ein relativ unbekanntes, auf dem Intel 8085 basierendes (Mikrorechner-) System, das allerdings in vielerlei Hinsicht ein Lehrstück bei der Entwicklung des IBM PC's war. Die Arbeiten am DataMaster wurden im August 1980 abgeschlossen, genau ein Jahr vor der Markteinführung des PC's. Siehe dazu ebenfalls Brad-

Mit dem Wissen, inwieweit die Strategie, die die IBM beim PC verfolgte, einer „offenen Architektur" entsprach, kehren wir nun zu unserem ursprünglichen Anliegen zurück. Es galt noch zu belegen, daß die Theorie öffentlicher Güter, so wie man sie in der Standardliteratur findet, in wenig zufriedenstellender Weise das Phänomen kompatibler Produkte erklärt. Zur Erinnerung: Die Tatsache, daß die Etablierung eines Standards dem Angebotsproblem öffentlicher Güter unterliegt, ist im Schrifttum als (eine) mögliche Ursache dafür genannt worden, daß Märkte mitunter nur einen geringen Grad an Standardisierung aufweisen. Für unser Anliegen ist es aber nötig zu differenzieren, in welcher Stärke bzw. mit welchem Einfluß nun genau das Schwarzfahrerproblem einer weitreichenden Standardisierung entgegensteht. Hierbei sind drei Abstufungen naheliegend: (1) Aufgrund der privaten Angebotsträgheit nimmt unter sonst gleichen Umständen die Wahrscheinlichkeit einer erfolgreichen Marktstandardisierung ab. Das heißt, das Angebotsproblem öffentlicher Güter *verstärkt* (in unterschiedlichem Ausmaß) gleichrangig mit anderen Faktoren die Inkompatibilität; es ist damit weder eine notwendige noch hinreichende Ursache mangelnder Standardisierung. Es gibt mindestens zwei Gründe, warum eine Erklärung dieser Art abzulehnen ist. Zum einen läßt sich der Einfluß des Schwarzfahrerproblems nur dann überprüfen, wenn er isoliert werden kann, d.h. wenn zwei (oder mehr) Ereignisse genannt werden können, bei denen dieser Faktor eventuell unterschiedlich stark in Erscheinung tritt, die ansonsten jedoch identisch sind. Wir können hier auf das zurückgreifen, was schon zu anderen ad-hoc Lösungen gesagt worden ist, nämlich daß wir für solche Lösungen, eben weil sie zu wenig allgemeingültig sind, keine ausreichende Anzahl empirischer Prüfungsmöglichkeiten haben. Zum anderen müssen vor dem Hintergrund des PC- und des SPARC-Standards berechtigte Zweifel geäußert werden, ob das Schwarzfahrerproblem – so wie es in der Literatur gebraucht wird – überhaupt den Prozeß der Marktstandardisierung (mit-) beeinflußt. Es ist unmittelbar einsichtig, daß Standards, wie es bei „offenen Architekturen" der Fall ist, dann die „reinsten" öffentlichen Güter sind, wenn sämtliche technischen Daten für alle zugänglich sind; jedes Unternehmen wird geradezu aufgefordert, kompatible Produkte zu entwickeln und so einen Teil der erweiterten Marktnachfrage zu „konsumieren". Man sollte also erwarten, daß „offene Architekturen" praktisch nicht angeboten werden und dementsprechend kaum etwas zur Standardisierung eines Marktes beitragen. Es ist jedoch nicht abzustreiten, daß die IBM mit der PC-Architektur einen für den Mikrorechnermarkt ganz bedeutenden Standard geschaffen hat und daß dies insoweit der Theorie widerspricht, als dem IBM PC als Vertreter einer „offenen Architektur" das Schwarzfahrerproblem im besonder-

---

ley, David J., 1990.

en Maße anhängt. Es stellt sich damit die Frage, welchen tieferen Einblick in den Prozeß einer Standardisierung ein Argument überhaupt geben kann, das einen Zusammenhang vermutet, der selbst in seiner reinsten Form ohne Einfluß auf das wirkliche Geschehen ist. (2) Die zweite Möglichkeit ist die, daß das Angebotsproblem öffentlicher Güter *hinreichend* ist, um eine Standardisierung zu verhindern (ähnlich so wie dieses Problem für gewöhnlich ein privates Angebot der staatlich bereitgestellten Grundleistungen verhindert). Da jedoch zahlreiche und bedeutende Standards existieren, die in privater Initiative geschaffen worden sind, ist eine derartige Erklärung mit Hilfe der Theorie öffentlicher Güter entweder nicht auf (Computer-) Standards anwendbar oder eben falsch. (3) Das Problem öffentlicher Güter ist ein *notwendiger* Faktor, damit ein Marksegment nicht ausreichend standardisiert wird.

Bietet die Theorie öffentlicher Güter nun möglicherweise in dieser dritten Version eine überzeugende Erklärung? Betrachtet man dazu die Geschichte des IBM PC's, deutet nichts darauf hin, daß dem so wäre. Wenn die IBM sich eben dieser Logik öffentlicher Güter, der das Unternehmen bei einer „offenen Architektur" im hohen Grade ausgesetzt war, tatsächlich gebeugt hätte, so wäre es nicht zum PC-Industriestandard gekommen und die gesamte Computerbranche wäre heute zweifellos eine andere. Die IBM hatte also selbst in einer Situation kollektiv gehandelt, in der das Schwarzfahrerproblem im besonderen Maß auftrat. Damit mag das Angebotsproblem öffentlicher Güter vielleicht notwendig sein, um Standards zu verhindern, eine solche Notwendigkeit ist dann jedoch offensichtlich extrem schwach. Natürlich wird man einwenden können, daß die Produktpolitik der IBM in ihrer Tradition schon immer dahin ausgerichtet gewesen sei, Standards zu schaffen – ob nun die scheinbaren Zwänge öffentlicher Güter dagegenständen oder nicht. Auch sei der PC-Standard keine Widerlegung einer Theorie, die das Schwarzfahrerproblem als eine notwendige Ursache für Inkompatibilität vermutet; wie jeder Markstandard sei auch dieser mit einer solchen Erklärung vereinbar, da keine hinreichende Beziehung behauptet wird. Das ist alles richtig. Nur, sind nicht (fast) alle Fälle einer Marktstandardisierung in irgendeiner Weise mit zufälligen und außergewöhnlichen Umständen entschuldbar? Und wenn dem so ist, welche Ereignisse könnten dann eigentlich die besagte Theorie überhaupt in Schwierigkeiten bringen? In der Tat sind die Befunde, die als mögliche Widerlegungen in Frage kommen, nur diejenigen Marktsituationen, in denen das Angebotsproblem öffentlicher Güter gelöst ist (wie und wodurch auch immer) und in denen sich trotzdem kein Standard etabliert. Nur hier ergäbe sich der Widerspruch, daß Marktstandards offenbar auch dann ausbleiben können, wenn die dafür als an sich notwendig vermutete Ursache – nämlich die Zurückhaltung auf privater Seite, öffentliche Güter anzubieten – einmal nicht vorliegt.

Nun findet sich jedoch nirgendwo auch nur der kleinste Hinweis darauf, daß das Angebotsproblem öffentlicher Güter im täglichen Marktgeschehen tatsächlich einmal *vollkommen* gelöst werden könnte. Zum Teil haftet es gleichwohl in geringerem Grade an der Etablierung eines Standards, wenn die Kosten einer Standardisierung unerheblich sind und die Technologie nur einem langsamen Wandel unterliegt; einen solchen Zusammenhang haben beispielsweise Carlton und Klamer vermutet[108] . Oder aber das Schwarzfahrerproblem liegt in einem höheren Grade vor, da die Bereitschaft privater Marktteilnehmer, eigene Mittel zur Standardisierung aufzubringen, dann besonders niedrig sein wird, wenn die Zahl anderer Hersteller oder Anwender relativ groß ist, wie Kindleberger und Lecraw es annehmen[109] . Solange aber jedes Unternehmen befürchten muß, daß eine von ihm getragene Marktstandardisierung früher oder später durch andere mitgenutzt wird, da es dieses entweder aus (patent- bzw. urheber-) rechtlichen Gründen nicht untersagen kann oder trotz aller Firmengeheimnisse ein erfolgreiches „reverse engineering" nicht auszuschließen ist, solange bleibt das Schwarzfahrerproblem mehr oder weniger ungelöst und aktuell. Wenn also niemals die gesamten zukünftigen Erträge einer Standardisierung bei ihrem Urheber anfallen und das Angebotsproblem öffentlicher Güter niemals vollkommen zu lösen ist, wie könnte man dann aber widerlegen, daß dieses Problem notwendig ist, um Marktstandards zu verhindern? Offensichtlich ist nicht nur der notwendige Einfluß derart schwach, daß seine Auswirkungen nicht einmal bei einer „offenen Architektur" zu beobachten sind, d.h. nicht einmal dann, wenn sich die Erträge einer Standardisierung im Extremfall fast ausnahmslos bei der Allgemeinheit niederschlagen. Darüber hinaus ist die Vermutung, daß das Angebotsproblem eine notwendige Ursache für Inkompatibilität sei, auch ein so wenig allgemeingültiges Argument, daß wir es faktisch nicht testen können.

Mit dem zuletzt gesagten ist der Nachweis abgeschlossen, daß eine Erklärung von (Computer-) Standards, wie sie in der vorliegenden, literaturbekannten Fassung aus der Theorie öffentlicher Güter abgeleitet wurde, wenig zufriedenstellend ist, und dies selbst dann, wenn man einmal von den Schwierigkeiten absieht, die sich auf die irreführende Definition öffentlicher Güter anhand fehlender Konsumrivalität gründen. *Die Antworten, die man hier bestenfalls erhalten könnte, sind entweder bedeutungslos (dann nämlich, wenn vermutet wird, das Schwarzfahrerproblem verstärke die Inkompatibilität) oder diese Antworten sind nicht zutreffend bzw. falsch (wenn das Schwarzfahrerproblem als für Inkompatibilität*

---

[108] Siehe Carlton, Dennis W., Klamer, J. Mark, 1983, S. 448.
[109] Siehe Kindleberger, Charles P., 1983, S. 388, und Lecraw, Donald J., 1984, besonders S. 519.

hinreichend eingestuft wird) oder kaum prüfbar (wenn dieses Problem als dafür notwendig erachtet wird).

Mit diesem Resultat endet aber auch die Suche nach alternativen Erklärungen insgesamt. Wenn man über die einander teilweise widerstreitenden Antworten – die Marktführerhypothese, die in der Literatur vorhandenen ad-hoc Erklärungen und die Theorie öffentlicher Güter – abschließend befindet, so ist offensichtlich, daß keine den Anforderungen genügen kann, die zu Beginn an eine befriedigende Antwort gestellt worden sind. Dies heißt jedoch nicht, daß hier ein völlig neuer Lösungsweg zu suchen ist. So unvollständig die einzelnen Theorien auch sein mögen, jede für sich enthält zum Teil außerordentlich wertvolle Gedanken, und keine von ihnen ist in allen Teilen so unbrauchbar, als daß man nicht irgendetwas von ihr lernen könnte. Was aber fehlt, ist das tiefere Gefüge unter all diesen unverzichtbaren Einsichten: Warum können wir einmal Märkte beobachten, auf denen das führende Unternehmen den Standard bestimmt, während sich anderswo auch ohne Marktführer Standards bilden? Warum folgen auf Produktankündigung, Sponsoring oder Unternehmenskooperationen marktbeherrschende Standards, dies jedoch nicht immer und in notwendiger Weise? Warum verhindert das Problem öffentlicher Güter manchmal einen Marktstandard, zu anderen Zeiten und Orten jedoch nicht? Solche oder ähnliche Fragen können an alle die Lösungen gestellt werden, die wir kennengelernt haben. Keine der Lösungen aber kann alle oder auch nur eine der Fragen zufriedenstellend beantworten. Die Tatsache, daß es wahrscheinlich keinen Computerstandard gibt, den wir mit all seinen Randerscheinungen vollständig erklären können (wie am Fall von UNIX nahegelegt worden ist), kann nicht heißen, daß wir uns mit so unvollkommenen und bruchstückhaften Argumenten begnügen müssen, die je nach Ereignis mit anderen Argumenten zu einer Erklärung zusammengestellt werden, wenn nur die besonderen Umstände im Einzelfall schon hinreichend bekannt sind. Dies ist zum Ende des Kapitels nochmals der entscheidende Punkt. *Es kam hier in erster Linie darauf an, die Grenzen vorhandener Ansätze aufzudecken und verständlich zu machen, warum diese Erklärungen auch im günstigsten Fall nur isolierte ad-hoc Lösungen bieten.* Da sich demzufolge die Tatsachen, die die einzelnen Ansätze jeweils erklären können, nur wenig unterscheiden dürfen und zusammengenommen auch nur einige der vielen Ereignisse um Computerstandards sind, die wir beobachten können, wird auch im dritten Kapitel zunächst weiterhin nach einer allgemeinen und gehaltvollen Erklärung gesucht werden, die insoweit besser ist, als wir sie besser prüfen können.

III. Die Theorie öffentlicher Güter

Zum Ende des vorherigen Kapitels ist auf verschiedene Stellen in der Literatur aufmerksam gemacht worden, an denen Standardisierungen mit der Theorie öffentlicher Güter in Verbindung gebracht werden. Die in diesem Zusammenhang angeführten Überlegungen legen es nahe, daß sich Computerstandards nur lückenhaft und unzulänglich erklären lassen, wenn in der im Schrifttum vorliegenden Form auf den Ansatz öffentlicher Güter zurückgegriffen wird. Es ging jedoch weniger darum, auf Schwächen oder gar auf Irrtümer hinzuweisen; in erster Linie können aus diesen Ausführungen wichtige Rückschlüsse darauf gezogen werden, was genauer zu überdenken und gegebenenfalls zu verbessern ist, um im Rahmen der Theorie öffentlicher Güter zu einer überzeugenden Erklärung zu gelangen. Dementsprechend wird sich auch der Aufbau des vorliegenden Kapitels ganz an den Problemen orientieren, die es auf dem Weg dorthin zu überwinden galt. In diesem Sinne enthalten die folgenden Abschnitte eine Art Entstehungsgeschichte, in der die Entwicklung einer Erklärung nachgezeichnet wird. Zur Übersicht und zur besseren Einordnung einzelner Fragestellungen sei zunächst aber der Plan der Untersuchung in groben Zügen vorangestellt.

Schon den bisherigen, kurzen Anmerkungen zur Theorie öffentlicher Güter ist zu entnehmen gewesen, daß die Literatur ausgiebig Bezug nimmt auf die beiden möglichen Kennzeichen kollektiver Güter und daß die Diskussion um das Verhältnis von Nichtrivalität und fehlendem Konsumausschluß dabei von zentraler Bedeutung ist. Genauso wird man aber auch schon eine gewisse Vorstellung davon erhalten haben, welche beträchtlichen Differenzen selbst unter den Fachleuten darüber bestehen, was ein „wahres" öffentliches Gut auszeichnet und was demnach zur Grundlage einer „richtigen" Theorie öffentlicher Güter heranzuziehen sei. Hier stellt sich die erste Aufgabe: Es gilt zunächst, die Theorie öffentlicher Güter näher kennenzulernen, wobei vornehmlich zu klären sein wird, welche Erkenntnisse aus dieser Theorie gewonnen werden können, von welcher Bedeutung hierbei im Einzelfall die Eigenschaft der Nichtrivalität bzw. der fehlenden Ausschlußmöglichkeit vom Konsum ist und inwieweit mögliche Abhängigkeiten (logischer oder inhaltlicher Art) zwischen den beiden Merkmalen bestehen könnten. Der erste Abschnitt des Kapitels (Abschnitt A) läuft dabei auf den Nachweis des folgenden Satzes hinaus: Die Änderung der pareto-optimalen Angebotsbedingungen für öffentliche Güter (im Vergleich zu privaten Gütern) wird ebenso *allein* durch die Nichtrivalität im Konsum verursacht wie das Angebotsproblem öffentlicher Güter *ausschließlich* durch fehlenden Konsumausschluß bedingt ist.

Doch selbst wenn wir wissen, auf welche Eigenschaft eines öffentlichen Gutes wir zurückgreifen müssen, wenn eine bestimmte Frage an die Theorie herangetragen wird, wissen wir nicht so ohne weiteres, welches Merkmal bei einer Erklärung von Computerstandards vorrangig zu beachten ist. Als nächstes stellt sich also die Aufgabe, den für den Zweck der vorliegenden Untersuchung zutreffenden und angemessenen Ansatz innerhalb der Theorie öffentlicher Güter zu finden. Aus diesem Grund werden (in den Unterkapiteln B und C) zwei Ansätze vorgestellt, die auf Arbeiten von James M. Buchanan bzw. Mancur Olson zurückgehen: die Theorie der Klubs und die Theorie der Gruppen. Sie werden daraufhin untersucht, welches der beiden grundlegenden Merkmale öffentlicher Güter bei ihnen jeweils im Vordergrund steht, und ob sie, obwohl für ganz andere Fragen und Probleme entworfen, Standardisierungen in der Computerbranche überzeugend erklären können. Auch hier wird das Ergebnis nicht weniger eindeutig sein als beim ersten Problem. Wie im wesentlichen im Unterkapitel über „Die Theorie der Klubs" erläutert wird, kommt bei einer Untersuchung von Gütern wie Hardware- oder Softwarestandards, deren „Nutzleistungen" oftmals sowohl nichtrivalisierend beansprucht werden können als auch nicht vorenthaltbar sind, einer geringen oder selbst einer fehlenden Konsumrivalität nicht der Vorrang zu, den Buchanan diesem Kennzeichen im Rahmen seiner Klubtheorie einräumt. Bei der Frage nach den (Angebots-) Ursachen solcher „doppelt" öffentlichen Güter steht vielmehr die Abwesenheit einer ausreichend wirksamen Methode zum Konsumausschluß im Mittelpunkt des Interesses.

Dem dritten Problem, das es zu lösen gilt, sind die übrigen Abschnitte des Kapitels gewidmet. Es geht hier im Kern um die Entwicklung einer allgemeinen Erklärung für Computerstandards, wobei die Befunde, bei denen Hersteller eine Strategie der „offenen Architektur" gewählt haben, besondere Berücksichtigung finden werden. Der Grund dafür, daß mit den Ereignissen um den IBM PC und um die SPARC-Technologie zwei Beispiele einer solchen Produktpolitik in den Vordergrund gerückt werden, ist der, daß es diese oder vergleichbare Fälle sind, die sich am schwierigsten erklären lassen. Dies deutete sich schon zum Ende des letzten Kapitels an. Es konnte dort (in E.2) anhand des PC-Standards gezeigt werden, warum die Theorie öffentlicher Güter in der Fassung, in der Ökonomen sie bislang in Verbindung mit Standardisierungen eingesetzt haben, insbesondere für „offene Architekturen" bzw. für eine Strategie der freien Lizenzvergabe unzureichend ist. Die Existenz der beiden eben genannten Standards legt jedoch nicht nur den Schluß nahe, daß sich die Theorie öffentlicher Güter in der einfachen, literaturbekannten Fassung nur unzulänglich als Lösung eignet; selbst aus ihrer ausgereiften Form, aus der Gruppentheorie von Olson, kann nicht so unmittelbar eine Erklärung für den PC- oder auch für den SPARC-Standard abgeleitet werden (oder für jeden anderen „offenen" Standard).

Der Grund dafür kann hier nur angedeutet werden. In der *Logik des kollektiven Handelns* gelang Olson der vielbeachtete Nachweis, daß die bereitgestellte Menge kollektiver Güter um so geringer ausfällt und das Zustandekommen von Interessenorganisationen, die solche Güter anbieten, um so unwahrscheinlicher ist, je größer die Zahl derjenigen wird, die diese Güter beanspruchen, ohne vom Konsum ausgeschlossen werden zu können. Kurz gesagt, Olson gelang der Nachweis, daß das Angebotsproblem öffentlicher Güter von der Größe der (Konsumenten-) Gruppe abhängt. Wenn demnach das eine oder andere Mitglied in sehr kleinen Gruppen bereit ist, ein kollektives Interesse zu fördern, mag dies durchaus das Aufkommen vieler Standards erklären, deren Urheber auf überschaubaren Märkten agieren. Wenn man jedoch bedenkt, daß die Verwirklichung eines Marktstandards bei einer „offenen Architektur" im höchsten Ausmaß dem Angebotsproblem öffentlicher Güter unterliegt (da im Extremfall alles für jeden freigegeben wird), so stößt man auf die Grenzen einer Argumentation, die Olson's „reiner" Logik des kollektiven Handelns folgt. Man wird dann nämlich erkennen, daß die Tatsache, daß IBM den PC-Standard bzw. Sun den SPARC-Standard geschaffen hat, genau dieser gegenläufigen Beziehung zwischen der Größe einer Gruppe und ihrem Kollektivgüterangebot widerspricht. Es wird also als dritte und letzte große Hürde darauf ankommen, das scheinbare Paradox „offener" Computerstandards zu lösen. Hierzu wird in den Schlußabschnitten (in D und E) eine Erklärung auf der Grundlage der Theorie der Gruppen entwickelt, die jedoch in einem entscheidenden Punkt über den Ansatz von Olson hinausgeht.

A. Nichtrivialität im Konsum und fehlende Konsumausschlußmöglichkeit

In den Beiträgen zur Theorie öffentlicher Güter wird im allgemeinen großer Wert auf die Frage gelegt, was denn eigentlich kollektive Güter von Individualgütern unterscheidet. Hierzu wird an manchen Stellen auf die Nichtrivialität im Konsum hingewiesen, an anderen wiederum die Nichtanwendbarkeit des Konsumausschlußprinzips genannt, und in seltenen Fällen werden auch beide Merkmale zusammen aufgeführt[110] . Da einzelnen Begriffen be-

---

[110] Bisweilen wird neben diesen zwei Eigenarten noch der *Konsumannahmezwang* als ein drittes Merkmal erwähnt [siehe beispielsweise Head, John G. 1972, S. 6, oder Shoup, Carl S., 1969, S. 69]. Allerdings ist eine Situation, in der man sich vom Konsum nicht ausschließen kann, nur der Spezialfall, daß externe Effekte nicht positiv bewertet werden, sondern als „Übel" in mehreren Nutzenfunktionen anfallen (müssen). Da sich aber aus den beiden Hauptmerkmalen alle Formen, d.h. alle Vorzeichen von externen Effekten ableiten lassen, je nachdem, ob der einzelne sie als Last oder als Gut empfindet, wird mit dem Konsumannahmezwang kein grundsätzlich neuer Aspekt hinzugefügt.

kanntlich keine Wahrheit zukommen kann, wird es natürlich unter den verschiedenen Definitionen nicht den „wahren" Kollektivgutbegriff geben. Trotz allem ist die Auseinandersetzung mit dem, was ein öffentliches Gut sei, nicht überflüssig. Der Grund dafür ist der, daß hinter einzelnen Begriffen Theorien stehen, und Begriffe können die Erklärungsleistung ihrer Theorie gut oder weniger gut repräsentieren; sie sind in diesem Sinne mehr oder weniger *adäquat*. Der Ausdruck öffentliche Güter suggeriert beispielsweise, daß die damit verbundene Theorie öffentlicher Güter sich nur auf solche Leistungen beziehe, die durch die öffentliche Hand, also durch den Staat bereitgestellt werden. Und tatsächlich wurden *öffentliche* Güter lange Zeit auch ausschließlich als *staatliche* Güter verstanden. Dagegen gibt die u.a. von Olson gewählte Bezeichnung des *kollektiven* Handelns den Erklärungsgehalt des theoretischen Systems öffentlicher Güter besser wider, da sich das Schwarzfahrerproblem (wie Olson nachweisen konnte) bei allen kollektiven Handlungen offenbart und nicht nur dann, wenn die Zahl der (Nicht-) Handelnden praktisch unendlich groß ist wie im Fall staatlicher Eingriffe. Da hinter dem Olson-Begriff eine *allgemeinere* Theorie steht, wäre dieser eigentlich vorzuziehen. Im folgenden wird jedoch der engere Begriff des öffentlichen Gutes wegen seiner Tradition weiterhin wie schon zuvor synonym zum Begriff des kollektiven Gutes gebraucht.

So wie man sich darüber streiten kann, von öffentlichen oder von kollektiven Gütern zu sprechen, so kann man sich nun auch darüber streiten, ob solche Güter durch Nichtrivalität im Konsum oder fehlenden Konsumausschluß – oder aber durch beides zusammen – zu kennzeichnen wären. Weder die eine noch die andere Definition ist wahr oder falsch. Die verschiedenen Möglichkeiten sind jedoch mehr oder weniger dem Ziel der Erkenntnis angemessen, das man verfolgt. So hatten wir weiter oben (in Kapitel II, E.2) den Fall, daß bei Charles P. Kindleberger die Nichtrivalität im Konsum als unzureichendes und nicht adäquates Definitionsmerkmal genannt worden ist. Es stellte sich dort als völlig ungeeignet heraus, fehlende Konsumrivalität als ein (notwendiges oder hinreichendes) Kennzeichen für die „Öffentlichkeit" von Standards zu erwähnen, wenn andererseits mit dem Schwarzfahrerproblem ein Marktversagen vermutet wird, das allein auf mangelnden Konsumausschluß zurückzuführen ist.

1. Die pareto-optimalen Angebotsbedingungen und das Angebotsproblem öffentlicher Güter

Wann aber ist nun die Nichtrivalität im Konsum und wann die fehlende Ausschlußmöglichkeit von Verbrauchern eine *zweckmäßige* Kennzeichung öffentlicher Güter? Oder besser gefragt: Welche Erkenntnisse lassen sich mit der Theorie öffentlicher Güter erzielen, und welches der besagten Merkmale ist dann jeweils eine *adäquate* Eigenschaft öffentlicher Güter? Was die Erkenntnisse betrifft, zunächst die allgemeinste Antwort: Die Theorie öffentlicher Güter handelt von Marktergebnissen, die von denen bei privaten Gütern abweichen, und im weitesten Sinne sind öffentliche Güter demzufolge solche Güter, bei denen die Institution des Marktes nicht in der Lage ist, sie wie andere, private Güter bereitzustellen. So oder ähnlich lautet die vielleicht einzige gemeinsame Formulierung, auf die sich die zahlreichen und oft stark spezialisierten Abhandlungen über öffentliche Güter bringen lassen. Der Grund für diese geringe Gemeinsamkeit ist der, daß die Kollektivgütertheorie im Laufe ihrer Geschichte zwei nahezu selbständige Forschungsgebiete hervorgebracht hat. Beide Richtungen unterscheiden sich sowohl hinsichtlich des Merkmals öffentlicher Güter, das sie hervorheben bzw. voraussetzen, als auch hinsichtlich bestimmter methodologischer Vorstellungen über die Art der Erkenntnis, die die Theorie zu leisten hat. Im folgenden werden nun diese zwei Gebiete näher untersucht werden. Es wird sich hierbei zeigen, daß es gerade ihre Gegensätzlichkeit ist, die es ermöglicht, die Nichttrivialität im Konsum wie auch die Nichtanwendbarkeit des Konsumausschlußprinzips als eine jeweils zweckmäßige Kennzeichnung öffentlicher Güter zu gebrauchen.

Die erste der beiden Forschungsrichtungen liefert weniger eine Erklärung bestimmter Ereignisse, die wir bei kollektiven Handlungen beobachten können, als vielmehr die Einsicht in logische Zusammenhänge: Sie beschäftigt sich mit der Ableitung der notwendigen Bedingungen für ein pareto-optimales Angebot öffentlicher Güter (und mit dem diesbezüglichen Unterschied zu privaten Gütern). Die Ableitung und Erläuterung dieser Bedingungen ist vollständig in den frühen Arbeiten von Samuelson enthalten und kann in dogmenhistorischer Einordnug als die finanztheoretische Antwort auf das Modell des allgemeinen Gleichgewichts betrachtet werden, das Leon Walras für private Güter entwarf. Samuelson konnte 1954 zeigen, daß sich die Optimalbedingungen bei öffentlichen Gütern fundamental von denen bei privaten Gütern unterscheiden. Während bei privaten Gütern dann eine pareto-optimale Allokation vorliegt, wenn die marginale Zahlungsbereitschaft jedes *einzelnen* Konsumenten gerade den Grenzkosten des betreffenden Gutes entspricht, ist die Ausbringungsmenge des öffentlichen Gutes an dem Punkt optimal, an dem die *Summe* der marginalen Zahlungsbereitschaften aller Konsumenten gleich den Grenzkosten ist[111] . Diesen Unterschied veranschaulichte Samuelson ein Jahr später nochmals in einem einfachen Modell mit zwei Gütern und zwei Personen. Für ein pareto-optimales Angebot muß danach bei einem

---

[111] Siehe Samuelson, Paul A., 1954.

öffentlichen Gut die Grenzrate der Transformation (GRT) den summierten Grenzraten der Substitution (GRS) beider Konsumenten entsprechen, also $GRS^1 + GRS^2 = GRT$; dagegen müssen bei einem privaten Gut alle Größen identisch sein, so daß die Gleichung $GRS^1 = GRS^2 = GRT$ gefordert wird[112] .

Diese Unterscheidung wird jedem Ökonomen wohlvertraut sein und ist soweit auch ohne Angriffe geblieben. Die herrschende Einmütigkeit endet jedoch spätestens dort, wo nach dem Grund für die Unterscheidung der Optimalbedingungen gefragt wird. Halten wir uns dazu vor Augen, wie die Nachfragekurven für private und öffentliche Güter verlaufen müssen, wenn sie die eben genannten paretianischen Eigenschaften aufweisen. Eine solche grafische Lösung für ein effizientes Angebot öffentlicher Güter wurde zuerst von Howard R. Bowen 1943 im Quarterly Journal of Economics vorgestellt – fast unbeachtet und mehr als zehn Jahre vor (!) Samuelson's bekannten Veröffentlichungen[113] . Nach Bowen erhält man im Fall öffentlicher Güter die (Gesamt-) Nachfragekurve durch eine *vertikale* Addition der einzelnen Nachfragekurven, bei privaten Gütern dagegen durch eine *horizontale* Addition der entsprechenden Nachfragekurven. Die Wert- oder Nutzeneinschätzungen einzelner Konsumenten für Kollektivgüter können aber nur dann vertikal aufsummiert werden, wenn die Güter ohne Konsumrivalität in Anspruch genommen werden können. Es ist ausschließlich eine solche Nichtrivalität, die bewirkt, daß sich der Gesamtnutzen eines Gutes – der sich in der (Gesamt-) Nachfragekurve widerspiegelt – demzufolge sogar erhöht, wenn die Zahl der Konsumenten steigt. Allein durch dieses Merkmal ändern sich die Bedingungen einer optimaler Allokation öffentlicher Güter gegenüber denen bei privaten Gütern. Die Tatsache, daß vielerorts die Nichtanwendbarkeit des Konsumausschlußprinzips miterwähnt wird und Kollektivgüter oftmals auch tatsächlich beide Merkmale (weitgehend) erfüllen, ist damit für die Ableitung der veränderten Optimalbedingungen ohne jeglichen Einfluß. Das heißt, wenn man mit der Theorie öffentlicher Güter erkennen will, inwieweit die notwendigen Bedingungen einer pareto-optimalen Allokation öffentlicher Güter von denen privater Güter abweichen, dann ist ausschießlich die Nichtrivalität im Konsum von Bedeutung. In einem solchen Fall sind öffentliche Güter einzig deshalb öffentlich, weil ihr Konsum ohne Rivalität in Anspruch genommen werden kann. Unter den Ökonomen ist John G. Head einer der wenigen, die auf diesen Punkt unmißverständlich hingewiesen haben: „The basic allocative requirement, Σ MRS = MT, therefore derives from the joint supply characteristic and is *unaffected* by the presence or absence of nonexcludability", und anderswo: „It is important to

---

[112] Siehe Samuelson, Paul A., 1955.
[113] Siehe Bowen, Howard R., 1943.

notice that the Σ MRS = MT condition results from the jointness characteristic of the pure public good. The nonexcludability characteristic therefore contributes *nothing* at this stage of the analysis"[114] .

Weitergehende Überlegungen zur Frage der optimalen Allokation öffentlicher Güter führen zu dem Schluß, daß der Markt nicht in der Lage ist, die notwendigen paretianischen Angebotsbedingungen herzustellen, da er die Effizienzbedingung Σ GRS = GRT verletzt. Solange die jeweiligen Konsumenten eines Kollektivgutes dieses unterschiedlich hoch einschätzen, muß es einen Preisvektor für das öffentliche Gut geben, der für jeden einzelnen Verbraucher genau den Preis enthält, bei dem dessen persönliche Grenzrate der Substitution vom öffentlichen zum privaten (Numéraire-) Gut genau dem umgekehrten Preisverhältnis beider Güter entspricht. Von jedem Konsumenten müßte also ein Preis verlangt werden, der in seiner Höhe mit dem Wert übereinstimmt, den er seiner letzten (Grenz-) Einheit des öffentlichen Gutes zumißt. Nur unter dieser Bedingung wünschen alle Konsumenten die *gleiche* Menge des öffentlichen Gutes, selbst wenn sie es *unterschiedlich* bewerten. In Anlehnung an ihren Entdecker werden die daraus resultierenden Gleichgewichte als „Lindahl-Gleichgewichte" bezeichnet[115] . Ein solcher (Lindahl-) Preisvektor aber wird sich nicht aus dem privaten Zusammenspiel von Angebot und Nachfrage ergeben können. Richard A. Musgrave hat diese Form eines Marktfehlers beispielhaft beschrieben: „The uniform-price rule of the competitive market would no longer yield an efficient result, as consumers would have to pay differentiated prices reflecting their differing marginal evaluation of the same quantity. Such prices could not be charged by firms operating in a competitive market"[116] . Hinzu kommt, daß zwar die Ausbringungsmenge eines öffentlichen Gutes für alle Beteiligten optimal wäre, wenn es solche Preise gäbe. Selbst in einem solchen Fall aber wäre die *Art* der Bereitstellung immer noch insoweit suboptimal, daß Güter, deren Konsum nichttrivialisierend beansprucht werden kann, von zusätzlichen Verbrauchern genutzt werden könnten, ohne daß Mehrkosten entständen. Mit anderen Worten: Auch ein Markt mit Preisen, die der Lindahl-Lösung entsprechen, liefert ein ineffizientes Ergebnis, da der auf allen Märkten übliche Konsumvorbehalt für Nichtzahler die Bedingung „Grenzkosten gleich Preis" verletzt.

Das Ergebnis vom Samuelson (und anderen), daß schon bei zwei Individuen eine eindeutige und pareto-optimale Aufteilung der Ressourcen auf private und öffentliche Güter über den Markt fehlt und daß „when we increase the number of persons in the case of a ty-

---

[114] Head, John G., 1972, S. 9; und derselbe 1977 a, S. 230, Hervorhebungen vom Verfasser.
[115] Siehe Lindahl, Erik, 1919.
[116] Musgrave, Richard A., 1971, S. 307.

pical public good, we make the problem *more indeterminate* rather than less", bedarf aber noch in zwei Punkten einer Klarstellung[117] .

Der erste ist der, daß die Nichtrivalität im Konsum zwar hinreichend und notwendig dafür ist, daß die Optimalbedingungen für öffentliche Güter gegenüber denen für private Güter abweichen und der Markt die auf Σ GRS = GRT geänderte pareto-optimale Lösung – wie eben gezeigt – verfehlt. Es ist allerdings nicht zwingend, daß die Nichtrivalität für die neue Optimalbedingung und für den angesprochenen Marktfehler *allein* auftritt, d.h. ohne das zweite Merkmal öffentlicher Güter, die fehlende Ausschlußmöglichkeit vom Konsum. Die Sache wird klar, wenn man einmal Güter betrachtet, die niemandem vorenthalten werden können und deren Konsum nur rivalisierend zu nutzen ist, also solche Güter, die *allein* durch mangelnden Konsumausschluß zu öffentlichen Gütern werden. Ein Angebot über den Markt kann hierbei die Samuelson'sche Effizienzregel Σ GRS = GRT gar nicht verletzten und daran gemessen suboptimal ausfallen, da weiterhin die Optimalbedingung GRS^1 = GRS^2 = ... = GRS^n = GRT gilt, die wir von normalen, privaten Gütern kennen. Offensichtlich gilt diese Bedingung deshalb unverändert, weil einzelne Nachfragekurven nicht vertikal aufaddiert werden können, solange die Menge des fraglichen Gutes wegen Rivalität unter den Verbrauchern geteilt werden muß. Jeder Konsument erhält seinen exklusiven Anteil, der aber auch gesondert hergestellt werden muß, so daß die einzelnen, jeweils nachgefragten Mengen horizontal zu addieren sind. Die Tatsache, daß der Markt in einem solchen Fall auch die Bedingung GRS^1 = GRS^2 = ... = GRS^n = GRT nicht realisieren kann, da wie angenommen ein Konsumausschluß nicht möglich ist (und darüber hinaus auch die Samuelson'sche Regel verletzt wird, wenn *zusätzlich* Nichtrivalität gegeben ist), ist eine völlig andere und unabhängige Erkenntnis innerhalb der Theorie öffentlicher Güter, zu der wir gleich noch kommen werden. In jedem Fall ist die Nichtrivalität im Konsum für eine Änderung der Optimalbedingung auf Σ GRS = GRT *notwendig*, da ansonsten die Grenzraten der Substitution nicht aufsummiert werden könnten; darüber hinaus ist sie aber auch *hinreichend*, da sie allein schon die vertikale Addition der Nachfragekurven ermöglicht. Und wie wir jetzt wissen, hat fehlende Konsumrivalität – was die neue Effizienzbedingung und den Marktfehler „Preis größer Grenzkosten" betrifft – die gleiche Auswirkung bei Gütern, bei denen das Konsumausschlußprinzip anwendbar ist, wie auch bei denen, bei denen es nicht anwendbar ist.

Als zweites ist klarzustellen, daß die besagten Originalbeiträge von Samuelson aus den 50er Jahren selbst noch keine Aussage über die *Höhe* der Ausbringungsmenge öffentlicher

---

[117] Samuelson, Paul A., 1969, S. 26, Hervorhebung im Original.

Güter enthalten, wenn diese über den Markt angeboten werden. Samuelson's Ergebnisse waren zunächst einmal nur die, daß (und inwieweit) die pareto-optimalen Angebotsbedingungen öffentlicher Güter von denen jener Güter abweichen, die nur rivalisierend in Anspruch genommen werden können, und daß ein wettbewerbliches Laissez-faire schon bei zwei Personen zu keiner eindeutig optimalen Allokationslösung führen kann. Erst über eine Dekade später begann mit Earl A. Thompson ein Wirtschaftstheoretiker genauer über die marktlich bereitgestellte Menge öffentlicher Güter nachzudenken, die ohne Rivalität zu nutzten sind, bei denen aber ein Konsumvorbehalt möglich ist[118] . Thompson kommt zu dem etwas überraschenden Ergebnis einer *überoptimalen* Versorgung, wenn Güter dieser Eigenschaft von privaten Unternehmen angeboten werden. Er setzt allerdings voraus, daß den Unternehmen die Präferenzen ihrer Käufer bekannt sind, so daß sie den Preis des öffentlichen Gutes interpersonell nach dem jeweiligen marginalen Nutzen differenzieren können[119] . Kurze Zeit später wies Harold Demsetz darauf hin, daß die individuellen Nachfragekurven auch unbekannt sein könnten, da die Konsumenten durch die Kaufgebote ihre Präferenzen zwangsläufig offenlegen müßten. Demsetz bestätigt damit das Resultat von Thompson in einem wichtigen Punkt; nämlich in dem, daß bei Preisdifferenzierung die Menge eines öffentlichen Gutes, die ein wettbewerblicher Markt hervorbringt, zumindest nicht zu gering sei. In zwei anderen Punkten weicht er jedoch von Thompson's Ergebnissen ab. Einmal ist die Ausbringungsmenge bei Demsetz *pareto-optimal* und nicht überoptimal wie bei Thompson. Zu anderen entwickelt Demsetz sein Modell auf der Grundlage einer Analogie zwischen öffentlichen Gütern und Gütern aus Kuppelproduktion, wie sie einst Alfred Marshall beschrieben hatte. Danach wird bei erstgenannten Produkten die Leistung mehreren Konsumenten verbunden *bereitgestellt*, bei letzteren wird sie verbunden *hergestellt*. Aus dieser Gemeinsamkeit leitet Demsetz ab, daß der Markt ebenso effizient öffentliche Güter hervorbringen kann wie in Kuppelproduktion hergestellte private Güter[120] . Der

---

[118] Siehe Thompson, Earl A., 1968, 1969 und 1973.

[119] Die überoptimale Produktionsmenge kommt dadurch zustande, daß bei fortgesetztem Konsum die marginale Wertschätzung für ein öffentliches Gut – genauso wie bei privaten Gütern – absinkt, jetzt aber der Konsument in der Lage ist, für alle auch intramarginalen Einheiten nur den niedrigeren Preis der letzten, der marginalen Einheit zu zahlen: „The essential cause of the overvaluation is that any customer evaluates the use of an extra unit of a collective good for its ability to reduce his own MRS and thereby to reduce the price that the sellers of *all intramarginal units* can squeezes out of him". Jeder Anbieter wird auf diese Preisreduktion eingehen müssen, weil die Verbraucher nicht um den Konsum eines öffentlichen Gutes rivalisieren; sie alle treten als Monopolisten auf: „All consumers can enjoy the same unit of a collective good and obviously can gain nothing by bidding *against* one another for the use of any particular unit of the good. ... Each consumer is a separate market for the collective good" [Thompson, Earl A., 1968, S. 3/6, Hervorhebungen im Original].

Vergleich ist jedoch mit Vorsicht zu gebrauchen, da die Analogie eine rein sprachliche ist und sich nur auf den übereinstimmend verwendeten Begriff eines verbundenen Angebotes stützt. Tatsächlich aber wird die Nachfrage bei nichtrivalisierenden (öffentlichen) Gütern vertikal über alle Konsumenten summiert, bei rivalisierenden Kuppelprodukten dagegen zuerst horizontal über die Konsumenten und anschließend die daraus resultierenden Kurven der einzelnen Teilprodukte vertikal aufaddiert; so besteht allein schon von der Nachfrageseite ein gravierender Unterschied zwischen beiden Güterarten[121].

So konnte trotz der Pionierarbeiten von Thompson und Demsetz erst William H. Oakland 1974 eine überzeugende Lösung vorstellen, bei der weder die Analogie zur Kuppelproduktion strapaziert werden mußte noch die Annahme vollkommener Information über die Käuferpräferenzen notwendig war. Oakland's Ansatz folgt der weiter oben im Zitat von Musgrave enthaltenen Vermutung, daß der Markt, wenn überhaupt, nicht in der Genauigkeit die Preise differenzieren könnte, die notwendig wäre, damit jeder Konsument den Preis zahlt, der gerade seinem persönlichen Grenznutzen entspricht. Nach Oakland zahlen folglich alle Käufer, die eine bestimmte Menge wünschen, den gleichen Preis. Allerdings sind dabei für verschiedene Mengen unterschiedliche Preise zu entrichten. Der Grund dafür ist der, daß immer weniger Konsumenten die größeren Mengen des öffentlichen Gutes nachfragen und damit auch die Kosten einer Bereitstellung untereinander teilen. Je geringer die Zahl der Abnehmer wird, desto mehr steigt der Preis für den einzelnen, bis am Ende schließlich der stärkste Nachfrager allein die letzten Einheiten konsumiert und bezahlt. Dies ist jedoch nicht der Ort, um die Gedanken von Oakland im Detail vorzustellen. Sein Ergebnis läßt sich darin zusammenfassen, daß private Unternehmen selbst bei geringer Kenntnis der Kundenpräferenzen in aller Regel nennenswerte Mengen eines öffentlichen Gutes anbieten (auch wenn diese Mengen fast immer geringer ausfallen als im Optimum). Welches Niveau die Versorgung im Einzelfall erreicht, hängt von der Lage und der Steigung der Nachfragekurven ab. Obwohl einige Nachfragekonstellationen einen, wie Head zeigt, paretooptimalen Output sichern, dürfte ein vollständig effizientes Marktergebnis eher die Ausnah-

---

[120] Demsetz faßt sein Ergebnis darin zusammen, daß „the allocation of resources to the production of public goods can be understood with the aid of the model formulated long ago by Alfred Marshall for the analysis of joint supply" und, „given the ability to exclude nonpurchasers, private producers can produce public goods efficiently" [Demsetz, Harold, 1970, S. 293].

[121] Siehe Samuelson, 1969, S. 28. Viel anschaulicher als diese Samuelson'sche Unterscheidung sind jedoch die Ausdrücke, die Carl Shoup in diesem Zusammenhang vorgeschlagen hat: „multiple-user products" für öffentliche Güter und „multiple-commodity products" für Kuppelprodukte [Shoup, Carl, 1965, S. 257]. Zur Diskussion der Kuppelproduktanalogie siehe ferner Head, John G., 1977 b und Mishan, Ezra J., 1969.

me als die Regel sein[122] . Wie auch immer, „it seems clear that a competitive market is generelly capable of producing significant quantities of a purely joint good"[123] .

Die Tatsache, daß zum Teil erhebliche Unterschiede in den Modellen von Thompson, Demsetz und Oakland sowie den Ökonomen auszumachen sind, die ein privates Angebot öffentlicher Güter nach ihnen weiter verfolgten[124] , darf nicht verdecken, welche Gemeinsamkeiten ihre Schlußfolgerungen enthalten. Alle genannten Autoren stimmen darin überein, daß der Markt sehr wohl öffentliche Güter anbieten kann, wenn auch vielleicht nicht immer in so optimaler Weise, wie er es bei privaten Gütern vermag. Die hier zunächst vorgestellte Forschungsrichtung innerhalb der Kollektivgütertheorie – die Richtung, die allein auf die Nichtrivalität im Konsum aufbaut – deckt somit zwei Marktfehler auf, die mit einem privaten Angebot öffentlicher Güter verbunden sind: (1) Für gewöhnlich erreicht die von privater Seite bereitgestellte Menge öffentlicher Güter nicht den Punkt, an dem das pareto-optimale Ergebnis liegt. Trotz einer solchen Einschränkung ist das erzielte Versorgungsniveau nicht vergleichbar mit jenem verschwindend kleinen Güterangebot, das für den Fall zu erwarten ist, daß das Konsumausschlußprinzip nicht anwendbar wäre. Der (vermeintliche) Marktfehler, auf den Thompson, Demsetz, Oakland und ihre Nachfolger hinweisen, ist offensichtlich um vieles unerheblicher als das Schwarzfahrer- bzw. Angebotsproblem bei fehlendem Konsumvorbehalt. (2) Auch wenn die angebotene Menge öffentlicher Güter – was Samuelson selbst nicht untersuchte – tatsächlich kaum geringer ist als bei privaten Gütern, bleibt immer noch ein Marktfehler, den gerade Samuelson wiederholt betont hat[125] : Die Art der Bereitstellung, d.h. der praktizierte Konsumvorbehalt für Nichtzahlende, ist – unabhängig von der Angebotsmenge – grundsätzlich in der bekannten Weise suboptimal, daß Märkte die paretianische Regel „Marktpreis gleich Grenzkosten" nicht erfüllen.

Neben den Bedingungen für ein pareto-optimales Angebot und der Frage, inwieweit die in diesem Sinne als effizient ausgezeichnete Menge nichtrivalisierender Güter über den Markt bereitgestellt werden kann, behandelt die Theorie öffentlicher Güter noch einen weiteren Themenkreis, bei dem nunmehr die Nichtanwendbarkeit des Konsumausschlußprinzips im Mittelpunkt steht (und nicht mehr die fehlende Konsumrivalität). Auch hier wird auf einen Marktfehler hingewiesen, der sich auf die privat bereitgestellte Menge eines Kollektivgutes bezieht und auf den schon mehrfach unter dem Begriff „Angebotsproblem öffentlicher

---

[122] Siehe Head, John G., 1977 b, S. 17.

[123] Head, John G., 1977 a, S. 232.

[124] So z.B. Lee, Dwight R., 1977, Auster, Richard D., 1977, Head, John G. 1977 a und 1977 b, oder auch Borcherding, Thomas E., 1978.

[125] Siehe besonders Samuelson, Paul A., 1958, S. 335.

Güter" vorgegriffen wurde (so in Kapitel II, Abschnitt E.2). Musgrave begründet diese Form eines Marktversagens kurz aber anschaulich damit, daß hier „people who do not pay for the services cannot be excluded from the benefits that result; and since they cannot be excluded from the benefits, they will not engage in voluntary payments. Hence, the market cannot satisfy such wants"[126] . Wie wir heute von Olson wissen, werden unter bestimmten Umständen dennoch freiwillige Beiträge entrichtet werden; dies wird besonders dann zu erwarten sein, wenn die Gruppe, in der das Kollektivgut gemeinsam genutzt wird, nur wenige Mitglieder zählt, d.h. wenn die Anzahl der Konsumenten klein ist. Dagegen betrachtet Musgrave – ganz in der Tradition, die Knut Wicksell einst für die Theorie öffentlicher Güter geschaffen hat – nur den Fall, daß die Gruppe der Konsumenten so groß ist, daß der Marktmechanismus vollkommen zusammenbricht und der Staat an seine Stelle tritt: „This mechanism breaks down with social wants, where the satisfaction derived by any individual consumer is independend of his own contribution", weshalb niemand freiwillige Beiträge leistet, so daß „the government must step in, and compulsion is called for"[127] .

Es kann kein Zweifel daran bestehen, daß jener Marktfehler, der hier als das Angebotsproblem öffentlicher Güter bezeichnet wird, einzig und allein dadurch verursacht wird, daß ein Konsumvorbehalt nicht möglich ist. Ebenso richtig ist aber auch, daß die Samuelson'schen Änderungen in den Optimalbedingungen und die daran gemessen ineffizienten Angebotsmengen nichtrivalisierender Güter sowie die Verletztung der Effizienzregel „Marktpreis gleich Grenzkosten" ausschließlich auf ein Merkmal zurückzuführen sind, nämlich auf die Nichtrivalität im Konsum. *Den zwei vorgestellten Forschungsgebieten innerhalb der Kollektivgütertheorie ist demnach gemeinsam, daß sie sich „monokausal" auf eine der beiden Eigenarten öffentlicher Güter gründen und einzig daraus ihre Form(en) des Marktversagens ableiten.*

Obwohl nach dem bisher gesagten offensichtlich ist, daß es verschiedene Merkmale sind, auf die die jeweiligen Marktfehler zurückgeführt werden, ist höchstens am Rande geklärt worden, inwieweit sich auch die Formen der möglichen Fehlallokation (und nicht nur ihre Ursachen) voneinander unterscheiden. Um die Art der „Öffentlichkeit" von Gütern und die jeweils auftretene Fehlallokation übersichtlicher darzustellen, wird im folgenden eine Notation verwendet, die den Fall eines privaten Gutes mit R (für Rivalität im Konsum) und A (für Ausschlußmöglichkeit von Konsum) kennzeichnet und den eines „doppelt" öffentlichen Gutes mit ¬R (für Nichtrivalität) und ¬A (für Nichtausschluß); die „einfach" öffent-

---

[126] Musgrave, Richard A., 1959, S. 8.
[127] Musgrave, Richard A., 1959, S. 9/10.

lichen Güter werden dementsprechend mit ¬R und A bzw. R und ¬A abgekürzt. Nehmen wir jetzt einmal den Fall an, daß die Teilnahme am Konsum nicht von einem Kostenbeitrag abhängig gemacht werden kann, d.h. den Fall eines „einfach" öffentlichen Gutes mit R und ¬A. Solange es sich dabei um ein große Konsumentengruppe handelt, wird jeder einzelne die wirkliche Höhe seines (Grenz-) Nutzens verschweigen und niemand die wahren Präferenzen offenbaren, um sich so seines anteiligen Kostenbeitrages zu entziehen. Die marginale Zahlungsbereitschaft jedes Konsumenten ist damit nur eine verhüllte, fiktive Wertschätzung, die der Marktmechanismus nicht aufzudecken vermag. Samuelson spricht in diesem Zusammenhang von einer „pseudo-demand analysis" und „the word 'pseudo' is emphasized by me because each man is motivated in the public good case *not* to reveal his demand function"[128] .

Technisch gesagt sind die Folgen die: Da keinerlei (marginale) Zahlungsbereitschaft offenbart wird und der erkennbare (Grenz-) Nutzen ungeachtet seines tatsächlichen Wertes bei Null liegt, wird die Ausbringungsmenge bei solchen öffentlichen Güter (R und ¬A) niemals den Punkt erreichen können, an dem der wahre Grenznutzen des einzelnen Konsumenten den Grenzkosten entspricht. Allein schon die Nichtanwendbarkeit des Konsumausschlußprinzips bewirkt, daß der Markt die bei Konsumrivalität gültige Allokationsregel $GRS^1 = GRS^2 = ... = GRS^n = GRT$ nicht erfüllen kann, eben weil die einzelnen Grenzraten der Substitution unentdeckt bleiben[129] . Ein privates Angebot wird natürlich ebensowenig der Samuelson'schen Effizienzregel Σ GRS = GRT bei solchen Gütern entsprechen können, die *zusätzlich* durch einen nichtrivalisierenden Konsum gekennzeichnet sind (¬R und ¬A). Der Grund dafür ist nicht der, daß sich bei der Addition der Grenzraten eine Gesamtnachfrage einstellen könnte, die ein suboptimales Marktergebnis bedingt (wie es beispielsweise Oakland für Güter mit ¬R und A gezeigt hat), sondern der, daß die einzelnen Grenzraten erst gar nicht *aufgedeckt* werden, solange der Konsum der entsprechenden Güter nicht von einer Zahlung abhängig gemacht werden kann.

Um das Gesagte unmißverständlich zusammenzufassen: *In der Aufsummierung der einzelnen Grenzraten der Substitution zeigt sich die Änderung der pareto-optimalen Angebotsbedingungen für öffentliche Güter*; die neue Effizienzregel Σ GRS = GRT steht und fällt mit der Nichtrivalität im Konsum und gilt sowohl für Güter mit ¬R und A sowie für solche mit ¬R und ¬A. *Im Gegensatz dazu hängt die Offenlegung der einzelnen Grenzraten der*

---

[128] Samuelson, Paul A., 1969 a, S. 102, und derselbe, 1967, S. 200, Hervorhebung im Original.

[129] Diesem Ergebnis stimmt auch Head zu: „It is this characteristic alone [Head meint damit an dieser Stelle die „impossibility of exclusion", H.J.] which accounts for the failure of the market mechanism to ensure revelation of true preferences" [Head, John G., 1962, S. 205].

Substitution ausschließlich von der Möglichkeit eines effektiven Konsumvorbehaltes ab; ist eine solche Möglichkeit nicht gegeben, bleibt die wahre marginale Zahlungsbereitschaft verborgen und das Angebotsproblem öffentlicher Güter tritt auf, und zwar in prinzipiell gleicher Weise bei „einfachen" (R und ¬A) wie bei „doppelten" (¬R und ¬A) Kollektivgütern. Im Zusammenhang mit diesen beiden grundsätzlichen Fragen – der einer Addition und der einer Offenlegung der einzelnen Grenzraten der Substitution – ergeben sich nun Marktfehler, die entweder die Menge öffentlicher Güter oder die Art ihrer Bereitstellung betreffen. Zum einen sind hier zwei völlig verschiedenartige Formen der Fehlallokation vorgestellt worden, die sich auf die privat bereitgestellte *Menge* öffentlicher Güter auswirken. Während der Markt – so wie es Wicksell vorwegnahm – bei nicht vorenthaltbaren Kollektivgütern (R und ¬A bzw. ¬R und ¬A) die vielen einzelnen Grenzraten der Substitution nicht aufdecken kann, wird er bei nichtrivalisierenden Gütern (¬R und A) für gewöhnlich an der Addition dieser Grenzraten versagen, wie Thompson, Demsetz, Oakland und ihre Nachfolger gezeigt haben. Unabhängig von der Frage der angebotenen Menge ist die *Art*, mit der private Marktteilnehmer öffentliche Güter bereitstellen (müssen), nämlich Nichtzahlungswilligen den Konsum vorzuenthalten, bei Nichtrivalität (¬R und A) in jedem Fall suboptimal, da hier die „Nutzleistungen" ohne Mehrkosten zugänglich gemacht werden könnten, was besonders Samuelson herausstellte.

2. Ist Nichtrivalität im Konsum grundlegender als fehlender Konsumausschluß?

Wenngleich die beiden möglichen Kennzeichen öffentlicher Güter derart verschieden sind, so finden sich in der Literatur dennoch vielerorts Stellen, an denen die Nichtrivalität im Konsum als das grundlegende und eigentlich entscheidende Merkmal vermutet wird. Die dafür angeführten Begründungen sind sehr unterschiedlich. Ihnen ist letztlich jedoch gemeinsam, daß die Nichtrivalität im Konsum die Nichtanwendbarkeit des Konsumausschlußprinzips miteinschließt. Gäbe es eine solche Verbindung, so hätte dies offensichtlich weitreichende Folgen für die gesamte Kollektivgütertheorie. In einem solchen Fall könnten sich die beiden im vorigen Abschnitt erwähnten Forschungsrichtungen auf einen gemeinsamen Ausgangspunkt, nämlich die Nichtrivalität im Konsum, berufen. Hieraus ließen sich nicht nur wie bisher die veränderten Bedingungen ableiten, denen ein pareto-optimales Angebot öffentlicher Güter genügen muß. Aus der Nichtrivalität ergäbe sich dann ebenso das Schwarzfahrer- oder Angebotsproblem, und zwar indirekt über das abhängige Merkmal mangelnder Ausschlußmöglichkeit von Konsum. Eine solche einheitliche Theorie könnte damit sowohl den allokationslogischen Unterschied zwischen öffentlichen und privaten Gütern enthalten, der sich in der bekannten Samuelson'schen Effizienzbedingung Σ GRS = GRT niederschlägt; sie könnte darüber hinaus aber auch eine Erklärung anbieten, warum eine private Bereitstellung von Kollektivgüter gemessen am Angebot von Individualgütern für gewöhnlich ungenügend ausfällt. Wenn ein zwingender Grund dafür zu finden wäre, daß fehlende Rivalität fehlenden Konsumvorbehalt bedingt, hätten natürlich auch die möglichen Formen eines Marktversagens bei öffentlichen Gütern eine gemeinsame Ursache. Obwohl sie in ihrer Qualität so unterschiedlich sind, daß man sie kaum miteinander vergleichen kann, würden dann jene Marktfehler, die sich aus der Nichtrivalität ergeben, „tiefer" sein, da sie immer den Fehler aus mangelndem Konsumausschluß – das Schwarzfahrerproblem – nach sich zögen. Welche Gründe könnte man nun aber für eine solche Abhängigkeit zwischen den möglichen Kennzeichen öffentlicher Güter anführen bzw. welche werden in der einschlägigen Literatur angeführt?

Ein erster Grund wäre der, daß ein *inhaltlicher* Zusammenhang zwischen den beiden Merkmalen bestehen könnte. Diese Vermutung liegt nahe, wenn man bedenkt, daß Nichtrivalität und fehlender Konsumausschluß in den meisten Fällen zusammen auftreten. Viel wichtiger als die zahlenmäßige Übermacht solcher „doppelt" öffentlichen Güter ist aber die Tatsache, daß es gerade die vielbeachteten und immer wieder genannten Beispiele staatlicher Grundleistungen sind, bei denen beide Kennzeichen vorliegen und die sich tief in das Denken über Kollektivgüter verwurzelt haben. So vermutet Howard R. Bowen – der „Erfinder" der vertikalen Addition von Nachfragekurven – bei nichtrivalisierenden Gütern eine von Natur aus gegebene Verbindung zu den Folgen einer fehlenden Konsumausschlußmöglichkeit: „But to estimate marginal rates of substitution presents serious problems, since it requires the measurement of the preferences for goods which, *by their very nature*, cannot be subjekted to individual consumer choice", so daß „the closest substitute for consumer choice is voting"[130] . Es ist jedoch offenkundig, daß eine solche „natürliche", dem Wesen öffentlicher Güter eigene Beziehung von Nichtrivalität zu fehlendem Konsumausschluß einer genauen Prüfung nicht standhält. Obwohl beide Merkmale oftmals zusammenfallen – wie bei Samuelson's ersten und eindruckvollen Beispielen öffentlicher Güter, beim Freiluftzirkus und bei der nationale Verteidigung[131] – muß dies nicht der Fall sein. So können Theater-, Kino- oder Sportveranstaltungen bis zu einem gewissen Punkt ohne Rivalität besucht werden, ohne daß dies prinzipiell die Möglichkeit behindern würde, Nichtzahlenden den Eintritt verwehren zu können.

---

[130] Bowen, Howard R., 1943, S. 32/33, Hervorhebung vom Verfasser.
[131] Siehe Samuelson, Paul A., 1955, S. 350.

Ein anderer Grund für die fragliche Verbindung stützt sich darauf, daß allein schon in der *Definition* nichtrivalisierender Güter zugleich fehlender Konsumvorbehalt eingeschlossen sein könnte. Eine solche Vermutung kann hauptsächlich den ersten Artikeln von Samuelson entnommen werden und war zugleich Ausgangspunkt langlebiger Mißverständnisse. Betrachten wir dazu Samuelson's Definition von 1954, wonach „collective consumption goods (X_{n+1}, ... , X_{n+m})" solche Güter sind, „which all enjoy in common in the sense that each individual's consumption of such a good leads to no subtraction from any other individual's consumption of that good, so that $X_{n+j}=X^i_{n+j}$ simultaneously for each and every *i*th individual and each collective consumptive good"[132] . Die dort gestellte Anforderung eines gleich hohen, nichtrivalisierenden Versorgungsniveaus für alle Konsumenten eines öffentlichen Gutes schließt drei Merkmale ein: (1) Die Bedingung $X_{n+j}=X^i_{n+j}$ ist nur dann erfüllt, wenn keinem der Konsum verwehrt wird, denn das Erscheinen des Indizes i für den einzelnen Konsumenten ist nicht von der Zahlung eines Kaufpreises abhängig; (2) jeder erhält die gleiche Menge; und (3) die Menge bleibt für jeden unverändert, auch wenn die Zahl der Konsumenten steigt, d.h. es besteht Nichtrivalität im Konsum. Scheinbar umfaßt also ein unbegrenzt nutzbares Angebot für jeden Verbraucher einen fehlenden Konsumausschluß – was wörtlich genommen auch richtig ist, da das entsprechende Gut niemandem vorenthalten wird. Dies schließt jedoch nicht zwangsläufig den Umstand mit ein, daß das Gut niemandem vorenthalten werden *kann*. Öffentlich Güter, bei denen ein Konsumausschluß unmöglich ist, sind – gewollt oder ungewollt – allen zugänglich: „Public goods, once produced, not only *can* but *must* be made equally available to all"[133] .

Nicht minder mißverständlich ist der Ausdruck des „Joint Supply" bzw. „Jointness in supply", der sich später für Samuelson's Definition durchgesetzt hat und im Englischen den Fall vollkommener Nichtrivalität im Konsum bezeichnet. Im Deutschen findet man dafür oft den Begriff einer (unbegrenzten) „Verbundenheit des Angebotes". Auch hier ist nur klar, daß der Konsumausschluß fehlt, nicht aber, ob er fehlen *muß*. Die Tatsache, daß die 1954 von Samuelson aufgestellte Definition unter dieser folgenschweren Unklarheit litt, konnte auch eine spätere Formulierung von ihm nicht ändern: „A public good ... is simply one with the property of involving a 'consumption externality', in the sense of entering into two or more persons' preference functions simultaneously"[134] . Auch hierbei stellt sich die Frage, ob bei öffentlichen Gütern solche externen Konsumeffekte anfallen, weil es derjenige *will*, der die Güter anbietet, oder ob sie anfallen *müssen*, weil er es nicht verhindern

---

[132] Samuelson, Paul A., 1954, S. 387.
[133] Head, John G., 1962, S. 205, Hervorhebungen im Original.
[134] Samuelson, Paul A., 1969 a, S. 102.

kann, oder ob sie sogar anfallen *sollen*, um den drohenden pareto-ineffizienten Konsumausschluß zu umgehen.

Es scheint, als führte sich Samuelson durch die Mehrdeutigkeit der eigenen Definitionen selbst in die Irre. So schreibt er anderswo von dem „somewhat doubtful term 'non-rivalness in consumption' ", den Musgrave prägte und mit dem gleichbedeutend ist „what I call 'consumption externality' "[135] . Zweifelhaft und unschlüssig ist jedoch auch der Ausdruck von Samuelson – und dies sogar noch mehr als der von Musgrave. So verrät der Begriff „consumption externality" nicht, ob und welche Kennzeichen öffentlicher Güter vorlegen: Können die Konsumenten den Nutzen des Gutes nichtrivalisierend in Anspruch nehmen oder mindert ein zusätzlicher Verbraucher die externen Konsumeffekte, die bei anderen anfallen? Können solche externen Effekte Nichtzahlungswilligen vorenthalten werden oder sollen sie ihnen nur nicht vorenthalten werden? Während der Musgrave'sche Ausdruck der „non-rivalness in consumption" immerhin die erste Frage eindeutig beantwortet, läßt das Vorhandensein externer Konsumeffekte hingegen keinen Rückschluß auf eventuell fehlende Rivalität oder Ausschlußmöglichkeit zu. Ganz abgesehen davon führt Samuelson's Kennzeichnug sehr leicht zu einer Gleichsetzung von verbundenem Angebot und den „eigentlichen" externen Effekten, wie sie Arthur C. Pigou 1920 in *The Economics of Welfare* in Form von unvollständiger Internalisierung der Erträge bzw. der Kosten infolge eines mangelnden Konsumausschlusses beschrieben hatte. Innerhalb der Samuelson'schen Begriffswelt ist eigentlich nur eindeutig, daß die externen Konsumeffekte zu *gleichen* Mengen in allen Nutzenfunktionen anfallen. Dies ist aber weder notwendig noch hinreichend, damit auch nur eines der beiden Merkmale öffentlicher Güter erfüllt ist; und wie Samuelson selbst schrieb: „Mathematically, we could without loss of generality set $X^i_2 =$ any function of X_2, relaxing strict equality"[136] .

Wie immer man auch die Eigenschaft jener Gütern kennzeichnen mag, die Samuelson im Auge hatte und bei denen „each individual's consumption of such a good leads to no subtraction from any other individual's consumption of that good": Weder die Verbundenheit im Angebot noch die externen Konsumeffekte oder die Nichtrivalität im Konsum schließt für sich genommen *notwendig* mit ein, daß ein Konsumvorbehalt faktisch unmöglich bzw. über alle Maßen teuer ist.

Obwohl es weder aus inhaltlichen Überlegungen noch aus definitorischen Gründen zwingend erscheint, daß fehlende Konsumrivalität fehlende Ausschlußmöglichkeit bedingt,

---

[135] Samuelson, Paul A., 1969 a, S. 110.
[136] Samuelson, Paul A., 1955, S. 351, Fußnote 1.

so gibt es doch bestimmte Voraussetzungen, unter denen eine solche Abhängigkeit zwischen den beiden Merkmalen öffentlicher Güter besteht. Dies ist einmal dann der Fall, wenn die pareto-optimalen Angebotsbedingungen als eine *normative* Vorgabe verstanden werden, nach der die tatsächlichen Angebotsbedingungen zu gestalten sind. So verlangt eine effiziente Ressourcenallokation, daß die Marktpreise den Grenzkosten entsprechen; da letztere aber bei Gütern, die ohne Konsumrivalität zu nutzen sind, gleich null sind, sollten diese Güter auch kostenlos abgegeben werden bzw. zugänglich sein. Dementsprechend ist ein Konsumvorbehalt für nichtzahlungswillige Verbraucher – selbst wenn ein solcher Vorbehalt möglich wäre – nach Maßgabe der Optimalbedingungen ineffizient und zu vermeiden. Beginnend in seinem Artikel von 1958 hat Samuelson immer wieder darauf hingewiesen, daß das Merkmal der Verbundenheit im Angebot im geschilderten, normativen Sinne grundlegender sei als die Nichtanwendbarkeit des Konsumausschlußprinzips: „The possibility or impossibility to apply an 'exclusion principle' is less crucial than consumption externality, since often exclusion would be wrong where possible"[137]. Dem schließt sich auch Musgrave später an: „Now it may happen that our two causes of market failure (nonrival consumption and difficulty of exclusion) coincide. ... In this case, the two causes of market failure overlap, but (from an analytical point of view) the nonrival nature of consumption is the more basic feature, since (in the efficient system) we would not wish to apply exclusion even if we could do so in this case"[138].

Nun kann aber die Vorstellung, daß bei nichtrivalisierenden Gütern jedem der Konsum ermöglicht werden sollte, kaum zufriedenstellend sein, wenn die Theorie öffentlicher Güter realistisch gedeutet wird und als Erklärung für eine (Fehl-) Allokation von Ressourcen genutzt werden soll. Das heißt, damit allein aus der Nichtrivalität alle Formen eines Marktversagens bei öffentlichen Gütern erklärt werden könnten, genügt es nicht, daß fehlende Rivalität in normativer Hinsicht grundlegender ist; sie muß hierfür *kausal* grundlegender sein als die Nichtanwendbarkeit des Konsumausschlußprinzips. Dieses ist aber offensichtlich nur möglich, wenn es einen *gesetzmäßigen* Zusammenhang gäbe, demnach sich das tatsächliche

---

[137] Samuelson, Paul A., 1969 a, S. 105; siehe auch derselbe, 1958, S. 335.
[138] Musgrave, Richard A., 1971, S. 307. Schon lange vor Samuelson und Musgrave hatte Margit Cassel 1925 einen ähnlichen Gedanken geäußert: „Wenn das Prinzip des kleinsten Mittels durchgeführt werden *soll*, muß es offenbar möglichst verhindert werden, daß die Nachfrage mehr als nötig *abgeschnitten* wird; alle Güter müssen m.a. W. so vollständig wie möglich ausgenutzt werden. Ein Brücke z.B. kann bis auf einen gewissen Punkt unbegrenzten Dienst leisten. Wird dieser Punkt nicht erreicht, so geht die Wirtschaft einer potentiellen Bedürfnisbefriedigung verlustig, die keine Extrakosten verursacht hätte. Wir sagen dann, daß die Brücke nicht ausgenutzt ist" [Cassel, Margit, 1925, S. 60, Hervorhebungen vom Verfasser].

Handeln an bestimmten (normativen) Optimalbedingungen ausrichtet. Man könnte hier vielleicht noch am ehesten daran denken, daß der Staat, da er bekanntlich dem Allgemeinwohl verpflichtet ist, nach der Effizienzregel „Marktpreis = Grenzkosten" verfährt und nichttrivalisierende Güter anbietet, bei denen der Markt zwangsläufig die Bedingungen für eine gesamtgesellschaftlich optimale Wohlfahrt verletzten würde[139]. Es ist jedoch abwegig, daß paretianische Optimalvorstellungen in dieser Form das Verhalten von Menschen lenken, wenn sie als Staatsdiener tätig sind. Gleichwohl einige der über Steuergelder bereitgestellten Güter (in bestimmten Grenzen) ohne Rivalität beansprucht werden können[140], ist es nicht dieses Merkmal, sondern – wie Wicksell schon in letzten Jahrhundert betont hat – die fehlende Ausschlußmöglichkeit von Konsum, die für ein staatliches Angebot öffentlicher Güter verantwortlich ist.

In Samuelson's Abhandlungen spricht vieles dafür, daß er überzeugt war, die Einzelteile der Theorie öffentlicher Güter zu einem Ganzen zusammenfügen zu können. Angefangen mit den Bedingungen eines pareto-optimalen Angebotes öffentlicher Güter, die das allokationstheoretische Gegenstück zum Walras-Modell bilden und deren Ansatz bei Bowen schon vorgezeichnet war, über die externen Konsumeffekte, mit der Samuelson seine Effizienzregel Σ GRS = GRT mit Pigou's Überlegungen in Einklang bringen wollte, bis hin zum Angebotsproblem öffentlicher Güter, wie Wicksell es schon im letzten Jahrhundert beschrie-

---

[139] Es ist allerdings unter bestimmten Umständen noch nicht einmal sicher, ob die gesamte Wirtschaft näher an ein Optimum herangebracht wird, wenn der Staat auf einzelnen Märkten für öffentliche Güter effiziente Angebotsbedingungen herzustellen versucht. Aus den partialanalytischen Modellen, in denen für gewöhnlich öffentliche Güter und externe Effekte untersucht werden, kann man nicht erkennen, ob eine staatliche Maßnahme, die wie in unserem Fall die Ineffizienz auf einem einzelnen Markt für ein öffentliches Gut mindert, damit auch die Effizienz der Wirtschaft als Ganzes steigert [siehe dazu Mishan, Ezra J., 1971, S. 8, und derselbe 1965, S. 4.; eine totalanalytische Betrachtung externer Effekte bieten eigentlich nur Ayres, Robert U., Kneese, Allen V., 1969]. Wie die „Allgemeine Theorie des Zweitbesten" feststellt, ist dies besonders dann fraglich, wenn auch auf den übrigen Märkten die Optimalbedingungen nicht oder zum Teil nicht erfüllt sind [siehe Lipsey, R. G., Lancaster, Kelvin, 1956]. In einem solchen Fall kann möglicherweise sogar eine partiell gesehen ineffiziente Maßnahme die gesamtgesellschaftliche Wohlfahrt erhöhen. Ein staatliches Angebot öffentlicher Güter muß also nicht einmal dem Allgemeinwohl förderlich sein. Die fragliche Gesetzmäßigkeit wäre daher – unabhängig von der Frage, ob es eine solche Gesetzmäßigkeit überhaupt gibt – für den staatlichen Ersatz ineffizienter Märkte oftmals nicht einmal anwendbar.

[140] Es ist sogar unmittelbar zu beobachten, daß nur die Inanspruchnahme der wenigsten staatlichen Leistungen ohne Rivalität und Übernutzung möglich ist. Wie Julius Margolis schon ein Jahr nach dem 54er Artikel von Samuelson auf dessen Definition öffentlicher Güter entgegnete, sind Überlastungen und Kapazitätsgrenzen im Erziehungs- und Gesundheitssystem, auf Verkehrswegen sowie im Polizei- und Rechtswesen eher die alltägliche Regel als die Ausnahme [siehe Margolis, Julius, 1955, S. 347/348].

ben hatte: die Kollektivgütertheorie aus einem Guß. Wie wir aber gesehen haben, ist diese großartige Idee von Samuelson, eine einheitliche und durchgehende Theorie zu schaffen, allenfalls für den Fall gelungen, daß die Theorie öffentlicher Güter als (normative) Vorgabe zur Gestaltung der tatsächlichen Angebotsbedingungen verstanden wird. *Solange diese Theorie jedoch genutzt wird, um zu erklären, warum öffentliche Güter mit ¬R und A in nennenswerten Mengen privat bereitgestellt werden (ungeachtet der Frage, ob die Mengen dabei jeweils optimal sind), während Kollektivgüter mit R und ¬A bzw. mit ¬R und ¬A nicht über den Markt angeboten werden, solange sind beide Merkmale öffentlicher Güter voneinander unabhängig und bewirken ihre eigenen Formen marktlicher Fehlallokation.*

3. Öffentliche Güter und privates Handeln

Der Hinweis, daß nichtrivalisierende Güter aus Gemeinwohlüberlegungen staatlich angeboten und jedem zur Verfügung gestellt werden sollten, ist aber auch noch aus einem anderen Grund interessant als dem, daß in einem solchen Fall fehlende Rivalität fehlenden Konsumausschluß nach sich zieht. Es wird offensichtlich, daß die beiden weiter oben vorgestellten Forschungsgebiete innerhalb der Kollektivgütertheorie auf zwei unterschiedliche Argumente für eine staatliche Bereitstellung öffentlicher Güter hinauslaufen. Zur besseren Kennzeichnung werden sie hier nach denen benannt werden, die sie in der Hauptsache vortrugen, nach Samuelson und Wicksell: (1) Da ein Konsumvorbehalt bei Gütern, die ohne Rivalität zu nutzen sind, die Effizienzbedingung „Marktpreis gleich Grenzkosten" verletzt, sollte auf einen Ausschluß verzichtet werden, selbst wenn er technisch möglich wäre; solche Güter sollten daher statt durch direkte Leistungsentgelte alternativ über öffentliche Haushalte finanziert werden. Damit enthält diese wiederholt von Samuelson vorgetragene Argumentation eine *normative Begründung* staatlicher Ausgaben. (2) Wenn die Teilnahme am Konsum nicht von einer Zahlung abhängig gemacht werden kann und der einzelne ein öffentliches Gut unabhängig davon nutzen kann, ob er seinen persönlichen Kostenanteil trägt oder nicht, werden keine (oder nur sehr geringe) freiwillige Beiträge zur Finanzierung zu erwarten sein. Wie Wicksell als erster in aller Klarheit sah, werden die Mittel für ein Angebot öffentlicher Güter aus diesem Grund zwangsweise – im allgemeinen durch Besteuerung – erhoben. Diese Linie der Argumentation bietet somit eine *nomologische Erklärung* für staatliche Ausgaben.

Was aber folgt aus dem bisher gesagten für die Untersuchung von Computerstandards? Lassen wir hier zunächst einmal beiseite, inwieweit sich überhaupt aus der Samuelson'schen Begründung eine Erklärung für bestimmte (Standardisierungs-) Ereignisse ableiten läßt und welche Aspekte einzelner Hardware- und Softwarestandards dann jeweils mit diesem und dem Wicksell-Argument erörtert werden könnten. Da beiden Argumenten gemeinsam ist, daß sie sich auf ein *staatliches* Angebot von Kollektivgütern spezialisieren, läßt sich mit ihrer Hilfe in jedem Fall nur hoheitliches Handeln (und kein privates Handeln) genauer betrachten. Das heißt: Unabhängig davon, was sich mit der Samuelson'schen bzw. Wicksell'schen Linie der Theorie öffentlicher Güter erklären ließe, wäre eine Untersuchung von vornherein auf die Rolle des Staates im Prozeß der Standardisierung beschränkt. So können die Tätigkeiten solcher Normungsorganisationen näher behandelt werden, die durch staatliche Stellen eingerichtet wurden oder deren laufende Kosten (auch) mit öffentlichen Mitteln gedeckt werden. Es ist ebensogut möglich, neben der finanziellen Unterstützung auch anderweitige Maßnahmen zu untersuchen, mit denen der Staat die Erarbeitung und Durchsetzung bestimmter Normierungen fördert (beispielsweise werden bei Ausschreibungen von öffentlichen Verwaltungen vielfach herstellerunabhängige Normen als Mindestanforderung genannt). Wenn jedoch die Theorie öffentlicher Güter in der bisher vorgestellten Form eingesetzt wird, bleiben – so grundverschieden auch die beiden Hauptlinien dieser Theorie sind – alle jene Fälle unbehandelt, in denen private Marktteilnehmer eigene Mittel eingesetzt haben, um Hardware- bzw. Softwarestandards zu schaffen. *Daraus und aus der Tatsache, daß die zuletzt genannten Befunde zahlmäßig überwiegen, folgt, daß sich sowohl mit dem Samuelson- als auch mit dem Wicksell-Argument jeweils nur ein enger Ausschnitt aus den Kompatibilitätsphänomenen in der Computerbranche erklären ließe.*

Wenn der Anwendungsbereich der Theorie öffentlicher Güter einer solchen Beschränkung unterliegt, welchen Ausweg gibt es dann? Blicken wir dazu in die Geschichte dieser Theorie. Lange Zeit war sie als eine reine *Staatstheorie* angesehen worden, die ausschließlich von öffentlichen Aufgaben und Ausgaben sprach und die die Ideen enthielt, mit denen Ökonomen staatliches Wirtschaften begründeten. So kam es nicht zufällig, daß noch Samuelson in den Überschriften seiner Artikel, in denen er öffentliche Güter untersuchte, von der *Theory of Public Expenditure* sprach. In der Tat war es unter diesem Vorzeichen ohne Unterschied, ob man die vom Staat bereitgestellten Güter und Dienste über Nichtrivalität im Konsum oder über fehlenden Konsumausschluß kennzeichnete und welchen Marktfehler man demzufolge konstatierte. Auch war es vor diesem Hintergrund unerheblich, ob man die Notwendigkeit eines staatlichen Angebotes mehr aus normativen Überlegungen heraus begründete, wie sie sich vor allem bei Samuelson finden, oder so erklärte, wie es sich Wicksell dachte. Was immer man auch tat, es endete alles beim Staat. Die Theorie öffentlicher Güter war die Theorie des völligen privaten Versagens und des staatlichen Ersatzes. Und es

waren sonderbare Güter und Dienste, bei denen die marktliche Allokation so sicher versagen mußte, Güter und Dienste, die es eigentlich (fast) gar nicht gibt: „reine" öffentliche
Güter, d.h. solche, die *keinerlei* Konsumrivalität aufweisen und die für eine praktisch *unendlich* große (Konsumenten-) Gruppe angeboten werden. So zwangsläufig wie der Staat
diese Güter bereitstellen mußte, konnte es gar nicht sein, daß ein geringes Maß an Konsumrivalität oder eine nicht ganz so große Anzahl von Konsumenten etwas an der Notwendigkeit öffentlicher Finanzierung geändert hätte. Auf der einen Seite der Güterwelt, dem
Walras-Modell mit seinen „reinen" privaten Gütern, war kein Platz für den Staat; auf der
anderen Seite, bei den „reinen" öffentlichen Gütern, war kein Platz für den Markt. Man be-
schäftigte sich mit den Extremen, gleichwohl spätestens seit Pigou „unreine", halb-
öffentliche Güter, also Güter mit einem gewissen Anteil externer Effekte, nicht unbekannt
waren. Da half auch eine Warnung von Samuelson nichts: „The careful empiricist will recognize that many – though not all – of the realistic cases of government activity can be
fruitfully analyzed as some kind of a blend of these two extreme polar cases"[141] .

Dann aber kam das Jahr 1965, das Jahr, in dem James M. Buchanan und Mancur Olson
gleichzeitig nachwiesen, daß die Theorie öffentlicher Güter nicht nur einige der Umstände
erklärt, die zu *staatlichen* Eingriffen in ein marktwirtschaftliches Wirtschaftssystem führen
bzw. führen sollten, sondern auch wertvolle Einblicke in das Handeln *privater* Klubs oder
Gruppen geben kann. Es war offensichtlich möglich, den Erklärungsgehalt der ökonomischen Theorie so zu erweitern, daß neben den polaren Fällen, die entweder zum privaten
Angebot für einen einzelnen oder zu einem staatlichen Angebot für unendlich viele Konsumenten führen, auch ein privates Angebot für eine begrenzte Verbraucherzahl betrachtet
werden kann, wenn man sich mit „unreinen" öffentlichen Gütern befaßt. Dazu nahm Bu-
chanan in der *Economic Theory of Clubs* den Fall an, daß zumindest ein gewisser Grad an
Konsumrivalität vorliegt und zugleich ein Konsumausschluß möglich ist[142] . Unter diesen
Voraussetzungen kommt – wie Buchanan zeigen konnte – ein privates Angebot öffentlicher
(Klub-) Güter zustande, das insoweit effizient ist, als daß die Grenzkosten einem positiven
Preis entsprechen, weil sie schon bei einer endlichen Konsumentenzahl wegen drohender
Überfüllung und Kapazitätsgrenzen steigen. Marktpreise, die größer als null sind und die
die entsprechenden Güter rationieren und ihre Übernutzung verhindern, waren damit nicht
nur möglich (das waren sie auch im Fall „reiner" Nichttrivialität), sondern auch eine notwendige Bedingung für ein optimales Angebot. Zur Erinnerung: Bei vollkommener Nichttrivali-

---

[141] Samuelson, Paul A., 1955, S. 350.
[142] Siehe Buchanan, James M., 1965.

tät wird eine effiziente Allokation erst bei unbeschränktem und kostenlosem Konsum erreicht. Während dort also Nichtrationierung und Nichtausschluß erforderlich sind, um den pareto-optimalen Bedingungen zu genügen, müssen für Klubgüter richtiggehende Marktpreise erhoben werden. Mit diesem Nachweis von Buchanan brach zwar nicht die Samuelson'sche Begründung für ein staatliches Angebot von öffentlichen Gütern zusammen; aber sie galt, und das wurde offensichtlich, nur für die wenigen polaren Fälle „reiner" Nichtrivalität (wie Küstenschutz oder äußere Sicherheit). Zum anderen erschien im gleichen Jahr die schon erwähnte *Logic of Collective Action*. Hierin untersuchte Olson, inwieweit der einzelne durch die Anzahl derjenigen, die ein gemeinschaftliches Gut nutzen können, ohne einen eigenen Beitrag entrichten zu müssen, in seiner Bereitschaft beeinflußt wird, ein öffentliches (Gruppen-) Gut anzubieten. So wie das in der Hauptsache von Samuelson vorgetragene Argument wurden auch Wicksell's Überlegungen damit nicht überflüssig. Es wurde jedoch klar, daß auch sie nur einen Grenzfall betreffen, den nämlich, in dem die Gruppe der Konsumenten der unbegrenzten Öffentlichkeit aller Staatsbürger entspricht. Genauso wie in anderen sehr großen Gruppen, die Olson untersucht, wird der einzelne hier deshalb keine freiwilligen Beiträge zum Kollektivgut leisten, weil, wie Wicksell schrieb, „er selbst davon so gut wie gar nichts verspüren wird"[143] .

Buchanan und Olson deckten jedoch nicht nur auf, daß in den traditionellen Abhandlungen unnötigerweise nur *öffentliche* Güter berücksichtigt wurden und nicht allgemein *kollektive* Güter. Indem sie die Analyse um die nichtpolaren Fälle ergänzten, wurde auch deutlich(er), welche Differenzen zwischen den beiden Merkmalen kollektiver Güter bestehen und welche Auswirkungen dies hat – bis hin zur Spaltung der gesamten Theorie öffentlicher Güter in die Samuelson'sche und die Wicksell'sche Linie. Solange nur „reine" und zudem noch „doppelt" öffentliche Güter behandelt wurden, nämlich typischerweise die staatlichen Grundleistungen, war eine solche Teilung der Theorie kaum zu erkennen. Man konnte argumentieren wie man wollte: Bei vollständiger Nichtrivalität besteht, selbst wenn schon sehr viele das Gut nutzen, offensichtlich immer noch die Möglichkeit eines grenzkostenlosen Mehrverbrauchs. Dies führt unter Berücksichtigung der Effizienzkriterien ebenso zu einer unbegrenzten Zahl von Konsumenten (und zu einem staatlichen Angebot) wie eine fehlende Ausschlußmöglichkeit bei solchen Gütern, die von der gesamten Öffentlichkeit gewünscht werden. So hatte Buchanan nicht nur die Samuelson'sche Nichtrivalität als Spezialfall entlarvt und sie in die Theorie der Klubs integriert und Olson in vergleichbarer Weise die Argumentation von Wicksell in allgemeiner Form in der *Logik des kollektiven Handelns* aufge-

---

[143] Wicksell, Knut, 1896, S. 100.

griffen; Buchanan und Olson hatten auch – da sie ihre Theorien auf jeweils eines der beiden Merkmale öffentlicher Güter aufgebaut haben – den Unterschied zwischen einer Kollektivgütertheorie, die die Frage der (Nicht-) Rivalität in den Vordergrund stellt, und einer, die einen fehlenden Konsumausschluß betont, unterstrichen.

Die Verdienste, die sich Buchanan und Olson um die Theorie öffentlicher Güter erworben haben, wirken sich nachhaltig auf das Vorhaben aus, die Ereignisse um Computerstandards mit Hilfe der Kollektivgütertheorie erklären zu wollen. War die ältere Staatstheorie öffentlicher Güter noch auf solche Hardware- oder Softwarestandards beschränkt, die von staatlicher Seite (mit-) geschaffen bzw. durch öffentliche Gelder finanziert wurden, so können im Rahmen der modernen Theorie der kollektiven Güter auch jene Industriestandards behandelt werden, die von privaten Marktteilnehmern etabliert worden sind. Auch hier gilt, daß die (effiziente) Bereitstellung öffentlicher Güter nicht mehr staatliches Monopol ist, sondern ebenso private Chance – je nach dem Grad der (Nicht-) Rivalität, wie Buchanan zeigen konnte, oder nach dem Anteil der unvermeidbaren externen Effekte, wie Olson nachwies. Es gilt jedoch eines zu bedenken: Da die *Economic Theory of Clubs* und die *Logik des kollektiven Handelns* untereinander nicht im Verhältnis einer speziellen zu einer allgemeinen Theorie stehen, wissen wir nicht von vornherein, welcher Ansatz die bessere Erklärung für Computerstandards bietet. Obwohl beide einen größeren Erklärungsgehalt haben als ihre Vorgänger, gibt es von daher keinen Grund, der für oder gegen die eine oder andere Theorie spricht, ohne näher untersucht zu haben, über welches Merkmal öffentlicher Güter Hardware- und Softwarestandards zutreffend erklärt werden können.

B. Die Theorie der Klubs

Wenden wir uns zunächst der Theorie der Klubs zu. Als Buchanan seine *Economic Theory of Clubs* schrieb, war er von der Samuelson'schen Theorie öffentlicher Güter enttäuscht, wie es jeder sein mußte, der Beispiele für die dort behandelten „reinen" öffentlichen Güter suchte: ein fast aussichtsloses Unterfangen. Doch nicht nur, daß solche Güter zahlenmäßig unbedeutend sind, also nur empirische Ausnahmen darstellen. Zwischen den zwei polaren Fällen privater und öffentlicher Güter, die bei optimaler Nutzung von einem allein bzw. von unbegrenzt vielen bezahlt und konsumiert werden sollten, lägen, so Buchanan, auch die eigentlich gewichtigen Fälle: „The interesting cases are those goods and services, the consumption of which involves some 'publicness', where the optimal sharing group is more than one person or family but smaller than an infinitely large number", dort wo „the 'publicness' is finite"[144]. Mit dieser begrenzten oder graduellen Öffentlichkeit füllte Buchanan die Lücke in jener Güterwelt, die Samuelson entworfen hatte und in der nur Platz war für vollständige Rivalität oder vollständige Nichtrivalität. Wenn jedoch der Grad der Konsumrivalität zwischen den beiden Extremen liegt, dann muß offensichtlich auch die optimale Zahl der Konsumenten von Klubgüter im mittleren Bereich zu finden sein, d.h. die optimale Klubgröße bzw. Mitgliederzahl muß dann größer als eins, gleichzeitig aber auch endlich sein. Es stellte sich also die Aufgabe, den Punkt der bestmöglichen Nutzung von Klubgütern zu ermitteln: „The central question in a theory of clubs is that of determining the membership margin, so to speak, the size of the most diserable cost and consumption sharing arrangement"[145].

1. Klubgüter, Vereinsgröße und Konsumausschluß: die Grundbegriffe der Theorie

Um die optimale Klubgröße zu bestimmen, war Buchanan's erster Schritt der, die Nutzenfunktion der Beteiligten den geänderten Bedingungen anzupassen. Weder bei privaten noch bei „reinen" öffentlichen Gütern war es notwendig, die Zahl der Personen, mit denen man das Gut zu teilen hatte, in die Funktion mit aufzunehmen. Der Konsument privater Güter war immer alleiniger Verbraucher und der von „reinen" öffentlichen Gütern immer einer unter unendlich vielen. Infolgedessen konnte die Anzahl der (Mit-) Konsumenten einmal deshalb unerwähnt bleiben, da sie, obwohl sie bei Konsumrivalität das Nutzenniveau beeinflußt, bei privaten Gütern immer unverändert eins ist; zum anderen konnte diese Zahl ausgelassen werden, da ein zusätzlicher Verbrauch bei Nichtrivalität ja gerade keine Auswirkung auf den vom einzelnen empfangenen Nutzen hat. Für solche Güter aber, die zwischen den Extremen lagen, galt: „The utility that an individual receives from its consumption depends upon the number of other persons with whom he must share its benefits"[146]. Ebenso wie die Nutzenfunktion hatte Buchanan auch die Kostenfunktion um die Variable der Klubgröße zu ergänzen, da „the addition of members to a sharing group may, and normally will, affect the cost of the good to any one member"[147].

Zur Vereinfachung nahm Buchanan an, daß die Mitglieder seines Klubs insoweit homogen wären, daß sie zu gleichen Teilen das Klubgut nutzen und finanzieren. Damit konnte er über ein repräsentatives Klubmitglied, das durch die beiden erweiterten Funktionen voll-

---

[144] Buchanan, James M., 1965, S. 2.
[145] Buchanan, James M., 1965, S. 2.
[146] Buchanan, James M., 1965, S. 3.
[147] Buchanan, James M., 1965, S. 4.

ständig beschrieben wurde, drei Fragestellungen beantworten, die den gesamten Klub betrafen:

(1) Welches ist die jeweils *optimale Menge eines Klubgutes*, wenn man verschiedene Vereinsgrößen betrachtet, d.h. verschiedene Mitgliederzahlen zugrunde legt? Wie man erwarten kann, wird die optimale Menge an dem Punkt erreicht, an dem für das einzelne Klubmitglied die Grenzkosten, also sein Vereinsbeitrag, gleich dem marginalen Nutzen ist, den es aus dem Klubgut ziehen kann. Da sich aber bei verschiedenen Klubgrößen für gewöhnlich die repräsentative Kosten- und Nutzenkurve für das einzelne Mitglied verschiebt, werden sich je nach Vereinsgröße jeweils unterschiedliche Mengen ableiten lassen, bei denen ein bestmögliches Versorgungsniveau erreicht wird. Im Prinzip ist Buchanan's Lösung der optimalen Bereitstellung eines Klubgutes aber nicht vollkommen neu; sie ist nicht weit von der Lösung entfernt, die Samuelson für „reine" öffentliche Güter vorstellte. Dies wird klar, wenn man bedenkt, daß Buchanan's Effizienzregel vorsieht, daß für das einzelne i-te Klubmitglied die Grenzrate der Substitution zwischen einem privaten Gut als Numéraire und dem Klubgut genau der Grenzrate der Transformation zwischen den beiden Gütern entsprechen muß. Angenommen n sei die Zahl der Klubmitglieder, dann muß $GRS^i = GRT^i$ für i = 1, ... , n gelten. Da der Klub sein Angebot aus allen Vereinsbeiträgen finanziert, wird am Optimalpunkt die Summe der Grenzkosten aller Mitglieder gleich den (Vereins-) Grenzkosten für das Klubgut sind, d.h. $\sum$ (i=1 ... n) $GRT^i = GRT^{Klub}$. Aufgrund der Bedingung $GRS^i = GRT^i$ ist an diesem Punkt somit auch die Summe der marginalen Substitutionsraten gleich den gesamten Grenzkosten für das Angebot eines Klubgutes: $\sum$ (i=1 ... n) $GRS^i = GRT^{Klub}$. Dies war im Prinzip auch das Ergebnis von Samuelson, bei dem die aufaddierten Substitutionsraten aller Konsumenten ebenfalls die Transformationsrate zwischen dem öffentlichen Gut und einem privaten (Numéraire-) Gut erreichen mußten, um ein effizientes Angebot öffentlicher Güter zu sichern.

Es gibt allerdings einen kleinen Unterschied zwischen den beiden Effizienzregeln. Während bei „reinen" öffentlichen Gütern die Substitutionsraten bzw. die Nachfragekurven wegen der Nichtrivalität ohne Rücksicht auf die Anzahl der Konsumenten in voller Höhe aufsummiert werden können, ist die Zahl der Verbraucher bei Klubgütern sehr wohl von Belang. Denn diese Zahl bestimmt zusammen mit dem Grad der Rivalität, wieviel Nutzen jedem Klubmitglied zukommt und damit, wie groß die einzelnen Substitutionsraten sind, die summiert werden. Bildlich gesprochen: Je stärker die Rivalität und je höher die Zahl der Konsumenten, desto geringer der Abstand, in dem die Nachfragekurven übereinander liegen, d.h. vertikal aufaddiert werden können. Dies macht sich in der Gleichung

$\sum$ (i=1 ... n) $GRS^i = GRT^{Klub}$ äußerlich zwar nicht bemerkbar; aber während bei Buchanan der Index i aufgrund einer möglichen Nutzenminderung bei Klubzutritten von Einfluß ist, hat er bei Samuelson's „reinen" öffentlichen Gütern nicht diese Bedeutung, da hier wegen der Nichtrivalität die einzelnen Grenzraten in ihrer Höhe von i, also von der Zahl der Konsumenten, unabhängig sind. Ansonsten aber stimmen beide Ergebnisse überein.

(2) Die zweite Frage, die Buchanan beantworten konnte, war die nach der *optimalen Klubgröße* bei unterschiedlichen Angebotsmengen eines Klubgutes. Dies war das eigentlich neue in seiner Theorie. Danach wird ein Klub so lange weitere Mitglieder aufnehmen, wie die Vorteile daraus für die alten Mitglieder – nämlich geringere Vereinsbeiträge wegen Kostenteilung – noch die Nachteile überwiegen, die durch eine Übernutzung der Klubeinrichtungen auftreten (können). Bei einer gegebenen Menge eines Klubangebotes wird es also vom Grad der Rivalität abhängen, ab welcher Klubgröße die Beitragsersparnis von der Nutzenreduktion eingeholt wird. Offensichtlich wird dies bei „reinen" privaten Gütern schon bei einem Konsument der Fall sein, bei „reinen" öffentlichen Gütern dagegen niemals. Neue Mitglieder sind im zuletzt genannten Fall immer willkommen, da sie die Vereinskosten mittragen, die gemeinsame Nutzungsmöglichkeit eines Gutes jedoch nicht beeinträchtigen. Je höher aber der Grad der Konsumrivalität, desto eher werden die Vereinsmitglieder für einen Aufnahmestopp plädieren. Damit erlaubt Buchanan's Kontinuum der (Klub-) Güter zwischen den polaren Fällen „one step forward in closing the awesome Samuelson gap between the purely private and the purely public good"[148] .

(3) Als letztes kombiniert Buchanan die Lösungen für die bereitzustellende Menge des Klubgutes und für die Größe des Klubs, so daß beide Werte im Rahmen einer Optimierung gleichzeitig bestimmt werden können. Damit ist der Punkt ermittelbar, an dem sich das repräsentative Klubmitglied sowohl mit der vom Klub angebotenen Menge als auch mit der Zahl der Vereinsmitglieder im Gleichgewicht befindet.

Der Nachweis, daß sich unter sonst gleichen Umständen optimale Klubs je nach dem Grad der Konsumrivalität in puncto Vereinsangebot und Mitgliederzahl unterscheiden, hatte für die orthodoxe Theorie „reiner" öffentlicher Güter weitreichende Folgen, ließ Buchanan's Ergebnis doch immerhin eine völlig neue Beurteilung des Marktfehlers „Preis ungleich Grenzkosten" zu, auf den Samuelson wiederholt hingewiesen hatte. Es zeigte sich nämlich, daß die marktübliche Zahlung eines Preises *nur* in diesem polaren Fall ineffizient ist. Bei allen anderen Gütern, auch bei denen, die nur wenig im Konsum rivalisieren, ist ein staatliches Angebot ohne Konsumausschluß schon nicht mehr notwendig, um die entspre-

---

[148] Buchanan, James M., 1965, S. 1.

chenden Güter und Dienste pareto-optimal bereitzustellen. Ein kostenloses öffentliches Angebot von solchen (Klub-) Gütern wäre dann sogar selbst ineffizient, da es gegen die besagte paretianische Regel verstößt. Wenn wie bei diesen Gütern die marginalen Kosten eines weiteren Konsumenten größer null sind, ist für eine optimale Allokation eine Rationierung über den Preis notwendig. Eine derartige Zuteilung wird bei einem kostenlosen staatlichen Angebot jedoch gerade umgangen (oder soll damit umgangen werden). Sieht man einmal von dem seltenen Fall ab, in dem die Samuelson'sche „Öffentlichkeit" unbegrenzt ist, so hatte Buchanan damit der Skepsis gegenüber einem privaten Angebot öffentlicher Güter die Grundlage entzogen. Eine Begründung für staatliche Eingriffe, die sich auf die Nichtrivalität im Konsum beruft, entpuppte sich als Spezialargument für einige wenige Teilbereiche wie äußere Sicherheit oder Küstenschutz. Die Frage nach den veränderten Bedingungen für ein pareto-optimales Angebot von Klubgütern (im Vergleich zu „reinen" öffentlichen Gütern) und die Auswirkungen auf eine mögliche Rechtfertigung für hoheitliches Handelns ist jedoch nur die eine Seite. Die andere ist die, daß mit der Theorie der Klubs erstmals und gleichzeitig mit der Gruppentheorie von Olson auch ein *privates* Angebot – nicht ganz „reiner" – Kollektivgüter untersucht werden konnte. Auch in dieser Hinsicht schloß Buchanan die Lücke, die Samuelson hinterließ. Zwischen den Gütern, die, da sie nur rivalisierend konsumiert werden können, von *einem* Verbraucher allein bezahlt und genutzt werden und den Gütern, die, da sie von allen ohne Rivalität konsumiert werden können, auch von *allen* über öffentliche Abgaben finanziert werden (sollten), lagen die Klubgüter: wegen ihres mittleren Grades an (Nicht-) Rivalität von *einigen* Privaten bezahlt und konsumiert.

Es ist also unmittelbar zu erkennen, daß die Theorie öffentlicher Güter durch die Erweiterung, die Buchanan vornahm, an empirischem Gehalt gewinnen konnte. Speziell was den Fall von Hardware- und Softwarestandards angeht, so gilt die Theorie der Klubs nicht nur für alle Formen einer staatlichen Unterstützung einzelner Standards oder technischer Richtlinien, die durch Normungsorganisationen verabschiedet worden sind (hierfür galt ja schon die ältere, Samuelson'sche Theorie „reiner" öffentlicher Güter). Darüber hinaus schließt die Klubtheorie auch das ganze Spektrum jener Computerstandards mit ein, die auf die Initiative privater Marktteilnehmern zurückgehen und die für gewöhnlich nur rivalisierend zu beanspruchen sind. So schließen sich nach Buchanan's Ansatz private Hersteller (oder auch Anwender) zusammen, um gemeinsam die erforderlichen Mittel zur Standardisierung aufzubringen und um die Vorteile daraus ebenso gemeinsam, wenn auch mit gewisser Rivalität, zu nutzen. Die Zahl derjenigen, die sich in einer solchen Gruppe organisieren, ändert sich dabei mit dem Grad, in dem sich die einzelnen Unternehmen die Zunahme der

Marktnachfrage, die bei einer erfolgreichen Standardisierung eintritt, gegenseitig streitig machen. Je höher die Rivalität um den Standard, desto früher werden die Hersteller bestrebt sein, den Markteintritt weiterer Anbieter kompatibler Produkte zu verhindern, bzw. desto stärker und unumgänglicher werden die Eintrittshemmnisse sein, mit denen man sich gegen Fremdhersteller wehrt.

Man könnte nun die Theorie der Klubs auf ihre Gültigkeit überprüfen, indem man – im übertragenen Sinne – die Höhe der Vereinsbeiträge mit den Kosten der Überfüllung oder Übernutzung des Gemeinschaftsgutes vergleicht. So müßte man freien Zugang, wenn nicht sogar kostenlose Anleitung zum Nachbau kompatibler Produkte beobachten können, solange ein Marktstandard durch zusätzliche Anbieter aufgebaut wird und die einzelnen Hersteller sich gegenseitig zu mehr Nachfrage verhelfen. Im Gegensatz dazu läßt die Theorie bei Computerstandards, die nicht (oder nicht mehr) Kindleberger's „stark" öffentlichen Gütern oder Samuelson's „reinen" öffentlichen Gütern entsprechen, jedoch noch nicht die vollständige Nutzungsrivalität privater Güter aufweisen, erwarten, daß anteilige, den Überfüllungskosten entsprechende Beiträge von den (Original-) Herstellern erhoben werden, deren Produkte in Lizenz nachgebaut werden[149] . Es wird jedoch einen Punkt geben, von dem an jedes neu eintretende Unternehmen so wesentlich die Absatzchancen für den oder die älteren Hersteller mindert, daß niemand bereit sein wird, die an sich angemessene, aber abschreckend hohe Lizenzgebühr zu zahlen. Auch wird es einen Punkt geben, jenseits dessen weitere Lizenznehmer ihren Vereinsbeitrag auch nicht mehr in der Form leisten können, daß sie durch ihren Beitritt die Akzeptanz der „klubeigenen" Technologie als Marktstandard nachhaltig fördern und die Gesamtnachfrage über das hinaus ausweiten, was sie selbst als Marktanteil beanspruchen werden. In beiden Fällen impliziert die Theorie geschlossene, exklusive „Standardisierungsklubs". Potentiellen Mitgliedern wird hier der Vereinszutritt beispielsweise dadurch verwehrt, daß Patent- und Urheberschutzrechte eingeklagt werden, daß von Verschlüsselungsalgorithmen Gebrauch gemacht wird oder daß technische Daten zu Firmengeheimnissen erklärt werden.

Die Tatsache, daß die Theorie der Klubs auch auf (private) Industriestandards Anwendung findet und dabei Fragen zum Patentschutz, zur Lizenzierung oder zur Offenlegung technischer Daten in den Mittelpunkt stellt, spricht zweifellos dafür, daß Buchanan's Ansatz von größerem Gehalt ist als die Theorie „reiner" öffentlicher Güter, wie sie auf Samuelson zurückgeht. Dies ist jedoch nicht der Punkt, an dem sich entscheidet, ob die *Economic*

---

[149] Zu den Argumenten, mit denen üblicherweise Lizenzverträge erklärt werden, siehe u.a. Gallini, Nancy T., 1984, oder Shapiro, Carl, 1985.

Theory of Clubs oder die *Logik des kollektiven Handelns* von Olson den besseren Ansatz zur Erklärung von Computerstandards bietet. In diesem Zusammenhang verdient etwas anderes mehr Beachtung, etwas, was auch den Ausschlag zugunsten der Olson-Theorie geben wird. Es ist der Umstand, daß das tatsächlich neue und wesentliche Problem, das mit der Klubtheorie gelöst werden kann, das einer *optimalen Nutzung* eines Gutes ist und damit das eines *optimalen Konsumausschlusses* bei „unreinen" öffentlichen Gütern. Warum dies so ist und weshalb es dazu führt, dem Ansatz von Olson den Vorzug zu geben, wird in den beiden folgenden Abschnitten (in B.2 und B.3) erläutert. Die dort vorgebrachten Argumente könnten aber vielleicht nicht richtig verstanden werden, ohne eine kurze Vorbemerkung einzuschieben.

Zum einen kommt es nicht von ungefähr, daß die Frage einer optimalen Nutzung bzw. die eines optimalen Konsumausschlusses im Mittelpunkt steht. Dies ergibt sich aus der Betonung der (Nicht-) Rivalität als das entscheidende Merkmal von Kollektivgütern. Genauso wie in der Theorie „reiner" öffentlicher Güter eine pareto-optimale Nutzung erzwingt, daß die Nichtrivalität zum Nichtausschluß führt, so bedingt hier in der Theorie „unreiner" öffentlicher Güter die graduelle (Nicht-) Rivalität einen teilweisen Konsumausschluß, damit die Effizienzbedingung „Marktpreis gleich Grenzkosten" erfüllt wird. Dementsprechend ist auch die gemeinsame Frage, die alle (Standardisierungs-) Klubs zu lösen haben, die, wie lange es vorteilhaft ist, weitere Mitglieder aufzunehmen, und ab welcher Größe der Verein besser geschlossen oder exklusiv werden sollte. Zum anderen gilt das Interesse der Klubtheorie weniger den Umständen, unter denen sich private Vereine überhaupt bilden, um „unreine" öffentliche Güter bereitzustellen (oder unter welchen Umständen sie sich nicht bilden). Das heißt, was die Theorie der Klubs behandelt, ist nicht die Frage, welche Ursachen es hat, daß öffentliche (Klub-) Güter mehr oder weniger so angeboten werden, wie auch private Güter angeboten werden, sondern warum und ab welchem Punkt *vorhandene* Vereine ihre Mitgliedszahlen begrenzen. Von Buchanan selbst stammt dazu die eingängige und für sich sprechende Formulierung: „The theory of clubs is ... *a theory of optimal exclusion*"[150] . Damit aber die Mitglieder die wünschenswerte Größe ihres Vereins nicht nur bestimmen, sondern auch durchsetzen können, ist es notwendig, daß sie nichtzahlenden Personen ihr Klubgut vorenthalten können. Kurz gesagt, nur der technisch *mögliche* Konsumausschluß erlaubt auch einen *optimalen* Konsumausschluß. Das sah auch Buchanan: „The theory of clubs developed in this paper applies in the strict sence only to the organization of membership or sharing arrangements where 'exclusion' is possible. In so far as non-

---

[150] Buchanan, James M., 1965, S. 13, Hervorhebung vom Verfasser.

exclusion is a characteristic of public goods supply ... the theory of clubs is of limited relevance"[151].

So sehr auch die Theorie der Klubs an der Möglichkeit eines effektiven Konsumvorbehalts hängt, sie hängt nicht daran, daß ein solcher Vorbehalt *kostenlos* durchzusetzen ist, wie es bei Buchanan zunächst noch zur Vereinfachung angenommen wurde[152]. Später haben verschiedene Ökonomen diese Annahme fallen gelassen und auf unterschiedliche Weise die Auswirkungen der Kosten untersucht, die im Zusammenhang mit dem Aufbau und der Erhaltung solcher Mechanismen entstehen können, mit denen das Klubgut vor unberechtigter Nutzung geschützt wird[153]. Einer dieser Ökonomen ist William Oakland[154]. Er berücksichtigt die Ausschlußkosten, in dem er annimmt, daß sie bei größeren Mengen des Klubgutes steigen, bei umfangreicheren Klubs jedoch fallen, da weniger potentielle Mitbenutzer ausgeschlossen werden müssen. Infolgedessen sinkt zum einen die optimale Menge des Klubgutes, da die Bedingung „Grenznutzen gleich Grenzkosten" aufgrund der zusätzlichen Ausschlußkosten schon an einem früheren Punkt erreicht wird als in dem Fall, in dem nur die eigentlichen Produktionskosten erfaßt werden. Andererseits aber steigt die optimale Klubgröße, da jedes neue Mitglied jetzt nicht nur seinen Beitrag zahlt, sondern auch nicht mehr ausgeschlossen werden muß. Die Grundidee der Klubtheorie bleibt jedoch von der Einführung der Ausschlußkosten unberührt. Zwar wird die Suche nach der optimalen Konsumentenzahl zu einem anderen Ergebnis führen, wenn sich die Angebotsfunktion einzelner Klubgüter infolge der Einrichtung nicht kostenloser Ausschlußmethoden verschiebt. Grundsätzlich aber bleibt die Frage nach der optimalen Nutzung (nicht-) rivalisierender Gütern unverändert bestehen. Nur in einem Fall stellt sich diese Frage nicht mehr. Dann nämlich, wenn die Ausschlußkosten so hoch sind, daß sie prohibitiven Charakters sind und das Klubgut erst gar nicht angeboten wird. Dies ist jedoch nur eine andere Umschreibung für den Fall, für den Buchanan seine Theorie selbst als irrelevant und nicht aktuell einstuft: den Fall, in dem das Konsumausschlußprinzip praktisch nicht anwendbar ist.

---

[151] Buchanan, James M., 1965, S. 13.

[152] Buchanan selbst aber hatte schon auf die Bedeutung der Ausschlußkosten hingewiesen, ohne diese jedoch weiter zu untersuchen [siehe derselbe, 1965, S. 13].

[153] Eine Übersicht über die Modelle einzelner Autoren, die auf verschiedene Art und Weise die Ausschlußkosten in die Theorie der Klubs integriert haben, findet sich in Sandler, Todd, Tschirhart, John T., 1980, S. 1495 ff..

[154] Oakland, William, 1972, besonders S. 351 ff..

2. Sind Computerstandards Klubgüter?

Nach dem, was zur Patentierung- und Lizenzierungspraxis von Unternehmen gesagt wurde, könnte man nun erwarten, daß sich aus der Theorie der Klubs eine zufriedenstellende Erklärung für (zumindest einige) Ereignisse ableiten läßt, die man im Zusammenhang mit Computerstandards beobachten kann. Dagegen aber spricht, daß Buchanan's Ansatz oftmals erst gar nicht zur Anwendung kommt, da bei vielen Standards Überfüllungs- oder Übernutzungsprobleme zu beobachten sind, die sich auf einen fehlenden bzw. lückenhaften Konsumvorbehalt zurückführen lassen. In einer solchen Situation kann die rivalisierende Nutzung eines Marktstandards durch weitere Unternehmen nicht verhindert werden, obwohl der oder die Originalhersteller dies wünschen. Das heißt, die neu in den „kompatiblen" Markt eintretenden Firmen können nicht zur Zahlung einer Kompensation – für gewöhnlich einer Lizenzgebühr – gezwungen werden, mit der der rückläufige Marktanteil bisheriger Hersteller ausgeglichen wird.

Solche Beispiele unerwünschter Fremdhersteller sind zahlreich. Zwar führte die Entscheidung von IBM, den PC als relativ „offenes" System anzubieten, zu jenem fast unbeschreiblichen und beispiellosen Erfolg dieser Rechnerarchitektur. Spätestens seit Mitte der 80er Jahre machten jedoch die Verkaufserfolge der IBM-kompatiblen PC's zunehmend jene Vorteile zunichte, die die IBM anfangs aus diesem Standard ziehen konnte. Im Kern war dieses Problem das eines fehlenden bzw. unzureichenden Konsumvorbehaltes, ein Mangel, der mit der Zeit immer deutlicher zutage trat. Wie die Entwickler des IBM PC's aus dem Erfolg des Apple II gelernt hatten, ließ sich der Absatz eines bestimmten Computermodells vervielfachen, wenn es Drittherstellern durch die Bekanntgabe technischer Details ermöglicht wird, für die entsprechende Rechnerarchitektur Anwendungssoftware, Peripheriegeräte oder einzelne Erweiterungsmodule zu entwickeln. Immerhin gelang es Apple mit dieser Strategie einen selbständigen „Apple-Markt" aufzubauen, zugleich aber die Anzahl der komplett nachgebauten Apple-II-Klones einigermaßen zu begrenzen. Man bediente sich dazu des urheberrechtlichen Schutzes bestimmter Softwareroutinen, die in sogenannten „Read Only Memory"-Speicherbausteinen (ROM) fest eingebrannt wurden und die die Grundfunktionen des Apple II steuerten. Obwohl die IBM ähnliches versuchte, konnte das Unternehmen nur kurze Zeit das Aufkommen von PC-Klones erfolgreich unterdrücken. Der Grund dafür war der, daß im Fall des PC's die im ROM enthaltene Software, das hardwarenahe Systemprogramm Basic Input/Output System (BIOS), unter notarieller Aufsicht durch die Firmen Compaq und Phoenix Technologies nachprogrammiert werden konnte. Damit war jeder Anspruch auf einen urheberrechtlichen Schutz ausgehebelt und der Nachbau eines

PC's durch die Verwendung IBM-kompatibler BIOS-Chips rechtlich und faktisch jedem Hersteller ermöglicht worden (zumal auch der dazugehörige Mikroprozessor, der Intel 8088, sowie das Betriebssystem MS-DOS frei zu beziehen waren). Ebensowenig konnte die IBM auch das Aufkommen steckerkompatiblen Nachbauten ihres /360er Großrechnersystems verhindern. Wie beim PC muß sich das Unternehmen hier den Markt für /360-kompatible Rechner mit den entsprechenden Klonherstellern, den „Plug Compatible Manufacturers", teilen.

Auch Intel ist die ungewollte Nachahmnug der eigenen Technologie nicht unbekannt. Über lange Jahre konnte das Unternehmen in monopolistischer Manier den IBM PC-Standard zum überaus erfolgreichen Verkauf seiner Prozessoren ausnutzen und praktisch allein durch die Entscheidung der IBM, den Intel 8088 zum Mikroprozessor des PC's auszuwählen, zu einem der größten Halbleiterproduzenten aufsteigen. Doch die Zeiten, zu denen man einem Unternehmen wie Hitachi durch gerichtliche Anordnung noch untersagen konnte, mit den 8088-kompatiblen Prozessoren der V-Serie in den Markt einzudringen, sind längst vorbei. Zwar hat die Rechtsabteilung von Intel immer wieder dafür gesorgt, daß 80x86-kompatible Mikroprozessoren anderer Hersteller vom Markt genommen werden mußten (bzw. erst gar nicht ausgeliefert werden durften). Wie aber Advanced Micro Devices (AMD), einer der schärfsten Konkurrenten von Intel, bewies, haben auch erfolgreiche Klagen wegen Patentrechtsverletzungen nur eine aufschiebende Wirkung. Damit beim 486er Klone von AMD der Mikrocode – die Steuerungsroutinen eines Prozessors – keine Urheberrechte von Intel verletzte, mußte man sich unter notarieller Aufsicht einen eigenen, kompatiblen Mikrocode programmieren; dies verzögerte zwar das Angebot eines pinkompatiblen 486er Prozessors von AMD, konnte es aber nicht verhindern.

Nicht nur, daß die Theorie der Klubs vor diesen oder vergleichbaren Ereignissen kapitulieren muß, weil hier Computerstandards nicht so exklusiv zu nutzen waren wie Buchanan's vorenthaltbare Klubgüter. Die Theorie versagt aus ähnlichem Grund auch bei anderen Hardware- oder Softwarestandards, bei denen dies allerdings nicht ganz so offensichtlich und auf den ersten Blick erkennbar ist. Nehmen wir dazu den Fall, daß sich Unternehmen zu einem Konsortium zusammenschließen, um gemeinsam eine Rechnerarchitektur zu entwickeln und diese durch entsprechende Öffentlichkeitsarbeit und Werbemaßnahmen als Marktstandard zu etablieren. Wie es die Theorie verlangt, sei nun einmal ein Nachbau kompatibler Rechner durch Hersteller, die nicht Mitglieder des Konsortiums sind, ausgeschlossen (dies könnte beispielsweise dann der Fall sein, wenn technische Daten für Außenstehende nicht zugänglich sind und aufgrund einer aufwendigen und anspruchsvollen Technologie

ein „reverse engineering" nicht so ohne weiteres möglich ist). Da ihr Klubgut keine externen Effekte abgibt, die sich nicht verhindern ließen, haben die Gründer des Konsortiums also nicht die leidvollen Erfahrungen zu befürchten, wie sie IBM oder Intel mit Klonern erle-
ben mußten (und müssen). Gleichwohl es damit möglich ist, die Unternehmen zu kontrollieren, die das Klubgut nutzen wollen, und diejenigen von einer Nutzung auszuschließen, die
ihren Beitrag nicht zahlen, ist auch hier eine „Theorie des optimalen Ausschlusses" nicht
anwendbar.

Der Grund dafür ist etwas versteckt. Zwar können, wie eben gesagt, die *Unternehmen*
kontrolliert werden, nicht aber die jeweilige *Menge*, die das einzelne Unternehmen vom
Klubgut konsumiert. Jeder Hersteller, der einmal seinen Klubbeitrag entweder als Grün-
dungsmitglied oder als neu eintretendes Mitglied geleistet hat, kann die erweiterte Marktnachfrage infolge der Kompatibilitätsvorteile – das Klubgut – in dem Ausmaß beanspruchen, wie er es möchte bzw. wie es seine Angebotskapazitäten zulassen, ohne daß sich dadurch sein Vereinsbeitrag nachträglich ändern würde. Mit anderen Worten: Da keine individuelle Konsumkontrolle durchgeführt wird und keine individuell gestaffelten Entgelte erhoben werden, ist die konsumierte Menge des Klubgutes *unabhängig* von der Höhe des eigenen Beitrags (zumindest insoweit, als daß der Beitrag einmal bezahlt worden ist)[155] . Daher
kann hier die Frage nach der optimalen Klubgröße nicht gelöst werden, und das, obwohl
der Konsumvorbehalt für Nichtklubmitglieder an sich möglich ist (was Buchanan immerhin
als Bedingung für die Anwendbarkeit seiner Theorie nannte). Denn während sich noch der

---

[155] Die Aussage, daß die konsumierte Menge hier unabhängig vom eigenen Beitrag sei, erfordert
genaugenommen noch eine weitere Bedingung, nämlich die, daß das Konsortium relativ viele Mitglieder hat. Da an dieser Stelle jedoch nicht die Anzahl der Mitglieder untersucht werden soll, sondern bestimmte Ausschlußprobleme bei Klubgütern, kann hier eine solche Voraussetzung ohne weitere Begründung als gegeben angenommen werden. Im Hinblick auf das, was uns später im Zusammenhang mit Olson's *Logik des kollektiven Handelns* erwartet, ist es jedoch wichtig zu verstehen,
warum die Gruppengröße hier (mit-) entscheidend ist. Dazu sei einmal angenommen, daß eines der
Klubmitglieder versucht, die bereitgestellte Menge des Klubgutes auszuweiten, indem es den eigenen Beitrag erhöht. Obwohl Nichtklubmitglieder erfolgreich ausgeschlossen werden können, kommt
der daraus resultierende Vorteil doch zumindest auch allen anderen Unternehmen innerhalb des
Konsortiums zu, ohne daß sich dies verhindern ließe. Diese Unternehmen werden den noch größeren Absatzmarkt mit ihren Produkten ebenso bedienen wie der Hersteller, der dies mit seinen Mitteln ermöglicht hat. Je mitgliederstärker dabei das Konsortium, desto weniger ist der einzelne Hersteller in der Lage, durch eine Erhöhung des eigenen Beitrags einen größeren persönlichen Nutzen
zu erwirken, da er den zusätzlichen Vorteil mit allen anderen teilen muß. Wenn man von einigen
Ausnahmen absieht, die uns später bei Olson noch begegnen werden, wird der eigene Beitrag also
um so weniger zu verspüren sein, je größer die Gruppe wird, weil die Menge, die der einzelne konsumieren kann, dann immer weniger vom persönlichen Einsatz abhängen wird.

Nutzen eines weiteren Mitglieds, d.h. sein Vereinsbeitrag, recht genau bestimmen läßt, sind die *Kosten* eines Zutritts, die in Form von Überfüllung auf die bisherigen Mitglieder zukommen würden, nicht abzuschätzen. Inwieweit sich die Mitglieder durch Übernutzung das Klubgut gegenseitig streitig machen, dafür ist eben nicht nur der Grad der Rivalität ausschlaggebend, sondern auch die Menge, die das neue Mitglied konsumiert.

Nicht, daß Buchanan diesen Punkt übersehen hätte; er löst ihn in einfacher Weise, indem es bei ihm nur Mitglieder gibt, die sich die Kosten und den Konsum des Klubgutes zu *gleichen* Mengen teilen. Auch sieht er, daß eine in diesem Sinne homogene Mitgliederschaft hinreichend, jedoch nicht notwendig ist, um die Nachteile zu ermessen, die Neuzutritte für bisherige Klubangehörige bedeuten können: „The sharing arrangements may or may not call for equal consumption on the part of each member, and the peculiar manner of sharing will clearly affect the way in which the variable enters the utility function. For simplicity we may assume equal sharing, although this is not necessary for the analysis"[156] . Notwendig ist dagegen, daß die konsumierte Menge *ermittelbar* ist – was bei homogenen Klubs ja leicht möglich ist – und der Beitrag dementsprechend festgelegt werden kann. Nur wenn das Kosten-Nutzen-Verhältnis eines Beitrittswilligen bekannt ist, d.h. jeder vollständig die Nachteile nennen muß, die sein Eintritt für die alten Mitglieder bedeuten würde, kann je nach dem Grad der Konsumrivalität entschieden werden, ob eine Aufnahme noch vorteilhaft ist oder ob bereits der Punkt überschritten ist, von dem an ein weiterer Verbraucher den Nutzen aus dem Klubgut für alle anderen übermäßig mindert. Die vom einzelnen gewünschte Menge, egal ob er dem Klub beitreten will oder ob er ihm bereits angehört, wird aber nur dann in voller Höhe zugegeben werden, wenn auch ein Konsumausschluß *innerhalb* des Vereins möglich ist. Solange dies nicht der Fall ist wird zwar eine *allgemeine* Präferenz für das Klubgut in Form eines einheitlichen Beitrages offenbart werden, da man andernfalls dem Verein ja nicht beitreten könnte. Die wahre Stärke der Präferenz wird jedoch untertrieben werden. Eine Theorie des optimalen Ausschlusses, wie sie Buchanan entwarf, verlangt aus diesem Grund nicht nur einen *pauschalen* Mitgliederausschluß, sondern auch einen *individuellen* Konsumausschluß (es sei denn, man nimmt wie Buchanan eine homogene Mitgliederschaft an).

Eine in dieser Hinsicht differenzierte Klubtheorie könnte dann beispielsweise auch ein Problem erklären, dem sich fast alle Tennisvereine gegenübersehen. Obwohl ein Aufnahmestopp neuer Mitglieder möglich ist, sind oft überfüllte Vereinsanlagen zu beobachten, vornehmlich zu den Zeiten, zu denen auch die berufstätigen Mitglieder spielen können. Folgt

---

[156] Buchanan, James M., 1965, S. 4.

man der eben beschriebenen Trennung zwischen pauschalem Mitgliederausschluß und individuellen Konsumausschluß, dann ist der Grund dafür der, daß die Plätze im Durchschnitt – also die Vormittags- und Mittagsstunden eingerechnet – noch fast ohne Rivalität durch neue Mitglieder genutzt werden können. Wegen weiterer Kostenteilung sind daher Vereinsaufnahmen gemessen an der *durchschnittlichen* Platzbelegung erwünscht. Eine *bestmögliche* Nutzung aber wird nicht erreicht, weil ein pauschaler Mitgliedsbeitrag, wie er in aller Regel erhoben wird, nicht differenziert genug wirkt, um einen optimalen Ausschluß vorzunehmen. Eine Staffelung der Vereinsbeiträge könnte demnach das Problem der Überfüllung an den Nachmittagen und an Wochenenden lösen[157] . Ein höherer Beitrag käme dann einem Anrecht gleich, zu Zeiten stärkerer Rivalität vorrangig spielen zu dürfen. Da aber kaum ein Verein die einzelnen Spielzeiten seiner Mitglieder kontrollieren kann oder will (was aufgrund des andernfalls zu erwartenden Schwarzfahrerverhaltens notwendig wäre), unterbleibt eine streng reglementierte, über gestaffelte Beiträge gelenkte Platznutzung. Die Zahl der Vereinsmitglieder kann daher nur so begrenzt werden, daß sie im Durchschnitt optimal ist, nicht aber so, daß eine zum Teil übermäßige Platznutzung ausgeschlossen werden kann.

Wenn man die Bedeutung eines wirksamen Konsumvorbehalts für die Klubtheorie erkannt hat, wird offensichtlich, daß Buchanan's Ansatz eines „optimalen Konsumausschlusses" nur auf wenige Computerstandards zu übertragen ist. Dementsprechend kann der hier zunächst vorgebrachte Einwand gegen die Theorie der Klubs darin zusammenfaßt werden, daß nur solche Hardware- oder Softwarestandards behandelt werden können, bei denen die jeweiligen Originalhersteller – sei es patentrechtlich oder aufgrund technischer Vorkehrungen – in der Lage sind, unerwünschte Fremdhersteller vom Markt fernzuhalten oder sich gegebenenfalls die Absatzeinbußen über Lizenzgebühren entschädigen zu lassen. Hierbei müßte hinzukommen, daß der Marktanteil potentieller Lizenznehmer bekannt ist (dies ist beispielsweise bei begrenzter Angebotskapazität der Fall) oder daß die Verkaufsmenge vertraglich geregelt wird und durch den Lizenzgeber überwacht werden kann. Tatsächlich wirkt jedoch das Ausschlußprinzip nur selten so perfekt. In vielen Fällen ist es sogar nicht einmal mittelfristig berechtigt, auf das Ausbleiben von Fremdherstellern zu hoffen. Nicht nur, daß dafür zu oft ein „reverse engineering" schneller erfolgreich gewesen ist als es eine noch so aufwendige und schwer kopierbare Technologie hätte erwarten lassen. Auch können nur die wenigsten Unternehmen auf gerichtlichem Wege so lange kompatible Nachbauten

---

[157] Häufig ist zu beobachten, daß Beiträge in ihrer Höhe abgestuft werden, je nachdem, ob sie von Erwachsenen oder Jugendlichen bzw. Auszubildenden erhoben werden. Diese Art der Staffelung aus sozialen Beweggründen kann natürlich nicht dem allokativen Problem der Platzvergabe gerecht werden.

verzögern, wie es Intel im Fall der Mikroprozessoren von Hitachi, AMD oder anderen Halbleiterherstellern gelag. Darüber hinaus verliert im Laufe der Zeit auch jener Ruf an Bedeutung, der dem jeweiligen Originalhersteller ein Monopol für zuverlässige und vollkompatible Systeme einräumt (seit Mitte der 80er Jahre bröckelt zunehmend selbst IBM's Schutzschild aus Exklusivität, durch das sich das Unternehmen im /360er Großrechnermarkt und anfangs auch im PC-Geschäft vor „No-name-Rechnern" der Konkurrenz abschirmen konnte). Alle erwähnten Umstände sprechen also dagegen, daß ein einmal etablierter Marktstandard dauerhaft gegen (unerwünschte) Fremdhersteller gesichert werden kann. Zumindestens aber zeigen sie, wie unwahrscheinlich es ist, bei Hardwarestandards sowie bei nicht (ausreichend) urheberrechtlich geschützten Softwarestandards über längere Zeit einen wirksamen Konsumausschluß aufrechtzuerhalten. Mit anderen Worten: *Nur die wenigsten Computerstandards sind „reine" Klubgüter in dem Sinne, daß bei ihnen ein effektiver Konsumvorbehalt möglich ist und sie ausschließlich durch ihre graduelle (Nicht-) Rivalität zu „unreinen" Kollektivgütern werden.* Angesichts dessen kann aus einer Theorie wie der Klubtheorie, die solche „einfach" öffentlichen Güter betrachtet, allenfalls eine insoweit wenig zufriedenstellende Erklärung gewonnen werden, daß diese nur in seltenen Fällen zur Anwendung käme.

3. Das Problem der Nutzung und das Schwarzfahrerproblem bei Computerstandards

Es ist aber nicht nur sehr unwahrscheinlich, daß die Theorie der Klubs auf einen Computerstandard zutrifft. Es gibt daneben noch einen weiteren Einwand gegen Buchanan's Ansatz, einen Einwand, der noch schwerer wiegt als der eben vorgetragene. Denn selbst in dem günstigen Fall, daß die Theorie einmal zur Anwendung kommen sollte, ist das, was Buchanan in den Mittelpunkt der Untersuchung gerückt hat – nämlich die optimale Nutzung eines bereits existierenden Gutes durch ein Verbraucherkollektiv – bei (Computer-) Standards nur von nachrangigem und eher beiläufigen Interesse. Der Grund dafür ist vielleicht nicht ganz so offensichtlich und leicht einzusehen, wie dies beim ersten Kritikpunkt der Fall war. Aber der Gedanke ist so weitreichend, daß er uns nicht nur endgültig von der Theorie der Klubs wegführt, sondern auch zur Gruppentheorie von Olson hinführt.

Aus dem, was bisher zu Hardware- und Softwarestandards gesagt worden ist, folgt, daß es sich hier um Güter handelt, die in *zweierlei* Hinsicht öffentliche Güter von gradueller, nicht ganz „reiner" Natur sind. Zum einen können Computerstandards vornehmlich in frühen Marktphasen von neueintretenden Fremdherstellern ohne starke Konkurrenz beansprucht werden, so daß hier zumindest bis zu einem bestimmten Punkt Nichtrivalität im Konsum oder ein geringer *Rivalitätsgrad* vorliegt. Zum anderen sind – je nach patent- bzw. urheberrechtlichen Bestimmungen oder technischen Besonderheiten, die den Zeitraum eines „reverse engineerings" bestimmen – die Nutzungsrechte an Marktstandards unterschiedlich exklusiv. Obwohl sich auch einzelne Unternehmen beobachten lassen, die über einen längeren Zeitraum allein oder mit wenigen Lizenznehmer die jeweils standardkonformen Produkte anbieten, können diejenigen Hersteller, die einen Standard mit eigenen Mitteln durchgesetzt haben, für gewöhnlich nicht einmal mittelfristig die daraus entstehenden Vorteile anderen vorenthalten. Computerstandards sind also auch dahingehend öffentliche Güter, daß nur ein bestimmter Nutzenanteil vom jeweiligen Originalhersteller internalisiert werden kann, wobei im allgemeinen von einem geringen *Grad der Exkludierbarkeit* auszugehen ist[158].

Aus diesen zwei Arten der Öffentlichkeit erwachsen jeweils besondere Probleme eines privaten Angebotes kollektiver Güter. Während aus der graduellen (Nicht-) Rivalität die Frage eines optimalen Konsumausschlusses und somit das *Nutzungsproblem* öffentlicher Güter folgt, ergibt sich aus der graduellen (Nicht-) Exkludierbarkeit die Frage der Bereitstellung von Kollektivgütern, also das Schwarzfahrer- oder *Angebotsproblem* öffentlicher Güter. Obwohl hier zwei grundverschiedene Aspekte angesprochen werden, sind beide Fragestellungen insoweit nicht unabhängig voneinander, als daß die Folgen unterschiedlicher Konsumrivalität nur dann zu ermessen sind, wenn der Anteil der unvermeidbaren externen Effekte nicht zu groß ist, d.h. wenn ein Konsumausschluß weitgehend möglich ist. Buchanan hatte dies in einem bereits oben zitierten Satz so ausgedrückt, daß die Theorie der Klubs, die in ihrem Kern ja das Nutzungsproblem behandelt, nur anwendbar sei „to the organization of membership or sharing arrangements where 'exclusion' is possible"[159].

---

[158] Der Begriff „Exkludierbarkeitsgrad" sowie der eben gebrauchte Ausdruck „Rivalitätsgrad" findet sich u.a. bei Heinz Grossekettler [derselbe, 1985]. Ihnen wird hier der Vorzug vor dem allgemeinen Ausdruck „Grad der Öffentlichkeit" (bzw. im englischsprachigen „degree of publicness") gegeben, weil diese Begriffe auch darüber informieren, ob ein Gut deshalb graduelle Öffentlichkeit besitzt, da es weitgehend nichttrivialisierend konsumiert werden kann, oder aber insofern ein „unreines" Kollektivgut ist, daß es keine vollständig wirksame Methode zum Konsumausschluß gibt. So benutzt beispielsweise Hirofumi Shibata die graduelle Öffentlichkeit eines Gutes im hier zuerst genannten Sinne: „The degree of publicness of a good is interpreted as the extent to which the overlapping use of a given physical quantity of it by more than one individual is possible without reducing the service available to each individual in the group" [Shibata, Hirofumi, 1979, S. 404]. Bei Holger Bonus dagegen gibt der „Öffentlichkeitsgrad der Aktivität x ... jeweils den Anteil der externen Effekte am Gesamtwert der Aktivität im Pareto-Optimum an" [Bonus, Holger, 1980, S. 64]. Demnach bestimmt sich hier die Öffentlichkeit eines Gutes aus mangelndem Konsumvorbehalt und nicht aus fehlender Rivalität.

Der Grad der Exkludierbarkeit muß nun bei Klubgütern aber aus (mindestens) zwei Gründen relativ hoch sein, wobei ein erster schon genannt wurde. Einmal ist es ohne einen wirksamen Konsumausschluß nicht möglich, die optimale Aufteilung der Nutzungsrechte an Klubgütern zu bestimmen, da sich andernfalls die Kosten der Vergabe solcher Rechte – das ist die Intensität, mit der neue Mitglieder die Klubeinrichtungen nutzen – aufgrund eines dann zu erwartenden Schwarzfahrerverhaltens nicht wahrheitsgemäß aufdecken lassen. Man denke hier nur an die ungleichmäßige Auslastung von Klubeinrichtungen zurück, die in solchen Vereinen zu beobachten sind, die wie die meisten Tennisklubs statt eines individuellen Konsumvorbehalts eine pauschale Begrenzung der Mitgliederzahl einsetzen. Der andere, bislang ungenannte Grund ist der, daß ohne einen ausreichend hohen Grad der Exkludierbarkeit das (Klub-) Gut, für das die optimale Vereinsgröße ermittelt werden soll, erst gar nicht (privat) angeboten wird. *Das heißt, es kann bei mangelndem Konsumausschluß nicht nur – wie es bisher als einzige Möglichkeit angenommen wurde – die erforderliche Kontrolle und somit die Information fehlen, nach der über die bestmögliche Nutzung eines vorhandenen Klubgutes entschieden werden kann; es kann auch das Klubgut selbst fehlen, wie jetzt hinzukommt.*

Hieraus folgt etwas, was den Ausschlag gegen die Theorie der Klubs und für die Gruppentheorie von Olson gibt. Nehmen wir, um den Grund dafür zu veranschaulichen, ein zweifach graduell öffentliches Gut an, also ein Gut, bei dem die Grade der beiden möglichen Öffentlichkeiten über einzelne Exemplare des Gutes variieren. Es läßt sich nicht leugnen, daß auch bei solchen „doppelt" öffentlichen Gütern die Klubtheorie gelegentlich zutreffen mag. Wie wir wissen, wird dies dann der Fall sein, wenn der Grad der Exkludierbarkeit relativ hoch ist und demzufolge der Anteil unvermeidbarer externer Effekte so klein, daß ein privates Angebot sichergestellt ist (ungeachtet der Frage, ob ein solches Angebot hierbei ein pareto-optimales Niveau erreicht). Zu Recht rückt dann, wie es bei Buchanan zu finden ist, der Grad der Konsumrivalität in den Mittelpunkt der Untersuchung. Ein solches Zugeständnis kann jedoch nicht darüber hinwegtäuschen, daß im allgemeinen für ein „doppelt" öffentliches Gut das vordringliche Problem das seiner *Bereitstellung* und nicht das seiner bestmöglichen *Nutzung* ist. Die Theorie der Klubs verfehlt mit ihrer Frage nach den Folgen verschiedener Konsumrivalitäten den eigentlichen Punkt bei einem Gut, das auch einen so geringen Grad der Exkludierbarkeit aufweisen kann, daß es nicht einmal – oder nur in sehr geringen Mengen – privat bereitgestellt wird. Mit anderen Worten: Es ist durchaus möglich, in Ausnahmefällen die Konsequenzen verschiedener Grade der Rivalität auf die

---

[159] Buchanan, James M., 1965, S. 13.

Zahl der Verbraucher, auf Überfüllung bzw. Auslastung oder auch auf andere Aspekte hin zu untersuchen, die sich aus der Frage der Nutzung eines vorhandenen Gutes ergeben. Es ist jedoch bei „doppelten" Kollektivgütern vergleichsweise vorrangig, den Grad der Exkludierbarkeit zu behandeln. Nicht nur, daß hieraus mit dem Angebotsproblem öffentlicher Güter genau jenes Problem erwächst, das *immer* und immer *zuerst* gelöst werden muß; auch ist nur über dieses Merkmal der Öffentlichkeit zu erfahren, warum und unter welchen Umständen Kollektivgüter möglicherweise auch privat ausreichend bereitgestellt werden.

Wenn auch die Theorie der Klubs nicht das behandelt, was bei „doppelt" öffentlichen Gütern im Vordergrund steht, so berührt dies natürlich nicht ihre Erklärungskraft für andere Phänomene, auf die sie besser zugeschnitten ist. Buchanan's Theorie gibt keine falschen Antworten, sondern Antworten, die (zu-) viel voraussetzen: eine grundsätzlich gesicherte Bereitstellung von Gütern, deren Konsum einen bestimmten Grad an Rivalität aufweist. Tatsächlich ist eine derartige Annahme oftmals berechtigt und das wirkliche Problem das einer optimalen Nutzung bzw. das eines optimalen Ausschlusses von konkurrierenden Verbrauchern. Dies gilt jedoch nicht bei „doppelt" öffentlichen Gütern. Die Theorie der Klubs ist hier im Grunde deshalb unbrauchbar, da sie mit ihrer Untersuchung erst an einem Punkt beginnt, an dem für Güter mit geringer Exkludierbarkeit die entscheidende Frage, nämlich die Frage ihrer Bereitstellung, bereits gelöst sein muß. Solange aber noch nicht einmal sichergestellt ist, ob überhaupt ein privates (Klub-) Angebot für solche Güter zustande kommt, solange ist es eine nebensächliche und allzuoft hypothetische Frage, wie hoch die Zahl der Mitglieder wäre, ab der es wünschenswert erscheint, ein Aufnahmestopp zu verfügen. Buchanan deutete selbst an, daß eine Theorie des optimalen Ausschlusses nicht mit dem Aspekt umgehen kann, den Wicksell bei öffentlichen Gütern herausstellte, also mit der Nichtspürbarkeit des eigenen Beitrages:

"This is not, of course, to suggest that property rights will, in practice, always be adjusted to allow for optimal exclusion. ... If individuals think that exclusion will not be fully possible, that they can expect to secure benefits as free riders without really becoming full-fledged contributing members of the club, they may be reluctant to enter voluntarily into cost-sharing arrangements"[160].

In der Tat werden die dringenden Probleme bei solchen Klubs übersehen, die vornehmlich um ihre Existenz zu kämpfen haben, da ihr Vereinsgut zum großen Teil auch unvermeidbare externe Effekte abgibt. Diese Klubs haben weniger deshalb mit der Anzahl ihrer Mitglieder zu ringen, weil sie noch nicht die bestmögliche Vereinsgröße erreicht haben,

---

[160] Buchanan, James M., 1965, S. 13/14.

sondern deshalb, weil sie kaum freiwillige Beitragszahler finden oder nur solche Mitglieder in ihren Reihen haben, die sich an der Finanzierung der Klubeinrichtungen nicht in der vollen Höhe ihrer Präferenz für diese Einrichtungen beteiligen.

So sieht man, daß die Theorie der Klubs bei „doppelt" öffentlichen Gütern, obwohl sie gelegentlich zur Anwendung kommen kann, den entscheidenden Punkt verfehlt, und warum dies der Fall ist. In dieser Hinsicht gleicht Buchanan's Theorie vielen makroökonomischen Modellen, die aus flexiblen oder starren Preisen geräumte oder ungeräumte Märkte ableiten, ohne zu fragen, wovon es eigentlich abhängt, ob die Preise im Einzelfall flexibel oder starr sind. Genauso wie man kaum einen tieferen Einblick in makroökonomische Probleme erhält, wenn nicht die Gründe genannt werden, warum sich je nach Ort und Zeit Preise verschieden schnell anpassen (können), so erhält man auch keinen tieferen Einblick in den Prozeß der Standardisierung, wenn man nicht die Ursachen marktübergreifender Kompatibilität aufzudecken versucht. Es geht hier nicht in erster Linie um die Frage, wie und wieviele private Marktteilnehmer sich die „Nutzleistungen" (in Sinne des Böhm-Bawerk'schen Güterbegriffs) und die Kosten eines selbst geschaffenen Standards teilen und welchen Einfluß dabei dem Patentrecht bzw. dem Schutz der Urheberschaft zukommt. Es gilt vielmehr herauszufinden, unter welchen Umständen Computerstandards, obwohl sie dem Angebotsproblem öffentlicher Güter unterliegen, überhaupt erst „bereitgestellt" werden. Tatsächlich ist die Etablierung eines vorherrschenden Hardware- oder Softwarestandards bei weitem nicht so sicher wie ein Angebot von Klubgütern, deren Konsum nichtzahlenden Verbrauchern dauerhaft verenthalten werden kann. Viele Standards decken nur die Grundfunktionen einer Technologie ab, so daß herstellerspezifische Erweiterungen zu Kompatibilitätsproblemen führen (wie beispielsweise im Fall von UNIX), oder es setzen sich auf manchen Teilmärkten sogar lange Zeit keine echten Standards durch, obwohl die überwiegende Zahl der Hersteller und Anwender davon profitieren würde (wie anfangs auf dem Mikrorechnermarkt oder bei den RISC-Workstations). *Kurz gesagt, das eigentliche Problem liegt weniger beim bestmöglichen Gebrauch existierender Standards, sondern zunächst einmal bei ihrer Bereitstellung.* Offensichtlich kann hier eine Theorie wie die von Buchanan, die sich mit der Frage der Nutzung eines vorhandenen Gutes beschäftigt, keine Lösung bieten, da eine solche Theorie nicht die Anreize bzw. Motive nennt, die zur privaten Finanzierung eines Kollektivgutes führen.

Dieser zweite und schwerwiegende Einwand gegen die Theorie der Klubs weist deutliche Parallelen zu einer Kontroverse auf, die zwischen Jora R. Minasian und Samuelson Mitte der 60er Jahre geführt worden ist. Sie entbrannte an einem Beispiel, das Samuelson aufführte, um das Phänomen sinkender Kosten bei öffentlichen Gütern zu veranschaulichen und das Verhältnis der beiden möglichen Kennzeichen von Kollektivgütern zu erläutern. Dazu Samuelson:

„You might think that the case where a program comes over the air and is available for any set owner to tune in on is a perfect example of my public good. And in a way it is. But you would be wrong to think that the essence of the phenomenon is inherent in the fact that the broadcaster is not able to refuse the service to whatever individuals he pleases. For in the case, by use of unscramblers, it is technically possible to limit the consumptions of a particular broadcast to any specified group of individuals. You might, therefore, be tempted to say: A descrambler enables us to convert a public good into a private good; and by permitting its use, we can sidestep the vexing problems of collective expenditure, instead relying on the free pricing mechanism.

Such an argument would be wrong. Being able to limit a public good's consumption does not make a true-blue private good. For what, after all, are the true marginal costs of having one extra family tune in on the program? They are literally zero. ... In the deepest sence because this is, by its nature, not a case of constant returns to scale. It is a case of general decreasing costs"[161] .

Minasian seinerseits gesteht zwar zu, daß die marginalen Kosten eines weiteren Empfängers wegen der Nichtrivalität gleich null wären, wenn ein Programm einmal ausgesendet ist; entsprechend den paretianischen Optimalbedingungen sollte daher auch der Preis gleich null sein. Aber „a pricing rule that takes the kinds of output as given cannot be expected to shed light on the nature of resource allocation and, moreover, should not be identified with the optimum principle for resource allocation" und „Samuelson's rule is applicable to the problem of rationing a given output, and is not a rule which will select those uses which enable the value of the television services to be maximized"[162] . Schließlich gipfelt Minasian's Angriff in einer Kritik an der Theorie öffentlicher Güter insgesamt, indem er von ihr behauptet, daß

„the present theory of public goods is a deficient analytical tool (not as a concept, but rather as a theory of actions to be taken in the production and allocation of such goods). It fails to specify the appropriate supply of the good to be produced, and thus the value of the total resources to be devoted to its production. ... This means that the theory generates economic analysis which is not based on the opportunity cost notion of economics"[163] .

---

[161] Samuelson, Paul A., 1958, S. 335.
[162] Minasian, Jora R., 1964, S. 73.
[163] Minasian, Jora R., 1964, S. 79/80.

Mit Recht weist Minasian darauf hin, daß eine Allokationsregel versagen muß, die die Opportunitätskosten der Produktion unberücksichtigt läßt und nach der anzunehmen ist, daß öffentliche Güter nur noch zugeteilt werden müßten. Nun führt die Forderung, nichttrivalisierende Güter pareto-optimal zu nutzen, eindeutig dazu, sie frei zugänglich zu machen; aber selbst freie Güter können nicht kostenfrei produziert werden. Daher ist die entscheidende Frage nicht die, inwieweit Konsumenten ein Gut ohne gegenseitige Einbußen nutzen *können*, sondern die, ob sie das fragliche Gut nutzen *wollen*, wenn sie dafür im Gegenzug auf andere Annehmlichkeiten verzichten müssen. Infolgedessen sei „the theory of public goods [is] of little help in distinguishing those goods that are best provided via community action from those that should be left to individual decisions and preferences"[164] .

Dies ist nicht der Ort, um im einzelnen auf das einzugehen, was Samuelson auf den Angriff von Minasian erwiderte[165] ; noch weniger ist dies der Ort, an dem ein Urteil über die in der Kontroverse aufgeführten Argumente getroffen werden soll. Wie eingangs schon gesagt, wurde die Kritik, die Minasian an Samuelson's Preisregel geübt hatte, nur deshalb vorgestellt, weil dieser Einwand im Grunde mit dem Vorwurf verwandt ist, der hier gegen die Theorie der Klubs erhoben wurde. Genauso wie die *Effizienzregel* „Preis gleich Grenzkosten" als Allokationsnorm für ein öffentliches Gut voraussetzt, daß die Knappheit verfügbarer (Produktions-) Mittel zugunsten des fraglichen Gutes gelöst worden ist, so setzt die Theorie der Klubs als eine mögliche *Erklärung* der Allokationvorgänge bei öffentlichen Gütern voraus, daß hier das Angebotsproblem gelöst ist. Doch weder das eine noch das andere ist bei solchen Kollektivgütern erfüllt, die einen sehr geringen Grad der Exkludierbarkeit aufweisen und somit einer breiten Öffentlichkcit ohnc Zahlung eines Kaufpreises zugänglich sind. Da kein Privater freiwillig Ressourcen zur Produktion solcher Güter bereitstellt, wird zum einen die Allokationsregel ausschließlich bei einem staatlichen, zwangsfinanzierten Angebot zum Einsatz kommen; zum anderen läßt sich dann auch nur hypothetisch fragen, warum und wie die Kosten privater Ressourcen und die aus ihrem Einsatz erlangten Vorteile aufgeteilt worden wären, hätte das Schwarzfahrerproblem hinreichend gelöst werden können.

Es wäre jedoch ein Fehler, daraus abzuleiten, daß die Theorie der Klubs und die Literatur, die im Anschluß an Buchanan's Artikel geschrieben worden ist, wertlos oder auch nur von geringem Wert sei. Im Gegenteil. Im Rahmen der Klubtheorie werden durchaus inter-

---

[164] Minasian, Jora R., 1964, S. 78.
[165] Siehe dazu Samuelson, Paul A., 1964. Eine vermittelnde Position zwischen beiden nimmt Buchanan ein [siehe derselbe, 1967].

essante Phänomene wie Überfüllung, Verschmutzung, Teilung von Kosten, Mitgliederdis-
kriminierung und -heterogenität oder das Nebeneinander mehrerer Klubs analysiert[166] .
Auch liegen bei öffentlichen Gütern die Voraussetzungen, unter denen eine Theorie des optimalen Konsumvorbehalts zur Anwendung kommen kann, häufig vor. Denn tatsächlich ist
der Grad der Exkludierbarkeit bei den Gütern, die mehr oder weniger durch Samuelson's
Öffentlichkeit gekennzeichet sind, nur selten so gering, wie es im allgemeinen bei Computerstandards der Fall ist, so daß ein relativ wirksamer Konsumausschluß möglich ist. So
sind zwar Sportvereine wie Tennis- oder Golfklubs zu Spitzenzeiten der Nutzung überfüllt,
aber niemand beklagt, daß die Zahl solcher Vereine insgesamt nicht ausreichend sei. Hier
ist das Vereinsangebot als solches gesichert, so daß bestimmte Probleme der Nutzung von
Klubeinrichtungen, einer gemeinsamen Finanzierung oder der Mitglieder selbst in den Vordergrund treten können. Dies alles gilt jedoch nicht für Hardware- oder Softwarestandards,
bei denen es für gewöhnlich kaum eine wirksame Methode gibt, um langfristig unerwünschte Fremdhersteller vom Markt zu halten. Wie nochmals an der Kontroverse zwischen Samuelson und Minasian verdeutlicht wurde, richtet sich daher das Interesse zuallererst auf
die Frage einer möglichen Bereitstellung solcher Standards. Dementsprechend ist für unsere
Untersuchung auch das Schwarzfahrer- oder Angebotsproblem öffentlicher Güter der zentrale Punkt; der Punkt, den Wicksell als erster in aller Deutlichkeit bei Kollektivgütern ansprach und den Olson in seiner *Logik des kollektiven Handelns* genauer untersuchte.

C. Kollektivgüter und die Theorie der Gruppen

Im Anschluß an die *Finanztheoretischen Untersuchungen* von Wicksell haben viele
Wirtschaftswissenschaftler seine Auffassung vom Problem der Finanzierung staatlicher Leistungen übernommen und die Anwendung von Zwang als notwendig erachtet, um kollektive
Bedürfnisse erfüllen zu können. Genauso wie in diesem Punkt stimmten seine Nachfolger
mit ihm auch darin überein, daß sich die Fälle öffentlicher Güter auf die traditionellen Tätigkeiten des Staates beschränken und daß demzufolge die Zahl derjenigen, für die ein Kollektivgüterangebot von Nutzen ist, praktisch unbegrenzt sei. So schrieb Lindahl in der *Gerechtigkeit der Besteuerung*, daß „das ausschlaggebende Moment, das eben eine öffentliche
Gemeinwirtschaft bedingt, ... darin [läge, H.J.], daß die öffentlichen Güter, nach der Auffassung der Individuen, *sämtlichen Mitgliedern der Gemeinschaft* zugute kommen"[167] .

---

[166] Einen allgemeinen Überblick über die Vielfalt in der Theorie der Klubs geben u.a. Todd Sandler
und John T. Tschirhart [dieselben, 1980]. Zu den einzelnen Aspekten siehe Deserpa, Allan C.,
1978, Tollison, Robert D., 1972, und Pauly, Mark V., 1970.

Auch er teilte die Meinung seines Lehrers Wicksell, daß aus diesem Grund Zwang zur Finanzierung öffentlicher Güter unumgänglich sei. Lindahl fährt an dieser Stelle fort: „Hierdurch wird nämlich ein gemeinsames ökonomisches Vorgehen aller Mitglieder der Gesellschaft notwendig, das jedoch nicht zustande kommen kann, wenn nicht gewisse gemeinsame Beschlüsse gefaßt werden, die dann dem Individuum gegenüber *bindend* sind. ... Das eben prägt der öffentlichen Wirtschaft den Charakter eines *Zwangshaushalts* auf"[168] .

Noch vierzig Jahre nach Lindahl nahm Musgrave in der *Theory of Public Finance* nur den Spezialfall an, daß das einzelne Individuum keinen merklichen Einfluß auf die Höhe eines Kollektivgüterangebotes hätte, weil es nur eins unter vielen sei. Die Besonderheit von öffentlichen Bedürfnissen, von „social wants", läge gerade darin, daß ihre Befriedigung allen zugute käme: „Social wants are those wants satisfied by services that must be consumed in equal amounts by all. ... Consider, for instance, such items as a flood-control project ... ; expenditures for the judiciary system ... ; or protection against foreign aggression. All these contribute to the welfare of the whole community"[169] . Aus dieser Besonderheit folge, daß der Marktmechanismus dort versage, wo „the satisfaction derived by any individual consumer is independent of his own contribution", weil „the individual consumer is but *one among many*, and any contribution he may render covers only a small part of the total cost"[170] .

So war sich die ältere Theorie öffentlicher Güter in dem Punkt einig, daß bei gemeinschaftlichen Bedürfnissen der Staat grundsätzlich den Markt zu ersetzen habe, weil von vornherein immer angenommen wurde, daß die Öffentlichkeit, die von kollektiven Gütern profitiert, die ganze Gesellschaft umfasse und dementsprechend sehr groß sei. Es fiel daher gar nicht besonders auf, wie weitreichend eigentlich die Annahme einer umfangreichen Gruppe von Nutznießern war. Einmal blieb es meist unausgesprochen oder wurde höchstens beiläufig miterwähnt, daß es für die Wicksell'sche Nichtspürbarkeit allein nicht genügt, daß Kollektivgüter einer Öffentlichkeit *nicht vorenthalten* werden können, sondern daß diese Öffentlichkeit darüber hinaus *notwendigerweise sehr groß* sein muß. Vor allem aber wurde verdeckt, daß auch ein privates Angebot öffentlicher Güter zustande kommt: dann nämlich, wenn zum Kreis der Konsumenten einmal *nicht alle* Mitglieder einer Gesellschaft gehören[171] . Trotzdem aber war diese Einschränkung der Theorie öffentlicher Güter nicht will-

---

[167] Lindahl, Erik, 1919, S. 58, Hervorhebung im Original.

[168] Lindahl, Erik, 1919, S. 58, Hervorhebungen im Original.

[169] Musgrave, Richard A., 1959, S. 8/9.

[170] Musgrave, Richard A., 1959, S. 9, Hervorhebung vom Verfasser.

[171] In der *Gemeinwirtschaft* von Margit Cassel findet sich ein ganz vager Hinweis darauf, daß durch

kürlich. Sie war zumindest solange begründet, wie man allein die Ausgaben für staatliche Grundleistungen erklären wollte und annahm, daß äußere Sicherheit, Justiz- und Ordnugswesen, Bildung und Kultur usw. die einzigen Güter oder Dienste wären, auf die die Theorie anwendbar sei.

1. Der Einfluß der Gruppengröße auf das Kollektivgüterangebot

Die eben erwähnte Rechtfertigung für eine spezielle Theorie öffentlicher Güter, die ausschließlich staatliche Tätigkeit zu erklären versuchte, brach jedoch in dem Augenblick zusammen, als Olson in der *Logik des kollektiven Handelns* zeigen konnte, daß die Theorie viel allgemeiner ist als bis dahin angenommen wurde. Private Interessengruppen wie Berufsverbände, Gewerkschaften, Arbeitgebervereinigungen und andere, auch nicht wirtschaftlich orientierte Lobbies, glichen – so Olson – dem Staat darin, daß sie ebenfalls Güter anbieten, die, wenn sie einmal bereitgestellt worden sind, zwangsläufig jedem Mitglied innerhalb der Gruppe zugute kommen. Die grundlegende Funktion aller privaten und öffentlichen Organisationen sei es nunmal, im gemeinsamen Interesse zu handeln und kollektive Güter bereitzustellen, so daß „a state is first of all an organization that provides public goods for its members, the citizens; and other types of organizations similarly provide collective goods for their members"[172] . Wenn aber auch das gemeinschaftliche Ziel einer nicht-staatlichen Vereinigung genau die Eigenschaft eines solchen Kollektivgutes besitzt, das, „if any person X_i in a group X_1, ... , X_i, ... , X_n consumes it, it cannot feasibly be withheld from the others in that group", dann ist das Schwarzfahrerproblem für private Organisationen ebenso aktuell wie für den Staat[173] . So wie alle Einwohner an den Vorteilen

---

die Anzahl der Mitkonsumenten bestimmt werden könnte, inwieweit öffentliche Güter eventuell auch privat bereitgestellt werden. Ein solcher Hinweis fände sich dann, wenn die vergleichsweise kleine Öffentlichkeit von Stadtstaaten das – wie Cassel es nennt – „gesellschaftliche Bewußtsein" stärkt. Sie schreibt: „Wie weit reicht nun die private Initiative aus zur Befriedigung reiner Kollektivbedürfnisse? ... Teilweise ist die Frage auch davon abhängig, wie stark das gesellschaftliche Bewußtsein entwickelt ist. In einer Stadt mit eigener Regierung, wie z.B. Florenz unter der Herrschaft der Mediceer, wo Mitbürgertum und Lokalpatriotismus einen Höhepunkt erreichten, können gemeinsame Bedürfnisse in sehr großem Umfange von Privatpersonen freiwillig befriedigt werden" [Cassel, Margit, 1925, S. 63].

[172] Olson, Mancur, 1965, S. 15.

[173] Olson, Mancur, 1965, S. 14. Wie auch ein weiteres Zitat aus der *Logik* belegt, ist die Bedeutung (-slosigkeit) der Nichtrivalität für das Angebotsproblem öffentlicher Güter selten so klar gesehen worden wie von Olson: „Head has also shown most clearly that nonexcludability is only one of the two basic elements in the traditional understanding of public goods. The other, he points out, is 'jointness of supply'. ... By the definition used here, *jointness is not a necessary attribute of a public*

aus einem Kollektivgut ihrer Gebietskörperschaft teilhaben, ohne daß ihnen dies verwehrt werden kann, so erfährt das einzelne Gruppenmitglied jede Verbesserung seiner persönlichen Situation *unabhängig* davon, ob es nun die Lobbytätigkeit der eigenen Gruppe unterstützt oder nicht. Aus diesem Grund stehen private Organisationen, die die gemeinsamen Interessen vieler vertreten, vor den gleichen Schwierigkeiten, vor denen auch öffentliche Gebietskörperschaften stehen, wenn es um ihre Finanzierung geht. Kein Staat kann berechtigterweise darauf hoffen, sich durch freiwillige Abgaben seiner Untertanen erhalten zu können; und genausowenig können auch größere private Organisationen nicht überleben, wenn sie nicht steuerähnliche Zwangsbeiträge erheben bzw. Zwangsmitgliedschaften durchsetzen können oder wenn sie nicht zusätzlich auch private Güter anbieten, über deren Verkauf das kollektive Gut mitfinanziert wird[174].

Obgleich Staaten wie andere, private Interessenverbände kollektive Güter anbieten, unterscheiden sie sich von ihnen doch in einem wichtigen Punkt. Staatliche Gebietskörperschaften sind immer relativ große, umfassende Organisationen, private Vereinigungen dagegen oft auch kleinere, weniger mitgliederstarke Zusammenschlüsse. Wenn nun aber die Anzahl derjenigen, die durch ihr gemeinsames Interesse an einem Kollektivgut verbunden sind, sehr wohl verschieden groß sein kann, dann läuft die Logik des kollektiven Handelns nicht unbedingt auf reines Schwarzfahren hinaus. Denn wie Olson nachweisen konnte, hängt es in erster Linie von der Anzahl der Mitglieder ab, ob eine Gruppe in der Lage sein wird, auch ohne Zwang und nicht-kollektive Anreize im gemeinsamen Interesse zu handeln. Entscheidend sei, inwieweit von den individuellen Beiträgen, die dem Erreichen des Gruppenziels dienen, ein fühlbarer Vorteil für denjenigen ausgehe, der die Zahlung erbracht habt, und inwieweit solche Anstrengungen von den anderen in der Gruppe wahrgenommen werden. Es käme eben darauf an, „whether any two or more members of the group have a perceptible interdependence, that is, on whether the contribution or lack of contribution of any one individual in the group will have a perceptible effect on the burden or benefit of any other individual or individuals in the group. ... This is most obviously, but not exclusively, a function of the number of the group"[175]. Wenn jedoch die Größe einer Gruppe insoweit rele-

---

good. As later parts of this chapter will show, at least one type of collective good considered here exhibits no jointness whatever, and few if any would have the degree of jointness needed to qualify as pure public goods" [Olson, Mancur, 1965, S. 14, Fußnote 21, Hervorhebung vom Verfasser].

[174] So schreibt Olson: „And just as a state cannot support itself by voluntary contributions, or by selling its basic services on the market, neither can other large organizations support themselves without providing some sanction, or some attraction distinct from the public good itself, that will lead individuals to help bear the burdens of maintaining the organization" [Olson, Mancur, 1965, S. 15/16].

vant ist, als daß sie die Wahrnehmbarkeit der individuellen Beiträge beeinflußt, und die Handlungen einzelner Mitglieder um so unbedeutender und unmerklicher sind, je größer eine Gruppe ist, dann leitet sich daraus ab, daß „the larger a group is, the farther it will fall short of obtainnig an optimal supply of any collective good, and the less likely that it will act to obtain even a minimal amount of such a good. In short, the larger the group, the less it will further its common interests"[176]. Andererseits werden Gruppen, selbst wenn sie über keine Möglichkeit verfügen, Zwang auszuüben oder das Gemeinschaftsgut im Verbund mit privaten Gütern anzubieten, auch dann kollektiv handeln, wenn nur die Öffentlichkeit, für die ihr Handeln bestimmt ist, klein genug ist. In diesem Fall ist zu erwarten, daß die Kosten dafür freiwillig getragen werden, weil „in some small groups each of the members, or at least one of them, will find that his personal gain from having the collective good exceeds the total cost of providing some amount of that collective good; there are members who would be better off if the collective good were provided, even if they had to pay the entire cost of providing it themselves, than they would be if it were not provided"[177].

Die Beziehung, die Olson entdeckte und die zwischen der Größe einer Gruppe und dem Verhalten ihrer Mitglieder besteht, wirft aber nicht nur ein neues Licht auf Tarifverträge, staatliche Preisstützungen, Zölle, Kartellabsprachen oder andere Ergebnisse privater Lobby-

---

[175] Olson, Mancur, 1965, S. 45.

[176] Olson, Mancur, 1965, S. 36. Der von Olson vermutete (inverse) Zusammenhang zwischen der Größe einer Gruppen und ihrer Handlungsfähigkeit setzt natürlich eine gewisse Teilbarkeit des Kollektivgüterangebotes voraus. Denn je weniger eine solche Teilbarkeit möglich ist, desto ungenauer kann die bereitgestellte Menge eines Kollektivgutes der jeweiligen Mitgliederzahl einer Gruppe angepaßt werden.

[177] Olson, Mancur, 1965, S. 33/34. Streng genommen ist die Bedingung, daß für irgendjemanden in der Gruppe der Nutzen aus dem Kollektivgut die Gesamtkosten einer Bereitstellung übersteigt, allein nicht ausreichend, damit das Gut beschafft wird. Es muß noch hinzukommen, daß zumindest eines der Mitglieder, die sich durch ein eigenes Kollektivgüterangebot besserstellen könnten, keine anderweitige Verwendung der hierfür gegebenenfalls eingesetzten Ressourcen hat, die einen höheren Nutzen erwarten ließe.

Die Vermutung von Olson, daß es dann zu gruppenorientiertem Handeln kommt, wenn für mindestens ein Mitglied auch bei Anrechung der Gesamtkosten noch ein persönlicher (Netto-) Vorteil verbleibt, verdeutlicht den grundlegenden Unterschied seiner Gruppentheorie zur traditionellen Theorie der Gruppen bzw. zu den orthodoxen Theorien der Pressure Groups, wie sie von vielen Soziologen und Politologen vertreten werden. Während Olson einen individualistischen Zugang wählt und die Handlungsfähigkeit von Gruppen mit der Aussicht auf solche Vorteile erklärt, die den einzelnen Mitgliedern nach Abwägung aller mit einem Kollektivgüterangebot verbundenen Kosten verbleiben, wird die Förderung eines gemeinsamen (Gruppen-) Interesses in den soziologischen Ansätzen auf solidarische Motive zurückgeführt, die bei kollektiven Bedürfnissen zum Vorschein kommen.

tätigkeit; sie ermöglicht auch einen anderen Blickwinkel bei der Betrachtung von Hardware- und Softwarestandards. Aus dieser Logik des kollektiven Handelns folgt, daß einzelne Hersteller oder Anwender nur auf den Märkten Standards unterstützen oder initiieren, auf denen ihnen ein bedeutender Anteil am Gesamtvorteil aus der Kompatibilität sicher ist. Genauso wie die Anreize, die vom Kollektivgut selbst ausgehen, ausschließlich Mitglieder kleinerer Gruppen dazu bewegen können, sich für das gemeinsame Interesse einzusetzen, werden Computerstandards nur dort privat finanziert werden, wo der Kreis derer, die an den „Nutzleistungen" eines Standard teilhaben, nur wenige einschließt, die daran kostenlos teilhaben können; nur dort fallen die Vorteile noch wahrnehmbar auf diejenigen zurück, die die Standardisierung finanziert haben. Inwieweit Computerstandards in diesem Sinne exklusiv genutzt werden können, hängt von einer Reihe von Faktoren ab. Patentrechtlicher Schutz und stark monopolistisch strukturierte Teilmärkte begrenzen ebenso die Zahl möglicher Fremdhersteller wie besondere Vorkehrungen, die ein Unternehmen zur Geheimhaltung technischer Daten oder zur Software-Verschlüsselung treffen kann und die ein erfolgreiches „reverse engineering" unwahrscheinlich machen oder hinauszögern[178] .

Aus Olson's Argument aber folgt noch etwas anderes. Selbst wenn es in einem Marktsegment so zu einer Standardisierung kommt, wie es für gewöhnlich in kleinen Gruppen gelingt, irgendein Kollektivgut bereitzustellen, werden die dafür freiwillig aufgebrachten Mittel nicht die Höhe erreichen, die sie erreichen würden, wären Standards private Güter. Mit anderen Worten: Da das Schwarzfahrerproblem selbst bei der kleinsten Klientenschaft, die ein gemeinsames Ziel verfolgt, nie vollständig verschwindet, werden Computerstandards insoweit unzureichend sein, als sie nicht das Ausmaß an Kompatibilität erzeugen, das von den Beteiligten als optimal eingeschätzt und gewünscht wird. Doch niemand wird sich dafür einsetzen, diesem Mangel abzuhelfen; denn, wie Olson anmerkt, „even in the smallest groups, however, the collective good will not ordinarily be provided on an optimal scale. That is to say, the members of the group will not provide as much of the good as it would be in their common interest to provide"[179] .

Obwohl wir natürlich keineswegs erwarten dürfen, daß eine Theorie alle Befunde eines Phänomens erschöpfend erklärt, sollte sie zumindest alle große Fälle des untersuchten Phänomens erklären können. Es gibt aber mindestens zwei sehr bekannte und einflußreiche

---

[178] Da Softwareentwicklungen im allgemeinen einem weitreichenden patent- bzw. urheberrechtlichen Schutz unterliegen, tritt hier oftmals das Schwarzfahrer- oder Angebotsproblem in den Hintergrund. Insoweit unterscheiden sich die Anreize bei Softwarestandards vielfach nicht wesentlich von den Anreizen, denen die Anbieter „reiner" Individualgüter ausgesetzt sind.

[179] Olson, Mancur, 1965, S. 34.

Computerstandards, die nicht mit Olson's grundlegender Vermutung übereinstimmen, daß sich innerhalb einer Gruppe immer weniger finden werden, die bereit sind, für ein Kollektivgut zu zahlen, je größer die Gruppe wird. Wie sich erahnen läßt, handelt es sich dabei um die IBM PC-Architektur und um die SPARC-Technologie von Sun Microsystems, die beiden bereits mehrfach erwähnten Fälle, in denen eine Strategie der (weitgehend) „offenen Architektur" gewählt wurde, um einen Marktstandard zu etablieren[180] . Die Tatsache, daß wir in diesem Sinne „offene" Industriestandards beobachten können, läßt aber nicht nur vermuten, daß eine Erklärung der Kollektivgütermenge durch die Gruppengröße im hohen Maße unvollständig ist. Dies deutet auch darauf hin, daß es etwas gibt, was öffentlichen Gebietskörperschaften, privaten Organisationen großer Gruppen und Unternehmen, die „offene" Computerstandards schaffen, gemeinsam ist. Denn wenn das Kollektivgüterproblem besonders in größeren Gruppen individuelle Beiträge zur Förderung gemeinsamer Interessen unterbindet, dann folgt daraus, daß es weder ein staatliches Angebot öffentlicher Grundleistungen geben kann, noch Organisationen, die eine große Klientenschaft repräsentieren, noch Computerstandards, die aus „offenen Architekturen" resultieren; es sei denn, es gäbe besondere Umstände, die die Existenz von Staaten, von großen, handlungsfähigen Interessengruppen oder von Unternehmen erklären, die über „offene Architekturen" Standards setzen. Kurz: Die Gemeinsamkeit dieser drei Anbieter öffentlicher Güter liegt darin, daß sie durch etwas anderes als eine geringe Gruppengröße zum kollektiven Handeln bewegt bzw. befähigt werden.

---

[180] Zur Verteidigung der Gruppentheorie ist allerdings vor einem voreiligen Schluß zu warnen. Selbst Computerstandards wie die zwei genannten, bei denen Originalhersteller technische Daten freigeben und damit eine nichtbegrenzbare Anzahl von meist kleineren Fremdherstellern heraufbeschwören, sind keine Fälle, die die Theorie zum jetzigen Zeitpunkt, wo noch nicht alle Feinheiten der *Logik* vorgestellt wurden, widerlegen (könnten). Denn solange nicht die Gründe im einzelnen und abschließend genannt wurden, warum die bereitgestellte Menge eines Kollektivgutes „most obviously, *but not exclusively*, a function of the number in the group" sei, kann das Zustandekommen von kollektivem Handeln in großen Gruppen immer durch neue Argumente ad-hoc „erklärt" werden [Olson, Mancur, 1965, S. 45, Hervorhebung vom Verfasser]. Die Existenz großer Gruppen, die entgegen dem, was man erwarten sollte, sich organisieren oder in denen auf irgendeine andere Art und Weise kollektive Interessen vertreten werden, sagt uns also nur, daß der einfache Zusammenhang zwischen der Größe einer Gruppe und ihrem Verhalten nicht immer zutrifft. Dies ist auch der Grund dafür, warum hier kein Fall eines Computerstandards erwähnt wird, für den diese Beziehung gilt. Wenn kein Ereignis angegeben werden kann, das, wäre es zu beobachten, die Theorie in der vorliegenden Form widerlegt, wären selbst zahllose Bestätigungen nicht wert, genannt zu werden. Im übrigen würde eine genaue Prüfung an dieser Stelle nur viel von dem vorwegnehmen, was das vierte Kapitel enthält.

Die älteste Erklärung für einen dieser drei Anbieter ist die für den Staat. Bekanntlich können Staaten nur durch die *Anwendung von Zwang* unterhalten werden, weil ihre Güter und Dienste annähernd „reine" öffentliche Güter sind: Die Vorteile, die dem einzelnen aus der Entrichtung seiner Steuerschuld erwachsen, sind weder von ihm selbst noch von anderen wahrnehmbar. Tatsächlich werden schon auf kommunaler Ebene mit öffentlichen Geldern solche Kollektivgüter zur Verfügung gestellt, die unter einer so großen Zahl von Individuen aufgeteilt werden und in vielen Fällen auch mit so beträchtlichen Kosten verbunden sind, daß der einzelne keine Verbesserung seiner persönlichen Versorgungslage feststellen kann, die gerade auf den eigenen Beitrag zurückzuführen wäre. Wie Wicksell betonte, werde „der Nutzen und Grenznutzen der Staatsleistungen ... für den Einzelnen [wird] also freilich im allerhöchsten Grade von dem abhängen, wieviel alle übrigen Mitglieder des Staates dafür zahlen, aber so gut wie gar nicht von dem, wieviel er selbst zahlt"[181] . Staaten kommen deshalb nicht umhin, sich zum größten Teil über Steuern, also über eine Einnahmeart, die gerade *zwangsweise* erhoben wird, zu finanzieren.

Doch Zwang kann offensichtlich keine Antwort für solche Anbieter von Kollektivgütern sein, die keine staatlichen Organisationen sind (oder auch keine halbstaatlichen, parafiskalischen Institutionen). Für solche privaten Anbieter gab Olson nun eine Erklärung. In seiner „Nebenprodukt"-Theorie großer Gruppen führt er aus[182] , warum sich Gruppen zum Teil selbst dann organisieren können, wenn sie die Interessen vieler vertreten und keine Möglichkeit haben, Zwangsbeiträge oder andere, steuerähnliche Abgaben zu erheben. Einerseits können also staatliche Kollektivgüter bereitgestellt werden, weil der einzelne der zwangsweisen Besteuerung unterliegt. Andererseits werden große Gruppen eine bedeutende Lobby bilden können, wenn ihre Organisation neben der Lobbytätigkeit selbst auch noch andere Funktionen ausübt, durch die die zum kollektiven Handeln nötigen Mittel besorgt werden können. Was aber ist für die zwei Fälle einer Standardisierung verantwortlich, in denen die Strategie einer „offenen Architektur" verfolgt wurde? Offensichtlich verfügt weder die IBM noch Sun Microsystems als ein privates Unternehmen über hoheitliche Einnahmequellen, so daß der Grund hier ein anderer sein muß als der, denen Staaten ihre Existenz zu verdanken haben. Es liegt also nahe zu fragen: *Kann der PC- bzw. SPARC-Standard nach dem gleichen Muster erklärt werden wie große Interessengruppen, die auf der Grundlage freiwilliger Mitgliedschaft deshalb kollektiv handeln können, weil die Verfolgung des Gemeinschaftsziels nur ein „Nebenprodukt" ihrer Organisation ist?*

---

[181] Wicksell, Knut, 1896, S. 100.
[182] Siehe Olson, Mancur, 1965, S. 132 ff..

2. Individualgüter als „selektive Anreize" für kollektives Handeln

Obwohl der einzelne in einer großen Gruppe für gewöhnlich keinen Anreiz hat, eine Lobby zu organisieren, die sich für die kollektiven Interessen einsetzt, so gibt es doch besondere Umstände, durch die auch größere Gruppen dazu befähigt werden, eine Organisation aufzubauen und zu unterhalten. Große Gruppen können sich dann der Unterstützung ihrer Mitglieder sicher sein und sich daher erfolgreich organisieren, wenn sie über etwas verfügen, was Olson einen *seletiven Anreiz* nannte. Darunter versteht man solche Anreize, die nicht wie die eines Kollektivgutes *unterschiedslos* auf alle in der Gruppe wirken, sondern *selektiv* auf die einzelnen Mitglieder. Da hierdurch diejenigen, die keinen Beitrag zum kollektiven Erfolg leisten, anders behandelt werden können als diejenigen, die etwas beitragen, wird das einzelne Mitglied dazu bewegt, seine Gruppenvertretung zu unterstützen[183]. Große Gruppen verdanken also oftmals ihre Fähigkeit zur Organisation nicht dem Umstand, daß sie kollektive Güter bereitstellen, sondern daß es ihnen gelingt, selektive Anreize zu entdekken und einzusetzen.

Wenn eine Organisation die Kosten der Gruppentätigkeit auf ihre Mitglieder verteilt, indem sie Schwarzfahrer auf irgendeine Art und Weise bestraft, so übt sie einen *negativen* selektiven Anreiz aus. Die bekannteste Organisation, die so verfährt, ist der Staat. Für gewöhnlich finanziert dieser kollektive Güter und Dienste, indem er finanzielle Verluste oder andere Sanktionen androht, die diejenigen treffen sollen, die ihre Steuergelder hinterziehen. Organisationen erwirken ihre Unterstützung jedoch nicht allein dadurch, daß sie ein Verhalten, das sich gegen die Gruppe richtet, *bestrafen*, sondern auch dadurch, daß sie zahlende Mitglieder individuell für ihr gruppenförderndes Handeln *belohnen*. In diesem Fall werden neben dem Kollektivgut gewisse nicht-kollektive Güter bereitgestellt, um dem einzelnen einen *positiven* selektiven Anreiz zu geben, seinen Beitrag zum Gruppenziel zu entrichten. Der Anreiz liegt hier darin, daß diese privaten Güter nur denen zugänglich sind, die auch ihren Kostenanteil für das Kollektivgut zu tragen bereit sind. Gezahlt wird also für ein kombiniertes Angebot aus einem kollektiven und einem nicht-kollektiven Gut, so daß der einzelne dazu bewegt wird, immer auch einen Teil der Lobbytätigkeit zu finanzieren. Dabei sind zwei Vorgehensweisen denkbar: Entweder berechtigt ein allgemeiner Beitrag zur Organisa-

---

[183] Wie Olson schreibt, kann gemeinsames Handeln durch einen „separate and 'selective' incentive" erreicht werden, „that operates, not indiscriminately, like the collective good, upon the group as a whole, but rather selectively toward the individuals in the group. The incentive must be 'selective' so that those who do not join the organization working for the group's interest, or in other ways contribute to the attainment of the group's interest, can be treated differently from those who do" [Olson, Mancur, 1965, S. 51].

tion, mit dem auch die Durchsetzung gemeinsamer Interessen finanziert wird, automatisch zur Mitnutzung *aller* nicht-kollektiven Vorteile. Selektive Anreize erscheinen dann wie private Vergünstigungen, in deren Genuß nur zahlende Mitglieder kommen. Oder selektive Anreize sind in dem Sinne wie private Güter, daß sie *einzeln* erworben werden können und nicht nur zusammen über einen pauschalen Mitgliedsbeitrag zu erhalten sind. Auch hier wird über den Erlös aus selektiv gewährten Vorteilen der Unterhalt der Organisation getragen. Selektive Anreize können also *pauschal* als Vergünstigungen oder *einzeln ausgewählt* als private Güter eingesetzt werden; in jedem Fall aber wird aus ihrem Überschuß das jeweilige Kollektivgut mitfinanziert. Aus diesem Grund ist die Förderung gemeinsamer Interessen nur ein „Nebenprodukt", dessen Bereitstellung sich nur solche Organisationen leisten können, die zusätzlich zu diesen kollektiven (Neben-) Diensten noch andere (Haupt-) Funktionen ausüben, die sich als selektive Anreize eignen.

Schon einige Jahre bevor die *Logik des kollektiven Handelns* geschrieben wurde, erkannte Thomas G. Moore, welche Bedeutung solche selektiven Anreize haben können, die über Individualgüter gruppenorientiertes Handeln fördern. Genau wie nach ihm Olson erwähnt Moore sie als eine Möglichkeit, um das Kollektivgüterproblem in größeren Gruppen – Moore untersuchte berufliche Standesvertretungen – überwinden zu können:

„How does the occupation raise the funds necessary for lobbying? It is in the interest of each member of the occupation to avoid contributing for a lobby. Weter a particular member contributes or not will have little or no effect on weter any lobbying is done and on how much is done. Why then does he contribute?

If the occupation has an association which furnishes certain services to its members which cannot be purchased at a competitive price elsewhere, then the association is in the position of a monopolist; it faces a downward slopinp demand curve. The services it furnishes may be journals, meetings, a certificate of membership, information about new developments, advertisements, and so forth. All occupational associations furnish some service of this type. While many associations have strong competition from other sources furnishing the same services, other may have little competition. To the extent that the association faces a downward sloping demand curve, it can act as a monopolist to raise funds for lobbying"[184].

Das Zitat ist jedoch nicht nur theoriegeschichtlich insoweit interessant, als es nicht Olson war, der als erster mit selektiven Anreizen die Tatsache erklärte, daß sich mitunter auch große Gruppen organisieren. Der eigentliche Punkt, der diesen Abschnitt erwähnenswert

---

[184] Moore, Thomas G., 1961, S. 114.

macht, ist der, daß Moore hier schon etwas ansprach, was für die Wirksamkeit selektiver Anreize von größter Bedeutung ist. Darüber hinaus ist das, was er zur Finanzierung kollektiver Güter durch Individualgüter geschrieben hat, viel eindeutiger und klarer als das, was dazu bei Olson in der *Logik* zu lesen ist. Doch zuerst zu Moore. Wie vornehmlich der abschließende Satz des Zitates belegt, vermutet er, daß sich eine Organisation die nötigen Mittel zur Bereitstellung eines Kollektivgutes besorgen kann, indem sie ihre Monopolstellung bei bestimmten privaten Gütern ausnutzt.

Genau genommen hätte Moore hier sogar darauf hinweisen müssen, daß eine Organisation über einen gewissen Grad an monopolistischer Macht verfügen *muß*, um die gemeinsamen Interessen ihrer Mitglieder vertreten zu können. Warum die Monopolstellung eine notwendige Bedingung ist, damit selektive Anreize ihre gewünschte Wirkung zeigen, sei an einer Organisation veranschaulicht, die nur ein privates und ein kollektives Gut bereitstellt. Hier müssen die Gruppenmitglieder für das private Gut mehr zahlen als die reinen (Grenz-) Kosten, weil auch jene Kosten getragen werden müssen, die durch das Kollektivgut entstehen. Demnach muß der Preis des privaten Gutes mindestens die Produktionskosten beider Güter decken. Dies kann er aber nur, solange er über den Grenzkosten des privaten Gutes liegt, was nur im Monopolfall möglich ist. Daher ist auch der Umfang, in dem eine Lobbytätigkeit durchführt wird, von der Verfügbarkeit monopolistischer Spielräume abhängig (was Moore richtigerweise herausstellt). So kann eine Organsation ihre Lobbytätigkeit nur solange ausweiten, solange die Monopolrente aus dem Verkauf des privaten Gutes noch über den (Grenz-) Kosten des kollektiven Gutes liegt. Wenn das private Gut jedoch von anderer Stelle allein und damit zu den eigenen Grenzkosten angeboten würde, dann wäre das Angebot der Organisation zwar immer noch *selektiv* in seiner Wirkung; es wäre jedoch kein *Anreiz* mehr, da die Bedürfnisbefriedigung, die es verspricht, außerhalb der Organisation günstiger zu haben wäre.

So hatte Moore die Bedeutung des Monopols richtig eingeschätzt und erkannt, daß eine Gruppe sich organisieren kann, wenn sie alleiniger Anbieter ihrer nicht-kollektiven Güter ist. Bei Olson liegt die Sache etwas anders. Er sah zwar auch, daß ein gewisser Grad an monopolistischer Macht notwendig ist, um über selektive Anreize Lobbies aufzubauen. Anders als bei Moore ist es bei ihm aber nicht ohne weiteres zu entnehmen, daß die Monopolrente aus dem Angebot der *nicht-kollektiven* Güter stammt. Obwohl eigentlich alles in der *Logik* sonst dafür spricht, daß der Überschuß auf den Verkauf der Individualgüter zurückzuführen sein muß, ist dies nicht eindeutig der Stelle zu entnehmen, an der in der *Logik* die Monopolbedingung fast beiläufig in einer Fußnote erwähnt wird. Olson schreibt dort: „Eine wirtschaftliche Organisation in einem Gleichgewichtsmarkt bei vollständiger Konkurrenz, die keinen speziellen Wettbewerbsvorteil hat, der ihr eine große Rente einträgt, hätte keine Gewinne oder andere verfügbare Hilfsquellen ... " [185] . Man erwartet eine Fortsetzung dieses Satzes, die so oder so ähnlich lauten könnte: „ ... oder andere verfügbare Hilfsquellen, wie sie die Organisation sonst als Monopolist aus selektiven Anreizen, also aus dem Verkauf nicht-kollektiver Güter, hätte erzielen können, um sich zu finanzieren". Olson aber fährt fort: „ ... no 'profits' or other spare resources it could use as selective incentive for a lobby. Nonetheless there are many organizations that do have spare returns they can use for selective incentives", und nachfolgend: „for somewhat similar reasons, a social organizations may also be a source of a surplus that can be used for selective incentives" [186] . Man kann hier den Eindruck gewinnen, als führten nicht die selektiven Anreize zu Monopolrenten, d.h. zu Einnahmen, sondern umgekehrt, als dienten die Einkünfte aus Monopolrenten ihrerseits zur Finanzierung selektiver Anreize. Natürlich ist dies naheliegend; dann vor allem, wenn selektive Anreize als Vergünstigungen oder Vorteile eingesetzt werden, die nur Mitglieder erhalten: „Only an organization that ... provided social or recreational benefits to individual members, would have a source of these positive inducements" [187] . Es ist jedoch irreführend, davon zu sprechen, daß Vergünstigungen gewährt werden oder Mitglieder mit besonderen Vorteilen versorgt werden. Man könnte dann vermuten, daß derjenige, der einen selektiven Anreiz ausnutzt, etwas einspart oder sonstwie finanziell besser gestellt wird. Dies ist aber nachweislich nicht so. Wenn jeder, der eine Organisation unterstützt, als regelrechte Belohnung dafür auch ein privates Gut billiger, d.h. unter dessen Grenzkosten, erwerben könnte, dann wären aus den Mitteln der Organisation nicht nur die kollektiven Güter zu bezahlen, sondern darüber hinaus auch noch der Zuschuß bei den privaten Gütern abzudecken. Selektive Anreize machen es in dieser Form sogar *unwahrscheinlicher*, daß sich eine Gruppe organisiert, und nur sehr kleine Gruppen oder Gruppen, die einen sehr erheblichen Gewinn aus dem Kollektivgut erwarten, könnten sich dann den Luxus selektiver Anreize leisten[188] .

---

[185] Deutsche Übersetzung aus Olson, Mancur, 1985, S. 131, Fußnote 2. Im Original heißt es: „An economic organization in a perfectly competitve market in equilibrium, which had no special competitive advantage that could bring it a large amount of 'rent', would have no 'profits' or other spare resources ... " [Olson, Mancur, 1965, S. 133, Fußnote 2].

[186] Olson, Mancur, 1965, S. 133, Fußnote 2.

[187] Olson, Mancur, 1965, S. 133.

[188] In seiner Abhandlung über *Die Gerechtigkeit der Besteuerung* nahm Lindahl schon 1919 das vorweg, was Olson später selektive Anreize nannte: „Unter den privatwirtschaftlichen Einnahmen in weiterem Sinne, die dem Staate aus der erwerbsmäßigen Tätigkeitskategorie zufliessen, nehmen die

Die Art und Weise, wie selektive Anreize wirken, kann besser verstanden werden, wenn vom *Erwerb* privater Güter statt von einer Gewährung von *Vergünstigungen* gesprochen wird. Hierin zeigt sich eher, daß für denjenigen, der die nicht-kollektiven Leistungen tatsächlich beansprucht, erhebliche Kosten entstehen – Kosten für die privaten Güter und (!) anteilig für die Lobbytätigkeit. Aber in dieser Formulierung liegt noch ein weiterer Vorteil. An ihr wird erkennbar, daß ein Monopol nicht nur aufgrund der Rente, die es für die Organisation einbringt, sondern auch noch aus einem anderen Grund notwendig ist. Wenn selektive Anreize dem Kauf bzw. Verkauf privater Güter gleichen, dann muß es auch hier wie bei jedem freiwilligen Tauschakt für beide Seiten vorteilhaft sein, ihn durchzuführen. Für die Seite der Organisation wissen wir schon, daß ein Angebot selektiver Anreize für sie nur dann vorteilhaft und zweckdienlich ist, wenn sie über das Monopol bei den entsprechenden nicht-kollektiven Gütern verfügt (auf Konkurrenzmärkten könnte sie ja keine Überschüsse erzielen, mit denen die Kosten des Kollektivgutes zu decken wären). Aber wie schon gesagt: Es gibt noch einen zweiten Grund, weshalb ein Monopol für die erwünschte Wirkung selektiver Anreize notwendig ist; einen Grund, der von der Nachfrageseite ausgeht. Selektive Anreize können offensichtlich nur dann Gruppenangehörige dazu bewegen, einen Teil der Kollektivgutkosten zu tragen, wenn die privaten Güter anderswo nicht zu erhalten sind. Denn unter Konkurrenzbedingungen wären diejenigen, die die nicht-kollektiven Güter nachfragen, nicht bereit, sie bei der Organisation ihrer Gruppe zu einem Preis zu erwerben, der über den Grenzkosten liegt; in diesem Fall gäbe es auch Angebote, die, weil sie das Kollektivgut nicht mitenthalten, allein den Grenzkosten der privaten Güter entsprechen. Wenn also

---

Erträge der sog. Finanzmonopole eine besondere Stellung ein. Bei ihnen tritt nämlich das fiskalische Interesse in den Vordergrund – in der Regel sind ja diese Monopole gerade um der Einnahmen willen eingerichtet –, und die Preise der betreffenden Güter werden demgemäss meistens auch erheblich höher als die Kosten festgesetzt. ... Betreffs der übrigen zu dieser Kategorie gehörenden Erwerbseinkünfte ... , die also nicht monopolisiert sind, ist in diesem Zusammenhang nicht viel zu sagen, da sich die öffentliche Preispolitik dabei im grossen und ganzen nach dem allgemeinen Marktpreis richten muss" [Lindahl, Erik, 1919, S. 157/158]. Lindahl war sogar in zwei Punkten weiter als Olson. Wie dem Zitat zu entnehmen ist, wies er einmal darauf hin, daß die Finanzierung und folglich die Existenz von Staaten nicht ausschließlich auf Zwang, sondern in einem gewissen Rahmen auch auf *positiven* selektiven Anreizen beruhen kann. Dagegen hatte Olson, genau wie Wicksell, vorgetragen [in Olson, Mancur, 1965, S. 98 ff., und in derselbe, 1991 b, S. 23/24], daß sich Staaten durch eine zwangsweise Besteuerung unterhielten und daß daher der einzelne Bürger vornehmlich als Steuerzahler und nicht auch als Käufer privater Güter bei staatlichen Monopolen anzusehen sei. Zum anderen läßt Lindahl's Analyse keinen Zweifel daran, daß selektive Anreize *Einnahmequellen* und keine *Zuschußgeschäfte* großer Organisationen sind und daß es die *nicht-kollektiven* Güter oder Dienste sein müssen, bei denen der Staat über das Angebotsmonopol verfügen muß.

eine Organisation über selektive Anreize beitragszahlende Mitglieder gewinnen will, dann muß diese Organisation nicht nur deshalb einen gewissen Grad monopolistischer Macht bei den nicht-kollektiven Gütern besitzen, um einen *Überschuß* zu erzielen, wie es Moore und Olson sahen; wenn sie keinen anderen Wettbewerbsvorteil einsetzen kann, so muß sie auch deshalb über dieses Monopol verfügen, weil andersfalls selektive Anreize ihre *Anziehungskraft* für die Mitglieder verlieren.

Die Tatsache, daß selektive Anreize oftmals (große) Gruppen befähigen, sehr einflußreiche und mit beträchtlichen Mitteln ausgestattete Organisationen hervorzubringen, legt es nun nahe zu vermuten, eine Produktpolitik der „offenen Architektur" könnte ebenso auf das Vorhandensein selektiver Anreize zurückzuführen sein. Wenn dies tatsächlich auch die Ereignisse um die PC-Architektur und die SPARC-Technologie erklären sollte, dann müßten solche individuellen Vorteile für die IBM bzw. für Sun Microsystems bestanden haben, die genau den Eigenschaften selektiver Anreize entsprochen hätten. Wie den vorherigen Absätzen zu entnehmen ist, wären dafür folgende Merkmale zu erfüllen gewesen: (1) Es gab mindestens einen *selektiven* Vorteil, d.h. einen Vorteil, der nicht auch allen anderen Unternehmen zugute kam; (2) die *Monopolbedingung* traf zu; (3) und der Anreiz kam nicht über das Kollektivgut selbst zur Wirkung, sondern ging von einem *nicht-kollektiven* Gut aus[189] . Wir werden also nach etwas suchen müssen, das die IBM bzw. Sun Microsystems *zusätzlich und auf eine andere Art* als ihre Konkurrenten von der jeweiligen Standardisierung profitieren ließ.

Die Vorgänge auf dem PC-Markt und auf dem Markt für SPARC-kompatible Workstations deuten darauf hin, daß es mindestens zwei Vorteile gegeben haben mußte, die ausschließlich IBM bzw. Sun nutzen konnten. Die Unternehmen erwarben unter allen anderen Herstellern kompatibler Rechner nicht nur ein Renommee, wie es ausschließlich Originalherstellern zuteil wird. Beide konnten auch einige Zeit übernormal hohe Gewinnraten erzielen, da die jeweiligen Fremdhersteller trotz der Freigabe der Daten nicht umgehend alle Bezugsquellen und Zulieferer erschlossen hatten, um komplette Systeme anbieten zu können. Offenbar wirken beide speziellen Wettbewerbsvorteile in dieselbe Richtung; sie verschaffen

---

[189] Es liegt nahe anzunehmen, daß nur von einem nicht-kollektiven Gut, also von einem Individualgut, auch ein individueller oder selektiver Vorteil ausgeht und daß daher die dritte Bedingung (ein nicht-kollektives Gut als Anreiz) das erste Merkmal (selektive Bevorteilung) miteinschließt. Dies ist jedoch nicht der Fall. Denn offensichtlich kann es zu einer selektiven Besserstellung kommen, indem ein zahlendes Mitglied entweder einen größeren Nutzen bzw. höheren Nutzenanteil am Kollektivgut erhält oder aber indem es durch seinen Beitrag zum Gruppenziel zusätzlich ein privates Gut erlangt.

einem Unternehmen, das seine Technologie als Marktstandard durchsetzt, zeitweise einen gewissen Grad monopolistischer Macht. Wie selektiv sich dieser nutzen läßt, bewies die IBM. Das Image, exklusiver Hersteller für vollkompatible Rechner zu sein, gepaart mit dem Glauben an Markentreue und an eine überlegene Qualität eines „original-IBM" PC's, verhalfen dem Unternehmen zu ungewöhnlich hohen Absatzzahlen selbst bei Preisen, die sich gegenüber denen anderer Hersteller nicht durch objektive Leistungsdaten rechtfertigen ließen. So dauerte es noch einige Jahre, bis die Klones zur echten Konkurrenz für den IBM PC wurden, obwohl schon 1982, ein Jahr nach dessen Einführung, mit dem Columbia MPC von Columbia Data Products der erste kompatible PC auf den Markt kam. Einen vergleichbaren Vorsprung kann Sun Microsystems heute noch nutzen. Zwar entwickelt sich der Kreis der Fremdhersteller mit stark zunehmender Tendenz, trotzdem aber hält Sun derzeit den Markt der SPARC-kompatiblen Workstations noch weitgehend in eigener Hand und verkauft mehr Rechner als alle anderen Anbieter zusammen. Besonders bei den jeweils neuen Modellen der SPARC-Reihe macht sich für Sun der Umstand bezahlt, als Originalhersteller Richtung und Tempo des Fortschritts vorgeben zu können. Einmal bestimmt das Unternehmen immer noch selbst, was es heißt, einen Rechner anzubieten, der zu einer SPARCstation 1, 1+, 2, 10 usw. kompatibel ist. Zum anderen hat Sun hier die Möglichkeit, eigene Geräte einer Nachfolgeserie schon absetzen zu können, während die Kloner ihre Rechner noch an den Fertigungsunterlagen und an den Modellen der neuen Sun SPARCstations nachbauen. Jenseits des technischen Fortschritts aber bleibt für die Fremdhersteller nur eine geringe Gewinnspanne und eine große Konkurrenz bei den älteren Modellen zurück.

Trotz der Kürze der Schilderung wird man erkennen, wie die IBM und Sun Microsystems davon profitierten und zum Teil noch profitieren, daß sie die Kosten und Risiken einer Marktstandardisierung getragen haben. Wohlgemerkt weist dies nur auf beträchtliche Vorteile hin, die nicht allen Herstellern zugute kamen (und kommen), sondern nur denen, die den jeweiligen Standard initiiert haben. Allein das Merkmal einer *selektiven Bevorteilung* genügt jedoch nicht. Inwieweit im Fall des PC- bzw. SPARC-Standards tatsächlich selektive Anreize in der Art vorlagen, wie sie Olson als Erklärung für große, trotz allem handlungsfähige Gruppen anführt, hängt ebenso davon ab, ob hier die beiden anderen Merkmale erfüllt sind.

Da wäre zunächst noch die Monopolbedingung. Bei ihrer Prüfung ist es wichtig, daß wir uns nicht von einem naheliegenden, aber falschen Argument täuschen lassen, demzufolge diese Voraussetzung hier nicht gegeben wäre. Das fragliche Argument könnte man zu Unrecht daraus ableiten, daß selektive Anreize bisher nur in Verbindung mit Gruppen erwähnt wurden, die es zu mehr oder weniger aufwendigen Organisationen oder Verwaltungen gebracht haben, um ihre kollektiven Ziele zu verfolgen. Daher wäre zu vermuten, daß die Monopolbedingung unter Umständen nur dann erfüllt sei, wenn eine formelle Gruppenvertretung, also eine öffentlichrechtliche oder privatrechtliche Körperschaft wie der Staat, eine Gewerkschaft, ein Berufsverband oder ähnliches existiert. Denn welche Stelle gäbe es schon, die über das Monopol für die Individualgüter verfügen könnte, wenn nicht eine (formelle) Organisation einer Gruppe? So naheliegend diese Vermutung auch ist – sie trifft nicht zu. Obwohl die kollektiven und nicht-kollektiven Güter tatsächlich fast immer von wohlorganisierten Lobbies angeboten werden, ist es für die Erfüllung der Monopolbedingung *nicht notwendig*, daß ein Gruppenziel über eine speziell dafür eingerichtete Vertretung erreicht wird. Der eigentliche Grund dafür liegt etwas tiefer und entfernter. Der Ausgangspunkt ist der, daß es für die Wirkung selektiver Anreize offensichtlich unerheblich ist, wodurch individuelle und kollektive Interessen miteinander verbunden sind. So wie beide Interessen durch die Tätigkeit einer Organisation zu einem Angebot kombiniert werden können, so ist es auch möglich, daß ohne formelle Regelungen von den Beiträgen zum Kollektivziel private Güter abfallen. Selektive Anreize hängen also nicht davon ab, daß es gerade die Vertretung einer Gruppe ist, die die Vorteile aus Individualgütern an die Unterstützung eines Kollektivgutes koppelt. Folglich ist es auch nicht notwendig, daß bei diesen Stellen das Monopol über die entsprechenden Individualgüter liegen muß. Notwendig ist vielmehr, daß die privaten Güter nur dann zugänglich sind, wenn jemand etwas zu einem bestimmten *Kollektivgut*, nicht aber zu einer bestimmten *Organisation* beiträgt. Es ist mit anderen Worten zwar hinreichend, wenn eine Gruppenvertretung über das Monopol verfügt, notwendig aber daran ist ausschließlich der Umstand, daß die Mitglieder der Gruppe die Individualgüter nur über den Erwerb des einen Kollektivgutes erhalten können. Dementsprechend muß es also das Kollektivgut (und nicht eine Organisation) sein, das als einziges die Individualgüter insofern „anbietet", als daß es nur zusammen mit diesen Gütern erworben werden kann.

Selbst die Leser, die Ökonomen sind, werden nicht gleich die Verbindung sehen, die zwischen „offenen Architekturen" und dem besteht, was eben zu selektiven Anreizen gesagt wurde. Wenn aber die Auswirkungen nicht richtig erkannt werden, die der Tatsache anhängen, daß das Monopol nicht bei der Organisation einer Gruppe liegen muß, so kommt man zu einem falschen Schluß. Dann nämlich wird man annehmen müssen, daß selektive Anreize allein schon deshalb nicht so ohne weiteres bei Computerstandards anzutreffen wären, weil es in vielen Fällen – und der IBM PC-Standard war ein solcher – überhaupt nicht zur

Gründung einer Tochtergesellschaft oder einer anderen Form einer Interessenvertretung gekommen war, der die Aufgabe der Marktstandardisierung übertragen wurde. Ohne eine solche Organisation gäbe es (irrtümlich) kein Monopol und ohne ein Monopol keine Individualgüter, die als selektive Anreize den PC-Standard vielleicht hätten erklären können. Bei Sun Microsystems läge der Fall dann zwar etwas anders, im Ergebnis aber gleich. Das Unternehmen hat 1989 die SPARC International (SI) ins Leben gerufen, eine Organisation, deren Ziel es ist, den SPARC-Standard zu verbreiten und weiterzuentwickeln. Obwohl die SI in ihrer SPARC Compliance Definition tatsächlich als einzige Stelle in der Sun-Welt die Anforderungen festhält und veröffentlicht, denen ein SPARC-kompatibles System genügen muß, wäre auch bei dieser „offenen Architektur" die Idee selektiver Anreize nicht zu verwenden. Denn die SI ist nur für das Erreichen des *Kollektivziels*, den SPARC-Standard, verantwortlich, nicht aber dafür, daß Sun Microsystems gewisse *private* Vorteile wie ein wohlwollendes Image oder einen zeitlichen Angebotsvorsprung nutzen kann. Infolgedessen fehlt bei der SPARC-Technologie zwar nicht wie beim IBM PC eine Organisation, der die Standardisierung zu übertragen gewesen wäre; doch die SI wäre nicht das, was die falschverstandene Monopolbedingung genau fordert, nämlich der einzige wohlorganisierte Anbieter der *Individualgüter.*

Diese Einwände gegen die Möglichkeit, daß selektive Anreize „offene Architekturen" eventuell erklären könnten, werden natürlich hinfällig, wenn man die Monopolbedingung richtigerweise so versteht, daß bestimmte individuelle Vorteile nur derjenige erhalten kann, der sich auch für die Verfolgung des einzigen kollektiven Ziels einsetzt, mit dem die Individualvorteile verbunden sind. Damit ist es unerheblich, ob der Beitrag zum Gruppenziel indirekt geleistet wird, indem man sich als zahlendes Mitglied einer Organisation anschließt – wie es ab 1989 der Strategie von Sun entsprach – oder aber direkt wie im Fall der IBM, indem man die Standardisierung aus den eigenen Unternehmen heraus fördert. Wenn die Existenz einer Organisation nachweislich nicht notwendig ist, dann bleibt aber nur noch, die Voraussetzung des Monopols an sich zu prüfen. Hier liegt das Ergebnis auf der Hand. Ausschließlich dadurch, daß man der PC-Architektur zum Durchbruch verhalf, konnte die IBM sowohl das Vertrauen erlangen, das einem Originalhersteller entgegengebracht wird, als auch mehr über die jeweilige Technologie wissen als die Hersteller der PC-Klones. Vergleichbares gilt für Sun Microsystems; auch für Sun war das Kollektivgut, für dessen Bereitstellung man beträchtliche Eigenmittel beisteuerte, nämlich der SPARC-Standard, das einzige öffentliche Gut, über das die privaten Güter – Technologievorsprung und Imagegewinn – zugänglich waren.

Es gibt also in der Tat Belege dafür, daß sich in den Ereignissen um die beiden „offenen Architekturen" solche Vorteile für IBM und Sun wiederfinden lassen, die selektiven Anreizen entsprechen, was ihre *individuelle Wirkung* und das für sie bestehende *Angebotsmonopol* betrifft. Wie steht es nun aber um die verbleibende dritte Eigenschaft eines selektiven Anreizes? Wie man sich dunkel erinnern wird, wirkt danach ein solcher Anreiz nicht über das Kollektivgut selbst, sondern mindestens über ein *nicht-kollektives* Gut. Das heißt: Wenn einzelne Mitglieder großer Gruppen durch selektive Anreize veranlaßt werden, das gemeinschaftliche Interesse zu fördern, dann tragen sie ihren Teil der Kosten nicht wegen des kollektiven Gutes selbst (denn davon könnten sie auch die gleiche Menge erhalten, ohne zu zahlen). Sie tragen ihren Kostenanteil vielmehr deshalb, weil sie sich damit die *Individualgüter* erkaufen. Von den drei Merkmalen selektiver Anreize ist dieses vielleicht am schwierigsten auf die beiden Computerstandards zu beziehen. Trotzdem ist es nicht weniger eindeutig als bei den anderen Merkmalen, was wir prüfen müssen, wenn es heißt, daß bei selektiven Anreizen das gemeinsame Ziel aus einem anderen Grund als um seiner selbst willen unterstützt wird. Wir müssen prüfen, ob IBM und Sun Vorteile auf die Art und Weise selektiv erwarben, daß nur ihnen bestimmte *Individualgüter* zukamen (was dann endgültig für selektive Anreize sprechen würde), oder aber ob sie individuelle Vorteile erwerben konnten, indem sie eine *größere Menge des Kollektivgutes* erhielten als ihre Konkurrenten (was selektive Anreize ausschließen würde).

Wenn man die Ereignisse um den PC- und den SPARC-Standard betrachtet, dann sprechen diese zweifellos gegen die erste und für die zweite Variante eines selektiven Vorteils. Zum einen ist an diesen Vorgängen nichts, was darauf hinweist, daß die beiden Unternehmen irgendwelche Individualgüter nutzen konnten, die mit der Marktstandardisierung nur insoweit in Verbindung standen, daß ihre Verfügbarkeit daran gekoppelt war. Im Gegenteil. Die Tatsache, daß beide Unternehmen gegenüber ihren Mitbewerbern allein dadurch bessergestellt waren (sind), daß sie einen größeren Anteil der Nachfrage nach kompatiblen Rechnern auf sich vereinigen konnten (können), ist sogar nur mit der zweiten Art selektiver Bevorteilung vereinbar. Allgemein gesagt: Der individuelle Gewinn, den IBM und Sun als die Entwickler und Originalhersteller der jeweiligen Standardtechnologien erzielten (und erzielen), lag nicht in einem privaten Gut, von dessen Konsum andere ausgeschlossen waren; dieser Gewinn bestand (und besteht) ausschließlich in einem – im Vergleich zu den Fremdherstellern – größeren Anteil am Kollektivgut, nämlich am Marktstandard selbst.

Im Endresultat treffen somit bei diesen zwei Fällen einer „offenen Architektur" wohl die ersten beiden, nicht aber das dritte Merkmal eines selektiven Anreizes zu. Folglich kann

es nicht ein solcher Anreiz gewesen sein, der für den PC- und den SPARC-Standard verantwortlich war. Der eine mögliche Schluß, der daraus gezogen werden kann, ist der, daß die
„Nebenprodukt"-Theorie nicht auf alle größeren, trotz allem aber handlungsfähigen Gruppen paßt; dies ist jedoch für unseren Zweck (im Moment noch) weniger wichtig. *Für die
weitere Untersuchung ist vielmehr entscheidend, daß sich beide Standards offensichtlich nur
durch etwas erklären lassen, was ebenfalls ein Angebot von Kollektivgütern in größeren
Gruppen ermöglicht und von dem wir jetzt vermuten können, daß es in allen Punkten einem
selektiven Anreiz entspricht, außerdem in dem, daß es über das Kollektivgut selbst wirkt.*

3. Homogene und heterogene Gruppen

Tatsächlich nennt Olson in der *Logik* auch eine Erklärung für kollektives Handeln, die
die eben erwähnte Eigenschaft erfüllt. Ihr liegt der unmittelbar einsichtige Gedanke zugrunde, daß der Anteil eines Gruppenmitglieds am Gesamtgewinn nicht nur von der Größe der
Gruppe abhängt, sondern auch von der „Größe" des Mitglieds selbst, d.h. von der Höhe
des Wertes, den der einzelne dem Kollektivgut zumißt[190] . In heterogenen Gruppen, also in
Grupen, die sich aus Mitgliedern zusammensetzen, die ein unterschiedlich starkes Interesse
am Kollektivgut haben, wird es daher eher als in homogenen Gruppen – Gruppen, deren
Angehörige weitgehend gleich „groß" sind – ein Mitglied geben, dessen Anteil am Gesamtgewinn aus dem Kollektivgut so groß ist, daß es auch ohne einen selektiven Anreiz die Kosten einer Bereitstellung trägt. In ungleichen, heterogenen Gruppen ist es also wahrscheinlicher, daß etwas von einem Kollektivgut beschafft wird, und diese Wahrscheinlichkeit steigt
mit wachsender Heterogenität. Bei Olson heißt es dazu: „It is not, however, sufficient to
consider only the number of individuals or units in a group, for the F_i [„fraction of the
group gain", H.J.] of any member of the group will depend not only on how many members there are in the group, but also on the 'size' (S_i) of the individual member, that is, the
extent to which he will benefited by a given level of provision of the collective good. ... A
group, composed of members of unequal S_i and, therefore, unequal F_i, will show less of a
tendency toward suboptimality (and be more likely to provide itself with some amount of a
collective good) than an otherwise identical group composed of members of equal size"[191] .

---

[190] Immer wenn im weiteren Verlauf der Untersuchung in diesem Sinne von der „Größe" einzelner
Mitglieder oder auch von „großen" bzw. „kleinen" Mitgliedern die Rede sein wird, werden, um
mögliche Mißverständnisse zu vermeiden, die entsprechenden Kennzeichnungen in Anführungszeichen gesetzt.

[191] Olson, Mancur, 1965, S. 28/29. Es wird hier auch weiterhin überwiegend aus der englischen
Originalversion der *Logik* zitiert werden, da in der (ausgezeichneten) deutschen Übersetzung die in

Es ist zweifellos möglich, die Idee heterogener Gruppen mit beiden „offenen" Standardtechnologien in Verbindung zu bringen. So hat die IBM, nachdem sie auch zum Vorteil vieler anderer Fremdhersteller den PC-Standard durchgesetzt hatte, allein schon deshalb über einige Jahre einen im Verhältnis zu den Klonern bedeutenden Gewinn (-anteil) aus dieser Standardisierung erzielen können, weil das Unternehmen selbst der marktanteilsstärkste Hersteller war. Unbestreitbar steht dies ganz im Einklang mit dem Argument der Heterogenität: Gruppen werden sich dann mit Kollektivgütern versorgen, wenn sie aus Mitgliedern mit so unterschiedlichem Interesse am Kollektivgut zusammengesetzt sind, daß es für das „größte" Mitglied lohnend ist, auch allein die gesamten Kosten zu tragen. Es ist aber nicht nur denkbar, daß die IBM den PC-Standard wegen des anfangs relativ hohen Nutzenanteils finanzierte. Ebensogut kann der gegenwärtige Gewinn, der Sun Microsystems durch den SPARC-Standard zukommt, der Grund dafür sein, warum Sun die Kosten eines (neuen) Architekturstandards für Workstations übernahm. *Daraus folgt, daß im Unterschied zu selektiven Anreizen die Heterogenität der Gruppenmitglieder die zwei „offenen" Standardarchitekturen prinzipiell erklären könnte.* Vielleicht wird dieses Zugeständnis den einen oder anderen überraschen, der eher erwartet hatte, daß sich kein Argument aus der *Logik* auf diese Kollektivgüter anwende ließe. Andererseits wäre es natürlich nicht weniger überraschend, wenn eine Erklärung für kollektives Handeln, die von solchem Gehalt und von solcher Tiefe ist wie die von Olson, keinerlei Antwort für unsere beiden widerspenstigen Computerstandards enthielte. Die Frage ist aber weniger die, ob es hierfür innerhalb der Gruppent-

---

der Gruppentheorie angeführten Faktoren (der Gesamtgewinn der Gruppe, der relative bzw. absolute Gewinnanteil des einzelnen, die bereitgestellte Menge usw.) mit einer anderen Bezeichnung abgekürzt werden als im Original und die später im Text verwendete Notation ansonsten nicht mit der in den Zitaten übereinstimmen würde.

Eine Erklärung für kollektives Handeln, die zwischen selektiven Anreizen und der Heterogenität der Gruppenmitglieder einzuordnen ist, bringt George J. Stigler. Nach seiner „asymmetry solution" wird das Angebotsproblem öffentlicher Güter zum Teil dadurch gelöst, daß die Gruppenangehörigen an unterschiedlichen Aspekten ihres Kollektivgutes interessiert sind: „The smaller firms in an industry seldom make the full range of products: they specialize in a narrower sets of products. Hence, if they are not represented in the coaltion, they may find their cheap ride is to a destination they do not favor. The proposed tariff structure may neglect *their* products; the research program may neglect *their* processes; the labor negotiation may ignore *their* special labor mix" [Stigler, George J., 1974, S. 362, Hervorhebungen im Original]. Aus einer bestimmten Gestaltung eines Kollektivgutes werden einzelne Mitglieder also einen größeren Nutzen ziehen können als andere in der Gruppe; so gesehen ist die Gruppe ungleich oder heterogen. Sieht man jedoch in den speziellen Vorteilen für einzelne Mitglieder Individualgüter, von denen andere wegen der Asymmetrie der Interessen nicht profitieren können, so wären dies selektive Anreize – vorausgesetzt, es ist das erfüllt, was weiter oben als Monopolbedingung bezeichnet wurde.

heorie, so wie sie die *Logik* enthält, (irgend-) eine Lösung gibt, sondern ob es dort eine *zufriedenstellende* Lösung gibt.

Dies ist aber nicht der Fall. Um zu erkennen, wo hier die Schwierigkeiten liegen, muß man sich zuerst den Zusammenhang zwischen der Größe einer Gruppe und ihrer Heterogenität klar machen. Wie schon gesagt werden kollektive Güter in kleinen homogenen oder in etwas größeren, dann aber ungleichen Gruppen bereitgestellt, weil hier oftmals der persönliche Gewinn mindestens eines Mitglieds aus dem Kollektivgut – d.h. der Wert, den der einzelne dem Gut zumißt – größer ist als die Gesamtkosten des Gutes. Angenommen die Kosten für das Kollektivgut sind nun konstant; folglich muß der absolute Gewinn oder Wert des Mitglieds i, das den höchsten Nutzen aus dem Kollektivgut zieht, V_i^{max}, auch dann unverändert bleiben, wenn die Gruppe größer wird, damit das Gut weiterhin in der gleichen Menge bzw. überhaupt angeboten wird. Mit wachsender Zahl der Gruppenangehörigen sinkt aber bei einem konstanten Gesamtgewinn oder Gesamtwert für die Gruppe (V_g) der relative Gewinnanteil des einzelnen F_i, wobei $F_i = V_i/V_g$. „Since the larger the number in the group, other things equal, the smaller the F_i's will be"[192] , wird ebenso F_i^{max} und infolgedessen auch V_i^{max} kleiner sein, *wenn die Heterogenität der Gruppe nicht gleichzeitig steigt*. Nur eine zunehmende Ungleichheit innerhalb der Gruppe, d.h. eine Verschiebung von Gewinnanteilen zugunsten des „größten" Mitglieds, könnte dem entgegenwirken, daß V_i^{max} sinkt. *Kurz: Größere Gruppen müssen heterogener sein, damit ein Kollektivgut unverändert bereitgestellt wird*[193] .

Aber ist im allgemeinen damit zu rechnen, daß bei Computerstandards die Heterogenität zunimmt, wenn die Zahl der Gruppenmitglieder steigt? Oder anders gefragt: Wird ein Originalhersteller im Vergleich zu den Klonern mehr von einer Standardisierung profitieren können, wenn er die Daten der entsprechenden Technologie offenlegt und es dadurch einer größeren Anzahl von Herstellern (schneller) möglich wird, kompatible Produkte anzubieten? Dies ist nicht nur sehr unwahrscheinlich; es ist sogar zu erwarten, daß es durch eine Freigabe technischer Daten insoweit zu einer Angleichung der Hersteller kommen wird, daß die Marktanteile weniger auf den Originalhersteller konzentriert sind. Zum einen ist eine „offene Architektur" für den Anwender viel eher ein Zeichen für ein homogenes Angebot

---

[192] Olson, Mancur, 1965, S. 28.

[193] Der Zusammenhang zwischen der Größe einer Gruppe und der Heterogenität ihrer Mitgliederschaft wird später im Kapitel in Abschitt D.2, Seite 172/173, Fußnote 216, noch eingehender untersucht werden. Es wird dort der Einfluß der Nichttrivialität bzw. der Rivalität im Konsum auf diesen Zusammenhang diskutiert und nachgewiesen, daß die oben im Text behauptete Beziehung nur dann besteht, wenn das entsprechende Kollektivgut ein im Konsum rivalisierendes Gut ist.

denn ein Zeichen der Exklusivität oder eines Anspruchs auf Alleinvertretung für sichere und vollkompatible Rechner. Die Einsicht in technische Unterlagen hat es den Fremdhersteller von PC's bzw. SPARCstations in jedem Fall ermöglicht, Rechner auf den Markt zu bringen, die mit großer Sicherheit kompatibel sind. Die jeweiligen Klones sind damit zu engen Substituten der „original-IBM" PC's und der „echten" Sun SPARCstations geworden (viele Fremdanbieter von SPARCstations werben sogar mit einem offiziellen Siegel der SPARC International, mit dem ihren Rechnern 100prozentige Binärkompatibilität zum SPARC-Standard bescheinigt wird). Zum anderen wird bei „offenen Architekturen" frühzeitiger ein erfolgreiches „reverse engineering" zu erwarten sein, da die Technologie nicht völlig neu („rückwärts") zu entwickeln ist, sondern nur anhand der Unterlagen nachgebaut werden muß. Dem Originalhersteller verbleibt somit eine kürzere Frist, in der er über das Monopol bei standardkonformen Produkten verfügt. Es spricht also vieles dafür, daß bei einer freien Lizenzstrategie die Gruppe der Hersteller für gewöhnlich *homogener* sein wird als ohne freien Zugang zu technischen Dokumenten bzw. zu Lizenzen. Zumindest wird ein Unternehmen, wenn es die Kosten der Standardisierung trägt, im Vergleich zu anderen Herstellern *keinen größeren Nutzen* aus einem „offenen" Standard erzielen als aus einem „geschlossenen".

Nach dieser Vorbemerkung wird man erkennen können, wie wenig die Heterogenität innerhalb einer Gruppe als Erklärung für „offene Architekturen" zu überzeugen vermag. Aus dem Grund, der weiter oben genannt wurde, wird das Gefälle vom „größten" Mitglied zu den anderen in der Gruppe bei „offenen" Standardarchitekturen erheblich höher sein müssen, da hier bei gleichen technischen und rechtlichen Klonmöglichkeiten frühzeitiger mit einer größeren Anzahl von Fremdherstellern zu rechnen ist als bei „geschlossenen Architekturen". Dies aber steht eindeutig im Widerspruch zu den Ereignissen, die sich im Zusammenhang mit dem PC- und dem SPARC-Standard beobachten lassen; nichts deutet hier auf die notwendig höhere Ungleichheit zwischen dem Originalhersteller und den Fremdherstellern hin. Demnach kann die Heterogenität der Gruppenmitglieder einen wichtigen Aspekt nicht erklären. Sie bleibt die Antwort schuldig, warum IBM und Sun Microsystems ihre Technologien preisgegeben und nicht zu Firmengeheimnissen erklärt haben, obwohl sie dann nicht nur mit weniger Klonern zu konkurrieren hätten, sondern auch gegenüber den Fremdherstellern größere und mächtigere Unternehmen wären. Es bleibt in diesem Zusammenhang jedoch nicht nur unerklärt, warum hier freiwillig eine größere Gruppe gewählt wurde; ein solches Verhalten ist mit diesem Argument sogar unvereinbar. Wenn man allein die Mitgliederzahl und die Heterogenität einer Gruppe heranzieht, um ein Kollektivgüterangebot zu erklären, dann läßt sich eine Produktpolitik der „offenen Architektur" scheinbar nicht anders deuten als ein irrationales Verhalten von Unternehmen. Denn wenn Gruppen, die Mitgliederzugänge zu verzeichnen haben, dabei nicht zwangsläufig ungleicher werden, wären die beträchtlichen „Größen"-Unterschiede zwischen den Herstellern, die für „offene Architekturen" notwendig sind, schon allemal ausreichend, damit ein „geschlossener" Standard in einer kleineren Gruppe angeboten wird.

Wenn sich durch die Heterogenität innerhalb einer Gruppe „offene" Standards auch nicht *allgemein* erklären lassen, so heißt das nicht, daß im *speziellen* Fall von IBM und Sun die Standards unerklärt bleiben müßten. Man könnte hier nach einmaligen Faktoren suchen, die den Unternehmen nur bei einer Freigabe der Daten zu einem so großen Vorsprung vor den jeweiligen Fremdherstellern verholfen haben, daß der PC- bzw. der SPARC-Standard über „offene Architekturen" entstand. Allgemein gesagt: Da die Zunahme der Gruppengröße an sich keinen verstärkenden Einfluß auf die Unterschiede zwischen den Gruppenangehörigen hat, kann eine sehr ungleiche Mitgliederschaft nur dann die Ursache für kollektives Handeln in größeren Gruppen sein, wenn es etwas anderes gibt als die Gruppengröße selbst, was zu hochgradigen Unterschieden zwischen den Mitgliedern führt: irgendwelche Merkmale, die zwar im Einzelfall die Heterogenität erhöhen könnten, nicht aber notwendig nur in größeren Gruppen auftreten und in kleineren Gruppen fehlen. Doch solche ad-hoc Erklärungen können natürlich nicht ausreichen.

„Größen"-Unterschiede zwischen Mitgliedern werden nicht nur im Rahmen von Computerstandards, sondern auch für das Angebot anderer Kollektivgüter in größeren Gruppen bestenfalls eine ad-hoc Lösung sein. Denn wären sie eine allgemeine Erklärung, so müßte es einen von speziellen Ereignissen *unabhängigen* Grund geben, demzufolge die Heterogenität in Gruppen in jedem Fall zunimmt, wenn die Zahl der Mitglieder steigt. Man mag einwenden, daß ein neuhinzutretendes Mitglied „größer" als alle bisherigen in der Gruppe sein kann; aber dies trifft offensichtlich nicht zwangsläufig auf jeden Gruppeneintritt zu. Ohne irgendwelche einzigartigen Begebenheiten wird daher zu erwarten sein, daß die Heterogenität nur in kleineren Gruppen für die Bereitstellung von Kollektivgütern verantwortlich ist; nämlich in solchen Gruppen, in denen das Kollektivgut fast allein schon aufgrund einer geringen Mitgliederzahl angeboten wird. Dies mag demjenigen, der die *Logik* gelesen hat, auch schon deshalb klar sein, weil Olson dort im Kapitel über *kleine* Gruppen auf die Bedeutung der „Größe" einzelner Mitglieder für die kollektive Handlungsfähigkeit aufmerksam macht. Der Nachweis, daß die Mitglieder in größeren Gruppen ungleicher sein müssen, zeigt jedoch genau, warum die Heterogenität – im Gegensatz zu selektiven Anreizen – für gewöhnlich umfangreiche Gruppen *nicht* befähigen wird, im gemeinsamen Interesse zu handeln. Dies ist wichtig. Wenn bei steigender Mitgliederzahl der „Größen"-Unterschied zwischen den Gruppenangehörigen nicht nachweislich unwirksam wird, kollektives Handeln zu ermöglichen, dann läge der Schluß sehr nahe, daß die Heterogenität in großen Gruppen genauso die Bereitstellung eines Kollektivgutes sichern kann, wie sie es in kleineren Gruppen vermag (und wie es selektive Anreize in sehr umfangreichen Gruppen können). Die letzte Konsequenz wäre irrtümlicherweise dann die, daß ein privates Angebot öffentlicher Güter im allgemeinen mehr von dem Grad der *Ungleichheit* der Interessenten an solchen Gütern abhinge als von ihrer *Zahl*[194] . Dies ist jedoch falsch, und Olson hat zu Recht den Vorrang der Gruppengröße für die Kollektivgütermenge betont. Denn nicht nur, daß die Ungleichheit in größeren Gruppen zunehmen muß; man darf auch nicht übersehen, daß dem Grad der Heterogenität gewisse Grenzen gesetzt sind, weil die verschiedenen Nutzenmengen aus einem Kollektivgut und nicht aus einem privaten Gut gezogen werden. Dadurch kann das „größte" Mitglied nicht alles allein erhalten – dies wäre ja der Fall eines „reinen" Individualgutes –, sondern muß aufgrund fehlenden Konsumvorbehalts teilen, und zwar in großen Gruppen mehr als in kleinen. Demzufolge sinkt die Ungleichheit, wo sie eigentlich ansteigen müßte. In umfangreichen Gruppen wird daher die Heterogenität den (dann negativen) Einfluß der Gruppengröße auf die bereitgestellte Menge eines Kollektivgutes für gewöhnlich nicht überspielen können.

Zurück zu den beiden „offenen" Computerstandards. Unser bisheriges Ergebnis war das, daß die „Größen"-Unterschiede zwischen den Herstellern den PC- sowie den SPARC-Standard höchstens dann erklären könnten, wenn man auf besondere firmenspezifische Einflüsse zurückgreift, die nicht allgemein mit einer offenen Lizenzstrategie in Verbindung stehen, die aber trotz allem eine extreme Vormachtstellung zugunsten der IBM und Sun hätten bewirken können. Dem Nachweis, daß die Heterogenität innerhalb einer Gruppe, je größer diese ist, für gewöhnlich immer weniger zu einem Angebot von Kollektivgütern führt, ist jedoch nicht nur zu entnehmen, warum man mit diesem Argument bestenfalls eine ad-hoc Erklärung geben kann. Dem Nachweis ist auch zu entnehmen, wo der Schlüssel zu einer überzeugenden Erklärung „offener" Standards liegt: nämlich bei solchen Umständen, die, wenn sie vorliegen, auf das Ergebnis kollektiven Handelns einen Einfluß ausüben, durch den zumindest teilweise die gegenläufige Beziehung zwischen Gruppengröße und Kollektivgüterangebot aufgehoben wird. Mit anderen Worten: *Wenn man den PC- und den SPARC-*

---

[194] Eine Ausnahme von dieser Regel enthält die Fußnote 216, Seite 172/173, auf die eben schon einmal verwiesen wurde.

Standard nicht ad-hoc durch einzigartige Firmenmerkmale von IBM bzw. Sun erklären will, dann muß man gewisse Anreize ausfindig machen, die das Angebotsproblem öffentlicher Güter überwinden können und die allgemein in größeren Gruppen zunehmen, da sich solche Gruppen für gewöhnlich immer weniger mit Kollektivgütern versorgen. Es müssen also Anreize sein, die gerade durch das Anwachsen der Gruppe, d.h. gerade durch die Freigabe der Technologie für viele Hersteller, stärker werden und die so dem Tenor der *Logik* entgegenwirken, daß eine Gruppe, je größer sie ist, weniger im gemeinsamen Interesse handeln wird. Dies können keine selektiven Anreize sein. Zum einen schon deshalb, weil es sie – wie gezeigt – bei Computerstandards nicht gibt; zum anderen werden selektive Anreize auch nicht allein durch Gruppenzugänge in ihrer Wirkung auf den einzelnen stärker werden, da die ihnen entsprechenden Individualgüter ja gerade keine Verbindung zur Gruppe insgesamt und damit zur Gruppengröße haben. *Aber aus der Diskussion um selektive Anreize wissen wir, daß wir nach etwas suchen müssen, was nicht über private, sondern über kollektive Güter wirkt. Und aus der Diskussion um die Heterogenität einer Gruppe ging hervor, daß dies etwas sein muß, was unter sonst gleichen Umständen bei steigender Mitgliederzahl nicht an Bedeutung verliert, sondern an Einfluß gewinnt.*

D. Die Bereitstellung kollektiver Güter in größeren Gruppen

Obwohl Olson sich in der *Logik des kollektiven Handelns* vornehmlich mit dem Angebotsproblem öffentlicher Güter beschäftigt und zu Recht anführt, daß für dieses Problem fehlender Konsumausschluß verantwortlich sei, spielt auch die andere (mögliche) Eigenschaft eines öffentliches Gutes, die Nichttrivialität im Konsum, in seiner Gruppentheorie eine gewisse Rolle. Anhand dieses Merkmals unterteilt Olson zwischen „exklusiven" und „inklusiven" Gruppen – je nachdem, ob einer Gruppe ein begrenzter oder unbegrenzter Gesamtgewinn aus ihrem Kollektivgut zukommt. Wenn der Gesamtgewinn in seiner Höhe fixiert ist, kann ein einzelnes Mitglied nicht mehr von dem Kollektivgut erhalten, ohne daß mindestens ein anderer in der Gruppe schlechter gestellt wird. Solche Gruppen werden bestrebt sein, die Zahl ihrer Mitglieder nicht zu erweitern; sie werden versuchen, exklusiv zu bleiben, weil Zutritte zur Gruppe gleichbedeutend sind mit wachsender Konkurrenz um das Kollektivgut. Olson spricht dann auch von „exklusiven Kollektivgütern", oder von öffentlichen Gütern, die ausschließlich durch fehlenden Konsumausschluß gekennzeichnet sind: „My exclusive collective good is then a good such that, at least within some given group, exclusion is not feasible, but at the same time such that there is no jointness of supply whatever, so that the members of the group hope that others can be kept out of the group"[195]. Für

„inklusive" Gruppen gilt das Gegenteil. Wenn solche Vereinigungen umfangreicher werden, kann das Gemeinschaftsgut von weiteren Mitgliedern ohne Rivalität konsumiert werden, so daß der Gesamtnutzen aus dem Gut steigt. Zugänge sind hier erwünscht: „Usually the larger the number available to share the benefits and cost the better. An increase in the size of the group does not bring competition to anyone, but may lead to lower costs for those already in the group"[196]. Wie wir wissen, ist auch von Buchanan die Frage gestellt worden, inwieweit ein Zu- oder Austritt eines Mitglieds im Interesse der anderen Gruppen- oder Klubangehörigen liegt. Auch er hat in diesem Zusammenhang den Grad der Konsumrivalität als den entscheidenden Punkt herausgestellt. Olson selbst weist darauf hin, daß seine Unterscheidung zwischen „inklusiven" und „exklusiven" Gruppen bzw. Kollektivgütern genau dem entspricht, was in der Theorie der Klubs behandelt wird, denn „Buchanan's approach and my own are related in that both of us ask how the interests of a member of a group enjoying a collective good will be affected by increases or decreases in the number of people who consume the good"[197].

1. Die Wirkung von Einkommenseffekten auf die Angebotsmenge

Die Unterteilung in Gruppen, die sich je nach der Konkurrenz um den Gesamtgewinn exklusiv oder inklusiv verhalten, ist jedoch nicht nur insofern wichtig, als sich daraus die gewünschte bzw. optimale *Anzahl der Verbraucher* bestimmen läßt; sie ist in gewisser Hinsicht auch für die *bereitgestellte Menge* eines Kollektivgutes von Bedeutung. So entdeckten John R. Chamberlin und Martin McGuire 1974 zeitgleich aber unabgängig von einander, daß die Fähigkeit von Gruppen, sich mit inklusiven Kollektivgütern zu versorgen, bei steigender Mitgliederzahl zunehmen wird, wenn man solche Einkommenseffekte miteinschließt, die durch eine Veränderung der Gruppengröße entstehen (d.h. die Verschiebung der relativen Preise ist hier keine Folge von direkten Preisänderungen, sondern insoweit indirekt durch Gruppenzutritte oder -austritte bedingt, als daß sich der Anteil an den Kosten und damit der Preis, den das einzelne Mitglied für das Kollektivgut zu zahlen hat, erhöht bzw. verringert, wenn sich die Anzahl der beitragsleistenden Gruppenangehörigen verändert). Das Ergebnis von Chamberlin und McGuire widersprach damit eindeutig Olson's Behauptung, daß diese Fähigkeit zum kollektiven Handeln in größeren Gruppen abnehmen würde. Das ganze ist um so überraschender, da Olson die Auswirkung derartiger Einkom-

---

[195] Olson, Mancur, 1965, S. 38, Fußnote 58.
[196] Olson, Mancur, 1965, S. 37.
[197] Olson, Mancur, 1965, S. 38, Fußnote 58.

menseffekte ja nicht unberücksichtigt läßt. Er erwähnt ihren Einfluß allerdings nicht im Zusammenhang mit der *Angebotsmenge* kollektiver Güter, sondern mit der *Verteilung der Lasten* in heterogenen Gruppen. In solchen Gruppen wird die Aufteilung der Kosten für das Kollektivgut nicht proportional zu der Nutzenmenge erfolgen, die das einzelne Mitglied daraus zieht. Das „größte" Mitglied wird hier einen überproportionalen Anteil tragen, was zu Olson's bekannter These der „Ausbeutung der Großen durch die Kleinen" in ungleichen Gruppen führt[198] . Solange nun aber das Kollektivgut nicht ein inferiores Gut ist, d.h. kein Gut ist, das bei einer Einkommenssteigerung unverändert oder weniger nachgefragt wird, werden die Einkommenseffekte die Ausbeutung mindern:

„The income effects would lead a group member that had sacrificed a disproportionate amount of his income to obtain the public good to value his income more highly than he would have done had he got the collective good free from others in the group. Conversely, those who had not borne any of the burden of providing the collective good they enjoyed would find their real incomes greater, and unless the collective good were an inferior good, this gain in real income would strengthen their demand for the collective good. These income effects would tend to keep the largest member of the group from bearing *all* of the burden of the collective good"[199] .

Da Olson zumindest in der *Logik* die Wirkung von Einkommenseffekten nur im Zusammenhang mit der Ausbeutungsthese untersucht, muß er dort angenommen haben, daß die Kollektivgüter in den Gruppen, in denen die Last ungleich verteilt ist, ansonsten eine Einkommenselastizität der Nachfrage aufweisen, bei der die Beiträge der Gruppenmitglieder von einer Steigerung oder einer Minderung ihres Einkommens unberührt bleiben; denn nur dann sind Einkommensänderungen tatsächlich neutral bezüglich der bereitgestellten Menge öffentlicher Güter (und damit zu vernachlässigen). Ganz anders war dies bei Chamberlin und McGuire. Beide waren weniger an der *Verteilungswirkung* der Einkommenseffekte, sondern vielmehr an deren *Mengenwirkung* bei einem Kollektivgüterangebot interessiert. Gemeinsam war ihnen auch, daß ihr überraschendes Ergebnis, daß größere Gruppen eher kollektiv handeln können als kleinere, nur für Olson's inklusive Gruppen gilt. Bei McGuire ist dies allerdings nur zwischen den Zeilen zu lesen. Er ging davon aus, daß „a number of

---

[198] Siehe Olson, Mancur, 1965, S. 29.

[199] Olson, Mancur, 1965, S. 29, Fußnote 46, Hervorhebung im Original. Im Grenzfall eines superioren Kollektivgutes – einem Gut, bei dem der gesamte Betrag der Einkommenssteigerung zum Erwerb des Gutes verwendet wird – wird sogar keine ungleichmäßige Kostenverteilung und somit keine „Ausbeutung der Großen durch die Kleinen" zu erwarten sein; siehe dazu Olson, Mancur, Zeckhauser, Richard, 1966, S. 270.

individuals ... constitutes a group for the consumption of a *pure* Samuelsonian public good ... ", ohne besonders auch auf solche öffentlichen Güter einzugehen, die nur rivalisierend konsumiert werden können[200] . In dieser Hinsicht ist Chamberlin's Analyse vollständiger; er behandelt sowohl die Wirkung von Einkommensänderungen bei inklusiven wie auch bei exklusiven Kollektivgütern.

Doch zunächst zu den Einkommenseffekten bei nichtrivalisierenden Kollektivgütern. Der Grundgedanke ist hier folgender: Wenn neue Mitglieder kleinen homogenen Gruppen beitreten und mit zum Erwerb des gemeinschaftlich genutzten Gutes beitragen, dann werden die alten Mitglieder weniger zahlen müssen, weil die Kosten für das Kollektivgut bei gleicher Versorgung wegen des nichtrivalisierenden Konsums konstant bleiben. Dadurch steigt das Realeinkommen der bisherigen Gruppenmitglieder, so daß sie ihre Nachfrage nach dem Kollektivgut ausweiten werden, wenn dies für sie nicht gerade ein inferiores Gut ist. Das heißt, der Beitrag des einzelnen in umfangreicheren Gruppen wird zwar geringer, wie es Olson auch vermutet hatte; wenn aber auch nur ein kleiner Anteil der Ersparnis wieder in das Kollektivgut zurückfließt, dann nimmt ein privates Angebot öffentlicher Güter zu, wenn die Gruppe größer wird. Wie nun die unterschiedlichen Einkommenselastizitäten im einzelnen die Menge inklusiver Kollektivgüter bestimmen, findet sich zusammengefaßt bei McGuire. Wenn „$(1-\mu)$ indicates Mr i's marginal propensity to spend income on the public good", so gilt:

„If both public and private goods are normal, non-inferior goods (which implies $0 < \mu < 1$) then an increase in size of group under the assumption of Cournot behavior will necessarily increase the aggregate expenditure on the public good. Thus the added expenditure of an additional member more than compensates for the decline in other's expenditures caused by his entry to the group. At the border line of inferiority $\mu = 1$, and increased numbers have no impact on the aggregate of uncoorinated outlays. Only if $\mu > 1$ – in which case the public goods must be inferior – could the addition of a new member to the group bring on a reduction in the Cournot equilibrium total of public good outlays"[201] .

Wenn Einkommenseffekte für gewöhnlich, d.h. bei Nicht-Inferiorität, das Angebot *inklusiver* Kollektivgüter bei Gruppenzugängen verstärken, was bewirken sie dann bei *exklusiven* Kollektivgütern? Dieser Frage ging nur Chamberlin nach. Um sein Ergebnis besser verstehen zu können, empfiehlt es sich, zuerst noch einmal auf inklusive Güter einzugehen, um mit seiner Art der Analyse vertraut zu werden. Hierbei sei x_i^E die Menge des Kollektivgu-

---

[200] McGuire, Martin, 1974, S. 107, Hervorhebung vom Verfasser.

[201] McGuire, Martin, 1974, S. 112.

tes, die das Individuum i für eine Gruppe der Größe n bereitstellt, und x_i^S die Menge der anderen Mitglieder; so ist in einer homogenen Gruppen $x_i^S = (n-1) * x_i^E$. Es gilt dann für ein inklusives Gut:

(1) $x_i^E \rightarrow 0$ wenn $n \rightarrow \infty$.

Dementsprechend wird die Menge (x_i^S), die die anderen Mitglieder bereitstellen, nicht mehr $(n-1) * x_i^E$ sein, sondern die gesamte Menge des Kollektivgutes darstellen; für ein inklusives Gut gilt damit auch

(2) $n * x_i^E \rightarrow x_i^S$ wenn $n \rightarrow \infty$.

Daraus resultiert, daß „if the collective good is not an inferior good ... , then the amount of the good actually provided by a group increases with group size (approaching x_i^S as n become infinitiv). Note that while nx_i^E is increasing with n, x_i^E is decreasing. The decrease in the contribution of each individual (x_i^E) is more than offset in the increase of the group size. Thus in the case of 'inclusive' collective goods which are not inferior goods, the relationship between group size and the amount of the good actually provided is the opposite of that asserted by Olson"[202] .

Wenn die Kollektivgüter jedoch keine „reinen", nichttrivialisierenden Güter á la Samuelson sind, so ist die Beziehung zwischen der Gruppengröße und dem Angebot nicht so eindeutig, da die Konsumrivalität die Wirkung der Einkommenseffekte zum Teil aufhebt und sogar überdecken kann. Je nach dem Grad der Konsumrivalität wird der einzelne eine geringere Menge bereitstellen wollen, da der Nutzen oder Vorteil, den er noch aus dem Kollektivgut ziehen kann, abnimmt, wenn die Gruppe größer wird. Dagegen werden jedoch weiterhin die Einsparungen, die denjenigen zugute kommen, die bereits in der Gruppe sind, dazu führen, daß diese Mitglieder ihre Nachfrage nach dem Kollektivgut ausweiten (wenn es

---

[202] Chamberlin, John R., 1974, S. 712. Chamberlin's Behauptung, sein Ergebnis widerspreche dem von Olson, ist nicht ganz richtig. In der *Logik* fehlt zwar der Hinweis, daß sich die Größe einer Gruppe und deren Kollektivgüterangebot aufgrund der realen Einkommensänderungen zum Teil auch gleichgerichtet entwickeln können. Olson hat jedoch – ein Jahr nach dem Erscheinen der *Logik* – zusammen mit Richard Zeckhauser in der *Economic Theory of Alliances* gezeigt, daß durch Einkommenseffekte nicht nur die Lasten gerechter verteilt werden, sondern auch die angebotene Menge steigt, wenn die Gruppe größer wird. Das betreffende (inklusive) Kollektivgut, daß beide untersuchten, ist das in der Literatur wohl meisterwähnte öffentliche Gut, die Verteidigung: „During periods of all-out war or exceptional insecurity, it is likely that defense is (or is nearly) a superior good, and in such circumstances alliances will not have any tendency toward disproportionate burden sharing. The amount of allied military capability that Great Britain enjoyed in Would War II increased from 1941 to 1944 as the United States mobilized, adding more and more strength to the allied side. But the British war effort was maintained, if not increased, during this period" [Olson, Mancur, Zeckhauser, Richard, 1966, S. 270].

nicht gerade ein inferiores Gut ist). Der Anstieg des Realeinkommens der alten Mitglieder wird jedoch bei gleicher Elastizität weniger Gewicht haben als er es bei inklusiven Gütern hätte. Es kommt mit anderen Worten auf den Grad der Rivalität und auf die Höhe der Einkommenselastizität der Nachfrage an, was sich bei zunehmender Gruppengröße durchsetzt: die Konsumrivalität, die sich auf die Kollektivgütermenge negativ auswirkt, oder der Einkommenseffekt, der sich positiv bemerkbar macht. Dazu Chamberlin: „For a good in the interior of the 'inclusive-exclusive' continuum ... two possible cases arise ... . In both cases:

(a) $x_i^E \to 0$ as $n \to \infty$

(b) $nx_i^E \to x_i^S > 0$ as $n \to \infty$.

But nx_i^E may increase or decrease as n increases ... . In the first case, nx_i^E increases with group size, indicating that the income effect outweighs the crowding effect, while in the secund case the opposite is true"[203].

Zusammengefaßt heißt das: *Da jeder einzelne in einer Gruppe wegen der Einkommensverbesserung einen Anreiz hätte, seinen Anteil an den Kosten des Kollektivgutes nicht in der Höhe einzuschränken, in der neue Mitglieder ihn entlasten, wird durch die Einkommenseffekte ein zunehmendes Angebot von – zumindest inklusiven – Kollektivgütern bei solchen Gruppen zu erwarten sein, deren Mitgliederzahl steigt.* Von welchem Wert ist nun aber dieses Ergebnis für „offene" Computerstandards? Oder allgemein gefragt: Können Einkommenseffekte unter den Voraussetzungen, die Chamberlin und McGuire nannten, erklären, daß auch in großen Gruppen gemeinsame Interessen durch einzelne Mitglieder gefördert werden?

Man könnte versucht sein, dem zuzustimmen. Scheinbar gilt auch für sehr umfangreiche Gruppen, daß Einkommenseffekte dort kollektives Handeln ebenso ermöglichen können, wie sich solche Gruppen über selektive Anreize organisieren können. Das ist aber nicht der Fall; und zwar nicht einmal deshalb, wie man es mit Chamberlin begründen könnte, weil Computerstandards oder irgendwelche anderen Kollektivgüter oft auch exklusive Güter sind, bei denen die Einkommenseffekte von der Konsumrivalität verdrängt werden. Auch ein weiterer, ebenfalls naheliegender Grund trifft nicht zu. Wenn der individuelle Anteil an den Gesamtkosten immer geringer wird, d.h. wenn die Ausgaben für das Kollektivgut in den einzelnen Budgets zunehmend unbedeutender werden, dann werden die Einsparungen immer weniger das Realeinkommen steigen lassen. Zu Unrecht könnte man daraus schließen, daß der Einkommenseffekt bei größeren Gruppen selbst bei unveränderter Elastizität der Nachfrage schwächer wird. Das stimmt jedoch nur für den Einkommenseffekt beim ein-

---

[203] Chamberlin, John R., 1974, S. 712/713.

zelnen Mitglied, nicht aber für den Gesamteffekt über alle Mitglieder. Denn obwohl es in umfangreicheren Gruppen beim einzelnen zu Einsparungen kommt, die weniger merklich ausfallen, wird dies durch die größere Zahl der betroffenen Budgets ausgeglichen. Der Grund liegt noch ganz woanders. Wie wir gesehen haben, nahmen Chamberlin und McGuire an, daß sich das Kollektivgüterangebot aus der *Summe* der Beiträge aller Mitglieder ergibt: „The total amount of the good provided is equal to the sum of the horizontal and vertical components of the equilibrium ($nx_i^E = x_i^E + (n-1)x_i^E$)"[204] . Daß diese Annahme für ihr Resultat notwendig ist, liegt auf der Hand; offensichtlich werden die alten Mitglieder nichts einsparen (können), wenn Neuzutritte keine Kosten übernehmen. Nun wird aber ohne einen selektiven Anreiz, d.h. ohne Zwang oder individuelle Belohnung, allenfalls in kleinen, homogenen Gruppen zu erwarten sein, daß sich alle an den Kosten beteiligen. Denn nur in solchen Gruppen geht vom individuellen Beitrag eines einzelnen Mitglieds noch eine für andere und für das Mitglied selbst wahrnehmbare Wirkung auf das Erreichen des Gruppenziels aus. Infolgedessen gilt das, was Chamberlin und McGuire behaupten, nicht dort, wo eine solche wechselseitige Spürbarkeit fehlt: in *umfangreichen* Gruppen[205] . Einkommenseffekte sind von dem Augenblick an bedeutungslos, wo das einzelne Gruppenmitglied feststellen wird, daß es den eigenen Interessen mehr entspricht, nicht zu zahlen und das Angebot der anderen kostenlos mitzunutzen. Und je größer die Gruppe ist, d.h. je mehr schon von einem Kollektivgut erbracht wird, desto eher wird sich jedes weitere Mitglied mit der bereits verfügbaren Menge zufrieden geben und nicht unabhängig davon irgendeine kleine Menge für sich selbst beschaffen[206] . Daraus folgt, daß eine Änderung der realen Einkom-

---

[204] Chamberlin, John R., 1974, S. 711. Die Einteilung in eine „horizontale" und eine „vertikale" Teilmenge des Gesamtangebotes lehnt an Chamberlin's grafischer Darstellung an, bei der er auf der Abszisse die Menge abträgt, die das einzelne Mitglied bereitstellt (x_i^E), und auf der Ordinate die Menge der anderen Gruppenangehörigen ($(n-1) x_i^E$).

[205] Obgleich Olson Einkommenseffekte in der *Logik* fast unbehandelt läßt, ist auch bei ihm erkennbar, daß diese Effekte höchstens in mitgliederschwachen Gruppen von Bedeutung sind. Einmal erwähnt er sie nur in dem Abschnitt der *Logik*, in dem er kleinere Gruppen behandelt. Zum anderen untersuchen Olson und Zeckhauser in dem bereits angesprochenen Artikel *An Economic Theory of Alliances* die Bedeutung von Einkommensänderungen gerade anhand von Gruppen mit einer überschaubaren Mitgliederschaft, „when – as in any organization representing a limited number of nation-states – the membership of an organization is *relatively small*" [Olson, Mancur, Zeckhauser, Richard, 1966, S. 268, Hervorhebung vom Verfasser].

[206] McGuire sah immerhin – ohne allerdings daraus die Konsequenzen zu ziehen –, daß besonders in größeren Gruppen immer mehr auf die bereits angebotene Menge eines inferioren Kollektivgutes geachtet wird. Es wird in solchen Gruppen daher zunehmend unwahrscheinlicher, daß die vom einzelnen nachgefragte und bezahlte Menge in ihrer Höhe *unabhängig* ist von der schon verfügbaren Menge. Damit trifft das von McGuire und Chamberlin angenommene „Cournot behavior, wherein

mensverhältnisse die von Olson als gegenläufig vermutete Beziehung zwischen Gruppengröße und Kollektivgüterangebot nicht grundsätzlich aufhebt; *Einkommensverschiebungen
durch Neuzugänge werden diesen Zusammenhang nur im Bereich kleiner, homogener Gruppen umkehren, wenn das Gemeinschaftsgut kein inferiores Gut ist.* Die von Olson betonte
Fähigkeit mitgliederschwacher Vereinigungen, das Angebotsproblem öffentlicher Güter
vielfach hinreichend lösen zu können, läßt sich eben nicht auf mathematischem Weg durch
$n \to \infty$ auf große Gruppen übertragen, wie es Chamberlin und McGuire vermuten
lassen[207] .

Chamberlin und McGuire haben also zu Recht herausgestellt, daß Einkommenseffekte
einen Anreiz darstellen, mehr von einem Kollektivgut zu erwerben, wenn die Gruppe
wächst, und daß diese Anreize stärker sind, je einkommenselastischer die Nachfrage ist und
je weniger Konsumrivalität besteht. Ihr Argument ist jedoch nur auf kleinere Gruppen beschränkt; es ist – sieht man einmal von dem Fall ab, in dem eine Zahlung nicht freigestellt
ist – für größere bzw. sehr große Gruppen ungültig. Das heißt: *Da sich in mitgliederstarken
Gruppen für gewöhnlich niemand seine Menge des Kollektivgutes beschafft, ohne dabei auf
die Menge der anderen oder des „größten" Mitglieds zu achten, können Einkommenseffekte*

each individual acting in isolation decides on a purchase of the public good on the assumption that
everyone's purchase will not be influenced by his decision", immer weniger zu: „If $\mu > 1$ [der Fall
eines inferioren Kollektivgutes, H.J.] ... the new entrant will necessarily face a total provision of
public good in excess of the amount at which he will buy any himself. Since the statement can be
made for every new member as the group increases in size, Cournot behavior loses its attraction as
a behavioral hypothesis" [McGuire, Martin, 1974, S. 107/112]. Auch Olson betont, daß die Nachfrage nach Kollektivgütern gerade nicht unabhängig ist von der bereits jedem Mitglied verfügbaren
Menge: „It follows from the very definition of a collective good that an individual cannot exclude
the others in the group from the benefits of that amount of the public good that he provides for himself. This means that no one in the group will have an incentive independently to provide any of the
collective good once the amount that would be purchased by the individual in the group with the
largest F_i was available" [Olson, Mancur, 1965, S. 28].

[207] Selbst bei einer Gruppe, die nur aus einem „kleinen" und einem „großen" Mitglied besteht, können Einkommenseffekte schon ohne Bedeutung sein. Dann nämlich, wenn beide so ungleich sind,
daß das „größere" Mitglied allein das Kollektivgut beschafft und das „kleinere" Mitglied mit dieser
Menge zufrieden ist, obwohl dessen Realeinkommen und damit dessen Nachfrage durch die kostenlose Mitnutzung gestiegen ist (siehe dazu Olson, Mancur und Zeckhauser, Richard, 1966, S.
269/270, die dort einen ähnlichen Fall behandeln). Man erkennt hieran, daß die Frage der Homogenität der Mitglieder neben der Gruppengröße mitentscheidend ist für die Wirkung der Einkommenseffekte – eine Auffassung, die allerdings von Chamberlin nicht geteilt wird: „In order to facilitate
the analysis, it will be assumed that all individuals in a group are identical in terms of preferences
and resources. ... This assumption greatly simplifies the analysis to follow *without affecting the sub-
stance of the results*" [Chamberlin, John, 1974, S. 711, Hervorhebung vom Verfasser].

kollektives Handeln in großen Gruppen nicht erklären. Darin unterscheiden sie sich von den vielfältigen Formen selektiver Anreize. Solchen Gruppen wie denen der Steuerzahler, der Verbraucher oder der Arbeitslosen mangelt es nicht deshalb an einer einflußreichen Lobby, weil sie ein inferiores Gruppenziel verfolgen; andererseits sind Bauernverbände oder Gewerkschaften nicht aus dem Grund so mächtig, weil Agrarsubventionen oder Tarifverträge superiore oder normale, nicht-inferiore Kollektivgüter wären. Die zuerst genannten Gruppen werden sich in Wahrheit deshalb kaum organisieren können, weil es ihnen an selektiven Anreizen mangelt, während es für die zuletzt genannten Vereinigungen möglich ist, kollektiv zu handeln, weil sie Zugang zu solchen Anreizen haben. Wären Einkommenseffekte dagegen tatsächlich bei jeder Gruppengröße von Bedeutung, wie es Chamberlin und McGuire (fälschlicherweise) angenommen haben, dann müßten beispielsweise Steuerzahler ihre Interessen eher verwirklichen können als Ärzte oder andere kleinere Standesvertretungen; als Gruppe würden sie dann ja über mehr Mittel verfügen können, um Verschwendung und Veruntreuung von Steuergeldern – ein ebenso inklusives Gut wie eine einträgliche ärztliche Gebührenverordnung – zu verhindern. Olson hat also richtigerweise Einkommenseffekte vernachlässigt und kollektives Handeln in großen Gruppen nur durch spezifische Nebenvorteile erklärt.

Auch wenn Einkommenseffekte als Ursache dafür ausfallen, daß sich große Gruppen zuweilen mit Kollektivgütern versorgen können, so heißt dies nicht zwangsläufig, daß sie ebensowenig die hier behandelten „offenen" Computerstandards erklären könnten. Im vorangegangenen Unterkapitel ist u.a. gezeigt worden, daß der PC- bzw. der SPARC-Standard nicht auf selektive Anreize, sondern allein auf Vorteile zurückzuführen ist, die sich IBM und Sun aus der Standardisierung selbst, also aus dem Kollektivgut, versprochen haben müssen. Beide Unternehmen haben demnach im Interesse einer Gruppe gehandelt, die noch nicht so umfangreich war, daß nicht der Gewinn des „größten" Mitglieds – des jeweiligen Originalherstellers – die gesamten Kosten des Kollektivgutes überstiegen hätte. Die Ereignisse um den IBM PC und um die Sun SPARCstations sind somit nicht mit kollektivem Handeln in solchen (großen) Gruppen vergleichbar, die von selektiven Anreizen leben und die ohne Aussicht darauf, einen solchen individuellen Zusatznutzen anbieten zu können, handlungsunfähig wären. Aus diesem Grund haben Einkommenseffekte hier keinen Fall zu erklären, hinter dem man zuerst selektive Anreize vermuten würde, für den jedoch etwas anderes verantwortlich sein muß, weil man vergeblich nach diesen Anreizen sucht. Mit anderen Worten: Es geht hier nicht um wirklich umfangreiche Gruppen, deren Stabilität deshalb von selektiven Anreizen abhängig ist, weil niemand einen genügend großen Anteil am gemeinschaftlichen Gewinn erhält, um von daher bereit zu sein, das Kollektivgut anzubieten. Es geht vielmehr um einen (mittleren) Größenbereich, in dem mindestens noch ein Mitglied auch ohne selektive Anreize im Interesse aller handelt. Einkommenseffekte hätten daher zu erklären, warum es *innerhalb dieses Bereiches* für ein einzelnes Mitglied lohnender oder überhaupt erst lohnend sein kann, selbst dann eine größere Gruppe mit einem Kollektivgut zu versorgen, wenn dieses Mitglied keine spezifischen Nebenvorteile infolge der Neuzugänge erwarten kann.

Auf den ersten Blick scheint eine Erklärung zu gelingen: So könnte man vermuten, daß eine „offene" Architektur – eine größere Gruppe von Herstellern – vielleicht tatsächlich der einzige Weg gewesen wäre, um den PC- bzw. SPARC-Standard zu schaffen, da die bereitgestellte Menge eines Kollektivgutes unter den Umständen, die Chamberlin und McGuire nannten, steigt, wenn die Gruppe größer wird. Aus demselben Grund aber, aus dem Einkommenseffekte nicht mit selektiven Anreizen vergleichbar sind, vermag das Argument von Chamberlin und McGuire auch nicht erklären, warum IBM und Sun „offene" Architekuren für ihre Standardisierungen gewählt haben. Wie die Erfahrungen beider Unternehmen zeigen, ist die Gruppe der Hersteller bei einer Freigabe der Technologie so groß, daß der Punkt überschritten ist, bei dem sich ein Kollektivgüterangebot noch aus der Summe der einzelnen Beiträge ergibt. Daher kann – wie auch schon die Heterogenität der Mitgliederschaft – eine hohe Einkommenselastizität der Nachfrage nach Kollektivgütern nicht erklären, warum ein (!) großer Anbieter zuweilen einen mitgliederstärkeren Kreis derjenigen wünscht, die sein Gut mitnutzen. Wenn durch die Zugänge die Gruppe nicht gerade so umfangreich wird oder das Kollektivgut so teuer, daß die Kosten den persönlichen Gewinn auch des „größten" Mitglieds übersteigen (wenn also keine wirklich große Gruppe entsteht), dann wird dieses Mitglied auch weiterhin das Gut *alleine* bereitstellen. Aufgrund seiner „Größe" wird es keine Ersparnisse durch Gruppenzugänge erfahren, die seine eigene Nachfrage und die der anderen nach dem Kollektivgut erhöhen könnten. Anders gesagt: *Ein Zutritt kleinerer Gruppenangehöriger, d.h. ein Zutritt weiterer Fremdhersteller, wird keine Einkommenseffekte auslösen können, weil für diese Hersteller für gewöhnlich kein Anreiz besteht, irgendetwas zu dem von ihnen genutzten (aber nicht selbst geschaffenen) Standard beizutragen und so die reale Einkommenssituation der anderen zu verbessern.*

2. Der Grad der Konsumrivalität und „stark" öffentliche Güter

Auch wenn Einkommenseffekte, wie sie Chamberlin und McGuire analysierten, den PC- und den SPARC-Standard nicht erklären können, so enthält insbesondere die Arbeit

von Chamberlin doch einen Gedanken, der sich für unsere beiden Fälle als sehr wertvoll erweisen wird. Wie wir gesehen haben, wird, wenn die Mitgliederzahl steigt, ein Kollektivgüterangebot bei gleicher Einkommenselastizität der Nachfrage in inklusiven Gruppen mehr
zunehmen als in exklusiven Gruppen, und bei starker Konsumrivalität wird ein solches Angebot trotz der einkommensbedingten Nachfrageerhöhung sogar abnehmen. Offensichtlich
ist also eine Trennung zwischen inklusiven und exklusiven Gruppen nicht nur insoweit
wichtig, als damit erklärt werden kann, warum Zugänge manchmal erwünscht und manchmal unerwünscht sind (so wie man es bei Buchanan und Olson findet); die Unterscheidung
ist auch dafür bedeutsam, wieviel von einem Kollektivgut beschafft wird. Nun folgt allerdings aus der eben vorgetragenen Kritik an Chamberlin und McGuire, daß beide eigentlich
nur so kleine Gruppen untersucht haben, in denen noch von jedem Mitglied ein Teil des
Kollektivgutes bereitgestellt wird und in diesem Sinne niemand „schwarz" fährt. Es liegt jedoch nahe, daß sich ein Angebot von inklusiven und exklusiven Kollektivgütern auch dann
unterscheidet, wenn keine Einkommenseffekte mehr auftreten. Das heißt, das Versorgungsniveau dieser Güter wird vermutlich auch in etwas größeren Gruppen voneinander abweichen, in denen niemand mehr einen Anreiz hat, *unabhängig* von der bereits verfügbaren
Menge selbst irgendeine kleinere Menge eines Kollektivgutes bereitzustellen. Solche „etwas
größeren" Gruppen sind zum einen nicht so klein, daß alle bereit sind zu zahlen und daß daher die Änderungen der realen Einkommensverhältnisse durch Neuzugänge einzubeziehen
wären. Noch sind es wirklich große Gruppen, die sich nur durch Zwang oder selektive Anreize organisieren können. Es sind vielmehr solche Gruppen, die noch genügend klein sind,
um sich durch freiwillige Zahlungen mindestens eines Mitglieds – aber nicht aller Mitglieder – mit einer bestimmten Menge eines Kollektivgutes versorgen zu können. Obwohl in
diesen Vereinigungen wie in den wirklich großen Gruppen niemand unabhängig von einer
einmal bereitgestellten Menge handelt, wird sich das „größte" Mitglied – oder wenige „große" Mitglieder – selbst dann durch den Erwerb des Kollektivgutes besserstellen, wenn sich
die anderen in der Gruppe nicht an den Kosten beteiligen.

Um nachzuweisen, daß sich auch inklusive und exklusive Gruppen dieser Größe darin
unterscheiden, inwieweit sie ihre gemeinsamen Ziele verwirklichen können, muß man sich
zunächst klar werden, woran die Leistungsfähigkeit einer Gruppe überhaupt gemessen werden kann. Bislang geschah dies ja ausschließlich an der bereitgestellten Menge eines Kollektivgutes. Da unser Ergebnis aber mit dem aus der *Logik* verglichen werden soll, empfiehlt
es sich, auch auf einen zweiten Maßstab einzugehen, den Olson noch zusätzlich verwendet.
Es ist der Vergleich zwischen der Menge, mit der sich eine Gruppe *tatsächlich* versorgt,

und der, mit der sie sich versorgen würde, wenn sie *pareto-optimal* handelt. Je weniger dies geschieht und je weiter damit das tatsächliche Angebot hinter dem optimalen zurückbleibt, desto weiter entfernt man sich von der Menge, bei der eine Gruppe als Ganzes den maximalen Nutzen aus einem Kollektivgut zieht; kurz, desto *sub-optimaler* wird die Versorgung sein[208]. Wenn man nun den zentralen Gedanken der *Logik* betrachtet – daß nämlich in mitgliederstarken Gruppen die gemeinsamen Interessen weniger gefördert werden als in mitgliederschwachen –, so sieht man jetzt, was Olson damit genau meint: Daß größere Gruppen ihre Kollektivgüter in Mengen bereitstellen, die sowohl *weniger optimal* sind als auch *absolut geringer* sind als in kleineren Gruppen. Olson schreibt dazu: „The larger a group is, the farther it will fall short of obtaining an *optimal* supply of any collective good, and the less likely that it will act to obtain even a minimal *amount* of such a good"[209].

Doch der Schluß, daß Gruppen an beiden Maßstäben gemessen weniger leistungsfähig sein werden, wenn die Zahl ihrer Mitglieder steigt, ist nur zu einem Teil richtig. Nehmen wir zunächst den Prüfstein der *optimalen Versorgung*. Danach wird eine Gruppe aus einer solchen Menge ihres Kollektivgutes den maximalen Vorteil erzielen, bei der die Steigerungsrate des Gruppengewinns der Steigerungsrate der Kosten für das Kollektivgut entspricht. Um die Notation von Olson zu verwenden[210], sei T die Menge des Gutes („rate or level at which the collective good is obtained"), C die Kosten („cost"), und V_g der Gruppengewinn (oder der gesamte Gewinn: „value to the group"); für eine optimale Versorgung muß dementsprechend $dV_g/dT = dC/dT$ gelten. Für gewöhnlich wird diese Menge jedoch nicht erreicht werden. Denn solange das Kollektivgut allen in der Gruppe zufällt, wird niemand etwas zur Verbesserung des Angebots beitragen, es sei denn, er wünscht eine noch größere Menge als die bereits verfügbare. Tatsächlich wird also nur die Menge bereitgestellt, bei der der Grenznutzen des „größten" Mitglieds gleich den Grenzkosten des Kollektivgutes ist, dort also wo $dV_i^{max}/dT = dC/dT$ ist. Der Grad der Sub-Optimalität wird damit durch das Verhältnis vom Nutzen des „größten" Mitglieds zum Gesamtnutzen der Gruppe

---

[208] Obgleich Olson in der *Logik* sehr häufig zwischen beiden Maßstäben wechselt, ohne besonders darauf hinzuweisen, wird an zumindest einer Stelle explizit gesagt, daß zwei völlig unterschiedliche Arten der Beurteilung für kollektives Handeln benutzt werden: „There are similarly also two distinct questions that must be answered about the group as a whole. It is not enough to know wheter a small group will provide itself with a collective good; it is also necessary to determine wheter the amount of the collective good that a small group will obtain, if it obtains any, will tend to be Pareto-optimal for the group as a whole. That is, will the group gain maximized?" [Olson, Mancur, 1965, S. 27].

[209] Olson, Mancur, 1965, S. 36, Hervorhebungen vom Verfasser.

[210] Siehe besonders Olson, Mancur, 1965, S. 22 ff..

bestimmt (V_i^{max}/V_g) oder durch das, was Olson als „the fraction of the group gain" (F_i) bezeichnet. Dieser „Bruchteil des Gruppengewinns" wird sowohl in inklusiven als auch in exklusiven Gruppen um so geringer sein und somit die Suboptimalität in jedem Fall um so beträchtlicher, je umfassender eine Gruppe ist. Wenn die Anzahl der Mitglieder steigt, wird bei nichttrivalisierenden Kollektivgütern der Nutzen des „größten" Mitglieds unverändert bleiben, der Gesamtnutzen jedoch zunehmen, einfach weil mehr Individuen vom Kollektivgut profitieren. Ebenso wird V_i^{max}/V_g aber auch bei Konsumrivalität in größeren Gruppen kleiner sein. Zwar wird V_g jetzt gleichbleiben, weil das, was ein Neuzugang verbraucht, ein anderer nicht mehr nutzen kann; aber durch die Konkurrenz um den Konsum wird bei gegebenem Versorgungsniveau V_i^{max} – und damit auch V_i^{max}/V_g – kleiner sein. Die Frage der Rivalität oder Nichtrivalität im Konsum ändert also nichts an Olson's Resultat bezüglich der Suboptimalität von Gruppen: „The suboptimality will be the more serious the smaller the F_i of the 'largest' individual in the group. Since the larger the number in the group, other things being equal, the smaller the F_i's will be, the more individuals in the group, the more serious the suboptimality will be"[211] .

Mißt man jedoch die Leistungsfähigkeit einer Gruppe an der *absoluten Menge*, so ist der Grad der Konsumrivalität durchaus bedeutsam. Dies hängt mit dem bekannten Umstand zusammen, daß sich eine Gruppe nur dann freiwillig mit einem Kollektivgut versorgt, wenn der Nutzen daraus für irgendein Mitglied größer ist als die Gesamtkosten der Bereitstellung (wenn also $V_i > C$ ist). Aus diesem Grund ist hier nicht der *relative* Anteil am Gruppengewinn V_i^{max}/V_g entscheidend, sondern allein die größte *absolute* Nutzenmenge, die irgendein Mitglied aus dem Kollektivgut zieht: V_i^{max}. Dieser Wert wird aber nur dann durch die Zu- und Abgänge einer Gruppe beeinflußt werden, wenn es sich um eine exklusive Vereinigung handelt; andernfalls wäre eine Änderung der Gruppengröße für niemanden insofern vor- oder nachteilig, als daß das eigene V_i betroffen wäre. Größere Gruppen werden daher Kollektivgüter *mit rivalisierendem Konsum* in geringerem Umfang bereitstellen als dies kleinere Gruppen tun. Die erhöhte Konkurrenz um das Kollektivgut wird hier V_i^{max} sinken lassen, so daß schon früher die Menge erreicht wird, die für das „größte" Mitglied optimal ist, d.h.

---

[211] Olson, Mancur, 1965, S. 28. Es ist allerdings sehr fraglich, ob Olson sich der vollen Bedeutung der Konsumrivalität bzw. Nichtrivalität bewußt war. Er sah immerhin, daß es für seine Schlußfolgerung zur Suboptimalität von Gruppen keiner „reinen" Kollektivgüter in Sinne Samuelson's bedarf: „And even when additional consumption by one individual does lead to marginal reductions in the amount available to others, the qualitative conclusions that there will be suboptimality and disproportionate burden sharing still hold" [Olson, Mancur, 1965, S. 28, Fußnote 44]. Doch Olson's Resultat gilt ja auch dann, wenn der Konsum des einen zu mehr als verschwindend geringen Einbußen bei den anderen Mitgliedern führt; es gilt sogar bei vollständiger Konsumrivalität.

bei der $dV_i^{max}/dT = dC/dT$ erfüllt ist. Das Resultat bei exklusiven Kollektivgütern steht also ganz im Einklang mit Olson's Ergebnis[212] .

Bei *Nichtrivalität* ist die Logik des kollektiven Handelns jedoch eine andere als Olson sie vermutet. Es wird hier nicht, wie er allgemein annimmt, unwahrscheinlicher sein, daß eine größere Gruppe ihr gemeinsames Interesse so fördern wird wie eine weniger umfangreiche Vereinigung. Wenn eine Gruppe einmal genügend klein bzw. ihr Kollektivgut so preiswert ist, daß $V_i^{max} > C$ erfüllt ist, dann wird dieses Gut bei steigender Mitgliederzahl weiterhin in gleicher Menge angeboten werden, da sich in inklusiven Gruppen weder der Vorteil für das maximale Mitglied noch die Gesamtkosten, die es zu tragen hat, verändern. Selbst bei freiwilliger Mitgliedschaft müssen größere Gruppen also nicht zwangsläufig kleineren Gruppen in der Bereitstellung von Kollektivgütern nachstehen. Olson führt in der *Logik* zwar auch einen solchen Fall an, in dem ein von allen genutztes Gut selbst bei Gruppenneuzugängen unverändert angeboten wird; er sieht jedoch nicht, daß bei konstanten Kosten der Anreiz, Kollektivgüter zu beschaffen, *nur bei Nichtrivalität gleich bleibt*:

„There is one logically conceivable, but surely empirically trivial, case in which a large group could be provided with a very small amount of a collective good without coercion or outside incentives. If some very small group enjoyed a collective good so inexpensive that any one of the members would benefit by making sure that it was provided, even if he had to pay all of the cost, and if millions of people then entered the group, with the cost of the good nonetheless remaining constant, the larger group could be provided with a little of this collective good"[213] .

---

[212] Selbst wenn alle Angehörigen einer Gruppe die Kosten zu gleichen Teilen tragen und infolgedessen bei Zugängen Einkommenseffekte auftreten – der Chamberlin-McGuire-Fall –, sinkt die angebotene Menge: „For an 'exclusive' good, the fraction of the group benefit received by an individual plays an important part of the individual's decision, and its consideration leads to the inverse relationship between group size and amount of the good provided. ... These conclusions correspond to those of Olson" [Chamberlin, John R., 1974, S. 712/715]. Es gibt allerdings einen Fall, in dem trotz vollständiger Konsumrivalität die Menge nicht sinkt. Wenn ein neues Mitglied genauso stark vom Kollektivgut profitiert wie das bisher „größte" Mitglied ($V_i^{max} = V_i^{neu}$) und beide übereinkommen, sich die Kosten zu teilen, dann ist zwar V_i^{max} wegen der Konsumrivalität kleiner als vor dem Zutritt. Wird aber die reale Einkommenssteigerung von einem oder von beiden „größten" Mitgliedern auch nur zu einem ganz geringen Teil zum Erwerb des Kollektivgut aufgewendet, so steigt die angebotene Menge. Es ist also nicht notwendigerweise so, wie Chamberlin vermutete, daß vollständige (oder auch schon starke) Konsumrivalität in den Fällen normaler, nicht-inferiorer Güter die Einkommenseffekte überlagert und das Angebot eines Kollektivgutes daher in größeren Gruppen abnimmt.

[213] Olson, Mancur, 1965, S. 48, Fußnote 68.

Wenn sich also Zugänge zu einer inklusiven Gruppe für gewöhnlich nicht auf die Höhe des Kollektivgüterangebotes auswirken, so gibt es doch gewisse Ausnahmen von dieser Regel. Olson selbst erwähnt einen derartigen Fall, in dem ein Angebot in größeren Gruppen nicht unverändert bleibt, sondern zunimmt: „Yet the original provider would have no incentive to provide more as the group expanded, unless he formed an organization to share costs with the others in this (now large) group". Ohne die Anwendung von Zwang oder anderen selektiven Anreizen wäre eine Aufteilung der Kosten jedoch nicht durchzusetzen: „But that [die Gründung eben einer solchen Organisation, H.J.] would entail incurring the considerable costs of a large organization, and there would be no way these costs could be covered through the voluntary and rational action of the individuals in the group"[214] . Eine zweite Ausnahme, die ohne selektive Anreize auskommt, ist die, daß derjenige, der einer Gruppe beitritt, in gleicher Höhe von dem Kollektivgut profitiert wie das bislang „größte" und alleinzahlende Mitglied. Einigen sich beide, die Kosten gemeinsam zu tragen, so wird sich infolge der Einkommenssteigerung ihre Nachfrage nach dem Kollektivgut erhöhen, wenn es kein inferiores Gut ist. Das Argument von Chamberlin und McGuire ist also nicht auf den sehr unwahrscheinlichen Fall einer Gruppe beschränkt, in der jeder zahlt; es gilt auch dann, wenn nur wenige „große" Mitglieder einen Beitrag leisten und der überwiegende Teil der Gruppe „schwarz" fährt. Eine dritte Möglichkeit, bei der eine steigende Mitgliederzahl mit einem höheren Angebot einhergeht, besteht darin, daß ein neues Mitglied mehr Nutzen aus dem Kollektivgut zieht als jedes andere. Wenn $V_{neu} > V_i^{max}$ und damit auch $V_i^{max\ neu} > V_i^{max\ alt}$ gilt, dann wird jetzt $dV_i^{max}/dT = dC/dT$ erst an einem späteren Punkt, d.h. bei einer größeren Menge erreicht sein. Ein vergleichbares Resultat stellt sich auch ein, wenn $V_{neu} = V_i^{max}$ ist, das neue Mitglied das Kollektivgut aber preisgünstiger erwerben bzw. produzieren kann. Dieser Fall findet sich bei Jack Hirshleifer: „As numbers increase, the amount provided might rise slightly whenever a new entrant turns out to be the new low-cost provider"[215] . Doch ähnlich so wie große Gruppen nicht immer über selektive Anreize die Kosten einer Organisation aufbringen können, ist es nicht notwendigerweise der Fall, daß die neuen Mitglieder die Güter kostengünstiger anbieten können. Auch gilt nur zufällig, daß neue Gruppenmitglieder immer in gleicher Höhe oder sogar noch mehr von einem Kollektivgut profitieren als jedes andere, alte Mitglied in der Gruppe. *Im allgemeinen wird daher bei Zugängen zu inklusiven Gruppen das Kollektivgüterangebot unverändert bleiben, während es bei Zugängen zu exklusiven Gruppen abnehmen wird*[216] .

---

[214] Olson, Mancur, 1965, S. 48, Fußnote 68.

[215] Hirshleifer, Jack, 1983, S. 381.

[216] Dieser Unterschied zwischen exklusiven und inklusiven Gruppen läßt auch den Zusammenhang

Wie aber sind nun diese Überlegungen mit der PC-Architektur und der SPARC-Technologie in Verbindung zu bringen? Erinnern wir uns zunächst nochmals an die Besonderheit, daß IBM und Sun Microsystems eine Strategie der „offenen" Architektur verfolgt haben, um ihre Systeme am Markt durchzusetzen. Beide Unternehmen hatten demzufolge zu erwarten, daß sie damit das Aufkommen von geklonten Rechnern selbst beschleunigen würden und daß sie vielen anderen Firmen dazu verhelfen würden, marktreife und vollkompatible Systeme anzubieten. Warum, so war gefragt worden, könnte es also den Interessen von IBM und Sun entsprochen haben, daß die von ihnen entwickelte Technologie von einer größeren Anzahl von Herstellern nachgebaut wird als bei einer „geschlossenen Architektur"? Allgemein ausgedrückt wird eine Freigabe technischer Daten nur dann die bevorzugte Handlungsalternative sein, wenn sich das finanzierende Unternehmen i daraus ein für sich günstigeres Nutzen-Kosten-Verhältnis ($N_i - K$) „seiner" Standardisierung verspricht. Sei eine solche Strategie mit dem Index ^{offen} gekennzeichnet, die entsprechende Alternativstrategie mit ^{geschlossen}, so gilt hier $(N_i - K)^{offen} > (N_i - K)^{geschlossen}$. Nach dem was wir jetzt über die

---

der Größe einer Gruppe und der Heterogenität ihrer Mitgliedschaft aus einem neuen Blickwinkel betrachten. Im Abschnitt C.3 über „Homogene und heterogene Gruppen", Seite 154, ist geschrieben worden, daß in einer Gruppe, in der die Zahl der Mitglieder steigt, zugleich auch die Heterogenität zunehmen muß, damit ein Kollektivgut unverändert bereitgestellt wird. Wie man jetzt erkennen kann, ist eine stärkere Ungleichheit unter den Mitgliedern aber nur dann für ein unverändertes Angebot notwendig, wenn der Gesamtgewinn aus dem Kollektivgut auch bei steigender Zahl der Gruppenangehörigen gleich bleibt, was eben ausschließlich bei vollständiger Konsumrivalität der Fall ist. Nur wenn – wie an besagter Stelle – ein konstanter Gesamtgewinn angenommen wird, sinkt der Nutzen oder der Wert für das „größte" Mitglied, so daß sich die Versorgung mit dem Kollektivgut verschlechtern würde, wenn die Gruppe nicht gleichzeitig heterogener wird (in dem Sinne heterogener, daß das „größte" Mitglied einen höheren Anteil am Gruppengewinn erhält). Im anderen Extremfall, bei Nichttrivialität, gilt hingegen, daß größere Gruppen nicht ungleicher sein müssen, um im selben Ausmaß kollektiv handeln zu können wie kleinere Gruppen. Hier hat der Grad der Heterogität sogar mehr Einfluß auf die Kollektivgütermenge als die Gruppengröße selbst. Denn in einer mitgliederstärkeren, aber sehr ungleichen Gruppe wird es wahrscheinlicher sein als in einer kleineren, homogenen Gruppe, daß ein nichttrivialisierendes gemeinschaftliches Anliegen gefördert wird. Die Logik des kollektiven Handelns, so wie sie Olson entwickelt hat, ist daher auch noch in einem zweiten Punkt unvollständig. Wie im Text dargestellt wurde, ist zum einen nicht immer eine gegenläufige Beziehung zwischen der Anzahl der Mitglieder und der bereitgestellten Menge zu erwarten. Darüber hinaus zeigt sich aber auch, daß es eine Ausnahme von der Regel gibt, nach der die Größe einer Gruppe Vorrang hat vor dem Grad ihrer Heterogenität (was den Einfluß auf die Angebotsmenge betrifft). In jedem Fall kann jetzt der Zusammenhang zwischen der Gruppengröße und der Heterogenität genauer formuliert werden als früher. So muß die Heterogenität in größeren Gruppen nicht *unterschiedslos stark* ansteigen, damit ein Kollektivgut unverändert angeboten wird; sie muß in solchen Gruppen *um so stärker* ansteigen, je höher die Konsumrivalität ist.

notwendige Bedingung für ein (privates) Angebot öffentlicher Güter wissen, kann diese Ungleichung in die uns vertraute Notation der Gruppentheorie übertragen werden. Da bei „offenen Architekturen" die Zahl der Fremdhersteller höher sein wird, d.h. die Standardisierung von einer größeren Herstellergruppe gemeinschaftlich genutzt wird, ist $(N_i - K)^{offen} >$ $(N_i - K)^{geschlossen}$ gleichbedeutend mit $(V_i^{max} - C)^n > (V_i^{max} - C)^m$, wobei n und m die Größe der Gruppe angeben und n > m ist. Auch in dieser Form der Darstellung wird nochmals unmittelbar einsichtig, daß eine Erklärung „offener" Computerstandards auf die Frage hinausläuft, warum Kollektivgüter zum Teil nur in mitgliederstärkeren Gruppen angeboten werden, also warum $(V_i^{max} - C)^n > 0 > (V_i^{max} - C)^m$ ist, oder warum solche Güter in diesen Gruppen manchmal in größeren Mengen bereitgestellt werden als in mitgliederschwachen Vereinigungen: $(V_i^{max} - C)^n > (V_i^{max} - C)^m > 0$.

Für inklusive Gruppen, die nicht über selektive Anreize verfügen, sind schon zwei mögliche Antworten auf diese Frage gegeben worden. Einmal das Argument von Chamberlin und McGuire, daß bei Gruppenzugängen Einkommenseffekte auftreten; und zum anderen der Fall, daß ein neues Mitglied „größer" ist oder, wie bei Hirshleifer, das Kollektivgut günstiger anbieten kann. Es gibt jedoch keine Anzeichen dafür, daß IBM oder Sun Microsystems in dieser Weise von den Klonern profitiert hätten. Ebensowenig wie eine wirkliche Kostenteilung erreicht wurde, über die spürbare Einkommenseffekte hätten entstehen können, kam es zu einer vollständigen Übernahme der Standardisierungskosten durch andere, „größere" Hersteller. Der PC- bzw. der SPARC-Standard kann also nicht mit solchen Vorteilen erklärt werden, die nur dann bei „offenen" Systemen eintreten, wenn neue Mitglieder ein genauso starkes oder sogar noch stärkeres Interesse am Kollektivgut haben als die anderen in der Gruppe. Dementsprechend auch die Frage: *Unter welchen Umständen werden die Mitglieder, die ihre Gruppe mit einem Kollektivgut versorgen, auch dann eine größere Mitgliedschaft wünschen, wenn die Neuzugänge so „klein" sind, daß von ihnen keine freiwilligen Zahlungen zu erwarten sind?*

Für eine Antwort ist es notwendig, ganz weit zurückzudenken: an das, was Charles P. Kindleberger über Standards als öffentliche Güter geschrieben hat. Seine Beobachtung war kurzgefaßt die, daß Standardisierungen über die Samuelson'sche Nichttrivialität hinausgingen: „In fact they [Standards, H.J.] are a strong form of public good in that they have economies of scale. The more producers and consumers use a given standard, the more each gains from use by others through gains in comparability and interchangeability"[217] . Die ganze Tragweite der Idee „stark" öffentlicher Güter erkennt man, wenn man die vorange-

---

[217] Kindleberger, Charles P., 1983, S. 377.

gangene Unterscheidung von exklusiven und inklusiven Kollektivgütern in diese Richtung erweitert. Bisher war die wichtigste Feststellung die, daß sich exklusive Gruppen in einem geringeren Umfang mit einem Kollektivgut versorgt werden, wenn die Zahl ihrer Mitglieder steigt, während Zugänge zu inklusiven Gruppen für gewöhnlich keinen Einfluß auf die bereitgestellte Menge haben. Hat ein Kollektivgut nun aber die Eigenschaft eines „stark" öffentlichen Gutes, wird sich die Gruppengröße und das Versorgungsniveau sogar gleichgerichtet entwickeln; hier steigen die Chancen, daß das gemeinschaftliche Interesse verfolgt wird, je mehr Personen sich der Gruppe anschließen. Wenn neue Mitglieder den Nutzen, den das Kollektivgut stiftet, für alle übrigen in der Gruppe und für sich selbst verstärken, dann wird auch V_i^{max} unter sonst gleichen Bedingungen um so höher sein, je größer die Zahl der Gruppenangehörigen ist. Demzufolge wird es in umfangreicheren Gruppen entweder überhaupt erst möglich werden, daß etwas von dem Kollektivgut angeboten wird; dann könnte die Interdependenz der Nachfrage die Ungleichung im oben zuerst erwähnten Fall $(V_i^{max} - C)^n > 0 > (V_i^{max} - C)^m$ begründen. Oder in solchen Gruppen wird die bereitgestellte Menge größer sein als in weniger umfangreichen Vereinigungen, so daß wegen des sich wechselseitig verstärkenden Nutzens $(V_i^{max} - C)^n > (V_i^{max} - C)^m > 0$ gilt. *In jedem Fall folgt daraus, daß die Eigenschaft einer „starken" Samuelson'schen Öffentlichkeit von Gütern eine gleichgerichtete Beziehung zwischen der Größe einer Gruppe und ihrem Kollektivgüterangebot erklärt, ohne dabei auf einen der beiden Spezialfälle angewiesen zu sein, daß neue Mitglieder entweder genauso „groß" sind oder sogar „größer" als alle anderen in der Gruppe.*

Die Frage, die diesem und dem letzten Unterkapitel vorangestellt wurde, kann jetzt zumindest zum Teil beantwortet werden. Aus einer Logik des kollektiven Handelns, die den Grad der Konsumrivalität mit in Betracht zieht, folgt, daß ein Unternehmen solange mit jedem neuauftretenden Kloner einen höheren Gewinn aus einem Marktstandard erzielt, wie (1) jeder neue Fremdhersteller der unternehmenseigenen Technologie zu größerer Akzeptanz am Markt und damit zu weiterer Nachfrage verhilft, und dabei (2) die zusätzliche Nachfrage wegen Kapazitätsgrenzen, Marktunerfahrenheit, fehlendem Image u.ä. nicht vollständig vom Marktneuling gedeckt wird, so daß sich allen anderen Herstellern bessere Absatzmöglichkeiten bieten. Dies erklärt, warum sich IBM und Sun für eine Strategie der „offenen" Systeme entschieden haben, um die PC-Architektur bzw. die SPARC-Technologie als einen (neuen) Marktstandard einzuführen. Nun läßt sich aber mit einigem Recht gegen diese Erklärung einwenden, daß nach einer gewissen Zeit die „starke" Öffentlichkeit von Computerstandards in Rivalität zwischen den Herstellern umschlagen wird und daß Unternehmen dies bei der Wahl ihrer Strategie berücksichtigen werden. Allgemein gesagt kann der Vorteil, ein „stark" öffentliches Gut für eine größere Gruppe anzubieten, teilweise dadurch aufgehoben werden, daß in solchen Gruppen die spätere Konsumrivalität verstärkt zutage tritt. Je weniger aber von diesem Vorteil verbleibt, desto weniger werden „offene" Computerstandards ausschließlich durch das Merkmal einer „starken" Öffentlichkeit zu erklären sein.

Zweifellos ist dies ein Einwand, der sich vor dem Hintergrund der tatsächlichen Ereignisse aufdrängt. Zwar steht Sun Microsystems den Klones seiner SPARCstations (noch) sehr aufgeschlossen gegenüber (beispielsweise werden die Fremdhersteller durch die eigene Tochter SunSoft mit der nötigen Software versorgt); dagegen zeigt sich für IBM schon seit einigen Jahren die Kehrseite „offener" Architekturen. Nachahmer aus aller Welt konnten dem Unternehmen zunehmend Anteile am PC-Markt streitig machen und haben maßgeblich dazu beigetragen, daß für den einst unangefochtenen Marktführer das vormals profitable Geschäft mit den PC's mittlerweile zur Verlustquelle geworden ist.

Es gibt jedoch eine Überlegung, die gegen den eben erhobenen Einwand vorgebracht werden kann und die die hier entwickelte Erklärung an dem Punkt verbessert, an dem sich die Kritik entzündet hatte. Diese Überlegung geht auf einen Ansatz von Jerome Rothenberg zurück, wonach zwei Arten der Konsumrivalität bei „unreinen" öffentlichen Gütern zu unterscheiden sind: der Fall der *Überfüllung* und der *Verschmutzung*. Nach Rothenberg besteht die Besonderheit externer Überfüllungseffekte darin, daß man hier Verursacher und Leidtragende nicht voneinander abgrenzen kann; alle Mitglieder einer Gruppe schädigen und werden geschädigt: „If highway traffic is the classic example of congestion, then the central interpersonal distributive fact about it is that all users are using the medium (the public good) in much the same way, each is damaging service quality for both others and himself, and the ratio of self to other damages is approximately the same for all users. It would be difficult to separate users into abusers and victims"[218] . Dagegen können die Verursacher einer Verschmutzung von denen unterschieden werden, die von der Verschmutzung betroffen sind; einige schädigen alle anderen und sich selbst: „The essence of pollution, on the other hand, is that there are some users who do abuse the medium – the polluters – while others are relatively passive victims of such abuse – the 'public'. ... Thus, pollution often lends itself to a distinction between destructive and constructive uses of a medium, between guilty and innocent parties"[219] .

---

[218] Rothenberg, Jerome, 1970, S. 114.
[219] Rothenberg, Jerome, 1970, S. 115.

Das Wesentliche bei Rothenberg's Unterscheidung liegt in der Frage, wo die negativen externen Effekte anfallen: innerhalb oder außerhalb der Gruppe derjenigen, die die Schädigung verursachen. Nehmen wir als Beispiel das Autofahren, das nicht nur Überfüllung, wie es bei Rothenberg schon anklang, sondern auch Verschmutzung verursacht. Wie man leicht erkennt, fallen bei überfüllten Straßen die externen Effekte ausschließlich auf die beteiligten Autofahrer zurück, wobei der einzelne so viel Zeitverlust auf sich zu nehmen hat, wie er am dichten Verkehr teilnimmt. Sein Anteil an den externen (Grenz-) Kosten hängt damit von der Intensität ab, mit der er das überfüllte Gut nutzt. Während es also niemanden gibt, der an der Überfüllung nicht beteiligt wäre und trotzdem durch sie geschädigt wird, wird die von Autofahrern bewirkte Verschmutzung der Luft einer unbeteiligten Öffentlichkeit auferlegt. Sieht man einmal davon ab, daß sich Autofahrer natürlich auch selbst schädigen – insofern haben wir hier keinen „reinen" Fall einer Verschmutzung –, so fallen die negativen Effekte außerhalb der Gruppe der Schädiger an. Der einzelne Autofahrer hat daher keine externen (Grenz-) Kosten zu tragen, oder genauer: er hat nur einen unbedeutenden Bruchteil dieser Kosten zu berücksichtigen.

Einige Jahre später hat Robert H. Haveman anhand der Rothenberg'schen Unterscheidung gezeigt, daß das Problem der Überfüllung, nicht aber das der Verschmutzung, „selbstbegrenzend" ist[220] . Diese Eigenschaft der Überfüllung leitet sich daraus ab, daß hier die Schädiger als Gruppe (!) die externen Kosten ihres Handelns in voller Höhe einkalkulieren müssen. Jeder einzelne hat die negativen Effekte in dem Ausmaß zu tragen, in dem er sich an jener Aktivität beteiligt, die die Überfüllung verursacht. Aus diesem Grund wird sich die Schädigung an irgendeinem Punkt „selbst begrenzen". Denn zieht der einzelne aus dem Konsum des rivalisierenden Gutes weniger Nutzen als er geschädigt wird, so wird er seinen Konsum – und damit auch die Überfüllung – einschränken. Da es hier keine unbeteiligten Leidtragenden gibt, die einer Schädigung wehrlos ausgeliefert sind, muß jedem negativ Betroffenen auch irgendein Vorteil verbleiben, der größer ist als die Schädigung. Daher wird auch der gesamte Nettonutzen aus einem überfüllten Gut positiv sein. Genau an diesem Kriterium macht Haveman den Begriff der „Selbstbegrenzung" fest: „In the congestion case ... resource misallocation and welfare loss is self-limiting. ... The level of facility use is limited by the feedback of congestion on willingness to pay in much the same way that the imposition of a price or charge rations the facility. Use of the facility is halted before the economic welfare generated by the activity is driven to zero"[221] . Im Fall der Verschmutzung

---

[220] Haveman, Robert H., 1973.
[221] Haveman, Robert H., 1973, S. 285.

fehlt eine solche „Selbstbegrenzung". Da die Leidtragenden hier unbeteiligte Dritte sind, nehmen die Schädiger den Anstieg in den externen Effekten, der von ihrer Nutzung des Gutes ausgeht, nicht wahr; sie verschmutzen weiter, auch wenn die Gesamtkosten den Gesamtnutzen schon lange übersteigen: „Because of the separation of dischargers and receptors into two groups, neither exhaustion of producer's surplus nor deterioration in the quality of the output constrains the equilibrium output level. As a consequence, the net economic surplus of the activity may be negative in the environmental pollution case"[222].

Der Leser wird vielleicht schon erahnen, wie mit Haveman's Idee der „Selbstbegrenzung" die eben vorgebrachte Kritik entkräftigt werden kann. Es ist zwar einzuräumen, daß die „starke" Öffentlichkeit von Computerstandards wegen der Vielzahl der Kloner bei „offenen Architekturen" in größere Konkurrenz umschlagen wird als bei „geschlossenen" Systemen. Insoweit ist der Einwand berechtigt, daß eine Strategie der „offenen Architektur" mit höheren Anfangsgewinnen, aber eben auch mit höheren Folgekosten verbunden ist. Die aufkommende Rivalität zwischen den Herstellern, die gemeinsam einen Standard nutzen, besitzt jedoch genau die „selbstbegrenzende" Eigenschaft einer Überfüllung: Die von der zunehmenden Konkurrenz betroffenen Unternehmen werden nur solange kompatible Produkte anbieten, wie sie sich daraus trotz der „Überfüllung" des Standards noch einen Vorteil versprechen. Im Gegensatz zu den Leidtragenden einer Verschmutzung, die nicht auf die steigende Rivalität eines Gutes reagieren können, wird kein Originalhersteller – und kein größerer Fremdhersteller – grenzenlos die Nachteile einer „offenen Architektur" hinnehmen (müssen); der Weg zurück zu proprietären Technologien bleibt zumindest für solche Unternehmen offen. Die anfänglichen Vorteile werden also selbst bei einer Vielzahl von Klonern nicht ganz verschwinden, weil sich die spätere Rivalität um die Nutzung eines überfüllten Marktstandards „selbst begrenzt"[223].

---

[222] Haveman, Robert H., 1973, S. 287.

[223] Das Argument der „Selbstbegrenzung" wird an dieser Stelle weniger in dem engeren Sinne von Haveman benutzt, daß der gesamte Nettonutzen bei Überfüllung positiv, bei Verschmutzung eventuell auch negativ ist. So wie er hier gebraucht wird, läuft der Unterschied zwischen den beiden Arten der Konsumrivalität auf die Frage hinaus, inwieweit der Konsum externer Effekte von der Aktivität zu trennen ist, die diese externen Effekte verursacht. Eine solche Deutung findet sich auch bei Allan C. Deserpa: „The essence of the Rothenberg-Haveman distinction between congestion and pollution is one of *separability* of the activity which begets the externality and the actual consumption of the externality. Pollution, in its pristine form, is consumed by each inhabitant if the polluted area independently of his contribution to it. That is, each individual consumes the same amount of pollution whether he participates in the activity (e.g., operates a motor vehicle) or not. ... In contrast, consumption of congestion in its pristine form is inseparable from participation in the activity which causes it. From the individual's perspective, he consumes the congestion in proportion to his

Tatsächlich hat sich auch die IBM ihrer zunehmend aussichtslosen Stellung auf dem PC-Markt mit einer Rückkehr zu einer (stärker) proprietären Technologie zu entziehen versucht. Im April 1987 wurde mit der Produktfamilie IBM Personal System /2 eine Rechnerserie angekündigt, bei der nicht nur der Name PC aufgegeben wurde. Mit der neuen 32-bit breiten Busarchitektur namens „Micro Channel Architecture" (MCA) löste sich IBM von der „Industry Standard Architecture" (ISA), dem marktbeherrschenden Systembus für die (mikro-) rechnerinternen Kommunikationsvorgänge. Man verließ damit den selbstgeschaffenen 16-bit Standard, den das Unternehmen 1984 mit dem PC AT eingeführt hatte. Um die Schar der Imitatoren bei der PS/2 Serie einzugrenzen, bediente man sich bei IBM anfangs einer sehr restriktiven Form der Lizenzvergabe: Den „Micro Channel" durfte nur derjenige Hersteller als Systembus in seinen Klones verwenden, der für seine bisherige PC-Nachbauten eine Art Kostenrückerstattung an IBM zahlte.

Obwohl die hier entwickelte Erklärung für „offene" Computerstandards durch das Argument von Haveman gestützt wird, ist sie noch nicht vollständig. Was wir bisher wissen ist, daß sich die Strategie von IBM und Sun aus dem Zusammenhang erklärt, der je nach der Konsumrivalität zwischen der Größe einer Gruppe und ihrem Kollektivgüterangebot besteht und aus dem folgt, daß größere Gruppen eher kollektiv handeln als kleinere, wenn die Mitglieder voneinander profitieren. Sobald man sich klar gemacht hat, daß demnach das, was Kindleberger eine „starke" Form der Öffentlichkeit von Gütern nannte, letztlich die Ursache für beide Standards ist, sieht man, inwieweit das Argument noch unzureichend ist. Denn obwohl dem Grad der Konsumrivalität die alles entscheidende Bedeutung zukommt, wird nichts darüber gesagt, was ihn bestimmt. Es ist zwar unmittelbar einsichtig, daß einerseits Unternehmen eines Gewerbezweiges Preis- oder Mengenabsprachen nur rivalisierend nutzen können und daß andererseits Steuervergünstigungen oder Tarifverträge inklusive Kollektivgüter sind. In den meisten Fällen ist es also offensichtlich, ob eine Gruppe ein exklusives oder inklusives Ziel anstrebt, so daß diesbezüglich keine weitere Untersuchung notwendig ist. In dieser Hinsicht unterscheiden sich Computerstandards jedoch von der Mehrzahl der Kollektivgüter; bei ihnen ist es unbefriedigend, die Frage der Konsumrivalität als gelöst vorauszusetzen und sie jenen Randbedingungen zuzuordnen, die keiner Begründung mehr bedürfen. So ist es nicht so ohne weiteres ersichtlich, warum dem interdependenten Angebotseffekt durch Kloner zuweilen ein solcher Wert zugemessen wird, daß Architekturen offengelegt werden, während bei anderen Standards – bei Standards mit einer „ge-

participation in the activity (e.g., time loss on highways) and the individual does bear the external cost at the margin" [Deserpa, Allan C., 1978, S. 69/70, Hervorhebung im Original].

schlossenen Architektur" – Fremdhersteller nur als Konkurrenten angesehen werden. *Eine gehaltvolle Erklärung für den PC- bzw. SPARC-Standard zu finden, heißt also, das zu erklären, was bisher als Erklärung angeboten wurde: die besondere Form der Kindleberger'schen Konsumrivalität oder allgemein der Grad der Konsumrivalität von Computerstandards.*

E. Die Produktionseffizienz und die Produktionsmenge öffentlicher Güter

Führen positive externe Effekte, wie es dem traditionellen Pigou-Schluß entspricht, immer zu einem privaten Güterangebot, das geringer ausfällt als die pareto-optimale Versorgungsmenge? Das war die Frage, die sich James M. Buchanan und Milton Z. Kafoglis in ihrem Aufsatz *A Note on Public Goods Supply* von 1963 stellten[224] . Sie konnten dort anhand eines einfachen Beispiels zeigen, daß bei einer individuellen Regelung über den Markt nicht notwendigerweise zu wenig Produktionsmittel für Güter mit positiven externen Effekten eingesetzt werden und daß die Marktlösung unter bestimmten Umständen sogar höhere Ausgaben für solche Güter zur Folge haben kann als eine ideale, kollektive Regelung. Ihr Ergebnis ist später von William J. Baumol gestützt worden[225] , aber auch nicht ohne Widerspruch geblieben. In unserem Zusammenhang ist auf eine kritische Anmerkung von Olson und Zeckhauser hinzuweisen[226] . Sie werfen Buchanan und Kafoglis vor, ein entscheidendes Argument übersehen zu haben und infolgedessen den Pigou'schen Schluß zu Unrecht bezweifelt zu haben. Danach haben es Buchanan und Kafoglis versäumt, die Frage der Produktions*effizienz* zu beachten und sie von der für gewöhnlich gestellten Frage nach dem optimalen Produktions*niveau* zu trennen. Wenn es, wie in ihrem Beispiel, zwei Marktteilnehmer gibt, die das betreffende Gut samt externer Effekte unterschiedlich effizient erzeugen können, dann können beide besser gestellt werden, in dem der ineffizientere Produzent besteuert wird und der effizientere durch den Erhalt der Steuergelder veranlaßt wird, sein Angebot auszuweiten. Dadurch wird bei einer idealen Kollektivregelung mehr von dem effizienteren Marktteilnehmer bereitgestellt, so daß sich die Versorgung selbst dann verbessert, wenn insgesamt weniger Produktionsmittel eingesetzt werden. Das Ergebnis von Buchanan und Kafoglis, daß nämlich die Ausgaben im Fall einer individuellen Marktlösung genauso

---

[224] Buchanan, James M., Kafoglis, Milton Z., 1963.

[225] Siehe Baumol, William, 1964; auch Ezra J. Mishan bestätigt grundsätzlich dieses Ergebnis [derselbe, 1971, S. 11]. Die Unterschiede zwischen den verschiedenen Fällen, die Buchanan und Kafoglis innerhalb ihres Beispiels konstruierten, werden von Phillip E. Vincent genauer diskutiert [derselbe, 1969].

[226] Siehe Olson, Mancur, Zeckhauser, Richard, 1967.

hoch und sogar höher sein können als der pareto-optimale (Kollektiv-) Aufwand, erklärt sich also aus der unterschiedlichen Effizienz, mit der die externen Effekte – das öffentliche Gut – bereitgestellt werden.

Hier interessiert aber weniger das Buchanan-Kafoglis-Beispiel an sich als das, worauf Olson und Zeckhauser anhand dessen hingewiesen haben: Daß das traditionelle Pigou-Modell insoweit unzulänglich ist, als es die allgemeine Beziehung zwischen externen Effekten und der Produktionsmethode übersieht[227] . In vielen Fällen bliebt dies jedoch ohne Folgen, da die Produktionseffizienz nur dann das Produktionsniveau beeinflußt, wenn die entsprechenden Kollektivgüter von ihren potentiellen Anbietern in unterschiedlich effizienter Weise erzeugt werden können. Aus diesem Grund eignet sich das Pigou-Modell unverändert für eine Untersuchung solcher Güter, bei denen die Kosten einer Einheit für jeden Marktteilnehmer (oder für jedes Gruppenmitglied) gleich wären, würde er (es) das Gut bereitstellen. Genau solche Fälle werden in der *Logik* behandelt. Wie wir wissen, untersucht Olson dort Gruppen, die aus Mitgliedern zusammengesetzt sind, die wohl ein unterschiedlich starkes Interesse am Kollektivgut haben können, von denen aber jedes einzelne mit vergleichbaren Kosten zu rechnen hat, wenn es das Gut beschafft. Kurz gesagt, die Gruppen in der *Logik* sind *nutzen-*, aber nicht *kostenheterogen*. Während man also bei den meisten Kollektivgütern zu Recht in der Pigou'schen Tradition vorgehen kann, so gibt es doch gewisse Ausnahmen von dieser Regel. Neben den Beispielen, die Buchanan und Kafoglis gewählt haben, zählen Computerstandards zu den öffentlichen Gütern, deren potentielle Anbieter nicht unterschiedslos ein und derselben Produktionsfunktion gegenüberstehen. Einzelne Hersteller unterscheiden sich zum Teil erheblich voneinander, inwieweit die eigene Technologie vom Anwender und von anderen Firmen als ein Standard akzeptiert wird. Hierbei ist der Marktanteil bzw. die Größe eines Unternehmens der wichtigste, wenn gleich nicht der einzige Indikator für den Einfluß, den ein Hersteller auf das Marktgeschehen ausübt. Selbst solchen Unternehmen, die innerhalb eines Marktsegments eine monopolartige Vormachtstellung einnehmen, wird es kaum gelingen, gegen eine weit verbreitete Technologie einen neuen, dazu inkompatiblen Standard durchzusetzen. Wie zahlreiche Fälle abwärtskompatibler Produktreihen belegen, wird es auf älteren Märkten, auf denen der Schutz der investierten Mittel zunehmend im Vordergrund steht, nur möglich sein, solche Neuerungen erfolgreich einzuführen, die nicht ganz mit dem Vorhandenen brechen. *Je größer also das Unternehmen und je breiter die Marktlücke für einen neuen Standard, desto höher wird die Effizienz sein, mit der positive (Marktstandard-) Effekte erzeugt werden können*[228] .

---

[227] Siehe Olson, Mancur, Zeckhauser, Richard, 1967, S. 37/38.

Die Tatsache, daß Unternehmen Standards für gewöhnlich in unterschiedlich effizienter Weise produzieren, verlangt, die notwendige Bedingung für ein Kollektivgüterangebot dementsprechend neu zu formulieren. Bekanntlich gilt für „kostenhomogene" Gruppen, daß ein Kollektivgut dann beschafft wird, wenn der Nutzen mindestens eines Mitglieds die *für jeden gleich hohen Gesamtkosten* einer Bereitstellung übersteigt, d.h. wenn $(V_i^{max} - C) > 0$ ist. In „kostenheterogenen" Gruppen wird dagegen nur in dem Fall ein gemeinschaftliches Interesse gefördert, in dem der Nutzen daraus für irgendeinen einzelnen in der Gruppe größer ist als dessen *individuelle Gesamtkosten*: $(V_i - C_i)^{max} > 0$. Infolgedessen ist auch jene Bedingung neu zu formulieren, unter der eine Strategie der „offenen Architektur" die bevorzugte Handlungsalternative darstellt. Eine solche Situation besteht genau dann, wenn der Nutzen für den Originalhersteller aus einem „offenen" Standard die Kosten, die dieser Hersteller zu tragen hat, um einen größeren Betrag übersteigt als der Nutzen aus einer „geschlossenen Architektur" die Kosten übersteigen würde. Analog dem „kostenhomogenen" Fall ist auch hier die entsprechende Ungleichung $(N_i - K_i)^{offen} > (N_i - K_i)^{geschlossen}$ gleichbedeutend mit $(V_i - C_i)^n > (V_i - C_i)^m$, wobei n und m wiederum die Größe der Gruppe angeben und $n > m$ ist.

Während die gesamten Kosten für die meisten Kollektivgüter, die einer großen Gruppe zugute kommen – innere Sicherheit, Landesverteidigung, Tarifverträge, Agrarsubventionen –, auch sehr hoch sein werden, wird die Produktionseffizienz einzelner Mitglieder in großen Gruppen im allgemeinen nicht höher sein als in kleinen Gruppen. Das heißt, die Effizienz hängt für gewöhnlich nicht von der *Größe der Gruppe* ab, die das jeweilige Kollektivgut konsumiert, sondern von irgendwelchen *individuellen Merkmalen* der Gruppenangehörigen. Beispielsweise haben Olson und Zeckhauser darauf hingewiesen, daß die Mitgliedsstaaten der NATO je nach ihrem technologischen Entwicklungsstand und ihrer geographischen Lage komparative Vorteile in bestimmten Rüstungsbereichen besitzen. So

---

[228] Die Frage der Produktionseffizienz wird von einer der konkurrierenden Erklärungen, die im zweiten Kapitel angesprochen worden sind, in den Mittelpunkt gestellt: von der Marktführerhypothese. Der zentrale Gedanke ist dort der, daß ein Unternehmen dann einen Marktstandard setzt, wenn ihm dies aufgrund seiner führenden Position „leicht" fällt. Wie man jetzt sieht, ist diese Erklärung insoweit unvollständig, als daß sie ausschließlich nach den Kosten, d.h. nur nach den Aussichten auf eine erfolgreiche Standardisierung bei einem bestimmten Einsatz an firmeneigenen Ressourcen fragt. Hierbei wird jedoch die Nutzenseite und damit der eigentlich interessante Aspekt bei öffentlichen Gütern (der nämlich, der diese Güter von privaten Gütern trennt) unbeachtet gelassen: Daß nämlich die Vorteile nicht ausschließlich bei demjenigen anfallen, der das Gut produziert oder erworben hat, sondern auch bei Dritten, die den Nutzen für den zahlenden Verbraucher – und dadurch eben auch dessen Bereitschaft, die Kosten zu tragen – durch ihren Konsum durchaus schmälern können.

würde die USA durch Raketen, die Briten durch die Marine, die Türkei durch die Infanterie usw. am wirkungsvollsten zum gemeinsamen militärischen Schutz – dem Kollektivgut – beitragen[229] . Die (Schutz-) Wirkung der Beiträge einzelner Länder ist aber offensichtlich unabhängig von der Gesamtzahl der Länder im Bündnis, d.h. von der Größe der NATO. Obgleich also die Zahl der Gruppenmitglieder normalerweise nicht in die Produktionsfunktion für ein Kollektivgut eingeht, steigt unter bestimmten Umständen die „Effizienz" eines Unternehmens bezüglich der Etablierung eines Computerstandards, wenn dazu kompatible Produkte auch von anderen Herstellern angeboten werden[230] . Vor allem die „Effizienz" kleinerer Unternehmen oder die von Unternehmen auf älteren Märkten korreliert positiv mit der Anzahl der Fremdhersteller. Diese Unternehmen erreichen in aller Regel erst dann genügend Einfluß auf das Marktgeschehen, wenn ihre Technologie von anderen Firmen geklont wird, so daß es ihnen nur mit Hilfe der Fremdhersteller möglich ist, selbst Standards zu schaffen. In solchen Situationen wird ein Originalhersteller entweder erst bei vielen Klonern von „seiner" Standardisierung profitieren $((V_i)^n > 0 > (V_i)^m)$ oder innerhalb einer größeren Gruppe von Herstellern stärker profitieren als in einem kleineren Kreis $((V_i)^n > (V_i)^m > 0)$, selbst wenn die Kosten, die er für Entwicklung und Marketing aufzubringen hat, unverändert bleiben: $(C_i)^n = (C_i)^m$. Je mächtiger aber ein Unternehmen ist und je nachhaltiger und erfolgreicher es daher alleine einen Standard durchsetzen kann, desto weniger steigt seine „Effizienz" durch Fremdhersteller. Im Extremfall wird ein sehr marktmächtiges Unternehmen gar nicht weiter an Einfluß gewinnen, wenn seine Technologie geklont wird. Dementsprechend sehen unangefochtene Marktführer in Fremdherstellern ausschließlich Konkurrenten um den eigenen Standard; für sie gilt $(V_i)^n < (V_i)^m$ bei $(C_i)^n = (C_i)^m$. *Im allgemeinen aber wird die (Standardisierungs-) „Effizienz" eines Unternehmens zunehmen, wenn die Gruppe der Hersteller größer wird und Kloner den Standard unterstützen.* Jedoch wird die „Effizienz" zum einen bei jedem zusätzlichen Fremdhersteller nur mit einer abnehmenden Grenzrate anwachsen; vor allem aber werden die Steigerungsraten insgesamt geringer ausfallen, je „effizienter" das Unternehmen schon ohne fremde Hilfe ist.

Allgemein ausgedrückt bestimmt damit die Produktionseffizienz das Produktionsniveau nicht nur in der üblichen Art und Weise, wie es in der Angebotsbedingung für „normal" kostenheterogene Kollektivgüter, in $(V_i - C_i)^{max} > 0$ zum Ausdruck kommt: ob nämlich in

---

[229] Siehe Olson, Mancur, Zeckhauser, Richard, 1967, S. 45/46.

[230] Wenn im weiteren Verlauf der Untersuchung in diesem speziellen Sinne von der (Standardisierungs-) „Effizienz" eines Herstellers bzw. von „(in-) effizienten" Herstellern die Rede sein wird, werden die entsprechenden Begriffe zur eindeutigen Kennzeichnung in Anführungszeichen gesetzt.

einer Gruppe ein Kollektivgut *angeboten wird oder nicht.* Die Produktionseffizienz bestimmt hier auch, ob ein solches Angebot *in kleineren oder in größeren Gruppen* wahrscheinlicher ist. Dies leitet sich wie folgt her: Je nach der Produktionseffizienz, die das einzelne Mitglied aufweisen würde, wäre es allein in der Gruppe, wird die Anzahl der Mitglieder in die Produktionsfunktion der hier betrachteten „speziell" kostenheterogenen Kollektivgüter eingehen. Das heißt, die Effizienz ist ausschlaggebend dafür, mit welchem (positiven) Wert die Gruppengröße in der persönlichen Produktionsfunktion eines Mitglieds erscheint. Bei gleichen Ausgaben wird der Ausstoß dabei um so mehr bei Gruppenzugängen steigen, je geringer der Ausstoß ohne Mitkonsumenten wäre. Dementsprechend nimmt bei Neuzutritten der Nutzen, den jeder einzelne aus einem inklusiven Kollektivgut zieht (V_i), um so stärker zu, je geringer V_i anfänglich gewesen ist. Da dieses natürlich auch für V_i^{max} gilt, also auch für das potentiell aktive Mitglied, hängt es eben von der Produktionseffizienz ab, ob sich eher größere oder eher kleinere Gruppen mit einem Kollektivgut versorgen werden. Je effizienter dabei das Mitglied mit V_i^{max} ist, desto wahrscheinlicher ist es, daß schon in weniger umfangreichen Gruppen $(V_i - C_i)^{max} > 0$ gegeben ist und dieses Mitglied aktiv wird. Weist das „größte" Mitglied dagegen nur eine geringere Produktionseffizienz auf, wird die Bedingung $(V_i - C_i)^{max} > 0$ erst in größeren Gruppen erfüllt sein[231].

Aus diesen Überlegungen folgt, daß hier die Produktionseffizienz für das *mitentscheidend* ist, was bei allen kostenhomogenen und normal kostenheterogenen Kollektivgütern *allein* vom Grad der Konsumrivalität abhängt: Inwieweit nämlich der Nutzen, den das beitragsleistende Mitglied aus dem Kollektivgut zieht (V_i^{max}), größer oder kleiner wird, wenn die Zahl der anderen in der Gruppe zunimmt. Bei speziell kostenheterogenen Kollektivgütern – und damit auch bei Computerstandards – bestimmt die Konsumrivalität dagegen *zusammen mit der Produktionseffizienz,* ob der Wert V_i^{max} zu- oder abnimmt, wenn die Grup-

---

[231] Zur besseren Übersicht sei an dieser Stelle eine kurze, zusammenfassende Systematik der verschiedenen Kollektivgüter gegeben. Bei *kostenhomogenen* Gütern wären die Kosten für eine Einheit für jedes Mitglied bei jeder Gruppengröße gleich, würde es das Gut bereitstellen; diese Fälle behandelt Olson in der *Logik. Normal kostenheterogene* Kollektivgüter könnten dagegen von den einzelnen Mitgliedern nur zu unterschiedlichen Kosten pro Einheit bereitgestellt werden, wobei diese Kosten jedoch nicht weiter nach der Größe der Gruppe zu differenzieren wären. In diese Kategorie fallen die Buchanan-Kafoglis-Beispiele oder die von Olson und Zeckhauser untersuchten internationalen Organisationen wie z.B. die NATO. Zuletzt gibt es noch die hier als *speziell kostenheterogen* bezeichneten Kollektivgüter wie Computerstandards. Die einzelnen Mitglieder hätten nicht nur unterschiedliche Kosten pro Einheit aufzubringen, würden sie solche Güter erwerben oder produzieren; da sich ihre Produktionseffizienz bei Zu- oder Austritten verändert, haben sie darüber hinaus auch noch je nach Gruppengröße mit unterschiedlichen Kosten pro Einheit zu rechnen und damit unterschiedliche Mengen zu erwarten, selbst wenn sie gleich hohe Aufwendungen einkalkulieren.

pe wächst. Es ist also zu vermuten, daß zwischen diesen beiden Größen eine gewisse Beziehung besteht. Nehmen wir dazu ein in unserem Sinne „spezielles" Kollektivgut, das darüber hinaus Konsumrivalität besitzt. Wenn die Produktionseffizienz des Mitglieds, das ein solches Gut bereitstellt, alleine so gering ist, daß sie bei Gruppeneintritten erheblich zunimmt, dann kann die bei einer größeren Mitgliederschaft normalerweise steigende Konkurrenz um das Gut durch den höheren Ausstoß bei unveränderten Kosten ausgeglichen werden. *Obwohl also der Grad der Rivalität an sich gleich bleibt, kann der tatsächlich wahrgenommene Rivalitätsgrad durch die effizientere Bereitstellung, d.h. durch eine größere Menge des Kollektivgutes, in Richtung Nichtrivalität geändert werden.* Daraus folgt, daß auch ein und dasselbe Kollektivgut faktisch von unterschiedlicher Konsumrivalität sein kann, wenn es von Gruppenmitgliedern bereitgestellt wird, die jeweils verschieden effizient sind[232].

Ebenso bleibt auch die Konsumrivalität von Computerstandards – die Konkurrenz unter den Herstellern – an sich bestehen: Die Nachfrage nach kompatiblen Gütern, die durch den einen Hersteller gedeckt wird, kann nicht mehr durch andere bedient werden. Je weniger mächtig und einflußreich aber ein Unternehmen ist, desto eher wird es in den Fremdherstellern willkommene Partner sehen, um die eigene Technologie durchzusetzen. Wenn eine Firma einen Industriestandard für einen Markt schaffen will, an dem sie selbst nur einen nennenswerten, aber keinen überragenden Anteil hält und in dem bereits hohe Investitionen in heterogene Systeme und proprietäre Technologien getätigt worden sind, dann werden Kloner die Nachfrage nach Produkten, die zu diesem Marktstandard konform sind, sogar mehr erweitern als sie selbst vom Standardeffekt „konsumieren". Ebenso wird ein Unternehmen Fremdherstellern gegenüber sehr aufgeschlossen sein, wenn es als Newcomer in einen Markt eintritt, auf dem es seine Rechnerarchitektur gegen bereits verbreitete, zum Teil auch leistungsstärkere Architekturen als einen neuen Marktstandard durchsetzen will. Der Leser wird vielleicht schon erkannt haben, daß das erste Szenario die Situation von Sun Microsystems und dem SPARC-Standard beschreibt und daß die zweite Folgerung im großen und ganzen der Lage der IBM bei der Einführung des PC's entspricht.

Die Frage, die zum Ende des letzten Unterkapitels aufgeworfen wurde, nämlich die Frage nach dem, was den Grad der Konsumrivalität bei Computerstandards bestimmt, kann

---

[232] Es ist also ganz offensichtlich möglich, daß der Grad der Konsumrivalität und damit die Frage, ob eine Gruppe exklusiv oder inklusiv ist, auch von individuellen Merkmalen der einzelnen Gruppenmitglieder abhängen kann. Eine anderslautende Behauptung von Olson trifft demnach nur bei kostenhomogenen Kollektivgütern zu: „Wheter a group behaves exclusively or inclusively, therefore, depends upon the nature of the objective the group seeks, *not on any characteristics of the membership*" [Olson, Macur, 1974, S. 39, Hervorhebung vom Verfasser].

jetzt beantwortet werden. *Nach der Logik speziell kostenheterogener Kollektivgüter erklärt sich die (anfänglich) „starke" Öffentlichkeit beider Standards aus der geringen (Standardisierungs-) „Effizienz" der beteiligten Unternehmen.* Wenn man dieses Resultat mit dem des vorherigen Unterkapitels in Verbindung setzt, erkennt man, daß unsere Erklärung jetzt vollständig ist: Nach einer Logik des kollektiven Handelns, die den Grad der Konsumrivalität beachtet, begründet sich – wie in Kapitel III, Abschnitt D.2 gezeigt – gerade in der besonderen Form der Kindleberger'schen Konsumrivalität, warum IBM und Sun bei ihren Standardisierungen eine Strategie der „offenen Architektur" gewählt haben. Und der Grund für eine solche „starke" Samuelson'sche Öffentlichkeit liegt seinerseits in der geringen „Effizienz" dieser beiden Originalhersteller[233].

Es bleibt jedoch noch ein Punkt klarzustellen, der auf das hinausläuft, was „offene Architekturen" von solchen Konsortien trennt, in denen sich Unternehmen zusammenschließen, um einen Standard zu schaffen. Beide Fälle gleichen sich offensichtlich darin, daß Produkte einer bestimmten Technologie von mehreren Firmen angeboten werden und daß ein größerer Herstellerkreis bis zu einer gewissen Grenze durchaus im Interesse aller Beteiligten liegt. Nach der Erklärung, die hier entwickelt wurde, wünschen diejenigen, die ein Kollektivgut bereitstellen, dann Zugänge zu ihrer Gruppe, wenn sie selbst relativ ineffiziente Produzenten des Kollektivgutes sind. Neue Mitglieder sind deshalb willkommen, weil sich mit einer Erweiterung der Gruppe der Grad der Konsumrivalität abschwächt und sogar in „starke" Öffentlichkeit umschlagen kann. Das heißt: Bei unveränderten Kosten gibt hier allein die *Nutzenseite* den Ausschlag dafür, daß Gruppenzugänge gerne gesehen sind. Erinnern wir uns an dieser Stelle aber einmal zurück an Olson's Einteilung in das, was er „exklusive" und „inklusive" Gruppen nannte. Obgleich diese Einteilung am Anfang der hier vorgetragenden Lösung für „offene Architekturen" stand, ist sie in unserem Zusammenhang ganz anders genutzt worden als von Olson selbst. Genauso wie in Buchanan's Theorie der Klubs wird in der *Logik* durch den Grad der Konsumrivalität bestimmt, wo die als optimal eingeschätzte Zahl der Mitglieder einer Gruppe liegt (und nicht untersucht, welche Wirkung die Konsumrivalität auf die bereitgestellte Menge eines Kollektivgutes ausübt). Wenn dieser

---

[233] Aus diesen Überlegungen läßt sich auch ableiten, warum der Grad der Konsumrivalität von Computerstandards im Marktverlauf solange steigt, bis er sich – im Sinne von Haveman – „selbst begrenzt". Da die Akzeptanz einer Technologie als Standard bei jedem zusätzlichen Klonhersteller nur mit abnehmenden Grenzraten steigt, wird an irgendeinem Punkt die „Effizienz" nur noch so geringfügig zunehmen, daß der letzte neue Fremdhersteller allen anderen Klonern und dem Originalhersteller mehr schaden als nutzen wird. Dieser Punkt wird um so früher erreicht werden, je „effizienter", d.h. je mächtiger der Originalhersteller ist.

Punkt noch nicht erreicht ist, sind neue Mitglieder deshalb erwünscht, weil damit die Zahl derer steigt, die die Kosten mittragen, andererseits aber die Nutzenminderung durch den Mehrverbrauch für den einzelnen noch nicht so stark ins Gewicht fällt. Vorrangig für den Wunsch nach weiteren Mitgliedern ist hier also die *Senkung der Kosten*[234] .

Die unterschiedlichen Gründe, aus denen Gruppenzugänge bei speziell kostenheterogenen Kollektivgütern (Nutzenzunahme) bzw. bei kaum rivalisierenden Klubgütern (Kostensenkung) erwünscht sind, finden sich in „offenen Architekturen" und in Konsortien zur Standardisierung wieder. Obwohl sich die Kloner einer Architektur, die frei zu lizenzieren ist, gerade nicht an den Kosten beteiligen, die dem Originalhersteller entstehen, sind sie erwünscht, solange der entsprechende Standard durch ihr Mitwirken ein „stark" öffentliches Gut ist, d.h. solange $(V_i)^{n+1} > (V_i)^n$ bei $(C_i)^{n+1} = (C_i)^n$ gilt, wobei der Index i den Originalhersteller kennzeichnet. Ebenso können aber auch weitere Unternehmen in einem Konsortium erwünscht sein; allerdings ist dies jetzt aus zwei Gründen möglich, die scharf voneinander zu trennen sind. Einmal könnten Mitgliederzugänge wie bei „offenen Architekturen" im Interesse der anderen Unternehmen liegen, wenn bedeutende Hersteller beitreten und dem Konsortium zu mehr Markteinfluß verhelfen. Unabhängig von der Frage der Kostenteilung wäre dann wiederum $(V_i)^{n+1} > (V_i)^n$, wobei nunmehr alle bisherigen Mitglieder des Konsortiums unter den Index i fallen. Zum anderen könnten aber auch deshalb neue Unternehmen Vorteile bringen, da sich die Kosten der Organisation auf eine größere Mitgliederzahl verteilen würden. Vergleichbar mit solchen Vereinseintritten, wie sie die Theorie der Klubs erklärt, wären dann die Einsparungen für die bisherigen Unternehmen größer als die Zunahme der Rivalität durch die neue Konkurrenz: $((C_i)^n - (C_i)^{n+1}) > ((V_i)^n - (V_i)^{n+1})$.

Es gibt jetzt aber auch eine Erklärung für etwas, was bisher außen vor gelassen wurde, weil es die Suche nach den Ursachen „offener" Computerstandards unnötig erschwert hätte. Bis jetzt ist immer übereinstimmend davon die Rede gewesen, daß sowohl die IBM ihren PC als auch Sun Microsystems ihre SPARCstation als „offene" Systeme anbieten bzw. angeboten haben. Es besteht allerdings ein gewisser Unterschied zwischen beiden Architekturen, was den Grad der „Offenheit" betrifft. Während die SPARC-Technologie von Anfang an ohne Vorbehalte frei lizenzierbar war und heute die einzige RISC-Plattform für UNIX-Systeme ist, die in diesem Sinne einen wirklich „offenen" Industriestandard bildet, verfolg-

---

[234] So schreibt Olson für inklusive Gruppen: „Usually the larger the number available to share the benefits and costs the better. An increase in the size of the group does not bring competition to anyone, but may lead to *lower costs* for those already in the group" [Olson, Mancur, 1974, S. 37, Hervorhebung vom Verfasser].

te die IBM beim PC eine Produktpolitik, die es zwar auch verlangte, technische Details offenzulegen, aber eben keine rückhaltlose Preisgabe eigener Patente bedeutete. So behielt
sich das Unternehmen vor, die hardwarenahe Systemsoftware, das Basic Input/Output System (BIOS), nicht freizugeben. Damit kopierte man das Prinzip, das den Apple II, dem damals größten Konkurrenten des IBM PC's, so erfolgreich gemacht hatte. Apple hatte es einerseits geschafft, seinen Kunden durch eine weitgehende Freigabe der Systemarchitektur einen relativ großen „Apple-Markt" bieten zu können, der einen Rückgriff auf viele unabhängige Lieferanten von Software, Hardware-Erweiterungen und Peripheriegeräte ermöglichte.
Andererseits aber konnten preisgünstige Nachbauten des Apple II durch einen gerichtlich
durchgesetzten Urheberschutz der Firmware (Software, die in Speicherbausteinen fest eingebrannt ist) weitgehend verhindert werden, da ohne diese Routinen, die die Grundfunktionen des Rechners enthielten, ein Klonen nicht ohne weiteres möglich war. Beim PC verlief
die Sache ganz anders. Das Systemprogramm BIOS konnte u.a. von Phoenix Technologies
ohne eine Verletzung urheberrechtlichen Schutzes nachprogrammiert werden, so daß es jedem Hersteller ebenso möglich wurde, einen IBM-kompatiblen PC nachzubauen wie eine
SPARCstation. Es darf darüber jedoch nicht vergessen werden, daß der PC im Unterschied
zur SPARC-Technologie ursprünglich nicht als eine vollkommen freizugängliche Systemarchitektur eingeführt wurde.

Wenn die Logik speziell kostenheterogener Güter richtig ist, folgt daraus, daß diejenigen, die freiwillig eine Gruppe mit einem Kollektivgut versorgen, eine um so größere
Gruppe als optimal einschätzen, je weniger effizient sie das Kollektivgut anbieten können.
Demnach müßten sowohl IBM als auch Sun eine nur geringe Standardisierungseffizienz für
ihre Märkte aufgewiesen haben, IBM darüber hinaus jedoch der weniger „ineffiziente" Anbieter eines Marktstandards gewesen sein, da die Architektur des PC's als nicht so „offen"
geplant war wie die SPARC-Architektur ihrerseits von Sun. Tatsächlich waren beide Unternehmen zu dem Zeitpunkt, als sie ihre Systeme vorstellten, in den jeweiligen Rechnerklas-
sen keine Marktführer und bei weitem nicht so einflußreich wie sie es heute sind. Dementsprechend konnte weder bei der Einführung des IBM PC's noch bei der Vorstellung der
SPARC-Technologie (sicher) erwartet werden, daß sich diese Rechnerarchitekturen als derart unangefochtene Marktstandards etablieren würden, wie es später der Fall war. Bevor
die RISC-Konzeption etwa ab Ende der 80er Jahre zum bevorzugten Prozessortyp bei den
Workstations wurde, basierten die Arbeitsplatzrechner der frühen Generation überwiegend
auf den Mikroprozessoren der Motorola 680x0er Familie. Auch Sun selbst baute seine ersten Rechner auf der Grundlage dieses frühen Standards, und zwar bis einschließlich der

Sun-3-Serie, bei der noch der Motorola 68020 als Prozessor verwendet wurde. So hatte sich die SPARC-Technologie, die erstmals in den Sun-4-Rechner ab 1987 eingesetzt wurde, einmal gegen die älteren CICS-Prozessoren von Motorola durchzusetzen, zum anderen aber auch gegen die zur gleichen Zeit aufkommenden RISC-Architekturen anderer, zum Teil sehr renomierter Unternehmen. Bereits 1986 hatte Hewlett-Packard den ersten kommerziellen Rechner mit der hauseigenen „Precision Architecture" (PA) auf den Markt gebracht, und mit der Vermarktung des R2000 ab 1985 war die MIPS-Architektur sogar noch ein Jahr früher als erste RISC-Technologie verfügbar. Später kamen u.a. mit der 88000er Familie von Motorola oder der POWER-Architektur von IBM noch weitere SPARC-Konkurrenten dazu. Sun Microsystems fand damit für sein SPARC-System eine vergleichbare Marktkonstellation vor wie die IBM 1981 bei den Mikrorechnern. Vergleichbar den CICS-Prozessoren von Motorola beherrschten auch hier veraltete (8-bit) Architekturen den Markt, während die ersten 16-bit Rechner – genauso wie anfangs die einzelnen RISC-Technologien – noch ohne den durchschlagenden Erfolg angeboten wurden. In beiden Fällen war eigentlich nur klar, daß sich ausschließlich solche Architekturen als neue Standards behaupten könnten, die der jeweils überlegenen Technologie entsprachen (also nur 16-bit Architekturen bzw. nur RISC-Systeme). Unklar war hingegen, ob sich einerseits die PC-Architektur durchsetzen würden und ob andererseits die SPARC-Technologie so außergewöhnlich erfolgreich sein könnte.

Obgleich also beide Unternehmen zur Zeit der Einführung ihrer Rechnersysteme alles andere als mächtige Firmen in den jeweiligen Marktsegmenten waren, hatte die IBM eine bessere Ausgangsposition, die sich auf ihren überragenden Anteil am damals noch sehr lukrativen Großrechnergeschäft und damit auf ihre führende Stellung innerhalb der gesamten Computerbranche zurückführen läßt. Da IBM schon bei den Mainframes alle Standards gesetzt hatte, war es trotz der starken Konkurrenz, die im Bereich der Mikrorechner zu erwarten war, nicht ausgeschlossen, daß das Unternehmen auch dort einen neuen Standard schaffen würde. In jedem Fall war es noch unwahrscheinlicher, daß Sun gleiches gelingen würde und die SPARC-Technologie zur heute erfolgreichsten RISC-Architektur aufsteigen würde. Einmal fehlte dem Spezialisten für Workstations die innerbetriebliche Unterstützung, die IBM als Universalhersteller für Informationstechnologie einsetzen konnte; vor allem aber fehlte jenes Ansehen, das die IBM damals noch in weiten Kreisen genoß: nämlich die traditionell erste Adresse für Marktstandards zu sein.

IV. Computerstandards, die Gruppentheorie von Olson und die Logik speziell kostenheterogener Kollektivgüter

Im vorangegangenen Kapitel sind mit der PC-Architektur und der SPARC-Technologie zwei Standards vorgestellt worden, die offensichtlich nicht so ohne weiteres mit der Gruppentheorie von Olson vereinbar sind. Übereinstimmend lassen beide Befunde vermuten, daß Computerstandards nur dann im Rahmen der Theorie öffentlicher Güter erklärt werden können, wenn nicht allein die Größe einer Gruppe und die Heterogenität ihrer Mitglieder herangezogen wird, um die bereitgestellte Menge eines Kollektivgutes zu bestimmen, sondern wenn über die *Logik des kollektiven Handelns* hinaus sowohl der Grad der Konsumrivalität wie auch die Frage der Produktionseffizienz berücksichtigt wird. Obwohl die Existenz von Standards, die als „offene Architekturen" durchgesetzt worden sind, die Unvollständigkeit der Gruppentheorie zweifelsfrei belegt, gibt es einen naheliegenden Grund, die Beweiskraft einer empirischen Überprüfung anhand solcher Fälle in Frage zu stellen. Man könnte mit einigem Recht entgegnen, daß der PC- sowie der SPARC-Standard zu jenen einzigartigen und außergewöhnlichen Ereignissen in der Computerindustrie zählen, die einer speziellen Erklärung bedürfen und die aufgrund ihrer Sonderstellung kein repräsentatives Urteil über den Gehalt einer Theorie zulassen. So könnte die Gruppentheorie vielleicht tatsächlich alle anderen Befunde in durchaus zufriedenstellender Weise erklären, während die Logik speziell kostenheterogener Kollektivgüter nicht nur an bereits vorliegenden, „offenen" Standards entwickelt wurde, sondern auch auf derartige Phänomene begrenzt sein könnte.

Das vierte Kapitel wird nun unter anderem solche empirischen Untersuchungen enthalten, die geeignet sind, die konkurrierenden Theorien miteinander zu vergleichen. Dazu werden einmal Computerstandards vorgestellt, die von *einzelnen* Unternehmen geschaffen wurden (Unterkapitel B), zum anderen aber auch solche, die auf eine gemeinsame Initiative *mehrerer* Hersteller im Rahmen eines Konsortiums zurückzuführen sind (Unterkapitel C). Anhand ausgewählter Befunde aus beiden Kategorien wird sich nicht nur nachweisen lassen, daß die im dritten Kapitel entwickelte Logik eine *allgemeine* Lösung für alle Computerstandards enthält; die aufgeführten Ereignisse machen es auch möglich, den Erklärungsgehalt dieser Logik dem der Gruppentheorie von Olson gegenüberzustellen. Bevor jedoch einzelne (Hersteller-) Standards untersucht werden, wird im ersten Abschnitt einer für die Computerbranche insgesamt grundlegenden Beobachtung nachgegangen, nämlich der Tatsache, daß Standards bis auf ganz wenige Fälle nicht von den Anwendern, sondern von seiten der Hersteller geschaffen werden, und daß der Staat eine nicht unerhebliche Rolle im Prozeß der

Standardisierung einnimmt. Im Mittelpunkt wird dabei die Theorie der latenten Gruppen stehen – eines, wenn nicht sogar das Hauptargument in der *Logik des kollektiven Handelns*.

A. Private Anwender, Normungsorganisationen und die Rolle des Staates im Prozeß der Standardisierung

Die vielleicht wichtigste Schlußfolgerung, die Olson in der *Logik des kollektiven Handelns* zieht, ist die, daß in einer wirklich großen Gruppe, in der sich der Beitrag des einzelnen für niemanden fühlbar auswirkt, ein Kollektivgut nicht bereitgestellt wird; solche Gruppen werden nur dann handeln können, wenn ihre Mitglieder durch Zwang oder durch irgendwelche andere selektive Anreize dazu gebracht werden, das gemeinschaftliche Ziel zu unterstützen. Olson spricht in diesem Zusammenhang von „latenten" Gruppen, weil die Fähigkeit zum kollektiven Handeln hier ganz davon abhängt, inwieweit den Mitgliedern ein individueller Zusatznutzen versprochen wird oder ihre Mitarbeit erzwungen werden kann[235] . Zu den großen oder latenten Gruppen, die bei freiwilliger Mitgliedschaft nicht die Unterstützung finden können, die nötig wäre, um sich zu organisieren oder auf irgendeine andere Art und Weise erfolgreich kollektiv tätig zu werden, gehört auch die Gruppe der Anwender computergestützter Informationstechnologien. Ähnlich wie Konsumenten im allgemeinen einen beachtlichen Anteil einer Gesellschaft darstellen, aber keine echte Lobby zum Schutz der Verbraucher bilden, weil selektive Anreize fehlen, ist einfach schon aufgrund der Größe der Gruppe zu erwarten, daß sich für gewöhnlich auch niemand aus den Reihen der Computerkundschaft für eine weitgehende Produktkompatibilität (genauso wenig wie für irgendein anderes Kollektivziel) einsetzt. Während die Anwender von Computertechnologien also zweifellos eine der wirklich *großen* oder latenten Gruppen darstellen, bilden die Hersteller von Computersystemen bzw. die Anbieter von Software-Produkten *mittelgroße* Gruppen, die hier in Anlehnung an Olson's Systematik als „oligopolistisch" bezeichnet werden sollen. In diesem Größenbereich hängt die Versorgung mit einem Gemeinschaftsgut nicht am Einsatz spezifischer Nebenvorteile; diese Gruppen sind noch genügend klein, um sich auch durch freiwilliges Handeln eines oder mehrerer ihrer Mitglieder mit kollektiven Vorteilen versorgen zu können bzw. eine Interessenvertretung hervorbringen zu können. Wieviel hier im Einzelfall von einem Kollektivgut beschafft wird (wenn es überhaupt beschafft wird), richtet sich nicht danach, wie stark die eventuell verfügbaren selektiven Anreize sind, sondern nach den Faktoren, die im vorherigen Kapitel angeführt wurden: nach

---

[235] Siehe Olson, Mancur, 1965, besonders S. 51 und 132/133.

der genauen Anzahl der Mitglieder, ihrer Heterogenität und Produktionseffizienz sowie und nach dem Grad der Konsumrivalität des Kollektivgutes[236] .

1. Anwenderstandards und die Theorie latenter Gruppen

Wenn es richtig ist, daß sich große oder latente Gruppen von oligopolistischen Gruppen hinsichtlich ihrer Fähigkeit zum kollektiven Handeln in der gerade geschilderten Art und Weise unterscheiden, dann folgt daraus, daß sich diejenigen, die Computersysteme bzw. Software nachfragen, im allgemeinen nicht für marktübergreifende Standards einsetzen. Obgleich jeder Anwender ein Interesse an Kompatibilität hat und die für die Gruppe der Anwender als Ganzes erzielbaren Gewinne die Kosten übersteigen, wird für gewöhnlich niemand Standardisierungen fördern oder sogar initiieren, da zum einen die persönlichen Bemühungen (fast immer) unbemerkt bleiben und darüber hinaus auch jeder kostenlos an den Vorteilen einer Standardisierung teilhaben könnte, für die sich andere Kunden stark gemacht haben. Im Gegensatz dazu werden einige der Unternehmen, die Hard- und Software anbieten, Standards auch auf eigene Kosten schaffen (wie unzureichend oder suboptimal dabei der Stand der Kompatibilität, also der Grad der Vorsorgung mit diesem Kollektivgut, auch immer sein mag). Der Grund dafür ist der, daß sich unter günstigen Umständen einzelne Hersteller selbst dann noch einen persönlichen Gewinn aus einem Standard ausrechnen werden, wenn sie die Gesamtkosten dafür allein zu tragen haben oder nur mit wenigen anderen teilen können.

Mit dem, was den Unterschied zwischen latenten und oligopolistischen Gruppen in bezug auf die bereitgestellte Menge eines Kollektivgutes ausmacht, haben wir eine Erklärung für die ebenso bekannte wie grundlegende Beobachtung, daß Anwender keine Standards etablieren (sieht man einmal von wenigen Ausnahmen ab, die anschließend behandelt werden). So wie die Theorie es auch erwarten läßt, werden Computerstandards im großen und ganzen von der Angebotsseite, d.h. von einzelnen Herstellern oder von Herstellerkonsortien geschaffen, während es nur wenige Fälle sind, in denen eine Standardisierung auf Benutzer oder Benutzervereinigungen zurückgeht. Darüber hinaus gibt es aber noch eine weitere grundlegende Beobachtung, die mit der Theorie erklärt werden kann (oder die zumindest damit vereinbar ist). Wenn die unterschiedliche Leistungsfähigkeit von latenten und oligopolistischen Gruppen nicht an der angebotenen Menge, sondern am Grad der Suboptimalität

---

[236] Zu den genauen Eigenschaften oligopolistischer Gruppen kommen wir im nächsten Unterkapitel. Hier genügt es zu wissen, daß sich Gruppen, die in diesem Größenbereich liegen, im Gegensatz zu latenten Vereinigungen auch ohne selektive Anreize mit kollektiven Gütern versorgen können.

gemessen wird, dann hilft uns das, die Ursachen für eine oftmals als unzureichend einge-stufte Kompatibilität besser zu verstehen. Da schon bei einer überschaubaren Anzahl von Mitgliedern ein Kollektivgut nicht in der für die Gruppe als Ganzes optimalen Menge be-reitgestellt wird, kommt es innerhalb einer großen Gruppe wie der der Anwender sicher nicht zu dem Angebot an marktbeherrschenden Standards, das aus der Sicht der Mitglieder insgesamt als wünschenswert eingeschätzt wird. Mit anderen Worten: Die Tatsache, daß immer wieder von fehlenden Standards zu lesen ist und daß hiervon wegen mangelnder Auswahl und möglicher Herstellerabhängigkeit in erster Linie die Nachfrageseite betroffen ist (was allgemein soviel heißt, daß der Stand der Kompatibilität für den einzelnen Anwen-der ungleich „suboptimaler" erscheinen muß als für den einzelnen Hersteller), steht durch-aus im Einklang mit der Theorie.

Wie schon gesagt, lassen sich – entgegen dem generellen Befund, daß Anwender keine Standards schaffen – auch einzelne Ausnahmen nennen, in denen die Initiative zu einer Standardisierung einmal nicht von einem Hersteller oder von einem Herstellerkonsortium ausgegangen ist. Das „Manufacturing Automation Protocol" von General Motors, kurz MAP genannt, ist das wohl bekannteste Beispiel eines Standards, der auf einen Anwender zurückgeht. Die Entwicklung von MAP begann 1982 mit dem Ziel, einen einheitlichen Kommunikationsstandard zu schaffen, mit dem eine Datenübertragung zwischen Rechnern und Automatisierungskomponenten verschiedener Hersteller in einer Fabrikumgebung mög-lich wird. Um eine weitgehende Austauschbarkeit der angeschlossenen Komponenten und eine fast vollständige Herstellerunabhängigkeit zu gewährleisten, wurde das Konzept von MAP auf der Grundlage des von der ISO entwickelten Referenzmodells für „Open Systems Interconnections" (OSI) entwickelt[237]. Die erste Spezifikation von MAP wurde als Version

---

[237] Die Idee, die dem Ende der 70er Jahre entworfenen ISO/OSI-Referenzmodell zugrunde liegt, ist folgende: Die bei einer Datenübertragung in Netzwerken anfallenden Aufgaben werden – nach funk-tionellen Gesichtspunkten geordnet – sieben Schichten zugeteilt, die alle aufeinander aufbauen. Jede Schicht benutzt über festdefinierte Schnittstellen ausschließlich die Funktionen der unter ihr liegen-den Ebene; die oberste Schicht bietet dabei die Dienste an, die der Anwender selbst benutzt, wäh-rend die unterste Schicht den Zugang zum physikalischen Transportmedium bildet. Das Referenz-modell sieht vor, daß auf dieser Grundlage für die einzelnen Schichten bestimmte „Protokolle" (d.h. Regeln, nach denen die Kommunikationspartner Nachrichten austauschen) entworfen werden, die die jeweiligen Aufgaben einer Ebene erfüllen. Der ISO-Entwurf selbst enthält jedoch kein sol-ches Schichtenprotokoll; er definiert nur den Rahmen, in dem OSI-konforme Kommunikationsproto-kolle entwickelt und über Hardware oder Software implementiert werden können. Man muß also drei Dinge voneinander trennen: (1) die OSI-Norm als Rahmenvorgabe, (2) die Kommunikations-protokolle einzelner Schichten sowie (3) die Hardware- oder Softwareprodukte, die das ausführen, was diese Protokolle vorgeben. Dieser „Umweg" ermöglicht die Kommunikation zwischen unter-

1.0 im April 1984 veröffentlicht; von Bedeutung war aber erst die Version 2.1 (März 1985) und vor allem der 1988 vorgestellte dritte Entwurf, der jedoch gewisse Inkompatibilitäten zu den früheren Versionen aufwies. General Motors versuchte diesbezüglichen Verunsicherungen bei potentiellen Herstellern von MAP-Komponenten und anderen Anwendern zu begegnen, indem die Version 3.0 als eine über mehrere Jahre stabile Basis zukünftiger Entwicklungen angekündigt wurde. Trotzdem aber gelang MAP als Ganzes, d.h. als volle und einheitliche Spezifikation über alle 7 Schichten des ISO/OSI-Referenzmodells, bislang nicht der Durchbruch auf breiter Front (gleichwohl bis Anfang 1986, also schon nach den ersten zwei Jahren, mehr als 200 Anwender und Hersteller MAP akzeptiert hatten[238]); nur das auf der Ebene 7 des Schichtenmodells angesiedelte MAP-Protokoll „Manufacturing Message Spezifikation" (MMS) konnte sich durchsetzen. Obwohl man General Motors daher nur einen eingeschränkten Erfolg bescheinigen kann, hat das Unternehmen wohl als erster privater Anwender in der Geschichte der Informationstechnologie mit MAP einen neuen Standard geschaffen, der auf der Basis eines lokalen Netzes eine herstellerunabhängige Kommunikation im Rahmen eines integrierten Fertigungskonzeptes erlaubt.

In diesem Zusammenhang ist aber auch noch auf die Initiative eines weiteren Anwenders hinzuweisen. Da MAP vornehmlich auf den Fabrikbereich zugeschnitten ist und die Bürokommunikation nicht ausreichend unterstützt wird, entwickelte der US-amerikanische Flugzeughersteller Boeing das zu MAP passende Gegenstück „Technical Office Protocols" (TOP) für die Datenübertragung im Bürobereich. Ebenso wie MAP basiert auch dieses lokale Netz vollständig auf dem ISO/OSI-Referenzmodell und deckt zusammen mit MAP praktisch alle Kommunikationsbedürfnisse eines Fertigungsunternehmens ab. Aus diesem Grund wird meistens in einem Ausdruck vom MAP/TOP-Standard gesprochen.

Wenn der einzelne in einer großen Gruppe für gewöhnlich keinen Anreiz hat, kollektive Vorteile bereitzustellen, wie kann dann das Verhalten von General Motors bzw. von Boeing erklärt werden? Tatsächlich scheint der MAP/TOP-Standard nicht nur dem Muster großer und daher handlungsunfähiger Gruppen zu widersprechen; er ist auch mit der Nebenprodukt-Theorie von Olson deshalb unvereinbar, weil sich hier einzelne Mitglieder

---

schiedlichen Rechnern und eine herstellerunabhängige Zusammensetzung der Netzwerkkomponenten, weil firmenspezifische Lösungen durch andere Protokolle oder durch eine andere Realisierung desselben Protokolls ersetzt werden können. Da es jedoch nicht für jede Art der Kommunikation notwendig ist, die Aufgaben aller Schichten vollständig so abzuarbeiten, wie es das Referenzmodell vorsieht, wird in OSI-Netzen oftmals (noch) nicht die Performance spezieller, aber herstellergebundener Netzwerklösungen erreicht.

[238] Eine Aufzählung der zu diesem Zeitpunkt wichtigsten MAP-Anwender und Hersteller findet sich beispielsweise in Online, 1986, Heft 1, S. 48.

einer zahlenmäßig großen Gruppe – weltweit alle Fertigungsunternehmen sind ja mögliche MAP/TOP-Anwender – für ein kollektives Ziel eingesetzt haben, *ohne daß ihnen dafür irgendwelche selektiven Anreize versprochen wurden. Da die Nebenprodukt-Theorie also offensichtlich nicht auf alle mitgliederstarken Gruppen paßt, die sich organisieren konnten oder deren Interessen auf eine andere Art und Weise vertreten werden, muß nach einer alternativen Erklärung zu der gesucht werden, die Olson für große, gleichwohl aktive Gruppen angeboten hat*[239] . Wenn man sehr umfangreiche Vereinigungen wie beispielsweise Gewerkschaften betrachtet, in denen einzelne Mitglieder „klein" und alleingestellt ohne Einfluß sind und in denen daher selektive Anreize notwendig sind, dann liegt es nahe, auf die zum Teil beachtlichen „Größen"-Unterschiede zwischen den Anwendern einzugehen und damit – allgemein gesagt – auf das Argument der Heterogenität innerhalb einer Gruppe zurückzukommen. Ohne Frage konnte General Motors (wie auch Boeing) als einer der größten Abnehmer von Informationstechnologie vom MAP/TOP-Standard profitieren, selbst wenn die Entwicklungs- und Vermarktungskosten gegengerechnet werden. Einmal blieb es dem Konzern dadurch erspart, herstellerspezifische Netze, an denen einzelne Rechner und Automatisierungskomponenten angeschlossen waren, untereinander durch teure ad-hoc Lösungen notdürftig zu verbinden. Zum anderen waren die Kosten, die nötig waren, um die MAP/TOP-Spezifikationen durchzusetzen (auch wenn GM in dieser Hinsicht bisher nur zum Teil erfolgreich war), aufgrund der Marktposition von GM relativ gering. Dem Unternehmen gelang es mitunter allein schon durch seine Anwendermacht, das eigene Konzept zu verbreiten[240] . Es spricht also alles dafür, daß es die „Größe" von GM war, die den MAP-Standard trotz Eigenentwicklung zu einem lohnenden Projekt für das Unternehmen machte.

---

[239] Man könnte natürlich die Nebenprodukt-Theorie leicht aus dem Dilemma retten, daß sie – mangels selektiver Anreize – den MAP/TOP-Standard nicht erkären kann, obwohl sie gerade auf mitgliederstarke Gruppen zugeschnitten ist. Es ließe sich argumentieren, daß Gruppen, die ohne selektive Anreize handlungsfähig sind, niemals wirklich *große* Gruppen sein könnten, selbst wenn sie noch so mitgliederstark wären. Demzufolge wären alle Gruppen, die sich bei freiwilliger Mitgliedschaft ohne irgendwelche Nebenvorteile mit einer gewissen Menge eines Kollektivgutes versorgen können, *kleine* oder *oligopolistische* Gruppen; und große oder latente Gruppen, in denen kollektiv gehandelt wird, wären nur solche, in denen dies wegen selektiver Anreize und nicht aufgrund irgendeines anderen günstigen Umstandes der Fall wäre. Der Preis für eine solche Verteidigungsstrategie ist allerdings ein sehr hoher. Denn dann wäre die Nebenprodukt-Theorie nicht widerlegbar, weil sie allein durch definitorische Festlegung auf jede große Gruppe passen würde, in der das gemeinsame Interesse aller Mitglieder gefördert wird.

[240] So mußte sich Digital Equipment Corporation (DEC) als der Hersteller, der über die Hälfte aller bei GM installierten Rechner im Größenbereich der Minicomputer lieferte, der Anwendermacht des Automobilherstellers beugen. DEC hatte sich anfangs noch geweigert, die Spezifikationen von MAP

Obwohl der „Größen"-Unterschied zwischen den Anwendern ein ganz wichtiger Punkt ist, reicht er allein nicht aus, um den MAP/TOP-Standard zu erklären. Der Grund dafür ist dem Abschnitt über „Homogene und heterogene Gruppen" aus dem dritten Kapitel und einer späteren Fußnote zu entnehmen[241] . Dort wurde argumentiert, daß die Heterogenität in größeren Gruppen nicht unterschiedslos stark ansteigen muß, damit ein Kollektivgut unverändert angeboten wird, sondern daß sie um so stärker zunehmen muß, je höher die Konsumrivalität ist. Daraus folgt, daß in sehr umfangreichen Gruppen die „Größe" einzelner Mitglieder nur dann noch ausreichen kann, irgendjemanden zum kollektiven Handeln zu bewegen, wenn der Nutzen für „große" Mitglieder nicht allzusehr durch andere Gruppenangehörige geschmälert wird (wenn also der Grad der Konsumrivalität nicht zu hoch ist). Diese Bedingung ist im Fall von MAP/TOP hinreichend erfüllt. So sind Standardisierungen aus der Sicht des einzelnen Verbrauchers im allgemeinen nicht nur ohne Konsumrivalität nutzbar, sie sind oftmals sogar „stark" öffentliche Güter, wie schon Kindleberger wußte. *Es ist daher möglich, den MAP/TOP-Standard auch dann zu erklären, wenn selektive Anreize nicht verfügbar sind und damit Olson's Nebenprodukt-Theorie großer Gruppen ausfällt.* Denn wie im dritten Kapitel argumentiert wurde, werden kollektive Ziele zum Teil auch in umfangreichen Gruppen freiwillig und ohne Aussicht auf individuelle Gewinne gefördert, weil bei fehlender Konkurrenz um den Verbrauch eines Gutes selbst eine hohe Anzahl von Gruppenangehörigen nicht die Chance beeinträchtigt, daß der persönliche Nutzen einzelner, sehr „großer" Mitglieder die gesamten Bereitstellungskosten für ein Kollektivgut übersteigt.

Es ist von einigem Interesse, die hier angebotene Erklärung noch genauer mit der Nebenprodukt-Theorie zu vergleichen. Mit dem MAP/TOP-Standard ist einer der vielleicht seltenen Fälle behandelt worden, in dem die bereitgestellte Menge eines Kollektivgutes aufgrund fehlender Konsumrivalität einmal nicht (vorrangig) durch die Größe einer Gruppe, sondern durch das Ausmaß der Heterogenität ihrer Mitglieder bestimmt wird. Im Gegensatz dazu hängt die Stabilität von Gewerkschaften, Bauernverbänden, Vereinigungen freier Berufe etc., also die Handlungsfähigkeit der Gruppen, die Olson im Rahmen seiner Theorie der Nebenprodukte untersucht, vom Zugang zu selektiven Anreizen ab, gleichwohl auch hier (weitgehend) nichttrivialisierende Ziele verfolgt werden. Wenn man sich diese Vereinigungen jedoch näher ansieht, erkennt man bei ihnen übereinstimmend zwei Eigenschaften, die es nach sich ziehen, daß dort – im Gegensatz zum MAP/TOP-Standard – individuell zukom-

---

zu berücksichtigen und die eigenen Produkte daran auszurichten. Nachdem jedoch dem Unternehmen angekündigt worden war, als Lieferant bei GM ausgeklammert zu werden, orientierte man sich auch bei DEC enger am MAP-Standard.

[241] Siehe Fußnote 216, Seite 172/173.

mende Nebenvorteile notwendig sind. Zum einen sind die genannten Vereinigungen große *homogene* Gruppen, deren „kleine" Mitglieder weder einen Anreiz noch die Macht haben, alleine oder mit wenigen gemeinsam einen kollektiven Vorteil zu erlangen. Da niemand hier einen so großen Anteil am Gesamtgewinn erhält, daß er ausschließlich deshalb gruppenorientiert handelt, um seinen Teil am Kollektivgut zu erlangen, gibt es nur solche Mitglieder, die aufgrund eines individuellen Vorteils aktiv werden. Ein weiterer Punkt muß aber noch hinzukommen, damit selektive Anreize für die Stabilität der von Olson aufgeführten Gruppen wirklich notwendig sind. So wäre es denkbar, daß die Gesamtkosten eines Kollektivgutes derart gering sind, daß sich selbst „kleine" Mitglieder durch ein Angebot besserstellen würden und es daher auch in großen homogenen Gruppen freiwillig zu einem Angebot kommen könnte. Um diese Möglichkeit, die selektive Anreize offenbar überflüssig machen würde, auszuschließen, muß die Bereitstellung kollektiver Güter in solchen Gruppen im allgemeinen auch sehr aufwendig sein (oder genauer gesagt, es muß dort aufwendiger als in kleineren Gruppen sein, die gleiche Menge anzubieten). Da jedoch die Faktorkosten für eine bestimmte Menge eines Kollektivgutes an sich von der Anzahl der Mitglieder unabhängig sind und daher als Ursache für eine Progression der Kosten ausfallen, bleiben eigentlich nur die Aufwendungen für den Unterhalt einer Vertretung bzw. eines Organisationsnetzes[242] . So nimmt Olson in der *Logik* zu Recht an, daß die Kosten für eine Organisation, die für die Gruppe die Lobbytätigkeit wahrnimmt, um so höher ausfallen, je größer die Zahl der Mitglieder und damit derjenigen ist, die in Absprachen einbezogen werden müssen und deren Interessen zu koordinieren sind[243] . Große Gruppen mit nichttrivialisierenden Zielen sind also nur dann auf den Verkauf von „Nebenprodukten" angewiesen, wenn sie erstens *homogen* sind und zweitens eine formale *Organisation* unterhalten müssen, deren Kosten mit zunehmender Mitgliederzahl steigt.

Die Tatsache, daß ein Angebot nichttrivialisierender Kollektivgüter nur dann notwendigerweise von selektiven Anreizen abhängt, wenn die beiden eben genannten Voraussetzungen erfüllt sind, wirkt sich in gewisser Weise auf den *Anwendungsbereich* der Nebenprodukt-Theorie aus. Olson selbst nimmt an, daß die Zahl der Gruppenmitglieder dafür ausschlaggebend sei, ob die Theorie der Nebenprodukte für eine Gruppe gilt oder nicht:

---

[242] Die Behauptung, daß die eigentlichen Kosten einer Bereitstellung von der Anzahl der Mitglieder unabhängig ist, gilt uneingeschränkt für Kollektivgüter, die von solchen Vereinigungen oder Verbänden gefördert werden, die Olson in der *Logik* behandelt. Der von Buchanan und Kafoglis untersuchte Fall des Impfschutzes (siehe Kapitel III, Abschnitt E) ist eine der wenigen Ausnahmen, in dem die Angebotskosten mit steigender Gruppengröße zunehmen.

[243] Siehe Olson, Mancur, 1965, S. 46/48.

„The by-product theory of pressure groups need apply only to the large or latent group. It need not apply to the privileged or intermediate groups, because these smaller groups can often provide a lobby, or any other collective benefit, without any selective incentives"[244]. Eine solche Einschätzung ist jedoch nur zum Teil richtig. Tatsächlich sind umfangreiche Gruppen nur dann *wegen ihrer Größe* latent und somit in ihrer Handlungsfähigkeit von selektiven Anreizen abhängig, wenn das Kollektivgut ein rivalisierendes Gut ist, nicht jedoch dann, wenn ihr gemeinsames Gut ohne Rivalität beansprucht werden kann. Zum einen entfällt nur bei Konsumrivalität die Möglichkeit, daß eine große Gruppe auch ohne spezifische Nebenvorteile allein aufgrund ihrer Heterogenität stabil sein könnte (selbst eine noch so heterogene Mitgliederschaft reicht ja für gewöhnlich nicht aus, damit ein Kollektivgut in umfangreichen exklusiven Gruppen erlangt wird). Zum anderen ist in diesem Fall, d.h. bei Rivalität, auch von der Kostenseite her sicher, daß eine große Gruppe ohne selektive Anreize notwendigerweise latent bleibt. Denn im Gegensatz zu inklusiven Vereinigungen ist hier keine formale Gruppenvertretung erforderlich, damit die Angebotskosten steigen. Allein schon aufgrund der Konsumrivalität ist in umfangreicheren Gruppen ein höherer Aufwand zu erwarten, weil mehr bereitgestellt werden muß, wenn jeder einzelne zumindest noch eine gewisse Menge des Gutes erhalten soll. Dagegen sind Gruppen, die ein Ziel verfolgen, das ohne Rivalität von allen genutzt werden kann, *nicht aufgrund ihrer hohen Mitgliederzahl* ohne selektive Anreize handlungsunfähig. Solche Gruppen können deshalb nicht allein aus diesem Grund latent sein, weil sich die Größe *inklusiver* Vereinigungen ja gerade nicht auf die freiwillig bereitgestellte Menge eines Kollektivgutes auswirkt. Wenn solche Gruppen latent sind, dann ist dafür die Homogenität ihrer Mitglieder in Verbindung mit den Kosten verantwortlich, die ihnen aus dem Unterhalt ihrer Organisationen entstehen. Daraus folgt, daß die Nebenprodukt-Theorie nur bei Konsumrivalität die einzige Erklärung für die Gruppen ist, die trotz ihrer Größe stabil und handlungsfähig sind. Dagegen können sich bei Nichtrivalität – wie der MAP/TOP-Standard belegt – auch große Gruppen, die nicht über selektive Anreize verfügen, mit einem kollektiven Gut versorgen, wenn sie hinreichend heterogen sind und keine formale Gruppenvertretung unterhalten müssen.

Olson's Einschätzung, daß die Theorie der Nebenprodukte nur auf *große* und latente Gruppen passen muß und sich nicht auf *oligopolistische*, also entweder „mittelgroße" oder „privilegierte" Gruppen anwenden lassen muß, gilt also nur bei Konsumrivalität (andernfalls hätte die Gruppengröße keinen Einfluß auf die freiwillig und ohne Aussicht auf spezifische Nebenvorteile bereitgestellte Menge eines Kollektivgutes). Es soll damit aber

---

[244] Olson, Mancur, 1965, S. 134.

nicht Olson widersprochen werden, daß selektive Anreize die Stabilität der zweifellos großen Gruppen erklären, die in der *Logik* behandelt werden. Da diese Vereinigungen jedoch
praktisch nichtrivalisierende Ziele verfolgen, ist die Theorie der Nebenprodukte hier nicht
vornehmlich deshalb aktuell, weil die Gruppen *groß* sind (so wie Olson es vermutet), sondern weil sie *homogen* sind und eine *Organisation* unterhalten müssen. Wenn jedoch unbeachtet bleibt, daß die Größe einer Gruppe um so eher zu vernachlässigen ist und ihre Heterogenität um so stärker einbezogen werden muß, je weniger Konsumrivalität vorliegt, dann
wird übersehen, daß bei fehlender Rivalität nicht ausschließlich der Verkauf von „Nebenprodukten" sondern ebenso die Heterogenität unter den Mitgliedern die Handlungsfähigkeit
großer Gruppen erklären kann. Vor diesem Hintergrund steht der MAP/TOP-Standard auch
nicht im Widerspruch zur Theorie der latenten Gruppen, wie man vielleicht deshalb (zu Unrecht) vermuten könnte, weil in diesem Fall eine umfangreiche Gruppe handlungsfähig war,
ohne über spezifische Nebenvorteile zu verfügen. Dieser Standard ist einfach ein Beispiel
dafür, daß große inklusive Gruppen eben *auch ohne selektive Anreize* stabil sein können,
wenn sie sich aus Mitgliedern zusammensetzen, die ausreichend heterogen sind (d.h. wenn
sich mindestens ein sehr „großes" Mitglied in ihren Reihen befindet). Mit anderen Worten:
Während in umfangreichen exklusiven Gruppen Kollektivgüter nur durch den Verkauf von
„Nebenprodukten" finanziert werden können, gibt es für große Gruppen, in denen ein nichttrivialisierendes Gemeinschaftsziel gefördert wird, gleich zwei mögliche Erklärungen: (1)
Selektive Anreize für homogene und organisierte Gruppen wie die, mit deren Stabilität sich
Olson in der *Logik* beschäftigt, und (2) heterogene Mitgliederschaften für alle (seltenen) Be-
funde wie dem MAP/TOP-Standard, bei denen keine mit der Gruppengröße steigenden Or-
ganisationskosten anfallen und in denen es deshalb für sehr „große" Mitglieder auch bei
Gruppenzutritten lohnend bleibt, ein Kollektivgut bereitzustellen[245] .

---

[245] Alle im Text erwähnten Gruppenmerkmale sowie ihre Auswirkungen auf das Zustandekommen
kollektiven Handelns können zusammengefaßt in Tabellenform dargestellt werden. Es läßt sich hieraus ablesen, inwieweit große Gruppen auch ohne selektive Anreize stabil sind, d.h. inwieweit sie
in ihrer Handlungsfähigkeit von solchen Anreizen *abhängig* bzw. *unabhängig* sind:

	homogen ohne Org.[1]	homogen mit Org.[1]	heterogen
exklusive Gruppen (Konsumrivalität)	abhängig	abhängig	abhängig
inklusive Gruppen (Nichttrivalität)	unabhängig[2]	abhängig	unabhängig[2]

2. Zur staatlichen Förderung von Standards und Normierungen

Nicht unerwähnt bleiben sollte auch ein weiterer Fall, in dem ein Anwender seine Marktmacht, d.h. seine „Größe" innerhalb einer heterogenen Gruppe, eingesetzt hat, um einen Standard zu schaffen. Es geht um die Entwicklung und die Durchsetzung des „American Standard Code for Information Interchange" (ASCII), also um jene Datencodierung, die heute in weiten Bereichen der Computerwelt für den Austausch von Daten faktisch verbindlich ist. Die Möglichkeit, einzelne Buchstaben, Zahlen und Sonderzeichen willkürlich in irgendeiner Form binär und damit computerlesbar zu realisieren, führte in den 60er Jahren zum Gebrauch von zahlreichen, voneinander abweichenden Codierungsschemata. Ein Datenaustausch zwischen Rechnern, die Informationen auf der Grundlage unterschiedlicher Codierungen abspeicherten, war daher nur möglich, wenn die Daten regelrecht übersetzt wurden. Um diesem Manko zu begegnen, gründete die American Standards Association (ASA) – besser bekannt unter ihrem heutigen Namen American National Standards Institute (ANSI) – 1959 ein Komitee, das mit der Aufgabe betraut wurde, ein einheitliches Codierungsschema zu entwerfen. Nachdem mehrere existierende Datenverschlüsselungen als unangemessen eingeschätzt worden waren, entwickelte das Komitee, das abwechselnd von IBM, Burroughs und Vertretern des US-amerikanischen Verteidigungsministeriums geleitet wurde, eine eigene, 7-bit breite Codierung. Gegen die Stimmen der IBM wurde der 1962 fertiggestellte ASCII-Entwurf angenommen und mit massiver Unterstützung des Department of Defense im Juni 1963 zur offiziellen ANSI-Norm erklärt. Auch von anderer staatlicher Stelle fand die ASCII-Spezifikation Unterstützung. Ein unter der Regierung Präsident John-

---

[1] Gemeint sind hier homogene Gruppen mit bzw. ohne solche Organisationskosten, die mit der Anzahl der Mitglieder steigen.

[2] Es wird dabei vorausgesetzt, daß für mindestens ein Mitglied $V_i > C$ gilt. In homogenen Gruppen wird dies natürlich nur dann der Fall sein, wenn alle Mitglieder ein relativ starkes Interesse am Kollektivgut haben und dessen Bereitstellung mit keinen übermäßig hohen Kosten verbunden ist.

Es wird deutlich, daß in *exklusiven* Gruppen die durch Konsumrivalität bedingte Aufteilung des Kollektivgutes unter allen Mitglieder dominiert, so daß selbst der Wert, den „große" Gruppenangehörige ihrem Anteil zumessen, für gewöhnlich nicht die Gesamtkosten einer Bereitstellung übersteigen. Dagegen beeinträchtigt die Mitgliederstärke *inklusiver* Gruppen nicht die Chance eines Kollektivgüterangebotes, da der persönliche Gewinn jedes einzelnen aufgrund fehlender Rivalität nicht durch die anderen in der Gruppe gemindert wird. Es ist daher durchaus möglich, daß es hier mindestens ein Mitglied mit $V_i > C$ gibt (was besonders bei heterogenen Mitgliederschaften zu erwarten ist), so daß solche Gruppen in ihrer Handlungsfähigkeit von selektiven Anreizen unabhängig sind. Spezifische Nebenvorteile werden jedoch im allgemeinen notwendig sein, wenn sich – wie in den von Olson untersuchten Fällen – die hohe Mitgliederzahl durch steigende Organisationskosten bemerkbar macht und die Gruppe darüber hinaus noch relativ homogen ist.

son's 1968 erlassenes Gesetz enthielt die Forderung, daß alle Rechner, die nach dem 1. Juli des folgenden Jahres von den Verwaltungen der Bundesbehörden erworben werden, zu der ANSI-Norm kompatibel sein müssen. Obwohl ASCII mit der US-amerikanischen Bundesregierung als einem der größten Anwender von Computertechnologie unterstützt wurde, hatte die Norm in den ersten Jahren (noch) nicht annähernd die Bedeutung, die ihr heute zukommt. Daß ASCII nicht umgehend zu einem wirklich marktbeherrschenden Standard aufstieg, lag vornehmlich an IBM. Für das 1964 vorgestellte IBM System /360 brauchte das Unternehmen ein 8-bit Codierungsschema, das vor allem die Anforderung nach Abwärtskompatibilität zum alten BCD-Code aus der Serie der 1400er Rechner zu erfüllen hatte. Die ASCII-Spezifikation war hier vollkommen unzureichend. Sie war weder zum BCD-Code abwärtskompatibel noch war sie eine echte 8-bit Vorgabe (ursprünglich enthielt ASCII nur die Option, auf 8 Bit ausgeweitet zu werden). Aus diesen Gründen führte IBM mit den /360er Großrechnern einen eigens für diese Serie entwickelten 8-bit Code namens „Extended Binary Coded Decimal Interchange Code" (EBCDIC) ein. Da mit dem durchschlagenden Erfolg der /360er Architektur EBCDIC schnell zum de-facto Standard wurde und sich viele andere Firmen dem Entwurf der IBM anschlossen, wurde EBCDIC trotz der Initiative der amerikanischen Regierung zunächst die meistgebrauchte Form der Datencodierung. Erst später, mit abnehmender Bedeutung der Mainframes, gelang ASCII außerhalb der Großrechnerwelt der Durchbruch zum zweiten großen Codierungs- standard.

Eine treffende, allgemeine Einschätzung der damaligen Situation findet sich bei Gerald Brock. Seine Beschreibung steht ganz im Einklang mit der schon für den MAP/TOP-Standard angebotenen Erklärung, nach der auch in umfangreichen Gruppen, die sich aus einem oder wenigen sehr „großen" und im übrigen aus homogen „kleinen" Mitgliedern zusammensetzen, nichttrivialisierende Kollektivgüter angeboten werden. So schreibt Brock: „Because of IBM opposition, very little progress has come from (or can be expected from) the American National Standards Institute. This is because ANSI requires a consensus among those affected by standard for it to become official. Given a voluntary nature of all of ANSI's activities, no change can be expected in this requirement. Only when users became involved in the standardization process, has progress been made. With the exception of the federal government, individual users are so small relative to the market that organizational difficulties and self-interest prevent them from exercising a strong voice in standardization efforts. The federal government has enough market power either to force standards on its own or to organize other users into an effective pressure group"[246] .

---

[246] Brock, Gerald, 1975, S. 91. Gerade in diesem Zitat ist zu beachten, daß der Unterschied zwi-

Insbesondere vor dem Hintergrund dieser Schilderung ist es offenkundig, daß sich ein staatliches Engagement für kompatible Produkte vielfach ebenso zutreffend durch die Heterogenität in inklusiven Gruppen erklären läßt wie diesbezügliche Aktivitäten eines privatwirtschaftlichen Anwenders. Dennoch bedarf es in einigen Fällen einer Ergänzung. Es gilt zu berücksichtigen, daß sich die Entscheidungsträger der öffentlichen Hand in aller Regel nicht für die Marktdominanz einer herstellerspezifischen Entwicklung einsetzen (was ja auch weitgehende Kompatibilität sicherstellen könnte), sondern firmenunabhängige Richtlinien anerkannter Normungsorganisationen unterstützen. Die Geschichte des ASCII-Codes ist auch dafür ein gutes Beispiel. Statt im Einvernehmen mit der IBM einen Entwurf zu fördern, der zum damals weitverbreiteten BCD-Code der 1400er Rechnerserie abwärtskompatibel gewesen wäre und daher wahrscheinlich unmittelbar breite Akzeptanz gefunden hätte, entschied man sich im US-Verteidigungsministerium für eine „neutrale", IBM-unabhängige Codierung. Auch wurde später, wie schon geschrieben, für alle Rechnersysteme in den öffentlichen (Bundes-) Verwaltungen die ANSI-Norm ASCII und nicht EBCDIC, IBM's Fortschreibung des BCD-Codes, als Mindestvoraussetzung obligatorisch.

Es liegt nahe, daß die – wie im Fall von ASCII – vorrangige Orientierung staatlicher Stellen an herstellerunabhängigen Normen auf den Willen hindeuten, gleiche Ausgangsbedingungen für alle Unternehmen und damit freie Märkte zu schaffen. So spricht auch unser eben schon zitierter Autor von wettbewerbspolitischen Motiven, die vermuten lassen, daß der Staat im Prozeß der Standardisierung noch eine weitere Rolle neben der eines „großen" Anwenders einnimmt: „From a public policy point of view, the advantages of government imposed standards must be weighed against the disadvantages. The primary advantages are freer competition, increased flexibility for the user in choosing equipment and a reduction in the real resources spent converting from one company's standards to another's when an equipment change is made. Control of standards by one company either protects that company's market from competition (if other companies choose separate standards) or imposes

---

schen einer *Norm* oder einer Normierung und einem *Standard* nur dem unmittelbaren Zusammenhang zu entnehmen ist, da im Englischen beides einheitlich mit dem Wort „standard" bzw. „standardization" bezeichnet wird. Die große zeitliche Verzögerung, mit der die von der ANSI offiziell abgesegnete Norm ASCII erst zu einem tatsächlich einflußreichen und von vielen Seiten befolgten Marktstandard wurde, zeigt aber, daß die Ausarbeitung und Verabschiedung einer technischen Richtlinie, einer Norm, nur die eine Seite ist. Eine völlig andere Frage ist die Verfügbarkeit von entsprechenden Produkten und damit die faktische Marktbedeutung, die eine technologische Spezifikation erst zu einem wirklichen Standard macht. Hierbei ist es unerheblich, ob eine solche Spezifikation im Einzelfall von einer anerkannten Normungsorganisation erlassen wurde oder von privaten Herstellern bzw. von einem Unternehmenskonsortium am Markt eingeführt worden ist.

extra costs on competitive companies in order to discover an abide by the changing standards of the dominant company. Consequently, imposed standards could remove part of the product differentiation barriers to entry in the industry, as well as reducing the capital-cost barriers to entry through an increase in the ease of constructing an integrated computer system from components produced by diverse manufacturers"[247] .

Es soll nicht abgestritten werden, daß die Interessen des Staates mit denen eines privatwirtschaftlichen Anwenders im Grunde vergleichbar sind. Zweifellos profitiert auch die öffentliche Verwaltung wie jeder andere (private) Kunde von einer breiteren Produktauswahl und einem preisgünstigen Angebot auf umkämpften Märkten. Trotzdem liegt die Sache hier etwas anders. Hoheitliches Handeln, das sich auf Computerstandards bezieht, läuft natürlich auch und manchmal sogar überwiegend auf wettbewerbspolitische Ziele hinaus, von denen der Staat als *Anwender* nicht direkt betroffen ist. So kann zum Teil die Situation inländischer Hersteller auf dem Weltmarkt verbessert werden (wie wir gleich sehen werden, gilt dies besonders für europäische Länder) oder die größere Konkurrenz bei homogeneren Produkten privaten Anwendern zugute kommen, ohne daß sich daraus unmittelbar Vorteile für die öffentliche Verwaltung beim Erwerb von Hard- oder Softwareprodukten ergeben würden. Aus diesem Grund können zahlreiche staatliche Eingriffe, die dem Aufbau eines Marktstandards dienen, nicht zufriedenstellend erklärt werden, wenn dazu *allein* auf die Heterogenität in inklusiven Gruppen hingewiesen wird. *Je mehr solche Eingriffe in erster Linie wettbewerbspolitisch ausgerichtet sind, desto eher wird man ihnen gerecht, wenn der Staat hier auch als Anbieter eines öffentlichen Gutes betrachtet wird, der sein Handeln – ganz in der Wicksell'schen Tradition – vornehmlich auf kollektive Dienste konzentriert, deren Bereitstellung aufgrund des Schwarzfahrerproblems nur unter Anwendung von Zwang zu finanzieren ist*[248] .

---

[247] Brock, Gerald, 1975, S. 91/92.

[248] Eine solche Erklärung ist im Vergleich zu der heterogener (inklusiver) Gruppen auch eher mit einer vielfach geäußerten Vermutung vereinbar, wie man sie unter anderem bei David Hemenway findet. Danach wären staatliche Eingriffe zur Etablierung von technischen Standards aller Arten – also nicht nur Computerstandards – zumeist deshalb auf Märkten ohne eine hohe Konzentration auf der Angebots- und Nachfrageseite zu beobachten, weil dort niemand genügend Einfluß hat, um einen Standard zu schaffen. Dazu Hemenway: „The principal situation where there might be a real need for intercompany standards to secure economy benefits is when both sellers and (purchases of) buyers are small. This is often the case when atomistic buyers face atomistic sellers. Unfortunately large numbers also make the requisite coordination needed for standardization most difficult. In such circumstances public action may prove helpful, and indeed it has been upon industries characterized by low buyer and seller concentration that the U.S. government has focused its simplification efforts" [Hemenway, David, 1975, S. 22]. Entsprechend den Wicksell'schen Überlegungen wä-

Staatliche Maßnahmen, die auf Standardisierungen abzielen, sind gegenwärtig insbesondere im Bereich der Datenkommunikation zu beobachten; im Vordergund steht dabei die Unterstützung des ISO/OSI-Referenzmodells als Entwurf einer einheitlichen, herstellerunabhängigen Kommunikationsstruktur[249] . In Europa werden diesbezügliche Bemühungen vornehmlich durch die Kommission und den Rat der Europäischen Gemeinschaften vorangetrieben. So wird laut Ratsbeschluß vom 22. Dezember 1986 von allen öffentlichen Auftraggebern bei der Beschaffung von Rechnersystemen die Ausrichtung an den ISO/OSI-Normen (und an den entsprechenden europäischen Vornormen) gefordert. Um diese Vorgabe besser umsetzen zu können, begannen 1988 unter dem Namen „European Procurement Handbook for Open Systems" (EPHOS) Planungen für ein Gemeinschaftsprojekt, das zunächst von einigen europäischen Regierungen und der Kommission der EG getragen wurde. Mit EPHOS wird den in öffentlichen Verwaltungen für Planung und Einkauf von Rechnersystemen Verantwortlichen ein OSI-orientiertes Handbuch als Beschaffungshilfe zur Verfügung gestellt. Hierdurch soll der Einsatz von OSI-konformer Computertechnologie im öffentlichen Dienst unterstützt werden und damit der OSI-Norm über eine kritische Marktschwelle hinweggeholfen werden.

Zweifelsohne hat sich mit zunehmender Verfügbarkeit von OSI-Produkten die europaweite Abhängigkeit der öffentlichen Verwaltungen von amerikanischen und japanischen Herstellern reduziert. Zu einem gewissen Teil trifft also das ursprünglich für den MAP/TOP-Standard angeführte Argument eines „großen" Anwenders auch auf die europäischen Aktivitäten zur Ausbreitung der ISO/OSI-Norm zu. Vor dem Hintergrund der langjährigen Marktdominanz von IBM's „Systems Network Architecture" (SNA) als der Netzwerkarchitektur schlechthin spricht aber vieles auch dafür, daß hier von staatlicher Seite mit OSI als neuem herstellerunabhängigen Kommunikationsstandard ein öffentliches Gut angeboten wird. Fast nach Belieben konnte IBM im Rahmen der SNA seit Mitte der 70er Jahre die faktisch verbindlichen Marktstandards für eine Übertragung von Daten innerhalb von Netzen formulieren, in denen Großrechner eingesetzt wurden. Selbst IMB's Erzrivale Sperry Rand mußte sich 1983 diesem Standard beugen und seine Großrechner und Terminals SNA-fähig machen. 1984 verpflichtete sich dann die IBM gegenüber der Kommission der EG, die Schnittstellen der SNA-Kommunikationsprotokolle offenzulegen – naheliegender-

---

re in solchen Fällen nur der Staat durch das Mittel der Zwangsfinanzierung in der Lage, das Angebotsproblem öffentlicher Güter zu überwinden, da gerade die Marktform der vollständigen Konkurrenz, d.h. eine relativ große homogene Gruppe auf der Angebots- und auf der Nachfrageseite, dem Aufkommen eines Marktstandards entgegensteht.

[249] Zur Idee dieses Modells siehe Kapitel IV, Abschnitt A.1, Seite 193, Fußnote 237.

weise deshalb, um schon im Vorfeld ein Umschwenken der EG auf die OSI-Linie zumindest aus wettbewerbspolitischen Gründen überflüssig erscheinen zu lassen. Trotz der Bekanntgabe aber konnte (und kann) von einer uneingeschränkten Konkurrenz auf dem Markt für (SNA-) Netzwerke nicht die Rede sein. So müssen die Fremdhersteller von SNA-Produkten, um kompatibel zu bleiben, ständig den Neuerungen von IBM hinterherlaufen. Selbst die Offenlegung der Schnittstellen verhindert nicht den oftmals (auch zeitlich) enormen Aufwand, die SNA-Protokolle im Detail nachzuvollziehen und „rückwärts" zu entwickeln.

Hieraus ist unmittelbar zu erkennen, daß erst auf der Basis einer wirklich herstellerunabhängigen Architektur wie der OSI-Norm gleiche Chancen für alle Hersteller bestehen und daß europäische Unternehmen daher auf OSI-Märkten bessere Ausgangsbedingungen vorfinden als auf herstellergebundenen und durch nicht-europäische Firmen dominierten (SNA-) Märkten. So fanden sich auch schon kurz nach der Vorstellung des ISO/OSI-Referenzmodells Anfang der 80er Jahre erste Einschätzungen, daß die europäischen Wirtschaften viel stärker an dieser Norm interessiert sein müßten als beispielsweise die amerikanische Industrie. Immerhin eröffnen herstellerunabhängige Systeme „für den Bereich der EG die Aussicht, eine 'Marktkorrektur' im DV-Bereich erzielen zu können. Auf dem Gebiet der traditionellen Rechnernetze mußte es aus einer Vielzahl von Gründen zu einer völligen Dominanz Nordamerikanischer Produkte kommen. Im Bereich der Offenen Kommunikationssysteme – mit ihren viel weiter reichenden Entwicklungsmöglichkeiten – stehen die Uhren weltweit derzeit noch bei Null. Hiesige potentielle Produzenten solcher Offenen Systeme brauchen also gegenwärtig einen in den EDV-Technologien für Europa – auch für Deutschland – sonst üblichen Rückstand nicht in Kauf zu nehmen"[250].

Auch in der Kommission der EG wurde die politische und wettbewerbspolitische Bedeutung von OSI schon frühzeitig erkannt. Bereits 1985 verlautete aus der für Informationstechnologie und Datenkommunikation zuständigen Stelle in der Kommission, daß „das Normenwesen keine ausschließlich technische, sondern auch eine politische Bedeutung hat. Diese politische Bedeutung leitet sich davon ab, daß die Normen eine wichtige Grundlage für eine einheitliche Volkswirtschaft darstellen. So soll auch der Gemeinsame Markt nach dem Willen der Schöpfer der Europäischen Gemeinschaften auf harmonisierten Normen und technischen Vorschriften beruhen, auf diese Weise den Firmen einen gemeinschaftsweiten Markt eröffnen und ihnen dort die Möglichkeit des freien Wettbewerbs geben. Firmen, die

---

[250] Schindler, Sigram, 1981, S. 216. Zum Unterschied zwischen offenen (Kommunikations-) Systemen und „offenen" Standards bzw. „offenen Architekturen" siehe Kapitel II, Abschnitt A.3, Seite 24, Fußnote 26.

sich hier im Wettbewerb behaupten, sind auch in der Lage, sich den Anforderungen von Drittmärkten zu stellen". Die Kommission habe deshalb klargestellt, daß „eine gemeinschaftliche Politik auf dem Normungssektor, insbesondere auf dem Gebiet der offenen Kommunikationssysteme und, damit zusammenhängend, dem OSI-Modell, in Betracht gezogen werden muß"[251].

Genauso wie in Europa sind auch in den USA von staatlicher Seite Initiativen ergriffen worden, um der OSI-Norm zum Marktdurchbruch zu verhelfen. Alle dortigen Bundesbehörden sind seit August 1990 durch einen Erlaß der amerikanischen Regierung verpflichtet, bei Neuerwerbungen im Bereich von Netzwerken nur unter OSI-verträglichen Komponenten auszuwählen. Hierbei soll ähnlich dem europäischen Beschaffungsbuch EPHOS das „Government OSI Profile" (GOSIP) als Einkaufsführer für öffentliche Verwaltungen Hilfestellung geben. OSI wird vor allem aber durch das Department of Defense gestärkt. In einem 1987 veröffentlichtem Memorandum ließ das US-amerikanische Verteidigungsministerium verlauten, seine Eigenentwicklung in Sachen Netzwerken, das „Transmission Control Protocol/Internet Protocol" (TCP/IP), zugunsten von OSI aufzugeben. Beabsichtigt wurde, die OSI-Protokolle zuerst gleichberechtigt neben dem DoD-Standard TCP/IP einzusetzen und dann später, ab 1990, ausschließlich OSI vorzuschreiben[252]. Auslöser für einen solchen mehrstufigen Migrationsplan von TCP/IP zu OSI war unter anderem eine 1985 vorgelegte Studie des National Research Council, nach der durch OSI-Produkte im Durchschnitt 30-80% der Kosten für Informationstechnologie einspart werden könnten. Als Ursache dafür wurde die freie Auswahlmöglichkeit zwischen den Produkten angeführt, die in dem Sinne bei OSI besteht, als daß dort – im Idealfall – keine herstellerspezifischen, technischen

---

[251] Audoux, Michel Sylvain, 1985, S. 277/278.

[252] TCP/IP ist ein in den 70er Jahren von der „Advanced Research Project Agency" (APRA) des US-Verteidigungsministeriums mit Unterstützung des National Bureau of Standards entwickeltes herstellerunabhängiges Protokoll zur Datenübertragung. Besonders infolge der 1980 an der Berkeley Universität vorgenommenen Integration in das Betriebssystem UNIX erfolgte der Aufstieg von TCP/IP zum unbestrittenen de-facto Standard für heterogene Netze (d.h. Netze, in denen Rechner verschiedener Architekturen oder/und Leistungsklassen integriert sind). Obgleich das Protokoll seit 1990 nicht mehr weiterentwickelt wird, ist es heute noch fast unverändert populär und einflußreich; denn im Gegensatz zu OSI-Implementierungen sind Netze auf TCP/IP-Basis nicht nur verfügbar, sondern haben sich auch in der Praxis als stabile Lösungen bewährt. Neben TCP/IP bilden die – allerdings herstellerabhängigen – SNA-Protokolle den dazu vergleichbaren Standard für homogene Netze in der IBM-Großrechnerwelt. Die breite Akzeptanz und hohe Marktbedeutung beider Netzwerklösungen haben den Aufstieg der OSI-Norm zu einem neuen Standard ganz erheblich verzögert.

Erfordernisse zu berücksichtigen wären, die eine Kombination von Netzwerkkomponenten verschiedener Hersteller einschränken könnten.

Offensichtlich konnten (und können) die staatlichen Verwaltungen in den europäischen Ländern ebenso wie in den Vereinigten Staaten durch einen Wechsel zu OSI mit Kosteneinsparungen rechnen (eine entsprechende Vielfalt von normkonformen Produkten vorausgesetzt) und von einer zumindest zukünftig größeren Funktionalität von OSI-Netzen profitieren. Trotzdem aber unterscheiden sich die Motive, die auf beiden Seiten zu einer staatlichen Förderung von OSI als einen neuen Netzwerkstandard neben SNA und TCP/IP führten, in einem Punkt erheblich voneinander. Da sich unter einem Marktstandard OSI die internationale Konkurrenzsituation in erster Linie für europäische Hersteller verbessert, wird die staatliche Unterstützung des ISO/OSI-Referenzmodells in den USA weniger als eine wettbewerbspolitische Maßnahme zu verstehen sein als in Europa. Bei allen Vorbehalten, die eventuell im Einzelfall zu berücksichtigen wären, wird daher die US-amerikanische Regierung – vergleichbar mit General Motors und Boeing – eher als „großer" Anwender oder allgemein als „großes" Mitglied in einer heterogenen, inklusiven Gruppe einzuschätzen sein, während das OSI-bezogene Handeln in der EG auch zu bedeutenden Teilen den Charakter eines öffentlichen Gutes annimmt.

Die wichtigsten Resultate dieses Unterkapitels sind jedoch unabhängig von dieser Einschätzung und sollen nun abschließend kurz zusammengefaßt werden. Zum einen wurde dargelegt, warum wenigstens die Standards, die von seiten *privater* Anwender ausgehen, in zufriedenstellender Weise durch die Heterogenität in einer inklusiven Gruppe erklärt werden können. So ist am Beispiel des MAP/TOP-Standards untersucht worden, inwieweit bedeutende „Größen"-Unterschiede zwischen den Mitgliedern einer Gruppe vornehmlich bei geringer Konsumrivalität dafür ursächlich sein können, daß das Schwarzfahrerproblem in einer an sich latenten Gruppe auch ohne selektive Anreize überwunden wird. Für manche Befunde stellte sich dies jedoch als eine wenig überzeugende Lösung dar; nämlich für jene Standardisierungen, die von staatlichen Institutionen getragen werden und die eindeutig auf wettbewerbspolitische Ziele ausgerichtet sind. Eine solche Ausrichtung ist besonders dann zu vermuten, wenn *herstellerunabhängige*, von anerkannten Normungsorganisationen erlassene Richtlinien unterstützt werden und die öffentlichen Verwaltungen nicht *unmittelbar als Anwender* Vorteile daraus ziehen. In diesen Fällen bedarf es einer zum Teil ergänzenden – und oft sogar nahezu vollständigen – Erklärung durch die Idee, daß der Staat hier einen allgemeinen Vorteil für alle inländischen Unternehmen und Anwender bereitstellt, weil es (ausschließlich) ihm möglich ist, kollektive Dienste über Zwangseinnahmen zu finanzieren und auf diese Art und Weise dem Angebotsproblem öffentlicher Güter zu begegnen.

B. Marktstandards und Hersteller

Im vorangegangenen Unterkapitel ist eine Reihe empirischer Befunde erörtert worden, in denen von seiten der Anwender Computerstandards unterstützt und zum Teil sogar selbst (mit-) entwickelt worden sind. Tatsächlich finden private wie öffentliche Anwender jedoch nur selten so günstige Umstände vor, daß eigene Bemühungen um einen Marktstandard lohnenswert erscheinen; dies ist – da selektive Anreize fehlen – praktisch nur dann der Fall, wenn einzelne von ihnen sehr „groß" sind und wenn gleichzeitig die Vorteile einer Standardisierung von allen ohne Rivalität genutzt werden können. Wir hatten aber auch gesehen, daß es Befunde gibt, die es schwierig machen zu erkennen, wie gut die Gesamterfahrung zur Theorie latenter Gruppen paßt. So werden Normungen anerkannter Organisationen oftmals von staatlicher Seite mit Blick auf wettbewerbspolitische Ziele unterstützt. Solche Fälle, in denen ein privates Kollektivgüterangebot durch ein staatliches ergänzt oder ersetzt wird, sind jedoch von ganz anderer Qualität und keinesfalls mit den Standards gleichzusetzen, denen eine privatwirtschaftliche Abwägung von Kosten und Nutzen zugrunde liegt. Vor diesem Hintergrund sind wirkliche Anwenderstandards in dem Sinne, als daß private wie aber auch öffentliche Benutzer sie einzig und allein aufgrund persönlicher Nettogewinne geschaffen haben, in der Tat vergleichsweise selten – so wie es die Theorie latenter Gruppen eben auch für inklusive Vereinigungen erwarten läßt, die über keine selektiven Anreize verfügen und die nur im Einzelfall genügend heterogen sind, um handlungsfähig zu sein. Im Gegensatz dazu werden in den jetzt folgenden Abschnitten mit den Herstellern von Hardware- bzw. Softwareprodukten solche Gruppen betrachtet, deren Stabilität nicht vom Angebot spezifischer Nebenvorteile abhängt. Hier sind für gewöhnlich – und eben nicht nur in Ausnahmefällen – mehrere Mitglieder oder zumindest eines unter ihnen „groß" genug, um allein wegen der Aussicht, den persönlichen Anteil am Kollektivgut zu erhalten, gruppenorientiert zu handeln.

1. Die Theorie privilegierter Gruppen und die Logik speziell kostenheterogener Kollektivgüter – zwei alternative Erklärungen

Nachdem im letzten Unterkapitel Anwenderstandards behandelt wurden, also Befunde, die als empirische Ausnahmen und nicht als empirische Regelfälle einzuordnen sind, werden wir uns jetzt jenen Standards zuwenden, die auf Computer*hersteller* zurückgehen. In Anlehnung an Olson's Systematik der Gruppen bilden Unternehmen, die auf den jeweiligen Teilmärkten Rechnersysteme bzw. Softwareprodukte anbieten, von ihrer Anzahl her eine *oligopolistische* Gruppe. Aus diesem Grund sind Hersteller auch ohne selektive Anreize weitaus handlungsfähiger als „latente" Benutzer oder Vereinigungen von Benutzern. Mit dem, was in der *Logik* zu diesem Größenbereich gesagt wird, kann jedoch mehr erklärt werden als nur die grundlegende Beobachtung, daß Herstellerstandards aufgrund der wesentlich höheren Stabilität oligopolistischer Gruppen *insgesamt* von vergleichsweise überragender Bedeutung sind (und dies, obwohl Olson oligopolistische Gruppen und deren Stabilität vermutlich nur deshalb in die *Logik* miteinbezieht, um mitgliederstarke Vereinigungen wie Gewerkschaften kleineren Gruppen gegenüberzustellen und somit die „latente", von selektiven Anreizen abhängige Handlungsfähigkeit großer Gruppen zu betonen[253]). Es ist ebensogut möglich, *einzelne* Standards zu erklären, die entweder von einem Hersteller allein oder durch ein Konsortium, also durch Kooperation mehrerer Unternehmen, etabliert worden sind.

Daß dies möglich ist, wird am ehesten an der Stelle deutlich, wo Olson die im mittleren Größenbereich, d.h. im Bereich eines Oligopols liegenden Gruppen ihrerseits in zwei Untergruppen teilt: in die Kategorie der „privilegierten" und der „mittelgroßen" Gruppen. Zu den privilegierten Gruppen heißt es in der *Logik*, daß dort „each of its members, or at leat some one of them, has an incentive to see that the collective good is provided, even if he has to bear the full burden of providing it himself. In such a group there is a presumption that the collective good will be obtained, and it may be obtained without any group organization or coordination whatever"[254] . Im Gegensatz dazu sei eine mittelgroße Gruppe eine Vereinigung, „in which no single member gets a share of the benefit sufficient to give him an incentive to provide the good himself, but which does not have so many members that no one member will notice whether any other member is or is not helping to provide the collective good. In such a group a collective good may, or equally well may not, be obtained, but no collective good may ever be obtained without some group coordination or organization"[255] .

Es liegt auf der Hand, daß oligopolistische Gruppen jene sind, die in einen kritischen Größenbereich fallen. Während in kleineren Gruppen für gewöhnlich selbst ein rivalisierendes Kollektivgut bereitgestellt wird und in großen, latenten Gruppen dagegen sicher nicht ohne selektive Anreize gehandelt wird (im letzten Abschnitt wurde die vermutlich einzige

---

[253] Siehe Olson, Mancur, 1965, S. 30.
[254] Olson, Mancur, 1965, S. 50.
[255] Olson, Mancur, 1965, S. 50.

Ausnahme von dieser Regel diskutiert), kann in oligopolistischen Gruppen ein Kollektivgut ebensogut bereitgestellt wie nicht bereitgestellt werden. Im Unterschied zu Mitgliederschaften anderer Stärke ist es hier grundsätzlich unbestimmt, ob es zu gruppenorientiertem Handeln kommt oder nicht. Trotz dieser Unbestimmtheit läßt sich jedoch aus der von Olson vorgenommenen Unterscheidung zwischen privilegierten und mittelgroßen Gruppen ein wichtiger Punkt ableiten. Es ist zu vermuten, daß sich im unteren, im privilegierten Bereich für gewöhnlich noch Mitglieder finden, die ohne Übereinkunft und Absprache auch allein kollektiv handeln, eben weil oligopolistische Gruppen hier nicht so viele Mitglieder zählen, daß nicht die „Größe" einzelner in der Gruppe ausreichen würde, um ein Kollektivgut zu erlangen. Dagegen wird im oberen, d.h. im mittelgroßen Bereich allenfalls noch über Gruppenorganisationen gehandelt. Im Gegensatz zu privilegierten Gruppen erhält dort niemand allein einen genügend großen Anteil am Gewinn, so daß nur dann ein kollektives Ziel verfolgt wird, wenn einige („größere") Mitglieder eigens dazu eine Interessenorganisation gründen. Mit anderen Worten: Olson erklärt die Stabilität oligopolistischer Gruppen, in denen *einzelne* Individuen auch ohne Aussicht auf eine Teilung der Kosten kollektiv handeln, damit, daß hier die „Größe" einiger (oder sogar aller) Mitglieder das überdeckt, was einer Versorgung mit einem Kollektivgut sonst entgegensteht: eine nicht mehr ganz kleine, aber in privilegierten oligopolistischen Gruppen eben noch *genügend* kleine Mitgliederschaft[256] .

Es ist nunmehr unmittelbar einsichtig, daß die Theorie privilegierter Gruppen auf Computerstandards zutrifft, die von einzelnen Herstellern geschaffen worden sind. Danach erklären sich solche Standards aus der „Größe" der jeweiligen Unternehmen bei einer zugleich geringen Anzahl möglicher Fremdhersteller. Beides zusammen bewirkt, allgemein gesagt, daß die an sich nicht notwendig stabile, oligopolistische Gruppe der Computerhersteller im Einzelfall handlungsfähig oder „privilegiert" wird. Ebenso leicht ist zu erkennen, inwieweit sich die Theorie mittelgroßer Gruppen im Gegensatz dazu auf jene Hersteller an-

---

[256] Es ist erwähnenswert, daß Olson die Unterteilung in privilegierte bzw. mittelgroße Gruppen einführt, um eine vollständige Systematik für *inklusive* Vereinigungen aufzustellen. Wenn jedoch zwischen den Mitgliedern keine Rivalität um den Nutzen ihres Kollektivgutes besteht, dann ist nicht einzusehen, warum im Gegesatz zu privilegierten Gruppen in mittelgroßen Vereinigungen niemand einen genügend hohen Anteil am Gewinn erhalten sollte, um allein das Kollektivgut anzubieten – es sei denn, der Unterschied zwischen diesen beiden Kategorien läge ausschließlich im Grad der *Heterogenität* (und nicht in der Größe der Gruppe). Da Olson seine Systematik aber grundsätzlich anhand der *Zahl* der Gruppenmitglieder und nicht anhand deren *Heterogenität* aufbaut, ist dies offensichtlich völlig abwegig. Um Olson's Unterteilung von Gruppen im Oligopolbereich nicht hinfällig und nutzlos zu machen, erscheint es daher zweckmäßig, im weiteren Verlauf zumindest eine geringe Konsumrivalität anzunehmen, so daß die Größe einer Gruppe wenigstens etwas mit deren Stabilität zu tun hat.

wenden läßt, die sich zu einem Konsortium zusammengeschlossen haben. Hiernach wäre keines der beteiligten Unternehmen „groß" genug, daß es einen Anreiz hätte, allein einen Standard zu etablieren. Wenn überhaupt gehandelt wird, dann wird dies über eine Organisation geschehen, über die die Kosten einer Standardisierung unter den beteiligten Firmen aufgeteilt werden. Für unsere Untersuchung werden mittelgroße Gruppen jedoch erst später von Interesse sein, wenn im nachfolgenden Unterkapitel solche Marktstandards ausführlich behandelt werden, die von Konsortien geschaffen worden sind.

Wenn man die Theorie privilegierter Gruppen mit der im vorherigen Kapitel entwickelten Logik speziell kostenheterogener Kollektivgüter vergleicht, dann wird man feststellen, daß beide Argumente insoweit übereinstimmen, daß sie erklären, wie solche Gruppen, die im nicht notwendig stabilen oligopolistischen Bereich liegen, im Einzelfall handlungsfähig werden können (beide Argumente erklären damit natürlich auch, warum diese Gruppen selbst ohne selektive Anreize wesentlich aktiver sind als große, latente Vereinigungen, d.h. warum Hersteller *insgesamt* eher handeln als Anwender). Man wird aber ebensogut erkennen, daß sich die Umstände unterscheiden, die nach Auffassung beider Seiten für die Stabilität oligopolistischer Gruppen verantwortlich sind. Während privilegierte Gruppen dann handlungsfähig sind, wenn sie genügend klein sind und sich daher und aufgrund ihrer Heterogenität aus Mitgliedern zusammensetzen, unter denen sich zumindest ein hinreichend „großes" und somit aktives Mitglied befindet, werden speziell kostenheterogene Kollektivgüter angeboten, sobald irgendjemand in der Gruppe für einen bestimmten Betrag eine so große Menge bereitstellen könnte, daß der Nutzen, der ihm daraus selbst zufällt, die Gesamtkosten übersteigt; wenn also, kurz gesagt, bei einer gegebenen Gruppengröße eines der Mitglieder effizient und zugleich auch „groß" genug ist.

So verschieden beide Argumente sind (obwohl sie mit der Theorie öffentlicher Güter einen gemeinsamen Ursprung haben), gleichen sie sich in dem Punkt, daß sie Computerstandards erklären können, die auf einzelne Hersteller zurückgehen. Betrachten wir zunächst die Theorie privilegierter Gruppen. Sie besagt zweierlei: Zum einen werden nur „große" bzw. die jeweils „größten" Unternehmen Standards schaffen (wie die Anführungszeichen schon andeuten, versteht sich „groß" hier in dem Sinne, daß ein Gruppenmitglied einen vergleichsweise hohen Nutzenanteil aus dem Kollektivgut zieht und die Gruppe dementsprechend heterogen und nicht homogen ist). Ausschließlich Hersteller mit einem wirklich bedeutenden Marktanteil werden derart von einem Standard profitieren können, daß den Kosten der Entwicklung und der Durchsetzung einer neuen Technologie entsprechende Einnahmen gegenüberstehen. Zum anderen sind nach dieser Theorie für gewöhnlich „geschlossene

212 Computerstandards, die Gruppentheorie von Olson und die Logik ...

Architekturen" zu erwarten. Dies geht besonders aus der letzten Fußnote hervor; sie enthielt den Hinweis, daß zumindest ein gewisser Grad an Konsumrivalität angenommen werden muß, wenn Olson's Unterteilung oligopolistischer Gruppen nicht unverständlich werden soll. Aufgrund der Rivalität aber wird jedes weitere Mitglied den Gewinn aller anderen in einer privilegierten Gruppe schmälern, und die Mitglieder solcher Vereinigungen werden daher bestrebt sein, die Zahl der Neuhinzukommenden so gering wie möglich zu halten.

Zugänge zu privilegierten Gruppen sind jedoch nicht nur unerwünscht, so daß sich solche Gruppen aus eben genanntem Grund gegenüber neuen Mitgliedern exklusiv verhalten. Zudem beeinflussen Zugänge zu Gruppen, die ein rivalisierendes Gemeinschaftsziel verfolgen, auch noch die Bereitstellung eines Kollektivgutes bzw. die Chancen für ein Kollektivgüterangebot und damit natürlich gerade die Stabilität solcher Gruppen, die im kritischen Größenbereich eines Oligopols liegen. Nach der Olson-Theorie entspricht es daher nicht nur den *Interessen* eines Originalherstellers, Anbieter kompatibler Produkte am Marktzutritt zu hindern. Eine geringe Anzahl von Fremdherstellern ist für die Etablierung eines Marktstandards sogar *notwendig*. Denn nur dann, wenn die Möglichkeiten zum Klonen als einigermaßen begrenzt einzuschätzen sind, wird der Kreis der Hersteller nicht zu jenen mittelgroßen Gruppen zählen, in denen niemand mehr einen Anreiz hat, allein ein Kollektivgut bereitzustellen.

Während die Theorie privilegierter Gruppen demnach nur „geschlossene" Standards erklären kann und mit jeder Form freizügiger Lizenzvergabe oder anderen Wegen, die ein Klonen ermöglichen oder sogar nur erleichtern, unvereinbar ist, wurde die Logik speziell kostenheterogener Kollektivgüter bisher ausschließlich auf Marktstandards bezogen (und daran getestet), die auf prinzipiell „offenen Architekturen" beruhen. So wurde im dritten Kapitel argumentiert, daß Zugänge zu Gruppen mittlerer, oligopolistischer Größe bewirken, daß die Produktionseffizienz und damit die bereitgestellte Menge speziell kostenheterogener Kollektivgüter auch bei unveränderten Kosten steigt. Bis zu einem bestimmten Punkt wird daher selbst bei Konsumrivalität der persönliche Nutzen, der jedem Mitglied aus dem Kollektivgüterangebot zukommt, zunehmen, wenn die Gruppe wächst. Es liegt nicht nur nahe, daß die vollkommen freie Lizenzvergabe bei der SPARC-Technologie von Sun Microsystems dieser Logik sehr gut zu entsprechen vermag; es scheint sogar, daß Standards in jedem Fall bevorzugt über eher „offene Architekturen" geschaffen werden, also zumindest über eine relativ weitreichende Veröffentlichung technischer Spezifikationen wie beim IBM PC. An diesem Punkt ist die Logik speziell kostenheterogener Kollektivgüter jedoch besonders leicht mißzuverstehen, wie im folgenden eine kurze theoretische Überlegung deutlich machen wird.

Ist in privilegierten Gruppen zu erwarten, daß jeweils nur das „größte" bzw. die „größten" Mitglieder zur Versorgung mit einem Kollektivgut beitragen, ergibt sich aus der hier dargelegten Logik nichts, was vergleichbar sicher besagen würde, daß ausschließlich die effizientesten in einer Gruppe handeln. Der Grund dafür ist der, daß sich besonders dann, wenn von nicht so effizienter Seite ein Kollektivgut angeboten wird, die bereitgestellte Menge bei Zugängen zur Gruppe erhöht. Infolgedessen kann eben auch ein weniger effizientes Mitglied mit einem persönlichen Gewinn rechnen, der die gesamten Kosten übersteigt (vorausgesetzt natürlich der Anteil dieses Mitglieds am Gesamtgewinn ist genügend groß). Man ist versucht, daraus im Umkehrschluß abzuleiten, daß Mitglieder, die von sich aus sehr effizient sind, trotz ihres diesbezüglichen Vorsprungs nicht aktiv werden, weil sie im Gegensatz zu schwächeren Mitgliedern nicht oder nur geringfügig in den Genuß des Vorteils kommen, den letztere durch Gruppenzugänge erfahren, nämlich eine steigende Produktionseffizienz. Dies ist jedoch nicht ganz richtig. Mitglieder, die deshalb nicht auf die Unterstützung anderer in der Gruppe angewiesen sind, weil sie allein schon sehr effizient sind, können ebensogut handeln; sie werden sich aber dabei, was Neuzugänge betrifft, ganz anders verhalten. Da sich hier eine Vergrößerung der Gruppe nicht oder nur im geringen Maß positiv auf die bereitgestellte Menge auswirkt, wird schon bei einer relativ kleinen Mitgliederzahl das Versorgungsniveau erreicht, bei dem der Nutzen, den das aktive Mitglied aus dem Kollektivgut zieht, die Gesamtkosten um den maximalen Betrag übersteigen (wenn überhaupt der Nutzen eines einzelnen Mitglieds die Kosten übersteigt und die Gruppe demzufolge handlungsfähig ist). Jenseits dieser optimalen Gruppengröße wird jeder weitere Zugang unerwünscht sein, da die Zunahme der bereitgestellten Menge nicht mehr die Einbußen ausgleichen kann, die der wachsenden Rivalität im Konsum entsprechen. *Letztlich heißt das, daß das Mitglied, welches die Interessen seiner Gruppe vertritt, eine um so geringere bzw. um so geringer zunehmende Mitgliederschaft als optimal einschätzt, je effizienter es schon ohne fremde Hilfe ist.*

Diesem Gedankengang ist zu entnehmen, daß die Logik speziell kostenheterogener Kollektivgüter viel mehr ist als nur eine Spezialerklärung, die auf die Ereignisse um den IBM PC und um die SPARC-Technologie zugeschnitten ist. Sie sagt nicht nur – wie vielleicht bisher zu vermuten war – voraus, daß es weniger einflußreiche Hersteller sind, die deshalb Standards über „offene Architekturen" schaffen, weil besonders ihre Technologien durch Fremdhersteller eine wachsende Marktakzeptanz erfahren. Nach dieser Logik werden ebensogut mächtige, „effiziente" Unternehmen Standards setzen. Da jedoch die Technologie eines führenden Herstellers kaum weiter an Einfluß gewinnt, sondern allenfalls als Standard bestärkt wird, wenn Fremdhersteller in den Markt eintreten, werden solche Unternehmen bei ihren Standards auf jene Strategien vertrauen, die mehr oder weniger „geschlossenen Architekturen" entsprechen.

Die Tatsache, daß die Logik speziell kostenheterogener Kollektivgüter eine *allgemeine* Erklärung für Computerstandards einzelner Hersteller bietet, macht es möglich, sie mit der Theorie privilegierter Gruppen zu vergleichen. Es wird dabei auch ohne weitere Ausführungen klar sein, daß das Ergebnis zu Ungunsten der Olson-Theorie ausfallen muß, wenn wir beispielsweise den PC- oder den SPARC-Standard betrachten (es waren ja gerade diese beiden Fälle, die Zweifel an einer für „offene" Standards ausreichenden Erklärungskraft der Gruppentheorie von Olson ausgelöst hatten). Lassen wir deshalb zunächst einmal die „offenen Architekturen" beiseite und wenden uns den zahlenmäßig bedeutendsten Befunden zu: den „geschlossenen" Standards. Hier ist das Ergebnis nicht so offenkundig und unmittelbar. Der Grund dafür ist der, daß beide Theorien mit solchen Fällen vereinbar sind und daß es einer empirischen Prüfung nicht so ohne weiteres zu entnehmen ist, welche Erklärung mehr zu überzeugen vermag. Betrachten wir dazu einmal die Sätze, die sich aus den jeweiligen Theorien als überprüfbare Vorhersagen in bezug auf „geschlossene" Standards ableiten lassen: *Wenn die Theorie privilegierter Gruppen zutrifft, so müßte sich beobachten lassen, daß solche „geschlossenen" Standards von „großen" Herstellern geschaffen werden; dagegen müßten wir nach der Logik speziell kostenheterogener Kollektivgüter erwarten, daß in solchen Fällen relativ „effiziente" (und darüber hinaus zumindest nicht ganz „kleine") Unternehmen handeln*[257] .

Nun ist es aber praktisch unmöglich, sichere Indizien auszumachen, mit deren Hilfe man bestimmen könnte, ob ein Hersteller *„groß"* oder vornehmlich *„effizient"* ist. Die einzige Beobachtung, die wir in dieser Hinsicht machen können, ist die, daß ein Unternehmen einen bedeutenden Marktanteil hat. Dies allein ist aber noch kein zuverlässiger Hinweis, um

---

[257] Um jede Möglichkeit eines Mißverständnisses auszuschließen, sei an dieser Stelle nochmals darauf hingewiesen, daß sich der Begriff eines „großen" bzw. „kleinen" Unternehmens auf den Nutzen oder den Wert bezieht, den dieses Unternehmen dem Kollektivgut, also dem jeweiligen Standard, zumißt. Dagegen sind – ganz im Sinne der Logik speziell kostenheterogener Kollektivgüter – effiziente Mitglieder in der Lage, bei gleichem Aufwand eine größere Menge des Gemeinschaftsgutes bereitzustellen als weniger effiziente Gruppenangehörige. Das heißt, „effiziente" Hersteller sind solche, die aufgrund ihrer Marktposition umgehend die nötige Akzeptanz für ihre (neue) Technologie beim Anwender erreichen und somit leichter einen Standard schaffen können als weniger mächtige, „ineffiziente" Unternehmen.

zwischen den konkurrierenden Erklärungen für „geschlossene" Standards entscheiden zu können. *Je nachdem welcher Theorie man anhängt, wird man behaupten, daß hier entweder die Nutzenmenge, die ein Hersteller aus einem Standard erhält, sehr umfangreich ist und der Hersteller damit hinreichend „groß" sei; oder man wird hervorheben, daß hohe Absatzzahlen in erster Linie auf die Möglichkeit einer Marktbeherrschung hindeuten und daß daher die entsprechenden Unternehmen eher als „effizient" denn als „groß" einzustufen wären.*

Wenn mit Hilfe der Beobachtung, daß „geschlossene" Standards von Herstellern mit bedeutenden Marktanteilen etabliert werden, nicht sicher zu beurteilen ist, ob die Theorie privilegierter Gruppen oder die der speziell kostenheterogenen Kollektivgüter zutrifft, wie kann dann zwischen den beiden Theorien entschieden werden? Oder allgemein gefragt: Wie läßt sich das Problem der Überprüfung von Theorien anhand von Beobachtungen lösen, obwohl diese Beobachtungen *theorieabhängig* sind?[258] Eine sinnvolle methodologische Regel besagt, daß die Sätze, mit denen wir eine Theorie testen, nicht nur die Falsifikation oder Bewährung *allgemeiner Hypothesen*, sondern auch die Falsifikation oder Bewährung *weiterer Prüfsätze* ermöglichen sollten[259] . Dadurch sind wir in der Lage, diese (Prüf-) Sätze selbst zu testen und solange weitere Ereignisse abzuleiten, bis wir auf solche Vorhersagen stoßen, die eine eindeutige empirische Überprüfung zulassen. Solche Fälle unproblematischer Prüfsätze sind uns schon im Zusammenhang mit „offenen Architekturen" begegnet. Wie eben geschrieben wurde, kann ein Hersteller, der einen „geschlossenen" Marktstandard geschaffen hat, bei entsprechenden theoretischen Vorannahmen durchaus als „groß" wahrgenommen werden; auf dieser Stufe ist eine Falsifikation bzw. Bewährung nur anhand einer theorieabhängigen Beobachtung möglich. Wäre das Unternehmen jedoch tatsächlich „groß" im Sinne der Olson-Theorie, so müßten sich ausschließlich „geschlossene Architekturen" beobachten lassen (eben weil sich privilegierte Gruppen aus den beiden oben genannten Gründen exklusiv verhalten und verhalten müssen). Wenn hingegen das fragliche Unternehmen als vornehmlich „effizient" betrachtet worden wäre, so wäre unter bestimmten, uns bekannten Umständen auch zu erwarten gewesen, daß Hersteller selbst vollkommen „offene" Industriestandards wie im Fall der SPARC-Technologie anstreben. Unsere konkurrierenden

---

[258] Im Grunde geht es hier um das Problem, daß singuläre Sätze, die der Überprüfung von Theorien dienen – Popper nennt solche Sätze in der *Logik der Forschung* [derselbe, 1989] „Basissätze" – prinzipiell ebenso fehlbar sind wie allgemeine Hypothesen. Eine Lösung dieses sogenannten „Basisproblems" hat Gunnar Andersson in seiner *Kritik und Wissenschaftsgeschichte* [derselbe, 1988] entwickelt; in diesem Abschnitt wird sich das weitere Vorgehen eng an seinem Lösungsvorschlag orientieren.

[259] Siehe Andersson, Gunnar, 1988, besonders S. 94 ff..

Theorien lassen sich also daran überprüfen und vergleichen, ob die Daten einer Standardtechnologie in irgendeinem Fall einmal soweit offengelegt worden sind, daß ein Nachbauen von Originalprodukten dadurch erleichtert worden wäre. In den folgenden Abschnitten werden noch weitere empirische Befunde vorgestellt, die sich ebenso wie „offene Architekturen" als unproblematische Prüfsätze eignen und die nachweisen werden, daß die Logik speziell kostenheterogener Kollektivgüter eine bessere Erklärung für Computerstandards einzelner Hersteller liefert als die Theorie privilegierter Gruppen.

2. Der Aufstieg der IBM Großrechnerserie System /360 und des IBM PC's als erfolgreichste Architekturstandards

Wie theorieabhängig einige unserer Beobachtungen sein können, zeigt sich in geradezu idealtypischer Weise an einer Rechnerarchitektur, die noch vor dem IBM PC den erfolgreichsten (Hardware-) Standard in der Geschichte der Computerbranche darstellt: an der Großrechnerserie IBM System /360. Vorgestellt am 7. April 1964 auf weltweit über 70 Pressekonferenzen wurden die ersten Rechner dieser Serie im April 1965 ausgeliefert und installiert. Zu dieser Zeit sprachen Insider der Branche oft von „Schneewittchen und den sieben Zwergen", wenn sie die Marktverteilung in der Computerindustrie kennzeichnen wollten. Es sei hier einmal dahingestellt, ob IBM wirklich jene verfolgte Unschuld aus Grimms Märchen war (immerhin mußte man mit jedem verkauften Rechner befürchten, in einen Apfel gebissen zu haben, der mit Anti-Trust-Klagen vergiftet war); die sieben Zwerge gab es jedenfalls tatsächlich, wenn man sich die damaligen Konkurrenten von „Big Blue" anschaut. So hielt IBM Mitte der 60er Jahre rund zwei Drittel des amerikanischen Computermarktes in eigenen Händen. Mit gebührendem Abstand folgte Sperry Rand, Hersteller der UNIVAC-Rechner, mit einem Marktanteil von 12,1 %; alle anderen Konkurrenten lagen bei knapp drei bis fünf Prozentpunkten: Control Data (5,4 %), Honeywell (3,8 %), Burroughs (3,5 %), General Electric (3,4 %), RCA (2,9 %) und NCR mit 2,9 %[260] .

In diese Zeit fiel auch das Ende der auf Transistoren basierenden zweiten Computergeneration. IBM war hier einmal im oberen Leistungsbereich mit den 7070 und 7090 Rechnern vertreten, die vornehmlich für Großkunden wie Banken, Versicherungen, öffentliche Verwaltungen etc. bestimmt waren. Obwohl die 7000er Serie ein überaus einträgliches Geschäft war und weite Verbreitung fand, war damals die IBM 1401, eine preisgünstige, trotzdem aber relativ leistungsstarke und flexible Büromaschine, der populärste Rechner. Die IBM 1401 übernahm damit eine Position, die mit der marktführenden Stellung der IBM 650

---

[260] Siehe Sobel, Robert, 1981, S. 169.

bei den Rechnern der ersten Generation vergleichbar war. 1959, zur Zeit der größten Erfolge der Röhrencomputer, waren knapp die Hälfte der 3.100 in den USA betriebenen Rechner 650er Modelle. Vier Jahre nach ihrer Einführung hatten die 1400er Rechner ähnliches vorzuweisen; 1964 waren 7.000 der insgesamt 16.700 laufenden Computersysteme in den USA allein aus dieser Serie[261]. Zu dieser Zeit aber stand die Ablösung der Transistorentechnik schon unmittelbar bevor. Zum Teil durch Millionenbeträge vom amerikanischen Verteidigungsministerium unterstützt, hatten einige Unternehmen die Entwicklung sog. „Integrated Circuits" (IC) bis zur Produktionsreife vorangetrieben. Obwohl die Frage der Qualitätskontrolle noch nicht befriedigend (d.h. kostengünstig) gelöst war, gingen 1963 die ersten IC's bei Halbleiterherstellern wie Texas Instruments oder Fairchild Camera in Serie. Als noch im selben Jahr integrierte Schaltkreise in den Steuersystemen der Apollo-Mondrakete und in den Atombombenraketen Minuteman auftauchten, war endgültig klar, daß Transistoren auch in der Computerbranche ausgedient hatten und daß mit den IC's eine neue Generation von Rechnern Einzug halten würde.

An den bisher beschriebenen Vorgängen ist nichts, was nicht sowohl mit der Theorie privilegierter Gruppen als auch mit der Logik speziell kostenheterogener Kollektivgüter im Einklang stände. Wie es vor allem die Olson-Theorie vorhersagt, war IBM schon zu jener Zeit ohne Frage ein *„großes"* Unternehmen. Wenn es gelingen sollte, die eigene /360er Architektur als Standard der dritten Rechnergeneration durchzusetzen, war zu erwarten, daß die IBM weit mehr davon profitieren würde als ihre zwergenhafte Konkurrenz. Auch die damalige Produktpolitik wies – ganz nach dem Muster privilegierter Gruppen – eindeutig exklusive Züge auf. Die Wahl einer „geschlossenen Architektur" war auch nur zu gut zu verstehen; das Unternehmen aus Armonk hatte gerade ein Jahr vor der Ankündigung des System /360 zum ersten Mal erfahren müssen, was es heißt, wenn Fremdhersteller einen eigenen Standard ausnutzen. Honeywell bot ab Ende 1963 mit der H-200 einen Rechner an, der im Vergleich zum direkten Konkurrenten, der IBM 1401, mehr Leistung bei einem geringeren Preis versprach und auf dem alle (IBM-) Software der 1400er Serie ablauffähig war – Eigenschaften, die selbst für treue IBM-Kunden verlockend sein mußten. Die Tatsache, daß IBM auch über die Zeit der Röhren- und Transistorrechner hinaus Marktführer bleiben würde und eigene Standards auch schon vor der Ära der „Integrated Circuits" gegen Fremdhersteller so weit wie möglich abschirmte, ist jedoch ebensogut mit der Logik speziell kostenheterogener Kollektivgüter vereinbar. Demnach war das Unternehmen aufgrund seiner designierten Führungsrolle bei IC-basierten Rechnern in erster Linie *„effizient"*. Es

---

[261] Siehe Sobel, Robert, 1981, S. 167/168.

war offenkundig, daß die ausstehende neue IBM-Architektur umgehend am Markt akzeptiert werden würde und daß jeder zukünftige Standard praktisch nur ein IBM-Standard sein konnte, selbst wenn Fremdhersteller zunächst noch fehlen sollten.

Um auf empirische Befunde zu stoßen, die ein eindeutiges Zeugnis zugunsten der einen oder anderen Theorie abgeben, liegt es nahe, die überragende Bedeutung der /360er Architektur ·möglichen Standards der zweiten Rechnergeneration gegenüberzustellen. Tatsächlich kam 1965 mit der IBM /360-40 der erste Rechner einer Serie auf den Markt, deren Erfolg alles bis dahin Bekannte weit übertraf und die zum Grundstein einer über 20jährigen IBM-Vorherrschaft in der Branche werden sollte. So bestimmt bis heute die /360er Serie zusammen mit den Nachfolgemodellen der /370er Familie den Standard für fast die gesamte Großrechnerindustrie. Über viele Jahre hin entsprachen sogar mehr als 80% aller Mainframes der IBM-Technologie, Ende der 80er Jahre waren es immerhin noch zwischen 60 und 70%. Vor dem Hintergrund, daß die zweite Rechnergeneration noch keinen echten Standard hervorgebracht hatte (am ehesten wäre hier vielleicht noch die 1400er Serie zu nennen), war die /360er Architektur damit zum ersten wirklich einflußreichen Marktstandard geworden. Aber nicht nur das. Die IBM hatte mit dieser Großrechnerserie zugleich einen einzigartig bedeutenden und einflußreichen Standard gesetzt, der wie kein anderer die Geschichte der Computerindustrie geprägt hat. Der IBM-Historiker Robert Sobel umschrieb dies mit den Worten: „In the history of computers, everything is either pre-360 or post-360"[262] .

Wie können nun unsere beiden Theorien diesen fast beispiellosen Erfolg eines Standards erklären, dessen Markteinfluß noch heute außerhalb jeder zum Beginn der dritten Computergeneration bekannten Erfahrung liegt? Man muß sich zunächst einmal klar machen, daß diese Frage von den bisher gestellten Fragen abweicht. Es geht hier weniger um das *Aufkommen* oder um die *Existenz* eines Marktstandards als vielmehr um seine *Größe* bzw. seine *Bedeutung* im Vergleich zu anderen Standards. Das heißt, im Mittelpunkt steht nicht so sehr die Tatsache, *daß* die IBM die /360er Architektur zum Großrechnerstandard durchsetzte (dies allein bietet nur einen unbrauchbaren, theorieabhängigen Prüfsatz), sondern die, daß das Unternehmen dabei für jene Zeit so außergewöhnlich *erfolgreich* war. Was unsere Theorien zu erklären haben und woran sie überprüft werden sollen, ist demnach nicht (zumindest nicht in erster Linie), warum in einer oligopolistischen Gruppe *überhaupt* etwas von einem kollektiven Gut bereitgestellt wird. Da die angebotene Menge eines solchen Gutes die Marktbedeutung bzw. den Erfolg eines Standards wiedergibt, liegt der entscheidende Punkt, um die einzigartige Stellung des /360er Standards zu ergründen, in der

---

[262] Sobel, Robert, 1981, S. 232.

Frage, *wieviel* von einem Kollektivgut beschafft wird und warum im betrachteten Fall ein vergleichsweise hohes Versorgungsniveau erreicht wurde.

Wie wir wissen, besagt die *Logik des kollektiven Handelns* für kleinere, privilegierte Gruppen, daß die dort angebotene Menge eines Kollektivgutes der Menge entspricht, die das „größte" Mitglied für sich selbst als optimal einschätzt. Es wird also ein Versorgungsniveau erreicht, bei dem der (Grenz-) Nutzen, der diesem Mitglied aus dem Kollektivgut zukommt, den (Grenz-) Kosten einer Bereitstellung entspricht. Bei gegebener Gruppengröße wird damit ein Kollektivgüterangebot um so höher ausfallen, je „größer" das maximale Mitglied der Gruppe ist. Nehmen wir nun einmal an, die Theorie privilegierter Gruppen erkläre zutreffend den /360er Standard und die IBM sei demnach zu jener Zeit ein „großes" Unternehmen gewesen. Daraus und aus der Tatsache, daß sich für die zweite Rechnergeneration kein vergleichbarer (IBM-) Standard finden läßt, folgt, daß die IBM vor der /360er Serie aus irgendeinem Grund „kleiner" gewesen sein muß, d.h. von einem eigenen Standard nicht in ähnlicher Weise profitiert hätte wie einige Jahre später. Wir können damit die Theorie privilegierter Gruppen über den /360er Standard hinaus daran prüfen, ob es tatsächlich etwas gab, demzufolge der Nutzen einer Standardisierung für die IBM zu Beginn der dritten Rechnergeneration unvergleichbar höher gewesen ist als zum Ende der zweiten. So wäre einmal denkbar, daß der Marktanteil der IBM gestiegen ist und die Gruppe um „Schneewittchen" somit ausreichend heterogen werden konnte, um sich mit einem Kollektivgut zu versorgen. Diese Möglichkeit scheidet jedoch aus, da sich die Größenverhältnisse zwischen den Unternehmen in der fraglichen Zeit nicht wesentlich verschoben haben[263] .

Wenn die IBM nicht auf Kosten der Konkurrenz „größer" geworden ist, dann muß – allgemein gesagt – der Gesamtgewinn der Gruppe und der Nutzen für jeden einzelnen durch irgendeinen äußeren Umstand gestiegen sein, ohne daß sich dabei die Verteilung des Gewinns unter den Mitgliedern wesentlich geändert hätte. Die Theorie privilegierter Gruppen sagt also voraus, daß wir etwas entdecken müßten, demzufolge die IBM (oder auch jeder andere Hersteller) zur Zeit der Einführung der /360er Serie mehr Nutzen aus einem eigenen Standard hätte erwarten können als vorher. An dieser Stelle ist es wichtig, sich daran zu erinnern, daß der Vorteil einer Standardisierung durch die Kosten der jeweiligen Komplementärgüter bestimmt wird. So wird ein Hardwarestandard nur bei relativ hohen Softwarekosten als ein (öffentliches) *Gut* angesehen werden, da der Nutzen einer unveränderten oder

---

[263] Zwar konnte die IBM ihren Jahresumsatz zwischen 1961 und 1965 kontinuierlich von ungefähr 1,7 auf fast 2,5 Millionen Dollar steigern [siehe Sobel, Robert, 1981, S. 167]; die Werte weichen jedoch in keiner Weise derart stark vom Wachstum der Branche insgesamt ab, daß sich damit die *überragende* Bedeutung des /360er Standards erklären ließe.

abwärtskompatiblen Rechnerarchitektur vom Wert der erworbenen Programme und der aufgebauten Datenbestände abhängt. *Daraus und aus dem, was die Theorie privilegierter Gruppen vorhersagt, folgt, daß die IBM bei der Einführung der /360er Architektur nur dann zu Recht als „großes" und nicht als vornehmlich „effizientes" Unternehmen betrachtet werden kann (unser problematischer, theorieabhängiger Prüfsatz), wenn sich die damalige Preisrelation zwischen Hardware und Software in Richtung Software verschoben hätte.*

Obgleich vollkommen zuverlässige und genaue Zahlen über die Relation von Hardware- und Softwarekosten fehlen, besteht kein Zweifel darüber, daß gemessen an den Hardwarekosten der Softwareaufwand früher einen fast verschwindend geringen Teil ausmachte; üblicherweise wurde die Software sogar mehr oder weniger im Preis für die Hardware miteinkalkuliert und nicht weiter ausgewiesen. Die meisten Schätzungen gehen von Werten aus, nach denen in den 60er und 70er Jahren ungefähr 90 % der EDV-Kosten auf die Hardware entfielen. Bis 1980 hatte sich diese Relation in Richtung 70 % (Hardware) zu 30 % (Software) verschoben, in einigen Fällen sogar bis auf 50 % zu 50 %[264] . Auf den ersten Blick scheint damit dieser generelle Trend hin zur teureren Software die Theorie privilegierter Gruppen bestätigen zu können. Wir müssen jedoch bedenken, daß der für uns relevante Zeitraum nur einige Jahre umfaßt, nämlich die zweiten und der beginnenden dritten Rechnergeneration. Selbst wenn wir einmal den günstigen Fall annehmen, daß der Kostenanteil der Software von Anfang bis Mitte der 60er Jahre um einige Prozentpunkte gestiegen ist, bleibt völlig unverständlich, wie die Olson-Theorie damit den für diese Zeit unglaublichen Aufstieg des /360er Standard erklären könnte. Man muß viel eher den Eindruck gewinnen, daß selbst eine nachhaltige Verschiebung der Preisrelation nicht annähernd die wirklich herausragende Stellung der /360er Architektur in der Geschichte der Computerindustrie allein zu begründen vermag. Und noch weniger könnte eine Kostensteigerung der Tatsache gerecht werden, daß die /360er Großrechnerserie in einer Zeit zu einem so außergewöhnlichen Standard aufstieg, in der es eigentlich noch keine (Hardware-) Standards gab (und dies offensichtlich gerade wegen der geringen Softwarekosten).

Angesichts der Schwierigkeiten, mit der Theorie privilegierter Gruppen auch nur in etwa den überwältigenden *Erfolg* der /360er Architektur zu erklären, stellt sich die Frage, inwieweit die Logik speziell kostenheterogener Kollektivgüter mehr ist als nur mit der *Existenz* dieses Standards vereinbar. Aus bekanntem Grund müssen wir auch hier zunächst klären, was nach dieser Logik die in einer oligopolistischen Gruppe bereitgestellte Menge eines kollektiven Gutes bestimmt. Da hierfür neben der „Größe" die Produktionseffizienz eines

---

[264] Siehe beispielsweise Nixdorf, Heinz, 1982, S. 59.

Mitglieds von Bedeutung ist, wird bei gegebener Gruppengröße ein Kollektivgüterangebot um so höher ausfallen, je effizienter das „größte" Mitglied ist (genau genommen muß nicht einmal das „größte" Mitglied handeln; wenn überhaupt irgendeiner in der Gruppe handelt, dann der, der die günstigste Kombination von „Größe" und Effizienz aufweist). Um den Fall von „Schneewittchen und den sieben Zwergen" ohne eine merkliche Teuerung der Software durchzuspielen, nehmen wir einmal an, daß die Höhe und die Verteilung des Gesamtgewinns aus einem Kollektivgut unter den Mitgliedern einer Gruppe über eine längere Zeit gleich sei. Wenn nun bei unveränderter Mitgliederstärke – was ja eine Zunahme der Produktionseffizienz von dieser Seite her ausschließt – eine größere Menge bereitgestellt wird als zu einem früheren Zeitpunkt, so kann dies offensichtlich nur möglich sein, wenn die Effizienz des aktiven Mitglieds durch irgendein nicht gruppeninternes Ereignis gestiegen ist. Nur dann wird selbst bei gleichbleibendem persönlichen Gewinn (-anteil) aus einer Einheit des Kollektivgutes, d.h. selbst ohne irgendwelche Änderungen auf der Nutzenseite, die für dieses Mitglied optimale Menge höher sein, da der unveränderte (Grenz-) Nutzen erst an einem späteren Punkt den infolge der Effizienzzunahme gesunkenen (Grenz-) Kosten entspricht.

Das für unseren Fall wichtigste Ergebnis ist hier, daß bei gegebener Gruppengröße und gleichem Bereitstellungsaufwand die angebotene Menge eines Kollektivgutes nicht ausschließlich durch den Nutzen pro Einheit des Gutes bestimmt wird (wie es die Gruppentheorie von Olson unter diesen beiden Voraussetzungen vermuten läßt), sondern ebenso durch die Höhe der Produktionseffizienz. Daraus ergibt sich, daß der Aufstieg der /360er Serie unabhängig von der Entwicklung der Softwarekosten erklärt werden kann und daß – allgemein gesagt – eine Erklärung sogar auf Veränderungen in der Produktionseffizienz hinauslaufen muß, wenn die Nutzenseite als Argument ausfällt. *So wie uns die Theorie privilegierter Gruppen für die Zeit der beginnenden dritten Rechnergeneration einen Umstand prognostiziert hatte, demzufolge der Nutzen aus einem Hardwarestandard hätte zunehmen müssen, leitet uns daher die Logik speziell kostenheterogener Kollektivgüter zu einer Begebenheit, die der IBM zu mehr Einfluß bei der Schaffung eines Marktstandards verholfen haben muß.* Wie ein kurzer Blick in die Computergeschichte zeigt, gab es tatsächlich etwas unter den damaligen Ereignissen, was die IBM im Vergleich zur Zeit der 1400er oder der 7000er Computer bei der Einführung der /360er Großrechner zu einem wesentlich „effizienteren" Unternehmen gemacht hat: Im Gegensatz zu allen vorherigen Computermodellen entsprach die /360er Serie dem Gedanken einer „Familie" untereinander kompatibler Rechner.

Als in der zweiten Hälfte der 50er Jahre die ersten kommerziellen Computer auf dem Markt erschienen, war von einer gut durchdachten Rechnerarchitektur im heutigen Sinne noch nicht viel zu sehen. Es gab in aller Regel nur eine technische Beschreibung der Hardware, eine Art „Befehlsliste", mit der sich die jeweiligen Maschinen programmieren ließen. Die so erstellte Software mußte bei einem Umstieg auf einen anderen Rechner – im allgemeinen ein größeres Nachfolgemodell – immer neu oder zumindest umgeschrieben werden. Die damals alles beherrschenden Zyklen der Hardware-Entwicklung standen damit dem Aufkommen einer Architektur entgegen, die auch nur annähernd dem Anspruch eines dauerhaften Marktstandards entsprochen haben könnte. Kurz gesagt, es gab verschiedene Rechner, keine verschiedenen Standards. Dies sollte sich erst ändern, als eine 1961 eingesetzte IBM-Forschungsgruppe mit dem Codename SPREAD eine ganze Computerserie konzipierte, mit der die gesamte mittlere bis obere Leistungsklasse abgedeckt werden konnte. Eben diese Serie erhielt die Nummer 360 – Symbol für die 360 Grade einer Windrose und für den allumfassenden Anspruch des neuen Systems, dessen Modelle allen Richtungen des Marktes gerecht werden sollten. Die eigentliche Neuerung war dabei nicht die, daß die IBM hier erstmals auf die Technologie der „Integrated Circuits" setzte (was ohne Zweifel dem Leistungsvermögen der Rechner zugute kam); revolutionär war vielmehr der durchgehend einheitliche Aufbau. Die ganze Linie war so geplant, daß Software, die für ein bestimmtes Modell entwickelt wurde, auch auf anderen Modellen ohne Änderung ablauffähig war. Alle Mainframes der /360er Serie sollten untereinander weitgehend (binär-) kompatibel sein. Damit galt die erste echte Rechnerarchitektur, die „Principles of Operation /360", nicht nur für ein einziges Modell, sondern für eine ganze „Familie" verschieden implementierter und unterschiedlich leistungsstarker Rechner[265] .

---

[265] Als Voraussetzung für die Realisierung kompatibler Rechnerfamilien wird im allgemeinen die von M.V. Wilkes 1951 eingeführte Technik der Mikroprogrammierung genannt. Dabei werden die für alle Modelle einer Rechnerserie gleichlautenden bzw. abwärtskompatiblen Maschinenbefehle als Einsprung in ein Mikroprogramm betrachtet, das schrittweise die nötigen Operationen auf der Hardware-Ebene ausführt. Das Mikroprogramm dient so als einheitliche Schnittstelle, über die die Software die jeweils spezielle Implementierung eines Rechners ansprechen und nutzen kann. Neben den /360er Mainframes sind die auf den Abkömmlingen des Intel 8086 Prozessor basierenden PC's die zweite große Familie unter den CISC-Architekturen, in der über Mikroprogramme (Binär-) Kompatibilität erreicht wird. Obwohl Wilkes' Idee den Anstoß gab, ist die Realisierung einer Rechnerfamilie als solches nicht von der Mikroprogrammierung abhängig und schon lange nicht mehr auf CISC-Architekturen beschränkt. So finden sich heute auch bei den in aller Regel nicht mikroprogrammierten RISC-Architekturen eigentlich nur Rechnerserien, die nach dem Familienkonzept aufgebaut sind. Auch die erfolgreichste unter ihnen, die SPARC-Linie von Sun Microsystems, bietet durchgehende Kompatibilität vom Einstiegsmodell bis zur high-end Workstation (zum Unter-

An der Tatsache, daß erst mit dem IBM System /360 die Zeit marktbeherrschender Architekturstandards begann, mag man in etwa ermessen können, von welcher Bedeutung das Konzept einer Rechnerfamilie für die Etablierung von Standards ist. Offensichtlich war es selbst einem so mächtigen Unternehmen wie der IBM nicht möglich, für eine Architektur, die mit der nächsten Stufe der Hardware-Entwicklung wieder verschwinden sollte, eine Akzeptanz am Markt zu erreichen, die einen wirklichen Standard hätte begründen können. Erst mit der Ankündigung einer Serie untereinander kompatibler Rechnermodelle – eine für Mitte der 60er Jahre vollkommen neue Strategie – gelang es, einen großen und dauerhaften Architekturstandard zu schaffen. Es spricht also alles dafür, daß die Kompatibilität unter den einzelnen Modellen genau das an der /360er Serie war, was die IBM zu einem wesentlich effizienteren Produzenten eines Marktstandards werden ließ als noch zur Zeit der 1400er bzw. 7000er Rechner. So ist schon der kurzen, hier gebotenen Schilderung der Ereignisse zu entnehmen, daß das Familienkonzept nicht nur weitaus mehr zum Aufstieg der /360er Großrechner beigetragen haben muß als es eine Verschiebung zwischen Hardware- und Softwarekosten jemals gekonnt hätte. Auch ist das für die damalige Zeit revolutionäre und einzigartige Konzept einer ganzen Rechnerfamilie viel eher als eine kontinuierliche Teuerung der Software mit der beispiellosen Größe des /360er Standards vereinbar und entspricht eben aufgrund seiner Einzigartigkeit auch viel eher der Tiefe jener Zäsur, die nach Robert Sobel die Computergeschichte in die Zeit vor und nach dem IBM System /360 teilt.

Es ist an dieser Stelle zweifellos von einigem Interesse, die Logik speziell kostenheterogener Kollektivgüter auch an dem zweiten großen Architekturstandard der IBM, dem PC, zu testen. Um den herausragenden Erfolg erklären zu können, müßte sich auch hier ein Ereignis finden lassen, das die Standardisierungseffizienz der IBM ähnlich wie bei den /360er Mainframes über das normale Maß hinaus erhöht hat. Wie man sich leicht klar machen kann, genügt es hierfür nicht darauf hinzuweisen, daß die IBM mit technischen Informationen über den PC sehr großzügig umging, indem sie diesen Rechner als relativ „offenes" System einführte. Der Grund dafür ist der, daß weniger marktmächtige Unternehmen – die IBM war immerhin bei den Mikrorechnern ein Neuling – allein schon auf eine bestimmte Zahl von Fremdherstellern angewiesen sind, um überhaupt einen Standard zu schaffen. Allgemein gesagt: Da ineffiziente Mitglieder durch Gruppenzugänge einen gerade hinreichenden Anreiz erhalten könnten, ein speziell kostenheterogenes Kollektivgut anzubieten, ist es durchaus möglich, daß Zutritte in solchen Fällen eventuell ein normales Versor-

---

schied zwischen CISC- und RISC-Architekuren siehe Kapitel II, Abschnitt A.3, Seite 22, Fußnote 23).

gungsniveau mit solchen Güter bewirken könnten. Ein *sehr hohes* Versorgungsniveau läßt sich jedoch nur dann mit einer Steigerung der Produktionseffizienz infolge einer Gruppenvergrößerung erklären, wenn die Zahl der Gruppenangehörigen *wesentlich stärker zugenommen* hat als es das aktive Mitglied geplant hat bzw. als es für dieses Mitglied optimal gewesen wäre. *Daraus folgt für den hier betrachteten Fall, daß der IBM PC nach seiner Einführung als relativ „offenes" System durch irgendeinen von der IBM so nicht erwünschten Umstand zu einer faktisch vollkommen „offenen Architektur" wurde.*

Es war schon mehrfach die Rede davon, daß die IBM vergeblich gehofft hatte, die Anzahl der Hersteller von PC-Klones durch das Copyright auf dem Basic Input/Output System, dem BIOS, beschränken zu können. Unternehmen wie anfangs Compaq oder Phoenix Technologies, von denen einige ihre BIOS-Imitationen für die eigene Fertigung von PC's nutzten, einige die Imitationen auch nur an andere Fremdhersteller weiterverkauften, ermöglichten jedoch schnell eine ganze Reihe vollkompatibler PC-Nachbauten. Schon 1982/83 wurden nicht nur – wie es die IBM geplant hatte – Erweiterungskarten, Peripheriegeräte und Software für den PC angeboten (und natürlich auch etliche Computer, die sich so ungefähr wie die echten PC's verhielten), sondern auch Rechner, die von ihrer Funktionalität nicht vom Original zu unterscheiden waren. Die Tatsache, daß sich die Zahl der Fremdhersteller durch die (nicht geplante) breite Verfügbarkeit IBM-kompatibler BIOS-Chips wesentlich erhöht hat und der IBM PC damit nicht nur zu irgendeinem, sondern zum beherrschenden Standard seiner Klasse wurde, stimmt also offenkundig mit der Theorie überein.

Wir können die im dritten Kapitel entwickelte Logik jedoch noch weiter an diesem Fall testen. Wenn die Zahl der Gruppenzugänge den für das aktive Mitglied optimalen Punkt überschritten hat, dann heißt das, daß die Zunahme an Konsumrivalität, die durch neue Mitglieder entsteht, nicht mehr durch die Auswirkungen kompensiert werden kann, die eine Gruppenerweiterung auf die Produktionseffizienz hat. Gleichwohl dann das Versorgungsniveau sehr hoch ist und sogar noch weiter steigt (aber eben nur mit abnehmenden Grenzraten), nimmt die für das aktive Mitglied verfügbare Kollektivgütermenge ab, denn dann wird der positive „Mengeneffekt" neuer Gruppenmitglieder durch deren negativen „Konkurrenzeffekt" überlagert. Die Logik speziell kostenheterogener Kollektivgüter leitet uns damit genau zu jener „selbstbegrenzenden" Gegenreaktion, wie sie die IBM ab 1987 mit der Einführung der „Micro Channel Architecture" als dem neuen Systembus der PS/2 Serie vornahm, um Fremdhersteller abzuschütteln[266] .

---

[266] Dieser Fall ist bereits eingehend im Zusammenhang mit Robert H. Haveman's Hinweis behan-

Ohne Frage bestätigt damit nicht nur der Aufstieg des IBM System /360, sondern auch der des IBM PC's, daß der Durchbruch einer Rechnerarchitektur zu einem wirklich bedeutenden Marktstandard weniger auf die „Größe" des Originalherstellers als auf die Höhe seiner (Standardisierungs-) „Effizienz" zurückzuführen ist. *Der außergewöhnliche Erfolg einzelner Standards kann daher offensichtlich nur mit der Logik speziell kostenheterogener Kollektivgüter erklärt werden, nicht aber mit der Theorie privilegierter Gruppen.* Wenn sich jedoch – allgemein gesagt – ein *hohes* Versorgungsniveau mit einem bestimmten Kollektivgut ausschließlich mit unserer Logik erklären läßt, dann kann zwischen den konkurrierenden Theorien entschieden werden, obwohl die Frage, warum *überhaupt* etwas von dem Kollektivgut beschafft worden ist, mit beiden Argumenten zu beantworten ist. Denn dann gibt es – unabhängig davon, daß andere Prüfsätze weder eine eindeutige Bestätigung noch eine Falsifikation zulassen – mindestens einen Prüfsatz, für den die Erklärungskraft nur von einem der beiden Ansätze ausreicht. Darüber hinaus könnten die beschriebenen Ereignisse auch als Indizien dafür verstanden werden, daß die hier angebotene Lösung selbst dann vorzuziehen ist, wenn (nur) die *Existenz* eines „geschlossenen" Standards zu erklären ist (denn genau genommen sind solche Befunde ja auch mit der Gruppentheorie von Olson vereinbar). Im folgenden Abschnitt wird noch ein weiterer, ganz andersartiger Befund angeführt, der ebenso zwischen den beiden Theorien entscheiden kann und der wie die zwei erfolgreichsten Architekturstandards, die IBM Großrechnerserie /360 und der IBM PC, bestätigen wird, daß Standardisierungen nach den Zusammenhängen der weiter oben entwickelten Logik ablaufen.

3. Der ISA-Bus und die „Micro Channel Architecture":
die PC-Bussysteme der IBM

Nachdem bisher über die herausragende Stellung einzelner Standards in der Computerindustrie geschrieben worden ist, wenden wir uns jetzt der Frage zu, warum sich einige Technologien gegen ältere Standard haben durchsetzen können, während andere, selbst technisch überlegene Entwicklungen in vergleichbaren Situationen gescheitert sind. Damit werden, anders gesagt, nach dem ungewöhnlichen Erfolg einzelner Technologien nun weniger erfolgreiche Standards behandelt. Um unsere beiden Theorien an einem derartigen Fall zu überprüfen, wird auch hier auf die „Micro Channel Architecture" (MCA) der IBM zurückgegriffen, allerdings in einem größeren Zusammenhang als bisher.

---

delt worden, daß das Problem der Konsumrivalität bei Überfüllung, nicht jedoch bei Verschmutzung, „selbstbegrenzend" sei. Siehe dazu Kapitel III, Abschnitt D.2, Seite 177 ff..

Busse oder Bussysteme wie die MCA haben ganz allgemein die Aufgabe, rechnerinterne Kommunikationsvorgänge, wie sie beispielsweise zwischen Mikroprozessor(en), Hauptspeicher, Erweiterungskarten, Festplatten usw. anfallen, zu ermöglichen. Das ursprüngliche Bussystem des IBM PC's war der 1981 eingeführte 8-bit breite PC-Bus. Nach dem Vorbild derjenigen, die das Bussystem des Apple II und den S-100 entwickelt hatten (der S-100 war damals ein weit verbreitetes Bussystem in den Rechnern, die unter dem MS-DOS-Vorgänger CP/M liefen), veröffentlichte auch die IBM umfangreiche Informationen über ihren 8-bit Bus, um Fremdhersteller für PC-Komponenten zu gewinnen. Ohne Frage war dies ein ganz wichtiger Bestandteil der Strategie einer (relativ) „offenen Architektur". Einige Jahre später, bei der Entwicklung des IBM PC AT, bestand dann aufgrund des neuen Mikroprozessors, des Intel 80286, die Notwendigkeit, den PC-Bus von 8- auf 16-bit zu verbreitern. Das Resultat war der mit dem PC AT 1984 eingeführte neue Busstandard „Industry Standard Architecture" (ISA). IBM schaffte es, ihn so zu konstruieren, daß die alten 8-bit Karten aus dem Ur-PC bzw. dem PC XT weiterhin ohne Einschränkungen eingesetzt werden konnten; der ISA-Bus war damit voll abwärtskompatibel zum PC-Bus. Als Intel dann mit der nächsten Halbleitergeneration den 32-bit Prozessor 80386 herausbrachte, wurde es erneut notwendig, das Bussystem zu überdenken. Bekanntlich entschied sich IBM, den ISA-Bus nicht nochmals zu erweitern, sondern stattdessen eine völlig neue Architektur zu entwickeln, eben die MCA.

Der Micro Channel wurde erstmals in der im April 1987 eingeführten Rechnerfamilie IBM PS/2 eingesetzt, die den IBM PC AT ablösen sollte; bis auf die PS/2-30 Rechner waren alle anderen Modelle dieser Serie mit dem neuen 32-bit Bus ausgerüstet. Gegenüber dem ISA-Bus konnte die MCA auf eine verbesserte Buskontrolle sowie auf eine erhöhte Datentransferrate verweisen, und alles sprach dafür, daß die PC-Branche ebenso IBM-folgsam auf den Micro Channel umsteigen würde, wie sie 1984 auf den ISA-Bus umgestiegen war. Doch die von IBM erhoffte Marktakzeptanz für die MCA blieb aus; trotz eines durchdachten Designs und der besseren Leistungsdaten konnte sich das neue Busssystem nicht als Nachfolgestandard durchsetzten. Den Ausschlag für den Mißerfolg gab vor allem die gegenüber dem ISA-Bus fehlende Abwärtskompatibilität. Ein MCA-PC arbeitet ausschließlich mit MCA-Karten zusammen, und sogar die Steckplätze haben eine ganz andere, kleinere Bauform, so daß nichts weniger „IBM-kompatibel" ist als ein IBM PS/2. Anwender scheuten daher lange Zeit vor den hohen Umstellungskosten zurück und mußten, wenn sie schon auf den Micro Channel umsteigen wollten, zudem noch eine schlechte Verfügbarkeit bei den ohnehin teuren MCA-Karten befürchten. Hinzu kam, daß der Plan der IBM, die Zahl der

Fremdhersteller statt über das BIOS wie beim PC über das neue Bussystem des PS/2 zu beschränken, auf seiten der Hersteller beachtliche Zurückhaltung gegenüber der MCA ausgelöst hatte. Im Gegensatz zum ISA-Bus war hier plötzlich von geschützten IBM-Patenten und von keineswegs freier Lizenzvergabe die Rede, und die Höhe der Rückerstattung, die ein Fremdhersteller für jeden seiner PC-, XT- und AT-Klones zahlen mußte, um überhaupt MCA-Rechner oder auch nur MCA-Komponenten anbieten zu dürfen, zeigte, welch überzogene Lizenzforderungen die IBM gedachte, für ihre MCA-Patente zu erheben. Fast zwangsläufig mußte dies alles dazu führen, daß der Micro Channel allenfalls eingeschränkt als neues Bussystem akzeptiert wurde.

Die beschriebenen Vorgänge stimmen denkbar schlecht mit dem überein, was nach der Theorie privilegierter Gruppen für diesen Fall zu erwarten gewesen wäre. So sagt die Gruppentheorie von Olson voraus, daß ein Kollektivgut zu verschiedenen Zeiten in praktisch unveränderter Menge angeboten wird, wenn sowohl die Größe der Gruppe und die Heterogenität ihrer Mitglieder als auch der Gesamtgewinn aus dem Gut und die Kosten einer Bereitstellung gleich bleiben. Genauso wie die IBM schon drei Jahre zuvor den ISA-Bus als 16-bit Standard hatte durchsetzen können, hätte das Unternehmen demnach mit dem Micro Channel die Industrie zu einem neuen 32-bit Busstandard führen müssen, einem Standard, der der IBM für eine Weile wieder einen Vorsprung vor der Konkurrenz eingebracht hätte. Man wird dem entgegenhalten können, daß sich für die IBM die Kosten und der Nutzen eines Standards etwas verändert hatten und daß aus diesem Grund ein weniger übergreifender 32-bit Busstandard für das Unternehmen optimal gewesen wäre. Bei der Einführung der MCA verfügte die IBM ohne Frage über eine etwas schlechtere Marktposition als noch 1984, zur Zeit des ISA-Busses; nicht nur, daß die Zahl der Fremdhersteller zwischen 1984 und 1987 gestiegen war, vor allem hatte auch der Marktanteil der PC-Klones insgesamt zugenommen. Vielleicht war das Unternehmen also tatsächlich nicht mehr ganz so „groß" und die Entwicklung der MCA könnte unter Umständen auch mit (etwas) höheren Kosten verbunden gewesen sein als die des ISA-Busses. Aber solche vergleichsweise geringfügigen Verschiebungen auf der Kosten- und Nutzenseite können natürlich nicht einmal annähernd erklären, warum der MCA fast jede Marktakzeptanz versagt blieb und der Micro Channel trotz seiner technischen Überlegenheit den ISA-Bus nicht hat ablösen können.

Wenn man vor dem Hintergrund der Logik speziell kostenheterogener Kollektivgüter den (Miß-) Erfolg der MCA mit der immer noch andauernden Dominanz des ISA-Bussystems vergleicht, dann wird man auf etwas aufmerksam, was nach der Theorie privilegierter Gruppen nebensächlich bzw. ganz unbedeutend erscheint, nämlich auf die Frage der

Abwärtskompatibilität. Obwohl der ISA-Bus wie auch der Micro Channel bei seiner Einführung auf einen weit verbreiteten (alten) Busstandard traf, gab es doch einen entscheidenden Unterschied zwischen beiden Systemen. Während 1984 die alten 8-bit PC-Bus-Karten im damals neuen ISA-Bus weiterhin verwendbar waren und Anwender daher nach und nach die mit jedem weiteren Fremdhersteller zu immer günstigeren Preisen erhältlichen ISA-Karten einsetzen konnten, war die MCA zu ihrem Vorgänger, dem ISA-Bus, ein absolut inkompatibles Bussystem. Wie sich bereits weiter oben bei der Schilderung der Ereignisse andeutete, hatte sich also gerade die fehlende Abwärtskompatibilität derart negativ auf die (Standardisierungs-) „Effizienz" der IBM ausgewirkt, daß es dem Unternehmen nicht möglich war, den Micro Channel wie vormals den ISA-Bus zu einem erfolgreichen neuen Marktstandard durchzusetzen.

Wie wir wissen, muß eine geringe Produktionseffizienz jedoch nicht zwangsläufig einem Angebot speziell kostenheterogener Kollektivgüter entgegenstehen. Auch für weniger effiziente Mitglieder kann es lohnenswert erscheinen (und möglich sein), allein kollektiv zu handeln; allerdings nur dann, wenn die Gruppe genügend Zugänge zu verzeichnen hat, durch die die an sich geringe Effizienz solcher Mitglieder ausgeglichen werden kann (eben deshalb sind ja Unternehmen, für die es aus irgendeinem Grund schwierig ist, einen Standard zu schaffen, auf Fremdhersteller angewiesen). Wenn das Argument soweit richtig ist, folgt daraus, daß die fehlende Abwärtskompatibilität – und damit die geringe „Effizienz" – nur deshalb der MCA zum Verhängnis wurde, weil die IBM *zusätzlich* zur Inkompatibilität mit ihrer Lizenzpolitik (zunächst) jeden Versuch blockierte, einen PC mit MCA-Bus zu klonen, d.h. weil sie mit ihrer eingeschränkten und überteuerten Lizenzvergabe die für eine ausreichende „Effizienz" notwendigen Gruppenzugänge verhinderte. Im Gegensatz zur Theorie privilegierter Gruppen kann die Logik speziell kostenheterogener Kollektivgüter damit nicht nur erklären, warum es der MCA versagt blieb, als 32-bit Bussystem ebenso zum beherrschenden neuen Marktstandard aufzusteigen wie einige Jahre zuvor der ISA-Bus. Diese Logik erklärt auch, warum die MCA erst von dem Zeitpunkt an eine – wenn auch nur bescheidene – Akzeptanz unter Anwendern und Herstellern fand, als IBM einsah, daß Nachbauten durchaus nutzbringend sein können und dementsprechend die restriktive Handhabung bei der Lizenzvergabe etwas lockerte (also erst als die effizienzsteigernde Wirkung von Gruppenzugängen erkannt und ausgenutzt wurde).

C. Herstellervereinigungen und Standardisierungsgremien

1. Konsortien, die Theorie mittelgroßer Gruppen und die Logik speziell kostenheterogener Kollektivgüter

Wie schon angesprochen wurde, unterteilt Olson oligopolistische Gruppen dahingehend, daß sich ausschließlich im privilegierten Größenbereich noch einzelne Mitglieder finden, die sich auch dann für ein Gruppenziel einsetzen, wenn keine Übereinkunft zur Teilung der Kosten gefunden wird, während im mittelgroßen Bereich nicht ohne eine Gruppenorganisation oder -koordination gehandelt wird. Niemand erhält hier einen genügend großen Anteil am Gesamtgewinn, um von daher einen Anreiz zu haben, allein ein Kollektivgut bereitzustellen. Aus diesem Grund kommt es in mittelgroßen Gruppen, die nicht über selektive Anreize verfügen, allenfalls dann zu kollektivem Handeln, wenn einige „größere" Mitglieder eigens dazu eine Interessenorganisation gründen, über die die anfallenden Kosten aufgeteilt werden können. Innerhalb der Systematik der Gruppen, die Olson in der *Logik des kollektiven Handelns* darlegt, entspricht damit die Kategorie der mittelgroßen Gruppe jenen Unternehmen, die sich zusammenschließen, um gemeinsam in einem Konsortium einen Standard zu schaffen. Einfach deshalb, weil die Gruppe der Hersteller zu umfangreich ist, hat keines der beteiligten Unternehmen einen Anreiz, auf „mittelgroßen" Märkten allein einen (neuen) Standard zu etablieren. Im Gegensatz zu „privilegierten" Märkten läßt die Zahl potentieller Fremdhersteller hier eine derart starke Konkurrenz um einen Marktstandard erwarten, daß selbst „große" Hersteller keinen Anreiz mehr haben, allein zu handeln. Unternehmen, die überhaupt bereit sind, auf solchen Märkten neue Technologien durchzusetzen, werden dies ausschließlich über eine Organisation versuchen, die es ihnen ermöglicht, die Kosten einer Standardisierung zumindest mit einigen anderen „größeren" Firmen zu teilen.

Während nach Olson's Theorie Organisationen in oligopolistischen Gruppen auf mittelgroße, nicht mehr privilegierte Mitgliederschaften zurückzuführen sind, betont die Logik speziell kostenheterogener Kollektivgüter weniger die *Größe* der Gruppe als vielmehr die Zunahme der *Produktionseffizienz* ihrer Mitglieder, um solche Übereinkünfte zu erklären. Genauso wie es die Theorie mittelgroßer Gruppen vermuten läßt, schließen sich auch hier die eher „größeren" Mitglieder zusammen, um die Kosten eines Kollektivgüterangebotes gemeinsam zu tragen. Entscheidend ist aber, daß durch den Zusammenschluß sowie durch weitere Beitritte zur Organisation versucht werden soll, die Zahl derer auszuweiten, die das Kollektivgut nutzen (und anbieten). Durch die daraus resultierende Zunahme der Produktionseffizienz kommt es bei gleichem Aufwand zu einer höheren Angebotsmenge bzw. zu einer Menge, bei der überhaupt erst der persönliche Nutzen für das einzelne Mitglied dessen anteilige Kosten übersteigt. Wenden wir dieses Argument nun auf unsere Untersuchung an, so wären diejenigen Hersteller, die ein Konsortium bilden oder ihm beitreten, nicht in der Lage, eine bestimmte Technologie ohne fremde Hilfe erfolgreich am Markt zu plazieren. Vergleichbar mit weniger „effizienten" Unternehmen, die „offene Architekturen" einsetzen (müssen), wäre demnach der Einfluß, den der einzelne Hersteller auf das Marktgeschehen ausüben kann, nicht ausreichend; nur zusammen mit anderen Unternehmen ist es möglich, einen Standard zu schaffen.

Obwohl sich beide Strategien darin gleichen, daß Gruppenzugänge zumindest bis zu einem gewissen Punkt wegen eines „stark" öffentlichen Kollektivgutes erwünscht sind, gehen Konsortien sogar noch über „offene Architekturen" hinaus, wenn man die Zunahme der Produktionseffizienz infolge der Gruppenerweiterung betrachtet. Dies hat zwei Gründe. Zum einen schließen sich für gewöhnlich immer gleich mehrere Hersteller zusammen, die alle ohne zeitaufwendiges „reverse engineering" Produkte nach der eigenen, einheitlichen Spezifikation anbieten können. Dementsprechend muß gar nicht auf die ersten Fremdhersteller gewartet werden, um ein Angebot kompatibler Güter vorzufinden, das in seiner Breite einem Marktstandard gerecht wird (beispielsweise hat es immerhin einige Jahre gedauert, bis sich ein richtiggehender Klone-Markt für SPARC-Stations entwickelt hatte). Allgemein gesagt tritt damit im Gegensatz zu „offenen Architekturen" die effizienzsteigernde Wirkung der größeren Gruppe bei Konsortien (fast) ohne Verzögerung auf. Zum anderen ist aber auch die Weiterentwicklung und die zukünftige Verfügbarkeit einer Technologie, die von einer Herstellervereinigung getragen wird, im allgemeinen sicherer als bei einer „offenen Architektur" – ein Umstand, der für den Aufbau eines Standards ohne Frage von größter Bedeutung ist. Während die Zukunft einer „offenen" Technologie – insbesondere dann, wenn sich noch kein selbständiger Klon-Markt entwickelt hat – eng mit der des einen Originalherstellers verbunden ist, wird die fortdauernde Unterstützung eines Standards, dem sich ein Konsortium verschrieben hat, von Beginn an von mehreren Seiten gewährleistet und ist selbst bei einem Austritt einzelner Unternehmen nur selten wirklich gefährdet. Der Grund für diese Kontinuität ist natürlich in der Hauptsache der, daß die Weiterentwicklung eines Standards hier *gemeinsam* finanziert wird; im Gegensatz zu den Klonern eines frei lizenzierbaren Produktes beteiligen sich alle (zumindest alle größeren) Mitgliedsfirmen an den Kosten ihrer Organisation[267] .

---

[267] Die Frage der Kostenteilung in Konsortien sowie der diesbezügliche Unterschied zu „offenen Ar-

Wie wir wissen, werden „offene Architekturen" dann zu erwarten sein, wenn ein einzelner Hersteller weniger „effizient" ist, jedoch immer noch eine gute Chance hat, eine bestimmte Technologie am Markt durchzusetzen. Dieses und die Tatsache, daß die Effizienz zur Standardisierung eines Marktes durch die Gründung eines Konsortiums noch stärker als bei „offenen Architekturen" zunimmt (wie eben gezeigt wurde), läßt vermuten, daß solche Organisationen auf Märkten gebildet werden, auf denen nicht nur weniger „effiziente" Hersteller, sondern jedes Unternehmen praktisch chancenlos ist, allein einen (neuen) Standard zu schaffen. Oder anders gesagt: Die Gründung eines Konsortiums ist dann das Mittel der Wahl, wenn einzelne Hersteller selbst für „offene" Systeme keine breite Marktakzeptanz erreichen können.

Die Logik speziell kostenheterogener Kollektivgüter legt damit einen bestimmten Zusammenhang zwischen der jeweils bevorzugten Strategie und den Möglichkeiten für eine erfolgreiche Standardisierung nahe: (1) Auf solchen Märkten, auf denen noch bestimmte Lükken für neue Technologien bestehen und jedes Unternehmen daher ein gewisses Maß an „Effizienz" besitzt, werden Hersteller Standards im Alleingang schaffen. Dabei werden sie je nach ihrer relativen Marktposition eine Produktpolitik der „offenen" oder „geschlossenen" Systeme verfolgen. Obwohl nicht zu diesem Zweck angeführt, bestätigen alle im letzten Abschnitt untersuchten Befunde diese Vorhersage. So hatte die IBM mit dem System /360 den ersten großen (Architektur-) Standard der dritten Rechnergeneration gesetzt, und bei der Einführung des PC's war der Markt für Mikrocomputer ebenso offen für eine neue Generation von 16-bit Architekturen wie später beim Micro Channel für ein 32-bit Bussystem. Selbst die SPARC-Technologie füllte eine Marktlücke – sie gehörte immerhin zu den ersten RISC-Architekturen auf dem Workstation-Markt. (2) Auf der anderen Seite werden Unternehmen vornehmlich dort in Gremien zusammenarbeiten, wo es kaum eine Lücke für einen weiteren, neuen Standard gibt. *Das heißt, wenn die Logik speziell kostenheterogener Kollektivgüter richtig ist und auch für Konsortien gilt, dann müßte man Herstellervereinigungen nicht auf solchen Märkten finden, deren auffälligste Eigenschaft eine Vielzahl von Unternehmen ist – wie es die Theorie mittelgroßer Gruppen von Olson vermuten läßt –, sondern dort, wo es bereits marktbeherrschende Standards gibt bzw. wo starke Konkurrenz unter alternativen Technologien besteht.*

---

chitekturen" ist in Kapitel III, Abschnitt E, Seite 186 ff., genauer dargelegt worden.

2. Die RISC-Allianzen auf dem Workstation-Markt

Zur empirischen Überprüfung der Logik speziell kostenheterogener Kollektivgüter und der Theorie mittelgroßer Gruppen werden hier zunächst die Herstellervereinigungen herangezogen, die sich auf dem Markt für Workstations um die einzelnen RISC-Architekturen gruppiert haben. Sieht man einmal von der Bedeutung jener Gremien ab, die sich die Standardisierung des Betriebssystems UNIX zum Ziel gesetzt haben (die dortigen Ereignisse werden anschließend behandelt), ist dieser Markt derjenige innerhalb der Computerbranche, der am stärkten durch Herstellergruppierungen geprägt wird. Beginnen wir mit dem Konsortium, dessen Gründung (April 1991) für die meisten Schlagzeilen in der Fachpresse sorgte, nämlich mit der Vereinigung „Advanced Computing Environment", kurz ACE. Als Hauptaufgabe stellten sich die Gründungsmitglieder – unter ihnen immerhin so namhafte Firmen wie DEC, Compaq, MIPS, Zenith (Bull), NEC, Olivetti, Siemens/Nixdorf oder auch Silicon Graphics – die Formulierung eines Standards für künftige RISC-Workstations. Eine unter dem Akronym ARC („Advanced RISC Computing") bekannt gewordene Spezifikation sollte dabei Kompatibilität auf Binärcode-Ebene gewährleisten, so daß ein und dasselbe Programm vom Notebook bis zum high-end Rechner ohne Änderung, d.h. ohne Neukompilierung, ausgeführt werden kann[268] . Als Hardware-Plattform wurden dafür – neben dem 80386 und i486 von Intel – die beiden 32-bit bzw. 64-bit RISC-Prozessoren R3000 und R4000 von MIPS ausgewählt. Mit diesen Mikroprozessoren hatten schon vor der ACE-Initiative Unternehmen wie Bull, CDC, Sony und vor allem DEC eigene Rechner ausgerüstet und der MIPS-Architektur dadurch zu einem beachtlichen Markterfolg verholfen[269] . Dies aber war der ACE-Gruppe zu wenig. Das Konsortium wollte mit den MIPS-Prozessoren eine Plattform schaffen, die sich in erster Linie gegen die SPARC-Technologie zum dominierenden RISC-Standard durchsetzen sollte.

---

[268] Zur Kompatibilität auf Binärcode-Ebene sowie zur Quellcode-Kompatibilität siehe Kapitel II, Abschnitt A.2, Seite 16, Fußnote 16.

[269] So entfielen bei den RISC-Architekturen 1990 weltweit ca. 21% auf die MIPS-Prozessoren der Rx000er Serie; damit war diese Architektur hinter der SPARC-Technologie (55,4%) die zum damaligen Zeitpunkt erfolgreichste RISC-Technologie, die in Workstations eingesetzt wurde [Quelle IDC, aus Chip, Februar 1991, S. 26]. Entgegen den Gewohnheiten des Marktes ist die MIPS-Linie weder von einem Halbleiterhersteller noch von einem Workstation-Produzenten entwickelt worden, sondern als Architekturstudie an der Universität von Stanford entstanden. Da auch die zur Vermarktung und Weiterentwicklung eigens gegründete Firma MIPS Computer Systems selbst nicht fertigt, werden die Rx000 Prozessoren ausschließlich in Lizenz von Halbleiterherstellern gebaut.

Gleichwohl die Anzahl der ACE-Unternehmen noch im Gründungsjahr 1991 auf ungefähr 60 gestiegen war und die Initiative Ende 1992 von über 200 Mitgliedern unterstützt wurde, war das Konsortium unfähig, der Industrie auch nur annähernd die Impulse in Richtung MIPS-Standard zu geben, die man erwartet hatte. Insbesondere bei der Auswahl der Hardware-Plattformen sowie bei der Frage, inwieweit der Schwerpunkt in der Produktpolitik auf die MIPS-Prozessoren statt auf die Intel-Chips gelegt werden sollte, offenbarten sich divergierende Interessen unter den Mitgliedern, die nicht so ohne weiteres gelöst werden konnten. Fast folgerichtig hatte die praktisch handlungsunfähige Organisation schon 1992 ihre ersten Abgänge zu verzeichnen, zu denen auch Compaq, eines der einflußreichen Gründungsmitglieder, zählte. Als dann auch noch DEC ausstieg und in Kooperation mit Kubota, Cray und Olivetti eine neue Gruppierung um die hauseigene RISC-Entwicklung, den Alpha-Chip, gründete, war offensichtlich, daß die ACE-Initiative für die MIPS-Architektur praktisch gescheitert war.

Der Erfolg blieb jedoch nicht nur wegen interner Schwierigkeiten aus. Hinzu kam noch die starke Konkurrenz durch andere Herstellervereinigungen, die es sich ebenfalls zur Aufgabe gemacht hatten, ihre RISC-Architekturen soweit wie möglich an die SPARC-Technologie heranzubringen. Mit diesem Ziel war zum einen die „Precision RISC Organisation" (PRO) angetreten, ein amerikanisch-asiatischer Verband, zu dem neben Hewlett Packard (HP) Hitachi, Mitsubishi, Hughes, Oki, Yokogawa, Prime, Convex sowie Sequioa gehörten und der die Marktpenetration von RISC-Rechnern nach der „Precision Architecture" (PA) von HP zu fördern versucht. Eine weitere Gruppierung auf dem Workstation-Markt hatte sich um die POWER-Architektur der IBM gebildet. Während einige der Mitglieder (beispielsweise Bull) in Lizenz Rechner aus der RS/6000er Serie der IBM bauen, arbeiten andere wie Apple oder Motorola vornehmlich an der Entwicklung zukünftiger Workstations. Neben den vier heute marktbeherrschenden Vereinigungen – DEC Alpha, HP Pro, IBM Power und Sun International – gibt es noch das 88open-Konsortium, dessen Mitglieder (Motorola, Data General, Tektronix, NCR, Unisys u.a.) sich zu der Motorola 88000er Prozessorserie als Basis ihrer Rechner bekannt haben; im Kampf um die Vorherrschaft und um Marktanteile bei den RISC-Workstations ist diese Gruppe jedoch ebenso bedeutungslos (geworden) wie das ACE-Konsortium.

Wie gezeigt worden ist, läßt die Theorie mittelgroßer Gruppen erwarten, daß Konsortien auf solchen Märkten gegründet werden, auf denen vergleichsweise viele Hersteller anbieten und die aus diesem Grund nicht mehr „privilegiert" sind. Nun zeigt uns allein schon eine oberflächliche Betrachtung, daß der seit Mitte der 80er Jahre bestehende Markt für

RISC-Workstations nicht nur der Markt ist, der die höchsten Zuwachsraten der Branche zu verzeichnen hat, sondern auch der, dem aufgrund überdurchschnittlicher Gewinnerwartungen sehr viele Unternehmen beigetreten sind. Was die Zahl der Neuzugänge angeht, kommt – über die letzten Jahre betrachtet – die Situation auf dem Workstation-Markt sogar dem stetigen Zutritt immer neuer PC-Hersteller sehr nahe. Der Übergang einer privilegierten zu einer mittelgroßen (Hersteller-) Gruppe könnte also durchaus erklären, daß zu Beginn der RISC-Ära Pionierunternehmen wie Sun Microsystems oder Hewlett Packard versuchten, ihre Architekturen mehr oder weniger im Alleingang als Standards zu etablieren, während später Konsortien aufkamen, um eine bestimmte Hardware-Plattform durchzusetzen bzw. als Standard zu verteidigen. So hat Sun einige Jahre nach der Einführung der ersten SPARC-Workstations die Hoheitsgewalt über die eigene RISC-Architektur an die 1989 gegründete Sun International (SI) übergeben, einem Zusammenschluß verschiedener Hersteller, deren Ziel die Weiterentwicklung und Verbreitung des SPARC-Standards ist. Ein vergleichbarer Strategiewechsel findet sich auch in der Produktpolitik von Hewlett Packard. Nachdem die „Precision Architecture" zunächst ausschließlich in HP RISC-Workstations eingesetzt wurde, genehmigte HP ab 1990 dem koreanischen Unternehmen Samsung sowie dem japanischen Konzern Hitachi den Nachbau der eigenen Architektur; kurze Zeit später schloß sich das Unternehmen dann mit weiteren Herstellern zur HP Pro-Allianz zusammen. Auch die Ereignisse um die Alpha-Architektur, zu deren Verbreitung DEC schon gleich zu Beginn auf eine Kooperation mit anderen Unternehmen baute, sprechen zugunsten der Theorie mittelgroßer Gruppen. So könnte man im Sinne der Olson-Theorie argumentieren, daß diese RISC-Architektur im Gegensatz zur SPARC- bzw. PA-Technologie immerhin zu einem Zeitpunkt, und zwar erst 1993, eingeführt worden ist, als die Gruppe der Hersteller offensichtlich nicht mehr privilegiert, sondern bereits mittelgroß war.

Gleichwohl es möglich ist, mit dem Übergang einer privilegierten zu einer mittelgroßen (Hersteller-) Gruppe die zunehmende Bedeutung der Konsortien für RISC-Standards zu erklären, ist dies eine Lösung, die höchst unbefriedigend ist. Der Grund dafür ist der folgende: So eindeutig wie beispielsweise die „Größe" eines Unternehmens oder auch seine (Standardisierungs-) „Effizienz" an Marktanteilen bzw. an konkurrierenden Standards, Marktlücken u.ä. auszumachen ist, so eindeutig können wir allenfalls oligopolistische Gruppen wie die der Hersteller von der wirklich großen und latenten Gruppe der Anwender trennen. Es ist jedoch nicht bekannt, wie viele Unternehmen eigentlich genau eine mittelgroße, gerade nicht mehr privilegierte Gruppe bilden (ganz zu schweigen von dem Problem, die tatsächliche Zahl der Hersteller in einem Marktsegment zu ermitteln). Infolgedessen können wir die beiden Kategorien einer oligopolistischen Gruppe nicht sicher anhand der Mitgliederzahl erkennen und voneinander unterscheiden. Es ist daher – allgemein gesagt – nur möglich, privilegierte von mittelgroßen Gruppen durch die Existenz bzw. Nichtexistenz irgendwelcher Organisationen oder anderer Formen einer Übereinkunft abzugrenzen, mit deren Hilfe die Kosten für ein Kollektivgüterangebot unter mehreren Mitgliedern aufgeteilt werden. Erfolgt eine Bereitstellung auf diese Art und Weise, dann ließe dies eine mittelgroße Gruppe vermuten, während aktive Mitglieder, die auf sich allein gestellt gruppenorientiert handeln, nur einer privilegierten Mitgliederschaft angehören könnten. Daraus leitet sich für unsere Untersuchung ab, daß es nicht so ohne weiteres möglich ist, Märkte *unabhängig* von der Existenz einzelner Konsortien als „mittelgroß" zu erkennen. Genau dies aber hat die unangenehme Konsequenz, daß die Gruppentheorie von Olson in diesem Fall *nicht unabhängig* und damit *nicht streng* überprüft werden kann. Die Erklärung, die die Theorie mittelgroßer Gruppen für die Bildung von Konsortien liefert, kann praktisch nur an dem getestet und bestätigt werden, was selbst erklärt wird: nämlich an der Tatsache, daß sich Hersteller um bestimmte Marktstandards gruppieren.

Man kann also der Gruppentheorie von Olson vorwerfen, sie laufe hier auf ein zirkelförmiges Argument hinaus, bei dem das einzige Zeugnis für die angebotene Erklärung das Erklärte selbst ist (was eben eine unabhängige Prüfung ausschließt); von der Logik speziell kostenheterogener Kollektivgüter kann man hingegen nichts vergleichbares behaupten. Wie wir wissen, werden sich nach dieser Logik Mitglieder oligopolistischer Gruppen dann zusammenschließen und gemeinsam ein Kollektivgut bereitstellen, wenn es aufgrund unzureichender Produktionseffizienz für niemanden lohnenswert erscheint bzw. für ein einzelnes Mitglied nicht möglich ist, das Gut allein anzubieten. Das heißt, Konsortien bilden sich auf solchen Märkten, auf denen es für Unternehmen besonders schwierig ist, einen neuen Standard zu schaffen oder einen bestehenden zu erhalten. Im Gegensatz zur Olson-Theorie kann diese Erklärung unabhängig von der Gründung einzelner Herstellervereinigungen überprüft werden. Denn während die Zahl der anbietenden Unternehmen ein untaugliches Indiz ist, um „mittelgroße" von „privilegierten" Märkten zu unterscheiden, läßt sich eine geringfügige Standardisierungseffizienz eindeutig belegen. So werden Hersteller kaum noch eine Lükke für einen neuen Standard finden oder einen bereits etablierten nur in Kooperation mit anderen Firmen verteidigen können, wenn ältere Standards noch großen Einfluß ausüben bzw. mehrere Technologien um die Vorherrschaft am Markt konkurrieren.

Dementsprechend könnte also die Anzahl der Workstation-Hersteller durchaus den Punkt überschritten haben, an dem eine privilegierte Gruppe endet und eine mittelgroße beginnt. Nachzuweisen ist jedoch nur, daß selbst die vier mächtigsten Unternehmen der Workstation-Szene – Sun Microsystems, Hewlett Packard, IBM und DEC – heute über eine vergleichsweise geringe Standardisierungseffizienz verfügen. Tatsächlich konnten Hewlett Packard und Sun Microsystems auch ohne die Unterstützung eines Konsortiums die ersten RISC-Standards schaffen, weil ihnen der Umstand zugute kam, daß es zur Zeit der Einführung der „Precision Architecture" bzw. der SPARC-Technologie noch keine echten Standards gab, gegen die sich ihre Architekturen hätten behaupten müssen. Die Situation auf dem Markt für RISC-Workstations hat sich seitdem jedoch grundlegend gewandelt. Der Erfolg der POWER-Serie der IBM sowie der vielversprechende Markteinstand der Alpha-Entwicklung von DEC und nicht zuletzt der immer noch starke Zuspruch zur MIPS-Architektur (selbst nach dem Scheitern der ACE-Initiative), hat zu einer Konkurrenz unter den einzelnen RISC-Plattformen geführt, bei der selbst die SPARC-Technologie nicht als der unbestrittene Standard schlechthin gelten kann (so wie beispielsweise die PC-Architektur oder die /360er Serie bei den Mikro- bzw. Großrechnern). Vor diesem Hintergrund wird deutlich, warum es heute keinem Workstation-Hersteller mehr möglich ist, ohne die Unterstützung durch ein Konsortium eine neue Rechnerserie durchzusetzen oder auch nur einen bestehenden Standard zu erhalten.

3. Vereinigungen und Gremien zur Standardisierung von UNIX

Neben den RISC-Allianzen sind die von Herstellern dominierten Vereinigungen und Gremien zur Standardisierung des Betriebssystems UNIX ein weiterer Beleg für die Überlegenheit der Logik speziell kostenheterogener Kollektivgüter. In den Bell Laboratorien des amerikanischen Telekommunikationskonzerns AT&T entwickelt, wurde UNIX 1969 in seiner ersten Version vorgestellt. Zu dieser Zeit war es AT&T aufgrund der Monopolbestimmungen in den USA untersagt, jede Art von Computertechnologie zu vermarkten. So wurde das Betriebssystem zunächst nur für Ausbildungszwecke an Universitäten vergeben. Erst ab 1977 konnten dann auch Computerhersteller und Softwarehäuser die UNIX-Quellen in Lizenz beziehen und kommerziell nutzen. Die leichte Portierbarkeit auf unterschiedliche Rechnertypen und nicht zuletzt die freizügige Lizenzpolitik der AT&T trugen maßgeblich dazu bei, daß es sehr bald unzählige UNIX-Abarten gab, die auf bestimmte Computersysteme zugeschnitten und untereinander weitgehend inkompatibel waren. Obwohl UNIX so für fast jede Hardware-Plattform verfügbar war, wurde das Betriebssystem kaum angenommen. Vor allem die Unterschiede zwischen den vielen Varianten und die damit verbundenen Schwierigkeit, Anwendungsprogramme von einem Derivat auf das andere zu übertragen, machten UNIX für den breiten Markt unattraktiv. Einige Jahre nach Beginn der kommerziellen UNIX-Ära mußten daher sowohl AT&T wie auch die anderen Anbieter von UNIX-Systemen erkennen, daß für den Erfolg ihres Betriebssystems eine Vereinheitlichung der Entwicklungslinien unabdingbar war[270] .

Unter den diversen Standardisierungsgremien kommt heute der X/Open die größte Bedeutung zu. Die Geschichte dieser Organisation begann als rein europäische Initiative im Herbst 1984, als sich Bull, ICL, Siemens, Olivetti und Nixdorf zur sogenannten „Bison-Gruppe" zusammenschlossen („Bison" steht für die Anfangsbuchstaben der Gründungsmitglieder). Ziel war die Schaffung einer einheitlichen Umgebung für Anwendungssoftware auf der Basis von UNIX, so daß Programme, die beispielsweise für ein System von Siemens, Bull oder Nixdorf geschrieben worden waren, ohne großen Aufwand auch auf andere UNIX-Varianten zu portieren waren und nicht ausschließlich für einen winzigen Markt zur Verfügung standen. Nach und nach gewann diese Organisation durch den Beitritt weiterer, vor allem amerikanischer Hersteller wie AT&T, DEC, Hewlett-Packard, NCR, Sun Microsystems, IBM oder Unisys an internationalem Einfluß. Inzwischen gehören praktisch alle wichtigen Anbieter von UNIX-Systemen der seit Herbst 1987 unter dem Namen „X/Open" als nicht gewinnorientierte Gesellschaft eingetragenen Gruppe an. Die Arbeitsergebnisse der Organisation werden in den sogenannten „X/Open Portability Guides" (XPG) veröffentlicht und sind für den Markt frei verfügbar[271] . Software, die entsprechend dieser Richtlinien im-

---

[270] Die Entstehungsgeschichte von UNIX wurde bereits ausführlich in Kapitel II, Abschnitt A.2, Seite 15 ff. dargestellt.

[271] Trotz des freien Zugangs ist die Entwicklung und Verabschiedung der „Portability Guides" ausschließlich den Mitgliedern der X/Open vorbehalten. Offenkundig liegt gerade darin der Anreiz für den einzelnen Hersteller, dem Konsortium beizutreten und die Kosten mitzutragen (beispielsweise mußte jede Mitgliedsfirma 1988 neben 300.000 Dollar zwölf bis fünfzehn Mannmonate an Beratung und Dienstleistung aufbringen). So ermöglicht nur die aktive Mitarbeit, die X/Open-Standards in die gewünschte Richtung zu beeinflussen, d.h. möglichst viele Merkmale des eigenen Systems einzubringen, um Umstellungskosten weitestgehend zu vermeiden. Allgemein gesagt: Die Angehörigen einer Gruppe, die nicht „schwarz" fahren, sondern als zahlende Mitglieder über die Organisation ihrer Gruppe das entsprechende Kollektivgut anbieten, können aus diesem Gut für gewöhnlich einen größeren Nutzen ziehen als sie es könnten, wenn sie die Organisation nicht unterstützen würden. Gleichwohl die X/Open über einen solchen Beitrittsanreiz verfügt – wohlgemerkt ist dies kein selektiver Anreiz, weil hier zwar ein individuell zukommender Vorteil in Aussicht gestellt wird, der Anreiz aber über das Kollektivgut selbst wirkt –, steht auch diese Vereinigung vor dem Problem, daß ihr Budget von den eigenen Mitgliedern immer wieder als unzureichend und als nicht optimal bezeichnet wird [siehe beispielsweise Gabel, H. Landis, 1987 b, S. 102]. Solche Klagen erklären sich natürlich damit, daß auch in kleineren oder oligopolistischen Gruppen grundsätzlich die Tendenz zu einer suboptimalen Versorgung mit einem Kollektivgut besteht [vgl. dazu Olson, Mancur, 1965, be-

plementiert wird, ist auf Quellcode-Ebene kompatibel und auf jedem UNIX-System, das dem X/Open-Standard entspricht, ablauffähig. Die Portierung solcher Anwendungen beschränkt sich lediglich auf die Neucompilierung, d.h. bei der Übertragung auf eine andere XPG-konforme Plattform muß der Programmcode nicht geändert, sondern nur in die jeweilige Maschinensprache des Zielsystems übersetzt werden[272] .

Während die X/Open heute als das Forum gilt, das den kleinsten gemeinsamen Nenner für ein einheitliches UNIX definiert, findet der eigentliche Streit um das „wahre" UNIX zwischen der „Open Software Foundation" (OSF) und der „UNIX International, Inc." (UII) statt. Der Konflikt begann 1987, als sich AT&T an Sun Microsystems beteiligte und zugleich ankündigte, dort die nächste, vierte Version von UNIX System V entwickeln zu lassen. Im SVR4 (System V, Release 4) sollten die zwei wichtigsten UNIX-Linien zusammengeführt werden, und zwar einmal das an der Berkeley Universität entwickelte „West-Coast-UNIX" BSD („Berkeley Sofware Distribution") sowie das Original, das „East-Coast-UNIX" System V. Bei der engen Kooperation zwischen AT&T und Sun lag natürlich der Verdacht nahe, daß das neue SVR4 zu sehr auf die SPARC-Architektur abgestimmt sein würde und daß damit eine der grundlegenden Vorteile von UNIX, die prinzipielle Hardware-Unabhängigkeit, gefährdet sei. Zudem war zu befürchten, daß AT&T die freizügige Handhabung der UNIX-Quellen einschränken und zum Vorteil von Sun die Lizenzbedingungen spürbar verschärfen könnte. Als Reaktion schlossen sich darauf Apollo, Bull, DEC, Hewlett Packard, IBM, Nixdorf und Siemens im Mai 1988 zur OSF zusammen, um einen von AT&T-Lizenzen freien UNIX-Standard zu schaffen. Grundlage sollte zunächst AIX sein, die UNIX-Variante der IBM, was allerdings wieder neue Abhängigkeiten erahnen ließ. So fiel die Wahl schließlich auf den an der Carnegie Mellon Universität entwickelten Betriebssystemkern MACH, bei dessen Programmierung man völlig auf die Quellen von AT&T verzichtet hatte. Nach gut zwei Jahren konnte die OSF so mit dem Betriebssystem OSF/1 die erste kommerzielle UNIX-Version vorstellen, die nicht unter Kontrolle der AT&T stand.

Die Abkehr der OSF von UNIX System V ließ viele Unternehmen befürchten, daß dieser Standard vom Markt verschwinden würde und damit die nach der von AT&T vorgelegten „System V Interface Definition" (SVID) entwickelte Software nicht mehr verkauft werden könne. Aus diesem Grund formierten sich im Herbst 1988 die Anhänger des AT&T-

---

sonders S. 27/28].

[272] Zur Unterscheidung von Quellcode- und Binärcode-Kompatibilität siehe Kapitel II, Abschnitt A.2, Seite 16, Fußnote 16.

UNIX, so unter anderem Unisys, Sun Microsystems, NCR, Control Data, Olivetti, ICL und Amdahl, zur sogenannten „Archer Group" und gründeten im Dezember 1988 die UII. Die Mitglieder dieser Organisation bekennen sich ausdrücklich zu UNIX System V als Basis für ihre Produkte und setzen sich für die Weiterentwicklung dieses Standards ein. Im Mai 1989 traten dann sowohl die UII als auch die OSF geschlossen der X/Open bei, um zu verhindern, daß sich diese Organsiation für das Betriebssystem der jeweiligen Gegenseite als X/Open-Standard entscheidet. Obwohl UNIX System V wie auch OSF/1 danach weitgehend XPG-konform ausgerichtet wurden, unterscheiden sich diese beiden UNIX-Varianten noch erheblich voneinander; selbst die X/Open als übergreifendes Gremium ist durch die Zweiteilung in UII- bzw. OSF-Anhänger nicht in der Lage, das *eine* UNIX zu schaffen (dies vor allem deshalb, weil die Praxis der X/Open, nur das als Standard anzunehmen, dem alle zustimmen, zur Handlungsunfähigkeit führt, wenn es keine einheitliche Meinung unter den Mitgliedern gibt). Immerhin aber hat sich aufgrund der weltweiten Standardisierungsbemühungen die Vielfalt der kommerziellen UNIX-Versionen auf zwei Hauptlinien reduziert.

Neben der X/Open, der UII und der OSF gibt (und gab) es noch eine Reihe weiterer, in der Regel kleinerer Organisationen in der UNIX-Szene; auch haben sich Hersteller zu Arbeitsgruppen zusammengeschlossen und im Rahmen anerkannter Normungsorganisationen offizielle UNIX-Richtlinien verabschiedet. So formierte sich beispielsweise innerhalb des „Institute of Electrical and Electronics Engineers" (IEEE) ein in der Hauptsache von UNIX-Anbietern getragenes Komitee, das Ende 1988 den nationalen US-Standard „Portable Operating System for Computer Environments", kurz POSIX, verabschiedete. POSIX soll wie die X/Open-Vorschläge die Portabilität von Anwendungen auf Quellcode-Ebene gewährleisten und wird heute im allgemeinen als Mindestanforderung bei Ausschreibungen von US-Behörden genannt. Doch dies ist weder der Ort, um auf alle Gruppierungen im Detail einzugehen, noch ist eine vollständige Aufzählung für unsere Zwecke notwendig. Schon die bisherige Schilderung reicht aus, um zu erkennen, daß die UNIX-Szene in außergewöhnlicher Weise von Standardisierungsgremien beherrscht wird und in dieser Hinsicht mit keinem anderen Markt in der Computerbranche zu vergleichen ist (vielleicht noch am ehesten mit dem für RISC-Workstations in jüngster Zeit).

Dies erlaubt eine klare Aussage über den Gehalt unserer alternativen Erklärungen. Wenn in einer Gruppe Organisationen bzw. Übereinkünfte zwischen Angehörigen von so überragender Bedeutung sind wie im Fall von UNIX und einzelne Mitglieder bei weitem keinen Anreiz haben, allein ein Kollektivgut bereitzustellen, dann liegt nach Olson's Unterteilung eine solche Gruppe am oberen Ende des oligopolistischen Bereiches. Das heißt, es handelt sich dann um eine vergleichsweise sehr mitgliederstarke mittelgroße Gruppe. Nun ist die Zahl der Anbieter von UNIX-Systemen seit der Gründung der ersten Standardisierungsgremien (Anfang der 80er Jahre) weder auffallend stark gestiegen noch ist sie im Vergleich zu der von Herstellern in anderen Marktsegmenten nennenswert hoch. Entgegen dem, was die Theorie mittelgroßer Gruppen vorhersagt, entspricht diese Zahl in jeder Hinsicht dem Branchendurchschnitt, und keineswegs weicht sie derart auffällig noch oben ab, daß dies die ungewöhnliche Konzentration von Standardisierungsgremien in diesem Bereich und die besondere Bedeutung solcher Vereinigungen für UNIX erklären könnte. Soweit man dies überhaupt abschätzen kann, gibt es sogar weniger UNIX-Anbieter als beispielsweise Hersteller von Workstations (dies allein schon aufgrund der immer noch notwendigen Lizenzeinholung für eigene UNIX-Entwicklungen und der andererseits rechtlich fast unbeschränkten Möglichkeit zum Nachbau kompatibler Workstations). Auf keinen Fall aber kann der eher enge Markt für UNIX mit der breiten Konkurrenz in der PC-Industrie vergleichen werden, in der erst in den letzten Jahren einzelne Konsortien gegründet wurden. Es spricht also alles dagegen, daß die Theorie mittelgroßer Gruppen zutreffend erklären kann, warum es unter den Anbietern von UNIX-Systemen zu organisierten Standardisierungsbemühungen kam.

Die Logik speziell kostenheterogener Kollektivgüter sagt vorher, daß sich Unternehmen dann zu Konsortien zusammenschließen, wenn sie keine Möglichkeit sehen, allein einen Standard zu schaffen. Dies gilt, betrachtet man vergleichend die gesamte Computerbranche, in einzigartiger Weise für die Anbieter von UNIX-Systemen. Die freizügige Lizenzvergabe der AT&T sowie die leichte Portierbarkeit auf unterschiedlichste Rechnertypen hatte zu konkurrierenden UNIX-Systemen geführt, in deren Entwicklung ebenso große Summen investiert worden waren wie in die Programmierung der auf den jeweiligen Derivaten ablauffähigen Anwendungssoftware. Mit Sinix (Siemens), Xenix (Microsoft), Ultrix (DEC), HP-UX (Hewlett Packard) und mit den etwas später eingeführten Systemen wie SunOS (Sun Microsystems) oder AIX (IBM) sind nur einige dieser Varianten genannt, die zum Teil auch dann untereinander merklich eingeschränkte Kompatibilität aufwiesen (und vielfach noch aufweisen), wenn sie aus derselben Entwicklungslinie – in der Hauptsache entweder dem Berkeley UNIX BSD oder dem original AT&T UNIX System V – abstammten. So hatten sich, als die negativen Auswirkungen mangelnder Kompatibilität auf den Erfolg des Betriebssystems allzu offenkundig wurden, bereits kleine Märkte um die einzelnen Derivate gebildet, und die Vielfalt in der UNIX-Szene zeigte schon erste feste Strukturen. Unter den Anbietern war daher die Bereitschaft gering, sich an neuen, übergreifenden Standards auszurichten. Es war zu befürchten, daß die Berücksichtigung solcher Standards keine Abwärtskompatibilität zu älteren Versionen der eigenen UNIX-Variante zuließ und daß dies die Investitionen sowohl in die Entwicklung eines hauseigenen UNIX-Systems wie auch die in die entsprechende Anwendungssoftware größtenteils wertlos machen könnte. Offensichtlich wäre – wie eingangs behauptet – unter diesen Umständen jedes *einzelne* Unternehmen chancenlos gewesen, die eigene Variante als vorherrschenden Standard zu etablieren oder auch nur unter wenigen Derivaten Kompatibilität auf Quellcode-Ebene zu erreichen.

Die Tatsache, daß die geradezu traditionelle UNIX-Vielfalt die Durchsetzung weitgehender Kompatibilität unter den konkurrierenden Systemen nachhaltig erschwert (hat) und die beispiellose Divergenz in viele winzige UNIX-Märkte zugleich mit einer einzigartigen Häufung von Standardisierungsgremien einhergeht, spricht eindeutig zugunsten der Logik speziell kostenheterogener Kollektivgüter. Andererseits legt die vergleichsweise geringe Zahl der Anbieter von UNIX-Systemen vor dem Hintergrund dieser außergewöhnlich hohen Konzentration von Herstellervereinigungen den Schluß nahe, daß die Theorie mittelgroßer Gruppen von Konsortien geschaffene Standards nicht zutreffend erklären kann. Vom Ergebnis her gleicht dieses Unterkapitel (IV.C) damit dem vorherigen. Ähnlich wie dort (IV.B) die Theorie privilegierter Gruppen unterlegen war, ist die Erklärung, die sich aus der *Logik des kollektiven Handelns* für solche Standards ableiten läßt, die durch Herstellergruppierungen etabliert worden sind, derjenigen Erklärung unterlegen, die für diese Phänomene aus der im dritten Kapitel entwickelten Logik folgt.

V. Ergebnisse

Schon eine oberflächliche Betrachtung weniger Vorgänge in der Computerindustrie genügt, um zu erkennen, in welchem Ausmaß die Ereignisse von der Vielfalt der Hardware- und Softwarestandards bestimmt werden. So hätte die gesamte Branche heute ein ganz anderes Aussehen, wenn es der IBM nicht gelungen wäre, mit der /360er Architektur zugleich einen Marktstandard einzuführen, mit dem man über zwei Jahrzehnte lang fast nach Belieben die (Großrechner-) Industrie beherrschen konnte. Kaum weniger Einfluß kam der Etablierung des PC-Standards zu. Nicht nur der Aufstieg von Intel zum heute größten Halbleiterhersteller, sondern auch der der ehemaligen „Garagenfirma" Microsoft zum führenden Softwareanbieter ist untrennbar mit diesem Standard verbunden. Vergleichbares gilt auch für Sun Microsystems. War der 1982 gegründete Newcomer der Branche anfangs nur einer unter mehreren Herstellern, die auf der Basis der Motorola 68000er Prozessoren Workstations fertigten, so verdankt das Unternehmen seinen heute außergewöhnlichen Erfolg weitgehend der hauseigenen SPARC-Technologie, die als eine der ersten RISC-Architekturen zum Marktstandard durchgesetzt werden konnte.

Bedenkt man den Einfluß der zahlreichen Hardware- und Softwarestandards, dann ist es offensichtlich von einigem Interesse, über die Beschreibung einzelner Befunde hinaus nach einer allgemeingültigen (nomologischen) Erklärung für das Aufkommen der verschiedenen Standards zu suchen. Unter dieser Zielsetzung ist zunächst die vorhandene ökonomische Theorie der Standardisierung betrachtet worden. Obwohl man zu ihrer Verteidigung vorbringen könnte, daß sie noch verhältnismäßig jung und wenig umfassend ist, ist ihr vorzuwerfen, daß sich aus den literaturbekannten Vorschlägen keine zufriedenstellende Lösung für Computerstandards ableiten läßt. Vielfach beschränkt sich die Diskussion auf jene Bedingungen, unter denen sich notwendigerweise gleichgewichtige (Standardisierungs-) Resultate ergeben, die bestimmten Kriterien wie Stabilität, Eindeutigkeit oder Pareto-Effizienz genügen. Solche Sätze, die über (allokations-) logische Abhängigkeiten berichten, informieren uns gleichwohl über die Umstände, unter denen bestimmte Marktergebnisse denkbar sind, nicht jedoch darüber, welche Marktergebnisse sich tatsächlich einstellen. Doch selbst bei einer realistischen Deutung der Theorien können wir nur wenig über die Wirklichkeit von Computerstandards erfahren. Im Schrifttum werden zwar eine Reihe von Faktoren genannt, von denen wir dann annehmen könnten, daß sie ursächlich – und nicht nur aus logischer Notwendigkeit heraus – für das Aufkommen bzw. Ausbleiben marktbeherrschender Standards verantwortlich sind. Erklärungen dieser Art, die sich auf einzigartige Merkmale in der Produktpolitik der Unternehmen, der patent- bzw. urheberrechtlichen Bedingungen, den Kundenpräferenzen usw. stützen, bieten jedoch bestenfalls ad-hoc Lösungen, die jeweils an nur wenigen Befunden überprüft werden können. Auch induktive „Hypothesen", wie sie in einigen Arbeiten aus zum Teil umfangreichen Fallstudien gezogen werden, helfen kaum weiter. Empirische Regelmäßigkeiten oder Tendenzen bieten wohl einen Anreiz zu weiteren Untersuchungen, sie ersetzen jedoch keine prüfbaren Vermutungen über gesetzmäßige Zusammenhänge. Dies führt zu unserem ersten Ergebnis: *Die literaturbekannten Ansätze einer ökonomischen Theorie der Standardisierung eignen sich kaum, um zu einer hinreichend allgemeinen, gehaltvollen und präzisen Erklärung für die verschiedenen Hardware- und Softwarestandards zu kommen.*

Nichts davon aber soll heißen, daß die vorhandene Literatur ohne Wert sei. Wiederholt haben Wirtschaftswissenschaftler eine mikroökomonische Idee mit Standardisierungen in Zusammenhang gebracht, die auch zur Erklärung von Computerstandards einen vielversprechenden Ansatzpunkt bietet: die Theorie öffentlicher Güter. Wie schon ein kurzer Blick in das Schrifttum verrät, ist die Theorie öffentlicher Güter jedoch alles andere als ein einheitliches Gedankenwerk, von dem so ohne weiteres zu erkennen wäre, in welcher Form es am besten für Hardware- und Softwarestandards zu nutzen ist. Aus diesem Grund genügt weder die einigerorts anzutreffende Klassifikation „Standards als öffentliche Güter" noch der (in der Literatur nicht weiter verfolgte) Hinweis auf das Schwarzfahrerproblem, das es bei Standardisierungen für gewöhnlich zu überwinden gilt. Die Vielfalt der Erkenntnisse, die heute mit Hilfe der Kollektivgütertheorie gewonnen werden kann, hat vielmehr eine Reihe von Vorarbeiten notwendig gemacht; sie dienten dem Ziel, den für den Zweck der vorliegenden Untersuchung zutreffenden Ansatz innerhalb der Theorie öffentlicher Güter ausfindig zu machen.

Je nachdem, welches der beiden möglichen Kennzeichen öffentlicher Güter – Nichtrivalität oder fehlender Konsumausschluß – in den Vordergrund gestellt wird, sind zunächst einmal zwei grundlegende Forschungsrichtungen voneinander abzugrenzen. Zum einen werden in zahlreichen Arbeiten die Änderungen in den pareto-optimalen Angebotsbedingungen öffentlicher Güter und sich daran anschließende Fragen diskutiert. Vor allem Paul A. Samuelson hat immer wieder auf die Konsequenzen hingewiesen, die sich aus solchen allokationslogischen Überlegungen für die Gestaltung der tatsächlichen Angebotsbedingungen ergeben. Demnach sollte der Zugang zu Gütern, die ohne Rivalität beansprucht werden können, selbst dann kostenlos sein, wenn es technisch möglich wäre (oder genauer: wenn es nicht unverhältnismäßig aufwendig wäre), die Teilnahme am Konsum von einer Zahlung abhängig zu machen. Eine optimale Nutzung öffentlicher Güter läuft damit faktisch auf die For-

derung nach einem staatlichen Angebot hinaus. Eine zweite Forschungsrichtung stellt bei
öffentlichen Gütern den fehlenden Konsumausschluß in den Mittelpunkt. Wie zuerst Knut
Wicksell in aller Deutlichkeit sah, wird niemand (in einer sehr großen Gruppe) einen Anreiz verspüren, freiwillig eigene Mittel für ein Gut aufzubringen, das ihm, auch ohne daß er
eine Zahlung geleistet hätte, nicht vorenthalten werden kann. Aus diesem Grund unterbleibt
ein privates Angebot und die Bereitstellung öffentlicher Güter wird zwangsweise – im allgemeinen durch Besteuerung – finanziert.

So grundverschieden diese beiden Hauptansätze auch sind, sowohl in der Samuelson'schen als auch in der Wicksell'schen Linie werden damit letztlich öffentliche Güter mit
staatlichen Gütern gleichgesetzt. Dies hat für die Untersuchung von Computerstandards
weitreichende Konsequenzen. Solange ausschließlich ein staatliches und kein privates Angebot öffentlicher Güter zur Diskussion steht, kann allein die Rolle des Staates im Prozeß der
Standardisierung betrachtet werden (und dies unabhängig davon, welche Aspekte einer Standardisierung sich mit dem Samuelson- bzw. Wicksell-Argument im einzelnen überhaupt erklären ließen). Jene Fälle aber, in denen private Marktteilnehmer mit eigenen Ressourcen
Hardware- oder Softwarestandards geschaffen haben, blieben zwangsläufig unbehandelt.
Daraus und aus der Tatsache, daß die zuletzt genannten Befunde zahlenmäßig überwiegen,
folgt als zweites Ergebnis: *Ungeachtet dessen, was im einzelnen erklärt werden könnte, ist
eine Untersuchung, die auf die „klassischen" Ansätze einer Theorie öffentlicher Güter aufbaut, von vornherein auf einen engen Ausschnitt aus den Kompatibilitätsphänomenen in der
Computerbranche begrenzt.*

Es spricht einiges dafür, das Jahr 1965 als das Gründungsjahr der modernen Theorie
öffentlicher Güter zu bezeichnen. In diesem Jahr gelang James M. Buchanan und Mancur
Olson der Nachweis, daß in den traditionellen Abhandlungen unnötigerweise nur „reine"
öffentliche Güter berücksichtigt worden sind. Es war offensichtlich möglich, den Erklärungsgehalt der Theorie öffentlicher Güter so zu erweitern, daß neben den polaren Fällen,
die entweder zum privaten Angebot für einen einzelnen oder zu einem staatlichen Angebot
für unendlich viele Konsumenten führen, auch ein privates Angebot für eine begrenzte Verbraucherzahl betrachtet werden kann, wenn man sich mit „unreinen" öffentlichen Gütern
befaßt. Dazu behandelte Buchanan in der *Economic Theory of Clubs* über Samuelson hinaus
solche öffentlichen Güter, bei denen zumindest ein gewisser Grad an Konsumrivalität vorliegt (und zugleich ein Konsumausschluß möglich ist). Wie Buchanan zeigen konnte, erfordert eine optimale Nutzung solcher (Klub-) Güter nicht mehr – wie noch bei Samuelson –
ein kostenlos zugängliches, staatliches Angebot, sondern positive Marktpreise, die eine

Übernutzung der entsprechenden Güter verhindern und ein privates Angebot zustande kommen lassen. Auf der anderen Seite hatte Olson den von Wicksell betrachteten Fall mangelnder Ausschlußmöglichkeit bei solchen Gütern, die von der gesamten Öffentlichkeit gewünscht werden, als Spezialfall entlarvt. Demnach muß fehlender Konsumausschluß nicht zwangsläufig eine Bereitstellung öffentlicher Güter über den Markt verhindern und – wie Wicksell es annahm – zu einem staatlichen Ersatzangebot führen. Vielmehr, so die Hauptthese, die Olson in der *Logik des kollektiven Handelns* vertritt, hänge es von der Größe der (Konsumenten-) Gruppe ab, in welchem Umfang öffentliche Güter auch privat bereitgestellt werden. Überträgt man nun die Verdienste, die sich Buchanan und Olson um die Kollektivgütertheorie erworben haben, auf die Untersuchung von Computerstandards, so kommt man zum dritten Ergebnis: *War die ältere (Staats-) Theorie öffentlicher Güter noch auf solche Hardware- und Softwarestandards beschränkt, die von staatlicher Seite (mit-) geschaffen bzw. durch öffentliche Gelder finanziert wurden, so können im Rahmen der modernen Theorie kollektiver Güter auch jene Industriestandards behandelt werden, die von privaten Marktteilnehmern etabliert worden sind.*

Obwohl beide Theorien, die Klubtheorie von Buchanan und die Gruppentheorie von Olson, sich darin gleichen, daß sie die nichtpolaren Fälle miteinbeziehen, sind sie, was das für die Öffentlichkeit eines Gutes jeweils ausschlaggebende Merkmal angeht, grundverschieden. Während Buchanan den Grad der (Nicht-) Rivalität in den Mittelpunkt stellt und die Möglichkeit eines effektiven Konsumvorbehalts voraussetzt, behandelt Olson – unabhängig vom Kennzeichen der Nichtrivalität – solche Güter, die aufgrund der Nichtanwendbarkeit des Konsumausschlußprinzips öffentlich sind. Die Tatsache, daß mit den verschiedenen Arten gradueller Öffentlichkeit auch verschiedene Probleme eines privaten Angebotes kollektiver Güter angesprochen werden, hat zur Folge, daß die *Economic Theory of Clubs* und die *Logik des kollektiven Handelns* untereinander nicht im Verhältnis einer speziellen zu einer allgemeinen Theorie stehen. Es gibt von daher keinen Grund, der für den einen oder anderen Ansatz spricht. Die Entscheidung, welche Theorie für die Untersuchung von Computerstandards vorzuziehen ist, läuft allein auf die Frage hinaus, über welches Merkmal öffentlicher Güter jene Ereignisse erklärt werden können, die bei Hardware- und Softwarestandards von vorrangigem Interesse sind.

Zunächst zum Ansatz von Buchanan. Das tatsächlich neue und wesentliche Problem, das mit der Klubtheorie gelöst werden kann, ist das eines bestmöglichen Konsumvorbehalts bei „unreinen" öffentlichen Gütern und damit das einer optimalen Nutzung von (Klub-) Gütern durch ein Verbraucherkollektiv. Überträgt man diesen Ansatz auf Computerstandards, so rücken Fragen zum Patentschutz, zur Lizenzierung oder zur Offenlegung technischer Daten in den Vordergrund. Diese Fragen verdienen jedoch allenfalls beiläufige Beachtung. Denn wie gezeigt liegt das eigentliche Problem weniger beim bestmöglichen Gebrauch existierender Standards, als vielmehr bei ihrer Etablierung. Eine Theorie wie die von Buchanan, die sich mit der Nutzung solcher Güter beschäftigt, deren Bereitstellung grundsätzlich gesichert ist und keiner Aufmerksamkeit mehr bedarf, ist daher für Computerstandards unbrauchbar. Anders die Gruppentheorie von Olson. Indem hier das Merkmal eines fehlenden Konsumvorbehalts im Vordergrund steht, wird nicht die Nutzung, sondern die (private) Bereitstellung öffentlicher Güter und damit das Schwarzfahrer- oder Angebotsproblem erörtert. Dementsprechend ist zu erfahren, warum und unter welchen Umständen Hardware- und Softwarestandards möglicherweise auch privat angeboten werden, obwohl dabei für gewöhnlich zu großen Teilen externe Effekte anfallen. Folglich lautet das vierte Ergebnis: *Da im Zusammenhang mit Computerstandards weniger dem Nutzungs- als vielmehr dem Angebotsproblem öffentlicher Güter vorrangiges Interesse zukommt, ist unter den modernen Ausläufern der beiden Hauptströmungen innerhalb der Theorie öffentlicher Güter die Gruppentheorie von Olson der Klubtheorie von Buchanan vorzuziehen.*

In der *Logik des kollektiven Handelns* erbrachte Olson den vielbeachteten Nachweis, daß die bereitgestellte Menge kollektiver Güter um so geringer ausfällt und das Zustandekommen von Interessenorganisationen, die solche Güter anbieten, um so unwahrscheinlicher ist, je größer die Zahl derjenigen wird, die diese Güter beanspruchen, ohne vom Konsum ausgeschlossen werden zu können. Kurz gesagt, Olson konnte nachweisen, daß das Angebotsproblem öffentlicher Güter von der Größe der (Konsumenten-) Gruppe abhängt. Wenn demnach das eine oder andere Mitglied in sehr kleinen Gruppen bereit ist, ein kollektives Interesse zu fördern, vermag dies durchaus das Aufkommen vieler Standards zu erklären, deren Urheber auf überschaubaren Märkten agieren. Eine geringe Mitgliederzahl erklärt jedoch nicht die Etablierung solcher Industriestandards, bei denen eine Strategie der „offenen Architektur" verfolgt wird. Da hierbei im Extremfall alles für jeden freigegeben wird, unterliegen „offene" Standards einmal im höchsten Maße dem Angebotsproblem öffentlicher Güter, so daß man von daher eigentlich erwarten sollte, solche Fälle nicht beobachten zu können. Vor allem aber deuten „offene" Standards auf eine Situation hin, in der es erst in einer größeren Gruppe zu einem Kollektivgüterangebot kommt, d.h. eine Situation, in der mit der Anzahl der Mitglieder die Chancen gruppenorientierten Handelns steigen (!) und nicht sinken, wie nach der *Logik* zu erwarten wäre. Mit anderen Worten: Die Tatsache, daß beispielsweise IBM die PC-Architektur oder auch Sun Microsystems die SPARC-

Technologie als einen (weitgehend) „offenen" Standard durchgesetzt haben, steht im Widerspruch zu der von Olson entdeckten gegenläufigen Beziehung zwischen der Größe einer Gruppe und ihrem Kollektivgüterangebot. Auch die Faktoren in der *Logik*, die neben der Anzahl der Gruppenmitglieder als für die bereitgestellte Menge mitentscheidend genannt werden, bieten hier keine Lösung. Weder genügt die Heterogenität unter den Mitgliedern, um den inversen Zusammenhang zwischen Gruppengröße und Handlungsfähigkeit umzukehren, noch finden sich bei Computerstandards selektive Anreize in dem Sinne, wie sie Olson als eine Möglichkeit angeführt hat, die umfangreiche Gruppen zur Stabilität befähigt. Daher auch das fünfte Ergebnis: *Obwohl sich die Gruppentheorie als grundsätzlich geeignet erweist, das Aufkommen von Hardware- und Softwarestandards zu erklären, vermag sie nicht das scheinbare Paradox „offener" Computerstandards zu lösen.*

In der *Logik* weist Olson unmißverständlich darauf hin, daß das Schwarzfahrerproblem allein durch fehlenden Konsumausschluß verursacht wird und daß Nichttrivialität hierfür keine notwendige Eigenschaft eines Kollektivgutes ist. Obwohl er diesen Punkt vollkommen zu Recht betont, unterschätzt Olson die Bedeutung der Rivalität bzw. Nichttrivialität für das Angebotsproblem öffentlicher Güter. Er übersieht, daß der Grad der Konsumrivalität die bereitgestellte Menge nichtvorenthaltbarer Kollektivgüter insoweit mitbestimmt, als die gegenläufige Beziehung zwischen der Größe einer Gruppe und dem Kollektivgüterangebot nur dann gilt, wenn zumindest eine gewisse Konsumrivalität besteht. Fehlt dagegen jegliche Rivalität, so wirkt sich die Anzahl der Mitglieder nicht auf die Handlungsfähigkeit einer Gruppe aus. Denn dann wird der persönliche Wert, den der einzelne dem Kollektivgut zumißt, nicht durch Neuzugänge eingeschränkt. Ein Mitglied, das sich in einer kleineren Gruppe durch ein eigenes Kollektivgüterangebot besserstellen könnte, würde sich von daher auch unverändert besserstellen, wenn es innerhalb einer größeren Vereinigung kollektiv handelte. Bei „stark" öffentlichen Gütern, d.h. bei Gütern, bei denen über den Fall der Nichttrivialität hinaus neue Mitglieder den Nutzen, den das Kollektivgut stiftet, für alle übrigen in der Gruppe verstärken, kehrt sich die von Olson vermutete Beziehung sogar um. Unter sonst gleichen (Kosten-) Bedingungen werden hier die Chancen, daß ein gemeinschaftliches Interesse verfolgt wird, steigen, je mehr Personen sich der Gruppe anschließen. Damit kommen wir zum sechsten Ergebnis: *Die von Olson behauptete gegenläufige Beziehung zwischen der Größe einer Gruppe und ihrer Handlungsfähigkeit gilt nur für den Fall rivalisierender Kollektivgüter. Dagegen bleibt bei Nichttrivialität die Anzahl der Mitglieder ohne Einfluß auf das Versorgungsniveau, und bei „stark" öffentlichen Güter verliert das Angebotsproblem sogar an Bedeutung, je umfangreicher die Gruppe ist.*

Die Tatsache, daß größere Gruppen, deren Mitglieder voneinander profitieren, eher kollektiv handeln als kleinere Vereinigungen, trifft genau den Fall „offener" Computerstandards. So wie Mitglieder, die ein „stark" öffentliches Gut bereitstellen, eine Erweiterung ihrer Gruppe befürworten und sich dementsprechend für Zugänge einsetzen, werden Unternehmen durch freizügige Lizenzvergabe (weitere) Hersteller kompatibler Produkte für ihre „stark" öffentlichen Standards zu gewinnen versuchen. In einem solchen Fall wird jeder neu hinzukommende Fremdhersteller der unternehmenseigenen Technologie zu deutlich mehr Marktakzeptanz verhelfen; er wird damit zusätzliche Nachfrage schaffen, die er allein nicht vollständig bedienen kann, so daß sich dem Originalhersteller (und allen anderen Herstellern) verbesserte Absatzmöglichkeiten bieten. Wie weiter oben gezeigt worden ist, erklärt sich aus diesem Zusammenhang die zum Teil weitreichende „Offenheit", mit der die IBM die PC-Architektur und Sun Microsystems die SPARC-Technologie als Marktstandard eingeführt haben. In einem Punkt ist diese Erklärung jedoch noch unzureichend. Bisher ist argumentiert worden, daß der Markteintritt von Unternehmen mitunter einen so positiven Nachfrageeffekt auslösen kann, daß es zu einer Offenlegung der Architektur kommt. Es ist aber noch nichts darüber gesagt worden, unter welchen Umständen dies der Fall sein wird, d.h. unter welchen Umständen Computerstandards als „stark" öffentliche Güter eingeschätzt werden. Andererseits wissen wir genausowenig, warum bei „geschlossenen" Architekturen Fremdhersteller offenbar als Konkurrenten um einen Standard angesehen werden, der nur rivalisierend in Anspruch genommen werden kann. Mit anderen Worten: Obwohl für die Unterscheidung zwischen „offenen" und „geschlossenen" Standards der Grad der Konsumrivalität von alles entscheidender Bedeutung ist, wird nichts darüber gesagt, was ihn letztlich bestimmt.

Ohne Frage zählen Computerstandards zu den öffentlichen Gütern, deren potentielle Anbieter nicht ein und derselben Produktionsfunktion gegenüberstehen. Einzelne Hersteller unterscheiden sich zum Teil darin erheblich voneinander, inwieweit die eigene Technologie vom Anwender und von anderen Firmen als (neuer) Marktstandard akzeptiert wird, d.h. welche Macht oder (Produktions-) „Effizienz" sie einzusetzen haben, um einen Standard zu schaffen. Vor diesem Hintergrund sind Fremdhersteller in zweierlei Hinsicht zu beachten. Ihr Zutritt erhöht zum einen die „Effizienz" des jeweiligen Originalherstellers; so erreichen vor allem weniger marktmächtige Unternehmen einen wesentlich größeren Einfluß auf das Standardisierungsgeschehen, wenn ihre Technologie von anderen Firmen geklont wird. Zum anderen bedeuten weitere Fremdhersteller zugleich auch neue Konkurrenten um die Nutzung eines Standards; von daher besteht an sich vollständige Konsumrivalität (die Nachfrage nach kompatiblen Gütern, die durch einen Hersteller gedeckt wird, kann nicht mehr durch andere Unternehmen bedient werden). Der tatsächliche oder wahrgenommene Grad der Konsumrivalität bestimmt sich jedoch daraus, welcher der beiden eben genannten Effekte – die Zunahme der „Effizienz" oder die erhöhte Konkurrenz durch Fremdhersteller – überwiegt. Je stärker – allgemein gesagt – bei Gruppenzugängen die Produktionseffizienz des aktiven Mitglieds (oder der aktiven Mitglieder) steigt, desto eher wird die bei unveränderten Kosten zusätzlich bereitgestellte Menge die Menge übersteigen, die ein neues Mitglied beansprucht. Das heißt, je nachhaltiger der erste Effekt, um so geringer die Rivalität und um so wahrscheinlicher der Fall einer „starken" Öffentlichkeit. Dabei ist zu vermuten, daß Fremdhersteller die „Effizienz" besonders kleinerer Unternehmen oder Unternehmen auf älteren Märkten stärken werden, während Marktführer, die praktisch auch allein Standards bestimmen können, nicht weiter an Einfluß gewinnen, wenn ihre Technologie nachgebaut wird. Aus diesem Grund werden weniger bedeutende Hersteller eigene Standards eher als „stark" öffentliche Güter einschätzen und „offene Architekturen" einsetzten, um andere Unternehmen zum Angebot standardkonformer (kompatibler) Produkte zu bewegen. Im Gegensatz dazu sehen marktführende Unternehmen in Fremdherstellern ausschließlich Konkurrenten um den eigenen Standard; sie werden dementsprechend auf eine Strategie vertrauen, die mehr oder weniger einer „geschlossenen Architektur" entspricht. Aus diesen Überlegungen ist zusammenfassend als siebtes Ergebnis festzuhalten: *„Offene Architekturen" und die Abgrenzung zu „geschlossenen" Systemen können mit einer Logik erklärt werden, die über die Gruppentheorie von Olson hinaus den Grad der Konsumrivalität sowie die Frage der Produktionseffizienz berücksichtigt.* Eine solche Logik ist weiter oben als *Logik speziell kostenheterogener Kollektivgüter* bezeichnet worden.

Obwohl die Existenz „offener Architekturen" die Unvollständigkeit der Gruppentheorie zweifelsfrei belegt, gibt es einen naheliegenden Grund, die Beweiskraft einer empirischen Überprüfung anhand solcher Fälle in Frage zu stellen. Man könnte mit einigem Recht entgegnen, daß der PC- sowie der SPARC-Standard zu jenen einzigartigen und außergewöhnlichen Ereignissen in der Computerindustrie zählen, die einer speziellen Erklärung bedürfen und die aufgrund ihrer Sonderstellung kein repräsentatives Urteil über den Gehalt einer Theorie zulassen. So könnte die Gruppentheorie vielleicht tatsächlich alle anderen Befunde in durchaus zufriedenstellender Weise erklären, während die Logik speziell kostenheterogener Kollektivgüter nicht nur an bereits vorliegenden „offenen" Standards entwickelt wurde, sondern auch auf derartige Phänomene begrenzt sein könnte. Empirische Untersuchungen sprechen zunächst auch für die Vermutung, die Gruppentheorie biete eine im allgemeinen

– wenn auch nicht für „offene Architekturen" – zutreffende Erklärung. Es hat sich ergeben, daß die Theorie der latenten Gruppen – eines, wenn nicht sogar das Hauptargument in der *Logik des kollektiven Handelns* – durchaus mit einer für die Computerbranche insgesamt grundlegenden Beobachtung vereinbar ist, nämlich mit der Tatsache, daß Standards bis auf ganz wenige Fälle nicht von den Anwendern, sondern von seiten der Hersteller geschaffen werden.

Lassen wir einmal beiseite, daß auch die Logik speziell kostenheterogener Kollektivgüter erklärt, warum oligopolistische Gruppen selbst ohne selektive Anreize wesentlich stabiler sind als große, latente Vereinigungen, d.h. warum Hersteller insgesamt eher handeln als Anwender. Für die Gegenüberstellung der beiden konkurrierenden Theorien ist ein anderer Punkt weitaus wichtiger. Es ist der Nachweis, daß die hier vorgestellte Logik nicht nur eine spezielle Antwort auf „offene Architekturen" bietet, sondern ebenso wie die Gruppentheorie eine allgemeine Lösung für Computerstandards enthält. Von daher ist es möglich, die rivalisierenden Ansätze an weiteren Befunden miteinander zu vergleichen. Hierbei legen die Ereignisse um die IBM Großrechnerserie System /360 und um den IBM PC den Schluß nahe, daß sich der außergewöhnliche Erfolg einzelner Standards nur mit der Logik speziell kostenheterogener Kollektivgüter erklären läßt, nicht jedoch mit der Theorie von Olson. Wie die „Micro Channel Architecture" (MCA) der IBM vermuten läßt, gilt gleiches auch für die Fälle, in denen es nicht oder nur bedingt gelungen ist, einen alten Standard durch eine neue marktbeherrschende Technologie abzulösen. Ebenso unterlegen zeigt sich die Gruppentheorie bei solchen Hardware- oder Softwarestandards, die auf eine gemeinsame Initiative mehrerer Hersteller im Rahmen eines Konsortiums zurückzuführen sind. In diesem Zusammenhang ist zunächst die Gründung verschiedener RISC-Allianzen auf dem Markt für Workstations untersucht worden. Es wurde offensichtlich, daß die Theorie von Olson hier auf ein zirkelförmiges Argument hinausläuft, bei dem das einzige Zeugnis für die angebotenen Erklärung das Erklärte selbst ist. Von der Logik speziell kostenheterogener Kollektivgüter kann hingegen nichts vergleichbares behauptet werden; die aus ihr gewonnene Erklärung ist auch unabhängig von der Bildung einzelner Herstellervereinigungen überprüfbar. Genauso wie bei den RISC-Allianzen sprechen auch die Vorgänge in der UNIX-Szene und die dort gegründeten Standardisierungsgremien eindeutig zugunsten dieser Logik. Was dagegen die Gruppentheorie angeht, so lassen die Ereignisse um die zahlreichen UNIX-Standards sogar vermuten, daß dieser Ansatz für Computerstandards, die von Konsortien etabliert worden sind, nicht einmal ein zirkelhaftes Argument bietet, sondern vollkommen ungeeignet ist, derartige Phämonene zu erklären. Damit kommen wir zum achten und letzten Ergebnis: *Aus empirischen Untersuchungen geht hervor, daß die Logik speziell kostenheterogener Kollektivgüter nicht nur bei „offenen Architekturen", sondern auch hinsichtlich ganz anderer Phänomene ihrem schärfsten Konkurrenten, der Gruppentheorie von Olson, überlegen ist. Dies und vor allem die Tatsache, daß selbst die verschiedenartigsten Ereignisse übereinstimmend für die hier entwickelte Logik sprechen, läßt vermuten, daß damit eine insgesamt zutreffende Erklärung für Hardware- und Softwarestandards gefunden worden ist.*

Literaturverzeichnis

Albert, Hans, Hrsg., 1972, Theorie und Realität, Tübingen.

Allen, Larry, *Amacher*, Ryan C., *Tollison*, Robert D., 1974, The Economic Theory of Clubs: A Geometric Exposition, Public Finance, S. 386-391.

Andersson, Gunnar, 1988, Kritik und Wissenschaftsgeschichte, Tübingen.

Artle, Roland, *Averous*, Christian, 1973, The Telephone System as a Public Good: Static and Dynamic Aspekts, Bell Journal of Economics and Management Science, S. 89-100.

Audou Michel Sylvain, 1985, Probleme der Normenanwendung und der Normenkonformität auf europäischer Ebene, Angewandte Informatik, S. 277-278.

Auster, Richard D., 1977, Private Markets in Public Goods (or Qualities), Quarterly Journal of Economics, S. 419-430.

Ayres, Robert U., *Kneese*, Allen V., 1969, Production, Consumption, and Externalities, American Economic Review, S. 282-297.

Baumol, William J., 1964, External Economies and Second-Order Optimality Conditions, American Economic Review, S. 358-372.

Becker, Gary S., Hrsg., 1982, Der ökonomische Ansatz zur Erklärung menschlichen Verhaltens, Tübingen.

Berg, Sanford V., 1988, Duopoly Compatibility Standards with Partial Cooperation and Standards Leadership, Information Economics and Policy, S. 35-53.

Berg, Sanford V., 1989, The Production of Compatibility: Technical Standards as Collective Goods, Kyklos, S. 361-383.

Besen, Stanley M., *Johnson*, Leland L., 1986, Compatibility Standards, Competition, and Innovation in the Broadcasting Industry, Santa Monica.

Böhm-Bawerk, Eugen von, 1924, in: Weiss, Franz X., Hrsg., Gesammelte Schriften von Eugen von Böhm-Bawerk, Wien, Leipzig.

Bonus, Holger, 1978 a, Verzauberte Dörfer, oder: Solidarität, Ungleichheit und Zwang, Ordo, S. 49-82.

Bonus, Holger, 1978 b, Ordnugspolitische Aspekte öffentlicher Güter, S. 51-73, in: Helmstädter, Ernst, Hrsg., Neuere Entwicklungen in den Wirtschaftswissenschaften, Neue Folge 98, Berlin.

.

Bonus, Holger, 1979, Öffentliche Güter: Verführung und Gefangenendilemma, List Forum, Band 10, Heft 2, S. 69-102.

Bonus, Holger, 1980, Öffentliche Güter und der Öffentlichkeitsgrad von Gütern, Zeitschrift für die gesamte Staatswissenschaft, S. 50-81.

Borcherding, Thomas E., 1978, Competition, Exclusion, and the Optimal Supply of Public Goods, Journal of Law and Economics, S. 111-132.

Bowen, Howard R., 1943, The Interpretation of Voting in the Allocation of Economic Resources, Quarterly Journal of Economics, S. 27-48.

Bradley, David J., 1990, The Creation of the IBM PC, Byte, S. 414-420.

Braunstein, Yale M., *White*, Lawrence J., 1985, Setting Technical Compatibility Standards: An Economic Analysis, Antitrust Bulletin, S. 337-355.

Brock, Gerald, 1975, Competition, Standards, and Self-Regulation in the Computer Industry, S. 75-96, in: Caves, R. E., Roberts, M. J., Hrsg., Regulating the Product: Quality and Variety, Cambridge.

Brubaker, Earl R., 1975, Free Ride, Free Revelation, or Golden Rule?, Journal of Law and Economics, S. 147-161.

Buchanan, James M., *Kafoglis*, Milton Z., 1963, A Note on Public Goods Supply, American Economic Review, S. 403-414.

Buchanan, James M., *Stubblebine*, William Craig, 1962, Externality, Economica, S. 371-384.

Buchanan, James M., 1962, The Relevance of Pareto Optimality, Journal of Conflict Resolution, S. 341-354.

Buchanan, James M., 1965, An Ecomonic Theory of Clubs, Economica, S. 1-14.

Buchanan, James M., 1967 a, Public Goods in Theory and Practice: A Note on the Minasian-Samuelson Discussion, Journal of Law and Economics, S. 193-197.

Buchanan, James M., 1967 b, Public Finance in Democratic Process.

Caldwell, Bruce J., 1982, Beyond Positivism, London.

Carlton, Dennis W., *Klamer*, J. Mark, 1983, The Need for Coordination Among Firms, with Special Reference to Network Industries, University of Chicago Law Review, S. 446-465.

Cassel, Margit, 1925, Die Gemeinwirtschaft, Leipzig, Erlangen.

Chamberlin, John R., 1974, Provision of Collective Goods as a Function of Group Size, American Political Science Review, S. 707-716.

Chamberlin, John R., 1976, A Diagrammatic Exposition of the Logic of Collection Action, Public Choice, S. 59-74.

Chamberlin, John R., 1978, The Logic of Collective Action: Some Experimental Results, Behavioral Science, S. 441-445.

Collins, Hugh, 1987, Conflict and Cooperation in the Establishment of Telecommunications and Data Communications Standards in Europe, S. 125-148, in: Gabel, H. Landis, Hrsg..

Colm, Gerhard, 1936, Theory of Public Expenditures, Annals of the American Academy of Political and Social Science, S. 1-11.

Cringely, Robert X., 1992, Unternehmen Zufall, Bonn, München, Paris.

David, Paul A., 1985, Clio and the Economics of QWERTY, American Economic Review, Papers and Proceedings, S. 332-337.

Davis, Otto A., *Whinston*, Andrew B., 1962, Externalities, Welfare, and the Theory of Games, Journal of Political Economy, S. 241-262.

Davis, Otto A., *Whinston*, Andrew B., 1967, On the Distinction between Public and Private Goods, American Economic Review, Papers and Proceedings, S. 360-373.

Demsetz, Harold, 1968, Why Regulate Utilities?, Journal of Law and Economics, S. 55-65.

Demsetz, Harold, 1970, The Private Production of Public Goods, Journal of Law and Economics, S. 293-306.

Deserpa, Allan C., 1978, Congestion, Pollution, and Inpure Public Goods, Public Finance, S. 68-83.

Duesenberry, James S., 1952, Income, Saving, and the Theory of Consumer Behavior, Cambridge, Massachusetts.

Dybvig, Philip H., *Spatt*, Chester S., 1983, Adoption Externalities as Public Goods, Journal of Public Economics, S. 231-247.

Ekelund, Robert B., *Hulett*, Joe R., 1973, Joint Supply, the Taussig-Pigou Controversy, and the Competitive Provision of Public Goods, Journal of Law and Economics, S. 369-387.

Endres, Alfred, 1980, Second Hand Markets and the Private Supply of Excludable Public Goods, Public Finance, S. 227-238.

Engel, Hartmut, 1990, SAA - Standard der Zukunft, Wirtschaftsinformatik, Heft 5, S. 422-428.

Evans, Alan W., 1970, Private Good, Externality, Public Good, Scottish Journal of Political Economy, S. 79-89.

Färber, Georg, Hrsg., 1990, Unix - State fo the Art 7, München.

Farrell, Joseph, *Saloner*, Garth, 1985, Standardization, Compatibility, and Innovation, Rand Journal of Economics, S. 70-83.

Farrell, Joseph, *Saloner*, Garth, 1986 a, Standardization and Variety, Economics Letters, S. 71-74, North-Holland.

Farrell, Joseph, *Saloner*, Garth, 1986 b, Installed Base and Compatibility: Innovation, Product Preannouncements, and Predation, American Economic Review, S. 940-955.

Farrell, Joseph, *Saloner*, Garth, 1987, Competition, Compatibility and Standards: The Economics of Horses, Penguins and Lemmings, S. 1-21, in: Gabel, H. Landis, Hrsg..

Friedman, Milton, 1953, The Methodology of Positive Economics, S. 3-43, in : Friedman, Milton, Essays in Positive Economics, Chicago.

Gabel, H. Landis, Hrsg., 1987 a, Product Standardization and Competitive Strategy, Amsterdam, New York, Oxford, Tokyo.

Gabel, H. Landis, 1987 b, Open Standards in the European Computer Industry: The Case of X/OPEN, S. 91-124, in: Gabel, H. Landis, Hrsg..

Gabel, H. Landis, 1993, Produktstandardisierung als Wettbewerbsstrategie, London, New York.

Gadenne, Volker, 1984, Theorie und Erfahrung in der psychologischen Forschung, Tübingen.

Gallini, Nancy T., 1984, Deterrence by Market Sharing: A Strategic Incentive for Licensing, American Economic Review, S. 931-941.

Görling, Heinrich, *Jokay*, Zoltan, 1992, Rechnerarchitektur - ein Überblick, Handwörterbuch der modernen Datenverarbeitung, Heft 164, S. 3-15.

Grossekettler, Heinz, 1985, Options- und Grenzkostenpreise für Kollektivgüter unterschiedlicher Art und Ordnung, Finanzarchiv, S. 211-252.

Haveman, Robert H., 1973, Common Property, Congestion, and Environmental Pollution, Quarterly Journal of Economics, S. 278-287.

Head, John G., *Shoup*, Carl S., 1969, Public Goods, Private Goods, and Ambiguous Goods, Economic Journal, S. 567-572.

Head, John G., 1962, Public Goods and Public Policy, Public Finance, S. 197-219.

Head, John G., 1972, Public Goods: The Polar Case, S. 3-17, in: Bird, Richard M., Head, John G., Hrsg., Modern Fiscal Issues, Toronto.

Head, John G., 1977 a, Public Goods: The Polar Case Reconsidered, Economic Record, S. 227-238.

Head, John G., 1977 b, Misleading Analogies in Public Analysis, Finanzarchiv, S. 1-18.

Hemenway, David, 1975, Industrywide Voluntary Product Standards, Cambridge.

Hempel, Carl G., 1972, Wissenschaftliche und historische Erklärungen, S. 237-261, in: Albert, Hans, Hrsg..

Hergert, Michael, 1987, Technical Standards and Competition in the Microcomputer Industry, S. 67-90, in: Gabel, H. Landis, Hrsg..

Heß, Gerhard, 1993, Kampf um den Standard, Stuttgart.

Hicks, John R., 1939, The Foundations of Welfare Economics, Economic Journal, S. 696-712.

Hirshleifer, Jack, 1983, From Weakest-Link to Best-Shot: The Voluntary Provision of Public Goods, Public Choice, S. 371-386.

Holtermann, S.E., 1972, Externalities and Public Goods, Economica, S. 78-87.

Hoskins, Jim, 1987, IBM Personal System /2, New York, Chichester, Brisbane.

Johansen, Leif, 1977, The Theory of Public Goods: Misplaced Emphasis?, Journal of Public Economics, S. 147-152.

Kaldor, Nicholas, 1939, Welfare Propositions of Economics and Interpersonal Comparisons of Utility, Economic Journal, S. 549-552.

Kamien, Morton I., *Schwartz*, Nancy L., 1972, Exclusion Costs and the Provision of Public Goods, Public Choice, S. 43-55.

Kamien, Morton I., *Schwartz*, Nancy L., *Roberts*, Donald John, 1973, Exclusion, Externalities, and Public Goods, Journal of Public Economics, S. 217-230.

Katz, Michael, *Shapiro*, Carl, 1985, Network Externalities, Competition, and Compatibility, American Economic Review, S. 424-440.

Katz, Michael, *Shapiro*, Carl, 1986 a, Product Compatibility Choice in a Market with Technological Progress, Oxford Economic Papers, S. 146-165.

Katz, Michael, *Shapiro*, Carl, 1986 b, Technology Adoption in the Presence of Network Externalities, Journal of Political Economy, S. 822-841.

Keating, Barry, 1980, Industry Standards and Consumer Welfare, Journal of Consumer Affairs, S. 417-482.

Kindleberger, Charles P., 1983, Standards as Public, Collective and Private Goods, Kyklos, S. 377-396.

Krause-Junk, Gerold, 1970, Spieltheoretische Elemente in der "reinen" Theorie öffentlicher Ausgaben, S. 12-24.

Lancaster, K., 1975, Socially Optimal Product Differentiation, American Economic Review, S. 567-585.

Lecraw, Donald J., 1984, Some Economic Effects of Standards, Applied Economics, S. 507-522.

Lecraw, Donald J., 1987, Japanese Standards: A Barrier to Trade?, S. 29-46, in: Gabel, H. Landis, Hrsg..

Lee, Dwight R., 1977, Discrimination and Efficiency in the Pricing of Public Goods, Journal of Law and Economics, S. 403-420.

Leibensten, Henry, 1950, Bandwagon, Snob and Veblen Effects in the Theory of Consumers Demand, Quarterly Journal of Economics, S. 183-207.

Lifchus, Ian M., 1986, Standards and Innovation: the Hidden Synergy, S. 179-184, in: Miller, J., Hrsg., Telecommunications and Equity: Policy Research Issues, Elsevier Science Publisher B. V. (North-Holland).

Lindahl, Erik, 1919, Die Gerechtigkeit der Besteuerung, Lund.

Lipsey, R.G., *Lancaster*, Kelvin, 1956, The General Theory of Second Best, Review of Economic Studies, S. 11-32.

Margolis, Julius, 1955, A Comment on the Pure Theory of Public Expenditure, Review of Economics and Statistics, S. 347-349.

Matutes, Carmen, *Regibeau*, Pierre, 1987, Standardization in Multi-Component Industries, S. 23-28, in: Gabel, H. Landis, Hrsg..

McGuire, Martin, 1972, Privat Good Clubs and Public Good Clubs: Economic Models of Group Formation, Swedish Journal of Economics, S. 84-99.

McGuire, Martin, 1974, Group Size, Group Homogeneity, and the Aggregate Provision of a Pure Public Good under Cournot Behavior, Public Choice, S. 107-126.

Meyer, Willi, 1978, Die Methodologie der positiven Ökonomie und ihre Folgen, Schriften des Vereins für Socialpolitik, Neue Folge 98, S. 19-46, Berlin.

Meyer, Willi, 1981, Bedürfnisse, Entscheidungen und ökonomische Erklärungen des Verhaltens, S. 131-168, in: Tietz, R., Hrsg., Wert- und Präferenzprobleme in den Sozialwissenschaften, Berlin.

Minasian, Jora R., 1964, Television Pricing and the Theory of Public Goods, Journal of Law and Economics, S. 71-80.

Minasian, Jora R., 1967, Public Goods in Theory and Practice Revisited, Journal of Law and Economics, S. 205-207.

Mishan, Ezra J., 1965, Reflections on Recent Developments in the Concept of External Effects, Canadian Journal of Economics and Political Science, S. 3-34.

Mishan, Ezra J., 1969, The Relationship between Joint Products, Collective Goods, and External Effects, Journal of Political Economy, S. 329-348.

Mishan, Ezra J., 1971, The Postwar Literature on Externalities: An Interpretative Essay, Journal of Economic Literature, S. 1-28.

Moore, 1961, The Purpose of Licensing, Journal of Law and Economics, S. 93-117.

Musgrave, Richard A., *Musgrave*, Peggy B., *Kullmer*, Lore, 1990, Die öffentlichen Finanzen in Theorie und Praxis, Bd. 1, Tübingen.

Musgrave, Richard A., 1939, The Voluntary Exchange Theory of Public Economy, Quarterly Journal of Economics, S. 213-237.

Musgrave, Richard A., 1959, The Theory of Public Finance, New York, Toronto, London.

Musgrave, Richard A., 1971, Provision for Social Goods in the Market System, Public Finance, S. 304-320.

Nixdorf, Heinz, 1982, Von der Hardware zur Software – ein Bedeutungswandel, Angewandte Informatik, S. 58-61.

Oakland, William H., 1972, Congestion, Public Goods and Welfare, Journal of Public Economics, S. 339-357.

Oakland, William H., 1974, Public Goods, Perfect Competition, and Underproduction, Journal of Political Economy, S. 927-939.

260 Literaturverzeichnis

Olson, Mancur, *Zeckhauser*, Richard, 1966, An Economic Theory of Alliances, Review of Economics and Statistics, S. 266-279.

Olson, Mancur, *Zeckhauser*, Richard, 1967, Collective Goods, Comparative Advantage, and Alliance Efficiency, S. 25-63, in: McKean, R., Hrsg., Issues in Defense Economics, National Bureau of Economic Research, New York.

Olson, Mancur, 1965, The Logic of Collective Action, Harvard.

Olson, Mancur, 1985, Die Logik des kollektiven Handelns, Tübingen.

Olson, Mancur, 1991 a, Umfassende Ökonomie, Tübingen.

Olson, Mancur, 1991 b, Aufstieg und Niedergang von Nationen, Tübingen.

Pauly, Mark V., 1970, Cores and Clubs, Public Choice, S. 53-65.

Popper, Karl R., 1972 a, Die Zielsetzung der Erfahrungswissenschaft, S. 29-41, in: Albert, Hans, Hrsg..

Popper, Karl R., 1972 b, Naturgesetze und theoretische Systeme, S. 43-58, in: Albert, Hans, Hrsg..

Popper, Karl R., 1984, Objektive Erkenntnis, Hamburg.

Popper, Karl R., 1989, Logik der Forschung, Tübingen.

Reddy, N. Mohan, 1987, Technology, Standards, and Markets: A Market Institutionalization Perspective, S. 47-66, in: Gabel, H. Landis, Hrsg..

Roberts, Donald John, *Postlewaite*, Andrew, 1976, The Incentives for Price-taking Behavior in Large Exchange Economies, Econometria, S. 115-127.

Roberts, Donald John, 1976, The Incentives for Correct Revelation of Preferences and the Number of Consumers, Journal of Public Economics, S. 359-374.

Rohlfs, Jeffrey, 1974, A Theory of Interdependent Demand for a Communications Service, Bell Journal of Economics and Management Science, S. 16-37.

Rosenblum, Jerald E., 1985, Licensing Second-Source Suppliers, Journal of the Licensing Executives Society, S. 93-94.

Rothenberg, Jerome, 1970, The Economics of Congestion and Pollution: An Integrated View, American Economic Review, S. 114-121.

Salop, Steven C., 1979, Monopolistic Competition with Outside Goods, Bell Journal of Economics, S. 141-156.

Samuelson, Paul A., 1954, The Pure Theory of Public Expenditure, Review of Economics and Statistics, S. 387-389.

Samuelson, Paul A., 1955, Diagrammatic Exposition of a Theory of Public Expenditure, Review of Economics and Statistics, S. 350-356.

Samuelson, Paul A., 1958, Aspects of Public Expenditure Theories, Review of Economics and Statistics, S. 332-338.

Samuelson, Paul A., 1964, Public Goods and Subscriptions TV: Correction of the Record, Journal of Law and Economics, S. 81-83.

Samuelson, Paul A., 1967, Pitfalls in the Analysis of Public Goods, Journal of Law and Economics, S. 199-204.

Samuelson, Paul A., 1969 a, Pure Theory of Public Expenditure and Taxation, S. 98-123, in: Margolis, Guitton, Hrsg., Public Economics - An Analysis of Public Production and Consuption and their Relations to the Private Sector, London.

Samuelson, Paul A., 1969 b, Contrast between Welfare Conditions for Joint Supply and for Public Goods, Review of Economics and Statistics, S. 26-30.

Sandler, Todd, *Tschirhart*, John T., 1980, The Economic Theory of Clubs: An Evaluative Survey, Journal of Economic Literature, S. 1481-1521.

Schindler, Sigram, 1981, Offene Kommunikationssysteme – Heute und Morgen, Informatik Spektrum, S. 213- 228.

Schmidt, Kurt, 1964, Zur Geschichte der Lehre von den Kollektivbedürfnissen, S. 335-362, in: Klohten, Krelle, Müller, Neumark, Hrsg., Systeme und Methoden in den Wirtschafts- und Sozialwissenschaften, Tübingen.

Schumpeter, Joseph A., 1912, Theorie der wirtschaftlichen Entwicklung, Leipzig.

Schwarze, Jochen, 1990, Betriebswirtschaftliche Aufgaben und Bedeutung des Informationsmanagements, Wirtschaftsinformatik, Heft 2, S. 104-115.

Scitovsky, Tibor, 1954, Two Concepts of External Economies, Journal of Political Economy, S. 143-159.

Seibt, Dietrich, 1990, Informationsmanagement und Controlling, Wirtschaftsinformatik, Heft 2, S. 116-126.

Shaked, Avner, *Sutton*, John, 1982, Relaxing Price Competition Through Product Differentiation, Review of Economic Studies, S. 3-13.

Shapiro, Carl, 1985, Patent Licensing and R&D Rivalry, American Economic Review, S. 25-30.

Shibata, Hirofumi, 1979, A Theory of Group Consumption and Group Formation, Public Finance, S. 395-413.

Shoup, Carl S., 1965, Public Goods and Joint Production, Rivista Internazionale di Scienze Economiche e Commerciali, S. 254-267.

Shoup, Carl S., 1969, Public Finance, Chicago.

Smith, Vernon L., 1977, The Principle of Unanimity and Voluntary Consent in Social Choice, Journal of Political Economy, S. 1125-1139.

Sobel, Robert, 1981, IBM - Colossus in Transition, New York.

Sobel, Robert, 1986, IBM und die globale Herausforderung, Zürich, Schwäbisch Hall.

Squire, Lyn, 1973, Some Aspects of Optimal Pricing for Telecommunications, Bell Journal of Economics and Management Science, S. 515-525.

Stigler, George J., 1974, Free Riders and Collective Action: An Appendix to Theories of Economic Regulation, Bell Journal of Economics and Management Science, S. 359-365.

Swann, G. M. P., 1987, Industry Standard Mikroprocessors and the Strategy of Second-Source Production, S. 239-262, in: Gabel, H. Landis, Hrsg..

Sweeney, John W., 1973, An Experimental Investigation of the Free-Rider Problem, Social Science Research, S. 277-292.

Sweeney, John W., 1974, Altruism, the Free Rider Problem and Group Size, Theory and Decision, S. 259-275.

Thompson, George V., 1954, Intercompany Technical Standardization in the Early American Automobile Industry, Journal of Economic History, S. 1-20.

Thompson, Earl A., 1968, The Perfectly Competitive Production of Collective Goods, Review of Economics and Statistics, S. 1-12.

Thompson, Earl A., 1969, The Perfectly Competitive Production of Collective Goods: Reply, Review of Economics and Statistics, S. 479-482.

Thompson, Earl A., 1973, The Private Production of Public Goods: A Comment, Journal of Law and Economics, S. 407-412.

Tollison, Robert D., 1972, Consumption Sharing and Non-Exclusion Rules, Economica, S. 276-291.

Ungerer, Theo, 1989, Innovative Rechnerarchitekturen, Hamburg, New York .

Vincent, Phillip E., 1969, Reciprocal Externalities and Optimal Input and Output Levels, American Economic Review, S. 976-984.

Viner, Jacob, 1932, Cost Curves and Supply Curves, Zeitschrift für Nationalökonomie, S. 23-46.

Wicksell, Knut, 1896, Finanztheoretische Untersuchungen nebst Darstellung und Kritik des Steuerwesens Schwedens, Jena.

Wilson, Robert W., 1977, The Effect of Technological Environment and Product Rivalry on R&D Effort and Licensing of Inventions, Review of Economics and Statistics, S. 171-178.

nbf neue betriebswirtschaftliche forschung

Betriebswirtschaftlicher Verlag Dr. Th. Gabler GmbH, Postfach 15 46, 65005 Wiesbaden